문정공유고

이 책은 2019 · 2020년도 정부(교육부)의 재원으로 한국고전번역원의 지원을 받아 수행된 '권역별거점연구소협동번역사업'의 결과물임.

This work was supported by Institute for the Translation of Korean Classics - Grant funded by the Korean Government.

한국고전번역원 한국문집번역총서/단국대학교 동양학연구원

문정공유고 2

文貞公遺稿

민유중 지음
閔維重

장유승
이승용 옮김

일러두기

1. 이 책의 번역은 한국고전번역원에서 간행한 한국문집총간 137집 소재《문정공유고(文貞公遺稿)》를 대본으로 하였다. 번역 대본의 원문 텍스트와 원문 이미지는 한국고전종합DB(http://db.itkc.or.kr)에서 확인할 수 있다.
2. 내용이 간단한 역주는 간주(間註)로, 긴 역주는 각주(脚註)로 처리하였다.
3. 대본의 본문과 원주의 구분이 명확하지 않은 경우는 역자가 임의로 조정하였다.
4. 한자는 필요한 경우 이해를 돕기 위하여 넣었으며, 운문(韻文)은 원문을 병기하였다.
5. 맞춤법과 띄어쓰기는 한글 맞춤법과 표준어 규정을 따랐다.
6. 이 책에서 사용한 부호는 다음과 같다.
   - ( ) : 번역문과 음이 같은 한자를 묶는다.
   - 〔 〕 : 번역문과 뜻은 같으나 음이 다른 한자를 묶는다.
   - " " : 대화 등의 인용문을 묶는다.
   - ' ' : " " 안의 재인용 또는 강조 문구를 묶는다.
   - 「 」 : ' ' 안의 재인용을 묶는다.
   - 『 』 : 「 」 안의 재인용을 묶는다.
   - 《 》 : 책명 및 각주의 전거(典據)를 묶는다.
   - 〈 〉 : 책의 편명 및 운문·산문의 제목을 묶는다.

차례

문정공유고 제5권

제문 祭文

문정공유고 제6권

서계書啓

문정공유고 제7권

서계書啓

문정공유고

제5권

祭文 제문

表 표

箋 전

詔 조

誥 고

奏 주

箴 잠

說 설

제문 祭文

18대 조고 원외랑부군의 묘소에 대한 제문[1] 기유년(1669, 현종10)

祭十八代祖考員外郎府君墓文 己酉

삼가 나라의 은혜 입어	恭蒙國恩
평안도 관찰사에 발탁되었습니다	擢秩西藩
선영을 지나는 길에	路出松楸
삼가 묘소를 알현합니다	祗謁遺墓
남은 복이 미친 덕택이니	餘庥所及
추모하는 마음 끝이 없습니다	追慕何極

1 18대……제문 : 이 글은 1669년(현종10) 4월 21일 평안도 관찰사에 임명된 저자가 부임하는 길에 여흥민씨 3대조 민의(閔懿)에게 올린 제문이다. 민의의 묘는 평산(平山) 두성리(斗城里)에 있다. 《承政院日記 顯宗 10年 4月 21日》《貞菴集 卷10 仲父奉朝賀府君墓誌》

선고와 선비의 묘소에 대한 제문[2] 신유년(1681, 숙종7)

祭先考妣墓文 辛酉

(간지) 아들 (직함) 유중은 아들 진후(鎭厚)가 사마시에 합격한 경사로 인해 삼가 전(奠)을 올리고 성묘하며 감히 현고(顯考) 아무 관직 부군과 현비(顯妣) 아무 봉(封) 이씨의 묘소에 밝게 고합니다.

우리 선친께서는	惟我皇考
덕이 두텁고 행실이 독실하며	德厚行篤
모친께서는 아름다움 나란하여	先妣媲美
규방의 법도를 갖추었습니다	備有閫則
관직과 수명이 걸맞지 않아	爵壽不稱
후손에게 미치니	施及後人
높은 관직에	巍班大秩
형제가 나란히 올랐습니다	並列弟昆
은택이 도도히 흐르니	袞袞流澤
실로 그 근원이 풍성하기 때문입니다	實豐其源
사록의 상서[3]가 열려	祥開沙麓

2 선고와……제문 : 이 글은 1681년(숙종7) 저자의 아들 민진후(閔鎭厚)가 생원시에 합격하였을 때 지은 것이다. 《辛酉式年司馬榜目)》

3 사록의 상서 : 사록은 춘추 시대 진(晉)나라 산 이름이다. 이 산이 무너지자 사관(史官)이 성녀(聖女)가 나올 것이라 예언하였는데, 훗날 이곳에서 한 원제(漢元帝)의 황후가 태어났다. 여기서는 민유중의 딸이 왕비가 된 일을 말한다. 《漢書 卷98 元后傳》

한미한 집안에 경사가 났습니다	慶毓寒門
사람들은 선대의 덕이라고 하며	人稱世德
옛적 도신[4]에 비유하였습니다	比古塗莘
남은 복이 미쳐서	餘休所洎
아들이 성균관에 올랐습니다	兒子陞庠
장원으로 합격하여	名占壯頭
가문의 명성을 이었습니다	克紹家聲
어질고 선한 덕에 내린 보답이니	仁善之報
신의 이치를 확인할 수 있습니다	神理可徵
차고 넘치는 것이 걱정되어	滿溢之憂
깊은 못에 서고 얇은 얼음 밟듯 두렵습니다	凜若淵氷
경사를 계기로 일을 고함은	因慶告事
정해진 법식을 따르는 것입니다	式循常典
성묘하러 말미를 청하여	乞暇展省
외람되게 성상의 윤허를 받았습니다	猥蒙聖允
아이를 데리고 와서 절하니	携兒來拜
우리 선영을 영광스럽게 합니다	榮我松楸
대궐에서 은혜로이 제물을 내렸으니	恩錫奠具
맑은 술과 여러 음식입니다	淸醴庶羞
요행히 선조의 교훈에 힘입어	幸賴先訓
이처럼 남다른 은혜를 받았습니다	叨此異數

4 도신 : 도는 우(禹)임금의 아내가 태어난 도산(塗山)이며, 신은 문왕(文王)의 아내 태사(太姒)가 태어난 곳으로, 왕비의 출신지를 말한다.

산 사람과 죽은 사람 모두 영광이니	事光幽顯
분수를 헤아리면 더욱 두렵습니다	揆分增懼
목소리와 모습을 길이 추모하니	永慕音容
어찌 애통하여 오열하는 마음 견디겠습니까	曷勝摧咽
말씀 올리고 정성을 바치니	陳辭薦誠
강림하여 흠향하시기 바랍니다	仰冀歆格

큰형님 대헌공의 묘소에 대한 제문[5]

祭伯氏大憲公墓文

지난번 시골에 있을 때	曩在田里
화가 당파에 미쳤습니다	禍延鉤黨
견책을 받아 급히 길을 떠나니	嚴程就譴
저 무더운 남쪽 지방이었습니다[6]	指彼炎瘴
새 무덤이 바라보이는데	新阡入望
들러 하직할 수 없어 한스러웠습니다	恨莫過辭
사면을 받고 돌아오게 되자	逮蒙賜環
고개를 넘어 곧장 돌아가서	踰嶺徑歸
장차 묘소를 살펴	謂將展省
지난 허물을 보충하려 하였는데	追塞宿負
산촌에 전염병이 치성하여	山村癘熾
꺼리는 마음에 물러섰습니다	畏忌却步
얼마 후 특별히 소명을 받고	俄承特召
서울로 달려 들어갔습니다	走入京都
몸이 직무에 얽매이니	身縻職事

5 큰형님……제문 : 이 글은 저자의 맏형 민시중(閔蓍重)에게 올린 것으로, 위의 글과 마찬가지로 아들 민진후의 생원시 합격을 고하는 내용이다.

6 견책을……지방이었습니다 : 1679년(숙종5) 홍해(興海)로 유배된 일을 말하는 듯하다.

자취가 선영에서 멀어졌습니다 跡阻松楸
황량한 언덕에 풀이 묵으니 荒原宿草
오랫동안 슬프고 그리웠습니다 久結悲戀
이번에 아들 진후가 玆因厚子
성균관에 수석으로 뽑혀 首擢庠選
외람되게도 말미를 청하여 猥乞恩暇
선영에 제사를 지내고 有事先墓
길을 돌려 와서는 迤轡轉詣
공경히 절하고 성묘합니다[7] 敬伸拜掃
사마시에 장원한 일은 蓮榜占魁
우리 선조부터 시작되었는데 肇自我祖
형님께서 이어서 일어나[8] 伯氏嗣興
한 시대에 명성을 떨쳤습니다 大闡一時
누가 알았겠습니까, 오랜 가업이 誰知舊氈
다시 어리석은 아이에게 맡겨질 줄을 復屬癡兒
요행히 선조의 교훈에 힘입어 幸賴先訓
가문의 명성을 실추하지 않았습니다 不墜家聲
경사와 은택을 받았으니 慶澤所霑
죽은 사람과 산 사람이 모두 감동합니다 感徹幽明
간소한 제수를 진설하여 載陳薄具

7 공경히 절하고 성묘합니다 : 저본에는 "敬仲拜掃"로 되어 있으나 문맥에 근거하여 "仲"을 "伸"으로 바로잡아 번역하였다.

8 형님께서 이어서 일어나 : 민시중은 1650년(효종1) 생원시에 장원으로 합격하였다.

삼가 은혜와 영광을 고하니	祗告恩榮
삼가 바라건대 영령께서는	伏惟尊靈
이 정성을 살피소서	鑑此衷誠

조고비의 묘소에 대한 제문[9]

祭祖考妣墓文

유중의 아들 진후는	維重之子鎭厚
성균관에 올랐는데	選升國庠
장원으로 합격하였습니다	名擢第一
요행히 선대의 교훈을 계승하고	幸承先訓
가문의 명성을 이었습니다	克紹家聲
남기신 경사가 미친 덕이니	餘慶所及
추모하는 마음을 어찌 견디겠습니까	曷勝追慕
공경히 성묘하여	祇省封塋
은혜와 영광을 드러냅니다	用顯恩榮
이에 술과 과일을 진설하고	玆陳酒果
감히 정성껏 고하나이다	敢伸虔告

9 조고비의……제문 : 이 글은 저자의 조모 남양 홍씨(南陽洪氏, 1571～1655)에게 올린 것으로, 역시 민진후의 생원시 합격을 고하는 내용이다.

죽은 아내 이 부인의 묘소에 대한 제문[10]

祭亡室李夫人墓文

아들 진후가	兒子鎭厚
성균관에 선발되어	選升國庠
장원으로 합격하였습니다	名擢第一
요행히 선대의 교훈을 계승하고	幸承先訓
가문의 명성을 이었네	克紹家聲
경사와 은택이 미친 덕이니	慶澤所及
서글픈 마음 어찌 견디랴	曷勝追愴
묘소에 영광을 고하니	告榮墳塋
오래된 상례를 따랐네	式循故常
관청에서 제사를 준비하여	官備奠沃
은총이 더욱 융숭하니	寵錫加隆
산 사람과 죽은 사람 성은을 입어	幽明戴恩
감동하고 두려운 마음 더하네	感懼采增
아마도 공경히 받들리니	想應欽承
아름다운 명을 널리 드러내리라	丕顯休命

10 죽은……제문 : 이 글은 저자의 아내 덕수 이씨(德水李氏)에게 올린 것으로, 역시 민진후의 생원시 합격을 고하는 내용이다.

죽은 아내 송 부인의 묘소에 대한 제문[11]

祭亡室宋夫人墓文

옛적 한 집에 살 적에	念昔同室
여러 아이가 무릎을 둘러쌌네	膝擁諸幼
안고 기르느라	提抱鞠養
실로 고생하고 수고로웠네	實艱實劬
신령이 그대의 수명에 인색하여	神嗇君壽
양육을 마치지 못하였네	不卒其育
어미를 잃었으니	捐慈失恃
산 사람 죽은 사람 모두 애통하였네	痛結存歿
순수한 복을 누리지 못하였으나	純嘏未享
어질고 선하여 보답을 받았네	仁善有報
성녀가 중궁에 오르니	聖女御壼
추은하여 칭호를 내렸네[12]	追榮錫號
한미한 집안에 성대한 예식	寒門縟禮
분수를 헤아리면 두려워 떨리네	揆分懍懼
이번에 아들 진후가	顧玆厚子

11 죽은……제문 : 이 글은 저자의 아내 은진 송씨(恩津宋氏)에게 올린 것으로, 역시 민진후의 생원시 합격을 고하는 내용이다.

12 성녀가……내렸네 : 저자의 딸이 숙종의 계비(繼妃)가 되어 은진 송씨가 은성부부인(恩城府夫人)에 봉해진 것을 말한다.

요행히 남은 복을 이어	幸承餘休
성균관에 선발되어	選入國庠
장원으로 뽑혔으니	名擢壯頭
옛 가업을 되찾고	舊氈復歸
집안 명성 계승하여 넓혔네	家聲繼闡
사람들은 모두 영화롭다 하는데	人皆謂華
그대는 홀로 볼 수가 없네	君獨不見
비록 볼 수는 없으나	雖則不見
아마도 알고 있으리라	倘或有知
보는 것마다 옛일이 떠올라	觸境懷舊
나의 애통한 심정 더하네	增我摧悲
외람되게 말미를 받아	猥蒙恩暇
황량한 묘소를 소제하러 왔네	來掃荒原
관청에서 제사를 준비하니	官備奠酹
은총이 풍부하네	寵錫便蕃
경사와 은택이 내려	慶澤所加
이승과 저승을 모두 적셨네	幽顯均霑
이 아름다운 명을 받았으니	服此休命
돌아보고 흠향하기를	其克顧歆

제천 현감 송병문에 대한 제문[13]

祭宋堤川炳文文

아	嗚呼
태산이 무너지자[14]	泰山一頹
선비는 의지할 데 잃고	士失依仰
이어서 당화가 일어나	黨禍繼起
무함이 지하에 미쳤네[15]	誣及泉壤
스승의 문하가 쇠퇴하여	師門零替
길 가는 이도 한탄하였네	行路嗟惋
그대는 동춘당의 적손으로	君以適嗣
세상의 변고 실컷 겪었네	飽更世變
태양 같은 성상이 다시 통촉하여	天日回照
짙은 그늘 깨끗이 쓸어버렸네	陰翳掃廓
사문이 실추되지 않고	斯文不墜
깊은 원한 씻겨졌네[16]	幽冤乃雪

13 제천……제문 : 이 글은 1682년(숙종8) 11월 17일 세상을 떠난 송병문(1640~1682)을 애도하기 위해 지은 것이다. 송병문은 송준길의 손자로 저자의 외조카이다. 《閒靜堂集 卷8 伯祖堤川縣監府君行狀》

14 태산이 무너지자 : 송준길의 죽음을 비유한 것이다.

15 이어서……미쳤네 : 1675년(숙종1) 송준길이 관작을 추탈당한 일을 말한다.

16 태양……씻겨졌네 : 1680년(숙종6) 경신대출척으로 송준길의 관작이 회복된 일을 말한다.

이때 그대는	是時惟君
가장 먼저 서용되어	首蒙收錄
감읍하며 일하러 달려가	感泣趨事
남은 복을 삼가 받았네	祗服遺休
어버이 위해 가까운 곳 골라	爲省取近
한해 동안 호서 역참에 있다가[17]	一歲湖郵
정승이 건의하여	大臣建言
현감에 임명되어[18]	縣符是畀
선조의 제사를 받들게 하고	俾奉先祀
시호를 맞이하게 하였네	俾迎恩謚
누가 알았으랴, 오랜 병환으로	誰知宿痾
끝내 부임하지 못할 줄이야	終阻赴官
약주머니 보내자마자	藥裹纔投
갑자기 부고가 전해졌네	凶聞遽傳
남쪽을 바라보며 통곡하고	南望痛哭
꿈인가 의심하였네	疑若夢寐
그대는 법도 있는 집안에서 태어나	君生法家
가르침을 받은 곳이 있네	教訓有自
상을 치르고 제사 지내며	于喪于祭
슬픔과 정성을 다하였네	哀致誠至

17 한해……있다가 : 송병문은 1682년(숙종8) 이인 찰방(利仁察訪)에 임명되었다.

18 정승이……임명되어 : 송병문은 1681년(숙종7) 영의정 김수항(金壽恒)의 건의로 현감에 임명되었다. 《承政院日記 肅宗 7年 12月 9日》

우애하는 행실 독실하고 行篤友弟
재주는 일 맡기 충분하였네 才優幹事
어찌 운명이 곤궁하여 何命之窮
여기에 그쳤는가 而止於斯
선한 사람이 장수하지 못하니 善人無壽
신령의 이치는 알 수 없네 神理難推
잠시 어머니 떠나더니 暫違慈闈
마침내 영결이 되었네 遂成永訣
어머니의 한과 아들의 슬픔 母恨子慟
저승과 이승에 함께 맺혔네 幽明共結
하늘이여 어째서인가 天乎奈何
그만이구나 말할 수 없네 已矣莫說
누가 그대의 후사 되었나 孰爲君後
아우의 아들이라네 阿仲之兒
성상께 아뢰니 有奏前席
특별히 시행하라 명하였네[19] 有命特施
은혜를 받고 세상 떠나니 銜恩歸化
무엇이 유감스럽고 무엇이 슬프랴 奚憾奚悲
엊그제 시골에서 보낸 편지 받으니 昨得鄕書
장사지낼 날을 알려주었네 報以葬期
나는 서울에 있으니 余在京師

19 누가……명하였네 : 송병문이 죽자 특명을 받아 송병하(宋炳夏)의 장남 송요경(宋堯卿)을 후사로 삼았다.《閒靜堂集 卷8 伯祖堤川縣監府君行狀》

가서 통곡할 길 없네	莫由臨哭
글을 지어 슬픔을 담고	緘辭寓哀
멀리서 간소한 제수 보내네	遠致菲薄
봄 무렵 얼굴을 보았는데	春間會面
어느덧 지난 자취 되었네	倏忽陳迹
구천은 까마득하니	九原冥漠
어느 날 다시 만나리오	何日更接
늘 옛일을 생각하면	永念疇昔
마음 상하고 눈물 흐르네	心摧淚滋
영령이여 어둡지 않다면	靈如不昧
부디 한잔 술 흠향하오	庶歆一巵
아, 슬프다	嗚呼哀哉

장인 이 판서의 이장에 대한 제문[20]

外舅李尙書改葬祭文

유세차 숭정 계해년(1683, 숙종9) 2월 22일 갑오, 고 이조 판서 덕수(德水) 이공(李公)의 묏자리가 좋지 않아 옛무덤을 열고 3월 1일 계묘에 용인(龍仁)의 언덕으로 이장하려고 합니다. 장사지내기 하루 전 임인일, 사위 보국숭록대부 영돈녕부사 여양부원군 민유중이 간소한 술과 안주를 갖추어 삼가 관 앞에 올리고 곡하며 고합니다.

아	嗚呼
기미성 타고 멀리 가시니[21]	騎箕一遠
세월은 몹시 빠릅니다	駟隙如飛
남은 풍도 붙잡을 수 없고	餘風莫攀
지난 자취 어찌 따르겠습니까	陳迹曷追
생각건대 예전의 묏자리는	念昔卜兆
선영에 의지하였습니다	托彼先麓
술사가 좋지 않다고 하며	術云不臧
침수될 염려가 있다 하였습니다	虞在水齧

20 장인……제문 : 이 글은 1683년(숙종9) 저자의 장인 이경증(李景曾)을 이장할 때 지은 것이다. 이경증의 묘소는 본디 광주(廣州)에 있었으나 이후 용인으로 옮겨 부인과 합장하였다. 《寒水齋集 卷24 判書李公神道碑銘》

21 기미성……가시니 : 은(殷)나라 재상 부열(傅說)이 기미성을 타고 하늘에 올라갔다는 고사를 인용한 것으로 재상의 죽음을 비유한다. 《莊子 大宗師》

새 무덤은 길한 곳이니 新阡叶吉
이에 옛무덤을 열었습니다 舊隧迺啓
석곽이 태양을 보고[22] 石槨見日
금완[23]이 세상에 나왔습니다 金盌出世
붉은 깃발과 흰 천막 丹旐素幔
처음 돌아가셨을 때 같습니다 疑若初終
만사는 영원히 그치고 萬事長休
꿈 같은 인생 이미 끝났습니다 一夢已空
옥수는 모두 부러지고 玉樹俱折
난초 싹 역시 꺾였으니[24] 蘭芽亦摧
집안 명성 쇠퇴하여 家聲零替
친척들이 상심합니다 親黨傷哀
비록 어린 손자 있으나 縱有稚孫
상주 노릇 할 수 없습니다 喪則非主
누가 생각했으랴 덕이 두터웠는데 孰謂厚德

22 석곽이 태양을 보고 : 한(漢)나라 하후영(夏侯嬰)이 말을 타고 가는데, 말이 멈추고 움직이지 않자 땅을 파보니 석곽 하나가 나왔다. 하후영은 훗날 이곳에 장사지내라는 유언을 남겼다. 《西京雜記 卷4》 여기서는 옛무덤을 다시 팠다는 뜻이다.

23 금완(金盌) : 장사지낼 때 함께 묻는 물건이다. 저본에는 "金惌"으로 되어 있으나 문맥에 근거하여 "惌"을 "盌"으로 바로잡아 번역하였다.

24 옥수……꺾였으니 : 옥수와 난초 싹은 모두 빼어난 자제를 비유하는 말이다. 이경증은 3남 2녀를 두었으니, 아들은 치(穉), 진(稹), 혜(嵇)이고 딸은 홍주국(洪柱國)과 저자에게 시집갔다. 당시 모두 세상을 떠난 것으로 보인다. 《寒水齋集 卷24 判書李公神道碑銘》

보답받지 못할 줄을	而不食報
다만 저 소자는	顧余小子
일찌감치 사위가 되어	早托甥館
지나친 지우를 입고	過辱知奬
유난히 돌봄을 받았습니다	偏荷遇眷
공을 곡한 지 오래지 않아	哭公未幾
이어서 아내를 잃었습니다	繼失中饋
슬픔과 기쁨이 갈마들며	悲歡迭乘
홀연 삼십 년이 지났는데	倏忽三紀
오직 한 가지 생각이	唯有一念
자나깨나 그치지 않습니다[25]	寤寐微輟
이렇게 관을 다시 보고	適玆和見
묘소를 옮기게 되었으니	奉遷冠履
상소하여 말미를 청하고	陳章乞暇
영전에 와서 절합니다	來拜筵几
모습은 끝내 볼 수 없고	儀形終閟
목소리 들을 길 없습니다	謦欬莫接
술 마시며 기뻐하던 일	樽俎承歡
생각하면 어제와 같습니다	想像如昨
맑은 술 한 잔 올려	一酌淸醪
감히 슬픈 마음 전합니다	敢薦哀悃

25 자나깨나 그치지 않습니다 : 저본에는 "寤寐微軏"로 되어 있으나 문맥에 근거하여 "軏"를 "輟"로 바로잡아 번역하였다.

오늘밤 영결하니	永訣今夕
오장이 끊어지는 듯합니다	腸摧心隕
아, 슬픕니다	嗚呼哀哉

안국동 토지신에 대한 제문[26]

祭安國洞土地神文

나는 재주 없는 몸으로	余以不才
오랫동안 경재의 반열 차지하였네	久玷卿宰
집안이 대대로 가난하여	世業素寒
집을 지을 방법이 없었네	無計營第
생각건대 이곳에 터 잡은 것	念玆卜築
실로 처음 소원 아니었네	實非始願
외람되게 외척이 되어	猥托肺腑
성상의 지나친 돌봄 입었네	過蒙聖眷
재물 모아 터를 넓히고	鳩財拓墟
해를 넘겨 공사를 마쳤네	踰歲功僝
감히 사치하고 아름답게 하지 않고	非敢侈美
그저 그럭저럭 갖추었네	秪爲苟完
마을 이름 참으로 아름다우니	洞號孔嘉
나라에 경사를 돌렸네	歸慶邦國
하늘의 복을 받아	天休所庇
가족을 보존하리니	保宜家族

26 안국동……제문 : 이 글은 민유중이 안국방에 집을 짓고 토지신에게 올린 제문이다. 이 집은 인현왕후의 사저로 감고당(感古堂)이 있다.《新增東國輿地勝覽 卷3 漢城府》

이곳에서 유유자적하며	於焉優遊
지팡이 짚고 신을 신고 거닐리라	我杖我屨
이미 분수를 한참 넘었으니	涯分已極
복이 가득 차서 두렵구나	滿溢是懼
앞으로 남산을 바라보며	前瞻南嶽
길이 성상의 장수 축원하고	長祝聖壽
아래로 아이들 가르쳐	俯教諸兒
대대로 지키며 변치 않게 하리	毋替世守
위로 상서를 맞이하고	上延禎祥
아래로 재앙을 끊으리니	下絶災沴
누가 이를 주관하는가	孰主張是
감히 신의 은혜를 바라네	敢徼神惠
그러므로 들어와 살게 되자	肆當入處
정성껏 술과 포를 올리네	薦誠脯酒
부디 살펴주시어[27]	庶冀監顧
길이 몰래 보우하소서	永垂陰祐

27 부디 살펴주시어 : 저본에는 "庶冀監願"으로 되어 있으나 문맥에 근거하여 "願"을 "顧"로 바로잡아 번역하였다.

판서 남이성에 대한 제문[28]

祭南判書二星文

죽음은 밤에 잠드는 것과 같다고	大暮同寐
옛사람이 말하였네	昔人所諭
처음부터 끝까지 따져보면	原始及終
무엇을 싫어하고 무엇을 좋아하랴	奚惡奚慕
공은 이 이치를	公於是理
환히 보고 깊이 깨달았네	洞觀深悟
내가 공을 문병하니	我問公疾
공은 이렇게 말하였네	公以此語
지금 내가 공을 곡하니	今我哭公
공은 필시 나를 비웃으리	公必笑我
내 마음 다 쏟아도	我懷之盡
차마 이별할 수 없네	猶不忍捨
공의 자질 아꼈으니	愛公姿質
청렴하여 얽매임 없었네	淸介無累
공의 문장 탄복하였으니	歎公詞華
풍부하고 민첩하여 남달랐네	贍敏出類
하늘이 공을 낳은 것은	謂天生公

28 판서……제문 : 이 글은 1683년(숙종9) 12월 13일 세상을 떠난 남이성(南二星, 1625~1683)을 애도하며 지은 것이다.

필시 의도가 있다 여겼네	其必有意
임금을 도울 수 있고	衮職可補
세도를 부지할 수 있었네	世道可扶
이제는 떠났으니	今也逝矣
이 또한 운명이라네	其亦命夫
판서가 비록 높으나	八座雖高
쓰임을 다하지 못하였고	未究厥施
육순은 요절이 아니지만	六旬非夭
어찌 백 살이 못 되었나	胡不期頤
조정에 들어가 바라보아도	入瞻公朝
모습은 보이지 않고	不見儀采
물러나 사가로 찾아가도	退就私第
목소리 들을 수 없네	莫接謦欬
즐겁게 어울려 놀고	從遊之好
기쁘게 술을 마셨는데	杯酒之歡
어느덧 지난 자취 되었으니	陳迹倏忽
어느 날 다시 만나리오	何日更攀
나라에 큰 슬픔 생겼는데[29]	國有巨創
공은 병상에 있었으니	公在床褥
슬픔과 근심 서로 모여	悲憂交集
점차 병이 심해졌네	輾轉增劇

29 나라에……생겼는데 : 1683년(숙종9) 현종의 비이자 숙종의 모친인 명성왕후(明聖王后)가 승하한 일을 말한다. 《肅宗實錄 9年 12月 5日》

꿈에서도 간곡히 하던 말 諄諄夢語
임금 사랑 더욱 독실하였네 愛君采篤
공의 이 마음은 知公此心
죽어도 사라지지 않으리 雖死不磨
구천은 아득하니 九原冥漠
과연 알고 있는가 其有知耶
공을 장사지낼 날이 되었으나 公葬有期
나는 몸이 얽매였네 我身有縻
무덤에 가보지 못하니 孤負臨穴
내 마음 더욱 슬프네 增我心悲
나의 제문 간곡하고[30] 我辭之苦
나의 제수 정결하니 我羞之潔
한 잔 술 올리며 고하고 一酌以告
천고토록 영원히 이별하네 千古永訣

30 나의 제문 간절하고 : 저본에는 "我辭之若"으로 되어 있으나 문맥에 근거하여 "若"을 "苦"로 바로잡아 번역하였다.

이장할 때의 두 번째 제문[31]

再祭改葬文

땅을 골라 이장하는 일은	擇地改葬
먼 옛날부터 시작되었네	粤自前古
이익과 복을 바라서가 아니라	非徼福利
편안하고 튼튼하기 위해서라네	蓋取安固
내가 죽산의 언덕을 보니	我相竹阡
술가의 기휘를 많이 범하였네	多犯術忌
우뚝한 여주의 언덕은	有崇驪阜
모두가 참으로 아름답다 하네	咸曰信美
저곳을 떠나 이곳을 취하기를	去彼取此
어찌 그만둘 수 있으랴	夫豈得已
비로소 면례를 거행하니	始擧緬禮
예관이 기일을 고하였네	禮官奏期
중전은 애통한 마음 맺히고	坤闈痛結
성상은 은혜를 베풀었네	聖主恩推
제사를 내려주었으니	錫之奠酹
어찌 부조에 그쳤으랴	奚止賻襚

31 이장할……제문 : 이 글은 1684년(숙종10) 저자의 아내 은진 송씨(恩津宋氏)를 이장할 때 지은 것이다. 은진 송씨의 묘소는 본디 죽산(竹山) 칠장산(七長山) 아래에 있었으나 여주로 이장하였다. 본서 제4권 〈휴가를 청하는 상소〔乞暇疏〕〉 참조.

빈소에서 장지까지	由殯而葬
예우가 융숭하고 물건이 완비되었네	禮隆物備
살아서는 영광스럽고 죽어서는 슬퍼하니	哀榮所被
지하에서도 감동하리라	感徹重泉
십삼 년 동안[32]	十三年間
슬픔과 기쁨이 갈마들어	悲歡迭遷
높은 반열과 두터운 녹봉	巍班厚祿
나 홀로 누리자니 부끄럽네	媿余獨享
늘 조강지처 생각하면	永念糟糠
애통한 마음 갑절이네	倍增悼愴
두 아들은 혼인하고	二子有室
어렸던 딸은 계례 치렀네	稚女及笄
모두 나를 따라와서	俱從我來
가슴 치며 통곡하네	擎擗叫啼
담소하던 모습	儀容言笑
본 적이 없으니	曾莫瞻覩
그저 영전에 기대어	徒憑筵几
시어미와 어미를 부르네	呼姑呼母
저승과 이승의 한스러운 마음	幽明此恨
어찌 천지처럼 끝이 있으랴	穹壤曷旣
나는 늙고 병이 많아	吾衰多病

32 십삼 년 동안 : 은진 송씨가 1672년(현종13) 세상을 떠나고 13년 뒤에 이장하였으므로 이렇게 말한 것이다.

세상에 더부살이하는 신세	在世如寄
차마 영구가	忍見靈柩
다시 땅에 들어가는 모습 보랴	復入于土
간소한 제수로	菲薄之具
정성을 담아	忱悃所寓
한 잔 술로 영결하니	一酌告訣
애가 끊어지고 눈물 흐르네	腸摧淚注

사위 이 진사 만창 에 대한 제문[33]

祭女壻李進士 晩昌 文

유세차 갑자년(1684, 숙종10) 10월 계사삭 9일 신축, 장인 여흥 민유중은 맑은 술과 여러 음식을 제물로 대략 갖추어 진사 이사하(李士夏) 군의 영전에 고합니다.

아, 슬프다	嗚呼哀哉
나와 그대 아버지는	我與尊公
의리가 형제와 같았네	義卽昆弟
인척을 맺었으니	姻好之托
교분이 더욱 독실하였네	益篤交契
그대가 나의 사위 된 지	君爲我甥
십오 년이 되었네	十載有五
나는 손님으로 대우하고	我以賓待
그대는 아비처럼 보았네	君視若父
온화한 풍도로	溫溫風味
정답게 담소하였네	款款笑言
어려운 시기를 만나	艱厄之會

33 사위……제문 : 이 글은 1684년(숙종10) 7월 17일 세상을 떠난 저자의 사위 이만창(李晩昌, 1654~1684)을 애도하며 지은 글이다. 이만창의 본관은 우봉(牛峯), 자는 사하(士夏)이며 이재(李縡)의 부친이다.《陶菴集 卷46 先考墓誌》

느닷없이 모이고 흩어졌네　　聚散無端
천리 길이 비록 멀지만　　千里雖遠
이 마음은 떨어지지 않았네　　此心不隔
덧없는 세상의 기쁨과 슬픔　　浮世悲歡
그대와 함께 겪었네　　與共閱歷
그대는 기호가 없어　　君無嗜好
오직 서적에 탐닉하고　　唯耽書史
그대는 시기하여 해치지 않아　　君絶忮害
평소 좋은 선비 아꼈네　　雅愛善士
남의 부화함을 부끄럽게 여겨　　恥人浮華
검소하고 겸손하게 몸을 가다듬었네　　飭躬儉遜
일찍부터 명성을 날려　　聲譽早颺
그 온축한 것 가리지 못하였네　　莫掩其蘊
그대는 자질이 아름다우니　　謂君美質
후한 복을 누리리라 여겼고　　宜享厚祿
그대는 문장이 아름다워　　嘉君詞藻
과장에서 오래 명성 떨쳤네　　久擅場屋
아마도 올해 가을에　　庶幾今秋
문과에 급제하리라 여겼네　　擢名天庭
구만 리 길이 앞에 있는데　　鵬程在前
어찌 죽음을 걱정하였으랴　　豈憂死生
그대는 부친을 따라서　　君趨鯉對
한강 남쪽으로 갔네[34]　　在漢之南
병들었다는 소식 듣자마자　　纔以疾報

갑자기 부고를 받았네	遽承凶音
놀라 소리치며 땅에 쓰러져	驚號仆地
꿈인가 생시인가 하였네	若夢非眞
늙고 병든 몸 억지로 끌고	强扶衰疾
영전에 통곡하러 갔네	往哭喪筵
모습은 볼 수 없고	儀形莫覩
신주만 덩그러니 있었네	一木塊然
위로 부친을 위로하고	上慰尊公
아래로 과부된 딸을 보살폈네	俯撫孀女
오장이 찢어지는 듯하니	腸摧肝裂
눈물 흘릴 뿐 할 말이 없네	有淚無語
돌아와 침상에 누우니	歸來伏枕
슬픈 생각 만 가지였네	百端悲緖
장사지내는 날이 되었으나	及葬告期
끝내 무덤에 가지 못하였네	竟孤臨穴
옛일을 돌이켜 생각하면	回思疇昔
슬프고 한스러운 마음 간절하네	悲恨交切
서현(아현동)의 옛집을	西峴舊第
다시 보며 도로 의심하네	又見反疑
지난 자취 완연한데	陳迹完如
모든 일 어찌할 도리가 없네	萬事曷追

34 그대는……갔네 : 이만창은 부친 이숙(李翽)이 광주 유수(廣州留守)에 임명되자 따라갔다가 그곳에서 죽었다.《陶菴集 卷46 先考墓誌》

호쾌한 아들[35] 있으니	賴有快兒
사람들이 난새 같다 하네	人稱鵠鸞
아비 없이 외로운 신세	零丁靡怙
양육하기 몹시 어렵네	鞠養甚艱
그대에게 지각이 있다면	君若有知
아마도 도와주어	其克相之
장수하고 창성하게 하여	俾壽而昌
온갖 복을 누리게 하리라	百福咸宜
다른 곳에 장사지내[36]	喪在他所
빈소에서 술 따르지 못하였으니	酹不及殯
이제 간소한 제수를 가지고	玆將菲具
뒤늦게 슬픔을 펴네	追紓哀悃
무덤은 비록 닫혔으나	泉塗雖閟
혼령은 사라지지 않았으리	精爽不泯
부디 한잔 술 흠향하여	願歆一酌
나의 애통한 마음 위로하게	慰我痛隕

35 호쾌한 아들 : 도암(陶菴) 이재(李縡)를 말한다.

36 다른 곳에 장사지내 : 이만창은 용인(龍仁) 한천동(寒泉洞)에 장사지냈다. 《陶菴集 卷40 皇考妣阡表》

김중옥 익진 에 대한 제문[37]

祭金仲玉 益振 文

난초가 꽃이 시들면	蘭委其芳
코가 있은들 어찌 냄새를 맡으며	有鼻何齅
옥이 그 빛을 감추면	玉沈其光
눈이 있은들 어찌 보리오	有目何覯
내가 좋은 벗을 잃었으니	我喪良朋
누구와 함께 노닐겠는가	其誰與游
마음으로 맺은 약속 아득하고	心期冥漠
사람의 일은 틀려버렸네	人事謬悠
나의 그리움 영원하니	永言余思
그대 그리워 슬퍼하네	思子爲悲
그 바탕은 순수하고 밝으며	醇明其質
그 자질은 바르고 굳세었네	剛正其姿
온화하고 단정하여	溫然端直
군자의 그릇이었네	君子之器
어려서 고아가 되어	少也爲孤
어버이 섬기지 못하였네[38]	靡逮怙恃

37 김중옥에 대한 제문 : 이 글은 1654년 세상을 떠난 김익진(金益振, 1620~1654)을 애도하며 지은 것이다.

38 젊어서……못하였네 : 김익진의 부친 김남헌(金南獻)은 1632년(인조10) 세상을

외로이 먹을 것 찾아	僝伶就哺
자애로운 할머니 우러렀네	仰慈高堂
효성은 타고났으니	誠孝得天
어려서부터 장성할 때까지 같았네	自幼及長
형제와 지낼 적에는	處于兄弟
공경과 사랑이 모두 독실하였네	敬愛俱篤
형제가 모두 뛰어나	棣華交芬
화락하고 사이 좋았네	和樂且翕
스승에게 도를 물으니	從師問道
아름다운 명성이 더욱 높아졌네	令譽益彰
옛 교훈을 명심하여	服膺古訓
가고 머무는 일정한 곳 있었네	游居有常
겸손과 공손으로 굳게 지키며	謙恭守約
적절하고 이치에 맞았네	剴切當理
찬란한 우리 당의 선비들이	斐然吾黨
함께 일하고자 하였네	願與同事
지난 을유년(1645, 인조23)	往在乙酉
내 나이 열여섯에	我年十六
우리 둘째 형님 통해	從我仲氏
그대를 알게 되었네	與子相識
나이 많고 행실 닦았으며	齒長行修

떠났고, 모친 안동 권씨(安東權氏)는 이듬해 세상을 떠났다.《西溪集 卷13 禮曹參判金公墓碣銘》

학업 풍부하고 견문 넓었네	業富聞宏
어찌 감히 벗으로 삼으랴	豈敢爲友
형처럼 우러렀네	仰之如兄
그대는 나를 비루하게 여기지 않아	子不鄙我
칭찬하고 이끌어주었네	以拂以翦
나를 바른 도리로 경계하고	規我以正
나를 선으로 인도하였네	導我以善
쇠를 끊을 듯이 날카롭고[39]	斷金之利
두 개의 못처럼 유익하였네[40]	麗澤之益
어리석은 나를 깨우쳐주니	開發蔽蒙
실로 경계와 책망 덕분이었네	實荷警責
그대는 달리 교유하는 사람 없고	子無他好
우리 형제와 교유하였네	唯我昆季
마음에 맞아 정성을 다하며	惓惓中情
변치 않고 갈수록 독실하였네	日篤無替
흉금을 함께 터놓고	襟期共許
기운을 서로 의지하였네	氣臭相依
서실에서 책상을 붙이고	連床書室

39 쇠를……날카롭고 : 두사람이 의기투합하였다는 말이다. 《주역》 〈계사전 상(繫辭傳上)〉에 "두 사람이 마음을 함께하면 날카롭기가 쇠를 끊을 듯하다.〔二人同心, 其利斷金.〕" 하였다.

40 두……유익하였네 : 《주역》 〈태괘(兌卦)〉의 "두 개의 못이 나란히 있는 것이 태괘이니, 군자가 이를 본받아 벗과 학문을 익힌다.〔麗澤兌, 君子以, 朋友講習.〕"라는 말을 인용한 것이다.

과장에서 소매를 나란히 하였네	並袂禮闈
진사시에 합격한 뒤	既擢蓮榜
마침내 문과에 급제하였네[41]	遂登桂籍
환로를 활보하다가	亨衢展步
간혹 넘어지기도 하였네	或跌其足
남들은 경하하고 위로하였으나	人致慶弔
그대는 걱정하거나 기뻐하지 않았네	子不憂喜
한결같이 하늘에 맡겼으니	一任之天
자신과 무슨 상관이 있겠는가	何與於己
굽혔다가 마침내 펴고	屈而竟伸
점차 날개를 펼쳤네	鴻翼其漸
과연 여러 사람의 기대에 맞아	果愜輿望
끝내 염려하는 할머니 위로하였네	終慰慈念
조정에 올라 홀을 잡고서	升朝執笏
나와 나란히 걸었네	同我聯翩
득실과 영욕을 겪었으나	得失榮辱
마음 한가롭고 뜻은 굳었네	心閒意堅
여름철 첫달에	維夏首朔
내가 대궐에 숙직하는데	余在禁直
이때 병에 걸려	于時有疾
편지 보내 약을 찾았네	抵書索藥

41 진사시에……급제하였네 : 김익진은 1650년(효종1) 진사시에 합격하고 이듬해 문과에 급제하였다.

우연히 그러하다 여기고	意謂適然
위태롭다 생각하지 않았네	不料其危
관청에서 물러나온 여가에	公退之暇
비로소 찾아가 살피니	始往省之
문을 열고 나를 맞이하며	開戶迎我
조금 나았다고 말하였네	乃云少瘳
한참 동안 무릎을 맞대고	接膝交塵
담소를 주고받았네	言笑相酬
쌓인 정 펴기도 전에	未展蘊抱
어느덧 자리를 떴네	依然離席
그 뒤에 다시 갔더니	于後再至
그대의 병 더욱 심해졌네	子病增劇
앉지도 못하고 누워	臥不能坐
병석에서 시름시름 앓았네	沈綿床褥
팔일 아침에	八日之朝
내가 또 세 번째 찾아가니	余又三及
약이 효과가 없어	藥不收功
숨이 끊어지려 하였네	奄奄將絶
정신은 비록 남아 있으나	精神雖存
혀가 굳어 말하지 못하였네	噤舌無聲
손을 잡고 바라보니[42]	執手相看

42 손을 잡고 바라보니 : 저본에는 "執手相者"로 되어 있으나 문맥에 근거하여 "者"를 "看"으로 바로잡아 번역하였다.

생각이 가득하였네	有懷盈盈
종이와 붓을 주고	投紙與筆
억지로 글자를 쓰게 하니	强子寫字
자획이 어지럽지 않고	字畫不亂
날짜 기록하고 일을 썼네	記日書事
물러나 벗들에게 보여주니	退示諸朋
슬퍼하고 근심하였네	且悲且愍
어찌 알았으랴 일어나지 못하여	那知不起
갑자기 영결하게 될 줄이야	遽成永訣
지금 돌이켜 생각하면	至今追惟
내 마음 더욱 아프네	重我心惻
하늘이 그대를 낳은 데는	緊天降子
필시 의도가 있으리니	其必有意
장차 밝아지고 번창하여	將明將昌
그 아름다움 널리 드러낼텐데	大顯厥美
그 복을 길이 누리지 못하고	不永其祿
또 속히 목숨을 빼앗아갔네	而又速奪
덕은 어찌 그리 풍부하고	何德之豐
명은 어찌 그리 인색한가	何命之嗇
아, 나는 외롭고 비루하여	嗟余孤陋
밤길 더듬어 가는 소경과 같네[43]	冥途擿埴

43 밤길……같네 : 저본에는 "冥途墒埴"로 되어 있으나 문맥에 근거하여 "墒"을 "擿"으로 바로잡아 번역하였다.

누가 내 몸을 이끌어	孰推我身
함께 선한 경지로 가겠는가	偕之善域
훤칠한 모습 보이는 듯하고	晳晳目存
낭랑한 목소리 들리는 듯하네	琅琅耳聞
지난 일 생각해보니	想念平昔
남은 향기 맡는 듯하네	庶襲遺芬
외로운 고아들은	煢煢諸孤
상복 입고 수척하네	欒欒衰痲
딸은 울고 아들은 통곡하며	女啼男哭
날마다 아비를 부르네	日號阿爹
죽은 사람은 그만이요	逝者已矣
나만 슬프구나	惟余是戚
시간은 정해진 때가 있어	日月有時
무덤으로 가려 하네	將就窀穸
지하는 아득하니	茫茫重壤
항상 밤처럼 어두워 해가 없네	長夜不暘
빼어난 풍골 맑은 모습	秀骨淸儀
영원히 묻혔네	萬古之藏
장부가 받은 기운은	丈夫受氣
순수하게 밝고 맑네	純然淸明
그 형체는 바뀔 수 있어도	可化其形
어찌 그 영령이 사라지랴	寧隕厥靈
내가 올리는 술을 흠향하고	歆我將觴
나의 애타는 말 들어주게	聽我苦詞

한번 곡하며 길이 작별하니	一哭長辭
아는가 모르는가	知乎不知
아, 슬프다	嗚呼哀哉

낙정 조 선생 석윤 에 대한 제문[44]

祭樂靜趙先生 錫胤 文

세상에 군자다운 사람이 없게 할 수 없으므로 하늘은 반드시 낳고, 세상에 군자다운 사람이 쓰이지 못하게 하므로 하늘은 반드시 인색합니다. 이 때문에 조물주의 장난은 끝이 없고, 선한 이들은 항상 액운을 당합니다. 예로부터 애석하게 죽은 자가 어찌 한정이 있겠는가마는 나는 선생의 죽음에 대해 하늘을 원망하지 않을 수 없으며 조물주의 마음에 거듭 유감을 품습니다.

선생은 타고난 자질이 도에 가깝고 일찍 경학에 종사하여 근본이 처음부터 순박하고 맑았으며 행실이 돈독하였습니다. 그 마음은 담박하여 얽매임이 없었고, 그 용모는 엄숙하여 법도가 있었습니다. 과묵하였으나 말을 하면 온화하였고, 행동은 단정하고 순리를 따랐습니다. 임금을 사랑하여 선을 아뢰고 사악함을 막는 것을 책무로 여겼으며, 백성을 근심하여 은혜를 미루어 혜택을 베푸는 것을 근본으로 삼았습니다. 아홉 번 자리를 옮기고 세 번 쫓겨나면서[45] 정도에 따라 나아가고

44 낙정……제문 : 이 글은 1655년(효종6) 8월 2일 세상을 떠난 저자의 고모부 조석윤(趙錫胤, 1606~1655)을 애도하며 지은 것이다.

45 아홉……쫓겨나면서 : 아홉 번 자리를 옮겼다는 말은 한(漢)나라 전천추(田千秋)가 황제의 총애를 받아 하루에 아홉 번 승진한 고사를 인용한 것으로 임금의 총애를 받았다는 뜻이며, 세 번 쫓겨났다는 말은 노(魯)나라 유하혜(柳下惠)가 바른 도리를 지키다가 세 번 쫓겨난 고사를 인용한 것이다.《古文眞寶後集 卷2 上張僕射書》《論語 微子》

물러났으며, 지푸라기 하나부터 만 종의 녹봉까지 사양하고 받을 적에 반드시 분변하였습니다. 참으로 덕과 재주가 있으며 수식과 바탕을 모두 갖추었습니다. 백관이 모범으로 삼고 온 세상 사람들이 존경하였으니, 이것이 선생이 세상에 없어서는 안 되고 하늘이 반드시 낳은 이유입니다.

그러나 선생은 늦게 태어나서 범상치 않은 시대를 만났습니다. 천지의 기운은 막힐 때가 있고 통하는 때가 있으며, 음양의 이치는 줄어들 때와 늘어날 때가 있습니다. 닭과 오리 같은 자들이 먹이를 다투자 난새와 봉황 같은 인물은 살 곳을 잃고, 노둔한 말 같은 자들이 다투어 나아가자 준마 같은 인물은 절뚝거렸으며, 난초가 덤불에 파묻히고 옥이 흙에 섞였습니다. 곧은 도를 실천하다가 배척을 당하고[46], 맑은 지조를 닦았으나 의심을 당하였습니다. 경술을 지니고도 쓸 데가 없었고, 덕업을 쌓고도 시행하지 못하였습니다. 낯빛을 바로하고 조정에 서면 거만하고 예의가 없다고 하며, 이치에 맞게 일을 논하면 유난히 굳세고 이기기를 좋아한다고 배척하였습니다. 인의(仁義)에 관한 말은 공리(功利)의 앞에서 굴욕을 당하고, 간쟁하는 절개는 비방하는 함정에 빠졌습니다. 외로운 충성은 해와 별을 꿰뚫을 만하였으나 어두운 방에 내쳐지고 말았으며, 지극한 정성은 귀신을 감동시킬 만하였으나 도리어 고명하신 성상께 유감을 얻었습니다. 더러운 말로 어지럽히고 물속에 빠뜨렸습니다. 뜻과 계책은 이 때문에 어긋나고 운명은 이 때문에 불우하였으니, 이는 선생이 세상에 쓰이지 못하고 하늘이 인색

46 배척을 당하고 : 저본에는 "被尼"로 되어 있으나 문맥에 근거하여 "尼"를 "斥"으로 바로잡아 번역하였다.

하였던 이유입니다.

아, 군자가 세상에 없을 수 없다면 이 사람은 등용되게 하여야 하고, 군자가 세상에 쓰이지 못하면 이 사람을 태어나게 할 필요가 없습니다. 태어나게 하였는데 또 등용되지 못하고, 등용되지 못하였는데 또 빼앗아 갔습니다. 태어나게 하고 빼앗아 간 것이 유독 하늘과 관련이 없겠습니까. 여기에 이르니 비록 원망하지 않으려 한들 그만둘 수 있겠습니까.

아, 선생의 어버이를 섬기는 효성과 임금을 섬기는 의리는 한 몸에 모여 애당초 둘이 아니었습니다. 이 때문에 친족들은 자애롭다 일컫고 친구들은 신의 있다 칭송하였습니다. 하인들도 그 어진 마음에 감동하고 향촌 사람들은 그 선에 감화되었습니다. 이는 선생의 덕이 집안에서 드러난 것입니다. 백성은 그가 등용되기를 바라고, 조정과 재야에서는 그 풍채를 떠올려 군자는 믿을 데가 있고 소인은 두려워하였으니, 이는 선생의 덕이 조정에 드러난 것입니다.

아, 선생은 그릇이 크고 명망이 높았으니 높은 지위에 올라 마땅한데 그 쓰임을 다하지 못하고 참판에서 그쳤습니다. 모습이 크고 정신이 풍부하였으니 장수를 누려야 마땅한데 쉰에 그쳐 오래 살지 못하였습니다. 인과 선을 쌓았으니 반드시 후사가 있으리라 여겼는데 두 아이가 일찍 죽어 종가에 후사가 없었습니다.[47] 덕이 두텁고 행실이 뛰어나니 반드시 복을 누리리라 여겼는데 병을 앓고 곤궁하여 온갖 고생을 하였습니다. 심지어 기휘와 흔단을 저촉하여 지방으로 쫓겨났습니다. 처음

47 두……없었습니다 : 조석윤은 2남 5녀를 두었는데, 두 아들은 모두 요절하였다. 《淸溪集 卷8 樂靜先生趙公家狀》

에는 부안(扶安)으로 옮겨졌다가 얼마 후 강계(江界)로 유배되었으며, 종성(鍾城)으로 좌천되어 도깨비 같은 오랑캐를 막았습니다.[48] 남쪽 변방으로 수백여 리를 가고 서쪽 변방으로 천 리를 갔으며 북쪽 외딴 변방으로 2천여 리를 갔으니, 두세 해 사이에 세 번 유배되었습니다. 풍토가 달라 입맛을 잃고 추위와 더위가 달랐으며, 질병이 엄습하고 풍상을 겪느라 초췌해졌습니다. 비록 겉으로 보이는 형체는 남아 있었으나 안에서 정력이 삭아 조정에 돌아온 지 오래지 않아 한 번 병에 걸리자 갑자기 돌아가셨습니까. 선한 이들의 운수와 조물주의 장난이 초래한 것 아니겠습니까. 아, 하늘이 선한 사람에게 보답하는 이치가 과연 어디에 있습니까. 조물주가 하는 짓도 몹시 심합니다. 여기에 이르니 유감이 없고자 한들 또 없을 수 있겠습니까.

아, 선생이 계셨을 적에 강연에 두면 경전을 토론하고 의리를 설명하여 우리 임금에게 자문하는 유익함이 있었습니다. 성균관에 두면 의로운 방법으로 가르치고 몸소 모범을 보여 유생들이 보고 감동하여 진작하는 효과가 있었습니다. 언관의 자리를 맡으면 임금의 잘못을 반드시 아뢰고 관원의 잘못을 반드시 규찰하였으며, 법을 집행하는 관직을 맡으면 폐지된 법을 거행하고 무너진 기강을 엄숙히 하였습니다. 이조에서 전형을 맡아서는 사특한 이를 변별하고 어진 이를 가려뽑아 향초와 악초가 분명해졌고, 문단을 주도하게 되어서는 왕명을 기초한 글이

48 처음에는……막았습니다 : 조석윤은 1651년(효종2) 대사헌으로서 호가(扈駕)를 제대로 하지 않은 경기 감사를 가볍게 처벌하였다가 전라도 부안으로 유배되었고, 이듬해 전관(銓官)을 논척하였다가 평안도 강계로 유배되었으며, 또 이듬해 대관(臺官)을 논핵하였다가 종성 부사로 보임되었다. 《清溪集 卷8 樂靜先生趙公家狀》

아름답고 낭랑하였습니다. 조정의 어진 사대부는 이 때문에 벗으로 삼았고, 후배들은 이 때문에 스승으로 삼았으며, 어리석은 백성과 미천한 하인은 이 때문에 나라가 이렇게 인재를 얻었다고 기뻐하였으니, 비단 구정(九鼎)이 더욱 무거워지고 오색빛 봉황이 와서 춤추는 정도[49]에 그치지 않았습니다. 비록 조정에 편안히 있지 못하고 여러 해 쫓겨났으나 사람들은 모두 믿고 의지하여 마치 거센 물결 속의 지주(砥柱)와 지축을 누르는 중악(中嶽)처럼 바라보았습니다.

아, 선생은 이제 없습니다. 경연에는 보필하는 신하가 없고, 성균관에서는 어진 스승을 잃었습니다. 허물을 바로잡는 직책은 있으나 적임자가 없고, 법을 공평히 집행하는 관직은 있으나 인원이 빠졌습니다. 재주 있고 선량한 관리를 분명하게 감별하는 일은 누가 맡겠으며, 윤음을 윤색하여 아름답게 꾸밀 사람이 누가 있겠습니까. 조정의 어진 사대부는 누구와 교유하며, 후배들은 누구에게 학문을 묻겠습니까. 어리석은 백성과 미천한 하인은 이 때문에 시초와 거북이 사라지고 대들보가 부러진 것처럼 슬퍼합니다. 세상에서 선생의 이름을 듣고 선생의 풍도를 사모한 자는 이 때문에 모두 안타까워하며 눈물을 흘립니다. 그렇다면 하늘이 돌보지 않았다는 탄식과 어진 이가 죽었다는 애통한 마음은 저만 그러한 것이 아니며 장차 나라 사람과 함께 할 것입니다.

아, 지금 나라의 수치를 씻지 못하고 임금의 근심이 풀리지 않았으며,[50] 조정이 혼탁하고 세도가 무너지며 정기가 소진되고 사욕이 횡행

49 구정(九鼎)이……정도 : 구정은 나라를 비유하며, 오색빛 봉황은 태평을 상징한다.

50 임금의……않았으며 : 저본에는 "主憂未馳"로 되어 있으나 문맥에 근거하여 "馳"를 "弛"로 바로잡아 번역하였다.

합니다. 충신과 의사가 서로 마음과 정성을 다하여 위태롭고 기울어지는 나라를 부지하여 끝내 성공을 거두어야 하는데, 공은 이러한 때에 갑자기 멀리 떠나 어둑하고 아득하여 염려하지도 않고 말하지도 않습니다. 지금 어떤 사람이 다시 이 책임을 맡겠습니까. 죽은 사람은 영원히 끝이지만 살아 있는 사람의 한이 어찌 끝이 있겠습니까.

아, 공의 부인은 바로 나의 고모입니다. 인척의 의리가 융숭하여 공의 덕을 우러러 보았으니 내가 어린 시절부터 존경하였습니다. 가르쳐주시고 말씀하시며 어리석은 저를 깨우쳐 주셨으니 실로 스승과 같았습니다. 선비는 먼 훗날에 태어나도 먼 옛날의 옛사람을 책에서 만나 뜻이 맞으면 사모하고 공경하는 법입니다. 하물며 같은 세상에 태어나 인척의 인연을 맺고서 직접 목소리를 들으며 곁에서 지낸 사람은 어떻겠습니까.

이와 같았으므로 마음에 의심이 있으면 반드시 가서 물어보고, 일이 막히면 반드시 가서 의견을 구하였습니다. 언어를 모범으로 삼고 행동을 규칙으로 삼아 평생동안 곁에서 모시기를 기약하였는데, 어찌하여 돌아가시어 영원히 이별한 것입니까. 온화하고 엄숙한 낯빛은 다시 볼 수 없고, 따뜻하고 바른 말씀은 다시 들을 수 없습니다. 하늘에 묻자니 하늘의 이치는 징험할 수 없고, 조물주에게 따지자니 조물주는 믿을 수가 없습니다. 지난 일을 돌이켜보고 지금 시대를 생각하니 오장이 찢어지고 눈물이 줄줄 흐릅니다.

때가 되어 이장하는 의식을 거행하니, 한번 깊은 땅속으로 들어가면 영원히 작별입니다. 감히 길에서 제사지내고 작별하여 영결하는 슬픔을 드러냅니다. 간소한 제수를 진설하고 맑은 술을 잔에 가득 따르니, 말로 다할 수 없고 정은 다할 수 없습니다.[51] 아, 선생의 영령이여.

미천한 저의 진심에 감응하십니까.

51 정은……없습니다 : 저본에는 "惰不可窮"으로 되어 있으나 문맥을 고려하여 "惰"를 "情"으로 바로잡아 번역하였다.

두 번째 제문

再祭文

아	嗚呼
공이 한미한 우리집에 장가든 지	公之委禽寒門
이제 거의 삼십 육년이 되었네	殆今三十六年
우리 조부님과 조모님은	惟我皇祖考妣
남달리 어질고 행실 있는 공을 가상히 여겨	嘉公賢行出倫
손님으로 예우하고	禮遇之以賓
자식처럼 친애하였네	親愛之若子
정분이 도타운데다	情誼旣篤
자애도 지극하였네	眷慈又至
공이 섬길 적에도	公之事之
자기 어버이처럼 하였네	亦如其親
조모님 만년에는	祖妣晩年
공을 더욱 간곡히 염려하여	念公尤勤
음식과 기거를	飮食起居
반드시 묻고 살폈네	必問必存
공이 찾아뵈면	見公省拜
웃고 이야기하였네	載笑載言
공이 돌아가셨을 때	時公告終
조모님은 병석에 있었는데	祖妣在疾
병든 몸으로	竊念病裡

놀라고 슬퍼할까 염려하여	將驚而戚
공의 죽음을 감추고	諱公之喪
감히 사실대로 말하지 못하였네	不敢以實
공이 오지 않아 의아해 하고	疑公不來
공에게 병이 있다 여기시니	謂公有恙
물으실 때마다 속이는 말로	問輒詭辭
일부러 어버이 마음 위로하였네	故慰親心
인정상 차마 말할 수 없어	人情不忍
억지로 말을 꾸미니	强而爲辭
마음이 어지럽고	心緖棼亂
일마다 참담하였네	觸事慘悲
공이 죽고 한 달이 지나	公歿閱月
조모님이 세상을 떠나셨네	祖妣見背
하늘은 어찌 그리 어질지 않아	天何不仁
유난히 혹독한 화를 내리는가	偏降酷厲
저승과 이승 사이에	幽明之間
지극한 한이 길이 맺혔네	至恨長結
공에게 지각이 있다면	公若有知
역시 응당 통탄하리라	亦應痛惻
이야기가 여기에 미치니	興言及此
내 마음 찢어지는 듯하네	我心如割

이 감찰의 묘소에 대한 제문[52]

祭李監察墓文

옛적 나라의 운세가 비색하여	邦運昔否
섬나라 오랑캐가 침략하였네	島夷竊發
흉악한 예봉이 미치는 곳마다	兇鋒所及
여러 고을이 와해되었네	列郡瓦裂
양민을 위협하고 몰아서	脅驅良民
악독한 짓을 돕게 하였네	助厥威毒
함경도 북쪽에서는	嶺海以北
순리를 잊고 역적에 어울렸네	忘順稱逆
공이 이때 떨쳐 일어나니	公時奮起
의로운 선비들 와서 모였네	義士來集
선비의 갓과 가죽띠를	儒冠韋帶
무기와 갑옷으로 바꾸었네	易以金革
마침내 흉도를 소탕하고	遂翦兇徒
강한 적을 대거 무찔렀네	大鏖勍敵
경성에서 북을 세우고	建鼓于鏡
길주에서 적진에 다가갔네[53]	摩壘于吉

52 이……제문 : 이 글은 임진왜란 때 북관대첩 승리에 기여한 이붕수(李鵬壽, 1545~1593)를 위해 지은 것이다. 이붕수의 본관은 공주(公州), 자는 중항(仲恒)이며 경성(鏡城) 창렬사(彰烈祠)에 배향되었다.《硏經齋全集 卷60 蘭室史料3 北方忠義傳》

군대의 기세가 크게 진작되고	軍聲大振
적의 기세는 더욱 꺾였네	賊勢益挫
남아는 패전하면 죽는 법이니	男兒死綏
천명은 피하기 어렵네	天命難逃
빼어난 혼이 한번 흩어지니	英魂一散
화살 잡고 슬피 부르네	執矢悲招
전군이 통곡하니	一軍慟哭
천지가 어두워졌네	天地晦冥
윤음이 멀리까지 내려	恩綸遠降
애도하며 영예롭게 증직하였네	褒贈哀榮
강회의 길목을 막았으니	江淮沮遏
이것은 누구의 공로인가[54]	是誰之功
죽어도 죽지 않았으니	死而不死
열렬하여 더욱 빛나네	烈烈彌光
이때 병영에서	維時閫臬
부월을 받은 신하는	受鉞之臣

53 경성에서……다가갔네 : 이붕수는 경성 사람으로 임진왜란 때 국경인(鞠敬仁)이 이곳에서 반란을 일으키자 정문부(鄭文孚)를 대장으로 삼아 토벌하였고, 이후 길주(吉州) 장평(長坪)에서 왜군과 싸워 크게 승리하였다. 《研經齋全集 卷60 蘭室史料3 北方忠義傳》

54 강회의……공로인가 : 한유(韓愈)가 〈장중승전후서(張中丞傳後序)〉에서 안녹산의 반란에 싸우다가 죽은 장순(張巡)을 칭송하며 "강회의 길목을 막아 적의 형세를 저지하였으니 천하가 망하지 않은 것은 누구의 공로인가.〔蔽遮江淮, 沮遏其勢, 天下之不亡, 其誰之功也?〕"라고 한 말을 인용한 것이다.

병사를 벌여 자신을 지키고 陳兵自衛
적에게 임금을 버렸네 以賊遺君
공은 서생으로서 公以書生
이처럼 큰 공적 세웠으니 樹此宏績
그 성취를 비교하면 較其所就
하늘과 땅처럼 현격히 다르네 天壤懸殊
이와 같은 무리는 若此輩類
그 죄를 죽여도 용납할 수 없네 罪不容誅
단천의 옛 보루에는 端州古壘
아직도 층층구름 자욱하고 陣雲猶結
무계의 옛터[55]에는 武溪遺墟
가래나무가 줄지어 있네 梓樹成列
영령이 있어서 精靈如在
와서 노니는 듯하네 髣髴來遊
손수 강상을 지탱하여 手植倫常
변방에 환히 남겼네 炳垂荒陬
지금도 어리석은 백성은 至今愚民
공에게 의지하네 依歸于公
내가 이 고을에 와서 我來玆州
유풍을 상상하며 우러르네 想仰遺風
간소한 제수를 올리고 奠此菲薄

55 무계의 옛터 : 이붕수의 고향인 경성(鏡城) 어랑사(漁郎社) 무계리(武溪里)를 말한다.《木齋集 卷7 贈監察李君碣銘》

술 한 잔 따르니	酹以一觴
부디 강림하여	庶幾降格
나의 얕은 정성 흠향하소서	歆我微誠

강 첨사의 묘소에 대한 제문[56]

祭姜僉使墓文

자질은 헌걸차고	赳赳之姿
충성은 열렬하였네	烈烈其忠
젊어서 병서를 익히고	少習兵家
변방에서 두루 시험하였네	歷試邊封
어지러운 시대를 만나	遭時搶攘
분개하며 눈물 흘렸네	憤慨洒淚
이에 동지들과 함께	爰及同志
군사를 훈계하고 의리를 떨쳤네	鞠旅奮義
흉악한 자들을 모조리 소탕하고	一掃群兇
강한 도적을 재차 무찔렀네	再鏖强寇
마천령 이북은	磨天以北
다시 우리의 땅이 되었네	復我疆土
예봉을 꺾고 굳센 진을 함락할 적에	摧鋒陷堅
공은 홀로 앞장섰네	公獨居先
용기와 힘이 뛰어나	勇力之雄
전군이 으뜸으로 여겼네	一軍推賢

56 강……제문 : 이 글은 임진왜란 때 북관대첩 승리에 기여한 강문우(姜文佑, 1555~?)를 위해 지은 것이다. 강문우의 본관은 진주(晉州)이며 경성 창렬사에 배향되었다. 《研經齋全集 卷60 蘭室史料3 北方忠義傳》

인륜은 실추되지 않고 倫彝不墜
백성은 편안해졌네 民物歸安
남긴 위엄 늠름하니 凜凜遺烈
먼 훗날까지 사라지지 않으리 百代不滅
내가 지금 존경하며 我今景止
공에게 술 한 잔 따르네 酹公一酌
영령은 어둡지 않으리니 英靈不昧
부디 강림하소서 庶幾來格

최 판관의 묘소에 대한 제문[57]

祭崔判官墓文

임금이 근심하면 신하는 치욕으로 여기고	主憂臣辱
임금이 치욕을 당하면 신하는 죽어야 하네	主辱臣死
포의나 고관이나	布衣肉食
이 의리는 한결같네	其義一致
공의 평생 생각건대	念公平生
본디 초야에 자취를 두었네	跡本草莽
의리를 지키고 행실을 가다듬어	服義砥行
곤궁하게 늙어갔네	窮約自老
임진년(1592, 선조25)에	龍蛇之會
오랑캐가 우리 땅을 침범하였네	寇猘我疆
북쪽 변방을 지키지 못하여	北臬失守
적을 도와 저항하였네	擁賊倔强
공과 여러 공들은	公及諸公
피눈물 흘리며 의지를 다졌네	洒血奮志
이에 의병의 깃발을 세워	爰立義旗
죽기로 맹세하고 함께 하였네	矢死共事

57 최……제문 : 이 글은 임진왜란 때 북관대첩 승리에 기여한 최배천(崔配天, 1566~1640)를 위해 지은 것이다. 최배천의 본관은 강릉(江陵), 자는 중립(仲立)이며 경성 창렬사에 배향되었다. 《研經齋全集 卷60 蘭室史料3 北方忠義傳》

서로를 부르던 무리는	嘯聚之徒
싸우지도 않고 목을 내주고	不戰授首
날마다 불어나던 적은	日滋之賊
칼을 맞고 달아났네	迎刃奔北
군대의 명성이 멀리까지 진동하니	軍聲遠震
함경도 가는 길 막히지 않았네	嶺路無阻
누가 알았으랴 서생이	孰謂書生
큰 공을 세울 줄이야	大功是樹
머나먼 평안도 땅에	逖矣西土
어가가 머물러 있었네	翠華所駐
공이 승전보를 지니고	公持捷音
샛길로 급히 달려가니	間道疾走
우리 임금이 공을 보고서	我后見公
눈물 흘리며 위로하였네	垂涕而慰
관직에 임명하고 상을 내리며	除官賜帛
친히 어의를 벗어주었네	親解御衣
이 때문에 충절을 표창하니	所以褒忠
공을 위한 사심이 아니라네	匪爲公私
이곳 북쪽 변방은	瞻玆北陬
풍속이 누추하여 오랑캐 같네	風陋俗夷
임금과 신하의 예법과 의리를	君臣禮義
들은 적이 없었네	未有聞知
공의 무리가 나온 뒤로	自公輩出
사람들이 인륜을 알았네	人識倫彝

먼 훗날까지 풍도가 전하여　流風百代
길이 스승으로 삼으리라　永克爲師
죽은 사람이 다시 살아날 수 있다면　九原可作
내가 누구와 함께 돌아가리오　吾誰與歸
제수가 간소하니　菲薄之奠
어찌 신에게 바치기 충분하랴　曷足享神
남은 위엄 존경하여　景仰餘烈
그저 진심 어린 정성을 담네　聊寓忱眞

지 참봉의 묘소에 대한 제문[58]

祭池參奉墓文

백성은 임금, 아비, 스승 덕에 살아가니	民生於三
처한 상황 따라 목숨을 바쳐야 하네	所在致死
전투에서 용기 없는 것을	戰陣無勇
군자는 수치로 여겼네	君子爲恥
공은 서생으로서	公惟書生
병법을 배우지 못하였으니	未學軍旅
시례를 익히고	詩禮是習
글짓기 일삼았네	筆硯是事
하루아침에 난리를 만나자	一朝遘亂
떨쳐 일어나 순국하였네	奮起殉國
손에는 창을 들고	手執戈矛
몸에는 갑옷을 입고	身被金革
의병을 이끌어	提携義旅
흉도를 섬멸하였네	殲厥兇醜
적의 기세는 저절로 약해지고	賊勢自靡
우리의 무용은 펼쳐졌네	我武維布

58 지……제문 : 이 글은 임진왜란 때 북관대첩 승리에 기여한 지달원(池達源, 1566~1638)을 위해 지은 것이다. 지달원의 본관은 충주(忠州), 자는 사진(士進)이며 경성 창렬사에 배향되었다. 《硏經齋全集 卷60 蘭室史料3 北方忠義傳》

사방 수백 리의	方數百里
요사한 기운 소탕하였네	妖氛掃廓
선비의 부류로서	以儒家流
여러 사람 중에 뛰어났으니	爲百夫特
그가 수립한 바가	維其所立
어찌 위대하지 않으랴	豈不偉卓
유풍이 전해져	遺風所及
의로운 마음 여전히 격발하네	義膽猶激
대략 간소한 제수를 갖추어	聊奠薄具
삼가 충신의 혼백을 위로하네	敬弔忠魄

매부 정 처사가 이장할 때 지은 제문[59]

妹壻鄭處士改葬祭文

아, 만창이여	嗟嗟晩昌
밝고 맑은 자질과	淸明之質
준엄하고 고결한 그릇으로	峻潔之器
속세를 벗어나	超塵發俗
때묻지 않고 깨끗하였네	皭然不滓
세상에 이 사람이 없으니	世無斯人
아, 그만이로구나	噫其已矣
아, 만창이여	嗟嗟晩昌
스승 좇아 책상자 지고	從師負笈
일찌감치 학문할 줄 알았네	早知爲學
장차 크게 진보하여	謂將大進
선대의 업적 이으리라 여겼는데	紹厥先業
중도에 죽었으니	中道不淑
어찌 그리 명이 짧았나	胡命之嗇
아, 만창이여	嗟嗟晩昌
나이 많은 부친은	尊府高年
누구에게 봉양받으며	待誰而養
과부된 아내와 고아는	寡妻遺孤

59 매부……제문 : 이 글은 저자가 지은 글이 아니라 저자의 매부 정보연(鄭普衍)이 저자의 사위 이만창(李晩昌)을 위해 지은 것이다.

누구를 의지하고 우러르나	誰依誰仰
그대는 어찌 차마 이를 두고	君胡忍此
영원히 지하에 들어갔나	永隔重壤
아, 만창이여	嗟嗟晩昌
그대가 죽은 뒤로	去君之沒
이제 삼년이 지났네	三歲于今
이 땅에 깃든 무덤을	寓墳茲土
남쪽으로 옮기려 하네	將遷以南
그대가 노닐던 곳이니	寔君所遊
그대 마음 위안되리라	庶慰君心
아, 만창이여	嗟嗟晩昌
정분은 형제와 같았고	情則弟兄
의리는 실로 벗이었네	義實朋友
서로 몹시 좋아한 것은	相好之篤
혼인으로 맺어져서가 아니라네	非爲婚媾
지난 일 생각하면	感念平昔
내 마음 더욱 아프네	增我心疚
아, 만창이여	嗟嗟晩昌
낭랑한 목소리 들리는 듯하고	琅琅在耳
훤칠한 모습 보이는 듯하네	晳晳在目
불러도 대답 없고	呼之不應
보아도 보이지 않네	視之無覿
관을 쓰다듬으며 길이 통곡하니	撫柩長慟
한 잔 술로 영결을 고하네	一酌告訣

장모 이 판서 부인에 대한 제문[60]

祭外姑李尙書夫人文

어질고 정숙한 덕은	仁淑之德
하늘이 부여한 아름다움이었네	天賦之美
관작이 높았으니	命爵之尊
남편이 귀해져서라네	夫子之貴
세 아들이 녹봉으로 봉양하니	三兒祿養
부친을 계승한 어진 아들이었네	幹蠱之賢
육순에 일곱 살 더하니	六旬有七
일흔에 가까운 나이였네	及耆之年
예로부터 규방의 여인	從古閨梱
누가 복록을 온전히 누렸나	孰全福履
어떤 이는 어질어도 자식이 없고	或賢無子
어떤 이는 장수해도 지위 없었네	或壽無位
훌륭하도다 부인이여	猗歟夫人
다섯 가지 복을 갖추었네	克備嚮用
어찌하여 만년에	如何晩境
여전히 남은 슬픔 있었나	尙有遺慟

60 장모……제문 : 이 글은 저자의 장모 전주 이씨(全州李氏)를 위해 지은 것이다. 전주 이씨는 순화군(順和君) 이토(玒)의 딸이며 이경증(李景曾)의 아내이다. 《寒水齋集 卷24 判書李公神道碑銘》

백년해로 끝나지 않았는데	偕老未終
맏아들이 먼저 죽었네	冢嗣先殞
그러나 사람의 목숨은	然人之命
각기 길고 짧음 있다네	各有脩短
결국에는 모두 죽으니	及其同歸
누가 빠르고 누가 느리겠나	誰亟誰遲
이치상 본디 그러하니	在理固然
어찌 슬퍼할 필요 있으랴	何用悲爲
아, 소자는	嗟爾小子
외람되게 일찍 사위가 되어	早添甥室
깊은 자애를 후히 받은 지	深慈厚庇
오랜 세월 지났네	積有日月
불행히 아내를 잃고	不幸喪耦
또 혈속도 없었으나	又絶血屬
인정과 예의 변하지 않았고	情禮靡替
더욱 도타이 돌보았네	眷撫益篤
때때로 집으로 찾아뵈면	有時拜堂
눈물이 이야기에 이어졌네	淚與言續
병중의 한 마디 말씀	病裏一語
아직도 귓가에 남아 있네	今猶在耳
어찌 감히 잊고 소홀히 하여	豈敢忘忽
지극한 뜻을 저버리랴	以負至意
목소리와 모습 영원히 감춰지니	音容永閟
길이 밤처럼 어두워 해가 없네	脩夜不暘

이제 한번 영결하니	從玆一訣
천지는 아득하기만 하네	天地茫茫
정령이여 어둡지 않다면	精靈不昧
내 술잔 흠향하소서	歆我酹觴

송 정랑 광식 에 대한 제문[61]

祭宋正郞 光栻 文

유세차 을사년(1665, 현종6) 7월 7일, 통정대부 수전라도관찰사 겸 병마수군절도사 순찰사 민유중은 삼가 작고한 벗 공조 정랑 송공의 기일이 돌아왔다고 들었습니다. 예전에 술과 안주를 올리지 못하여 한스럽고, 저승이 더욱 멀어짐이 슬퍼서 대략 제문을 짓고 삼가 간소한 제수를 준비하여 족제 덕중(德重)에게 대신 올리게 하고 고합니다.

아	嗚呼
공이 죽어 통곡한지	哭公之亡
어느덧 일년이 지났네	倏焉歲周
아, 살아 있는 나는	嗟余之生
누구와 함께 노닐까	疇與爲遊
맑은 모습 볼 수 없으니	淸儀莫接
눈이 있어도 어둡네	有目其昧
목소리 들을 수 없으니	德音莫聞
귀가 있어도 귀머거리라네	有耳其聵
세상에서 공을 알기로	世之知公

61 송……제문 : 이 글은 1664년(현종5) 7월 16일 세상을 떠난 송광식(1625~1664)을 애도하며 지은 것이다. 송광식은 송준길의 아들로 저자의 매형이다. 《宋子大全 卷188 工曹正郞宋君墓誌銘》

나만큼 자세한 사람 없네	無如我詳
자세히 알았으니	惟知之詳
어찌 길이 슬프지 않으랴	曷不永傷
부모를 잘 섬긴 효성은	善事之孝
실로 천성에서 나왔네	實出天性
독실히 우애한 것도	及愛之篤
역시 순수한 행실이었네[62]	亦有純行
친족들에 이르렀으니	洎厥宗族
모두 어질다 칭송하였네	咸稱其仁
집안의 도가 풍족하여	家道克肥
온화한 기운 가득하였네	和氣藹然
비단 자질이 아름다워서가 아니라	非惟質美
학문에서 말미암았네	蓋由學焉
어려서 시례를 익히고	幼習詩禮
집안의 가르침 복종하였네	庭訓是服
항상 의리를 듣고	長聞義理
스승의 가르침 법으로 삼았네	師教是則
깊이 물든 뒤에	濡染旣深
항상 몸가짐 지켰네	操履有常
강직하면서도 격렬하지 않고	坦直無激
온유하면서도 엄격하였네	溫柔且制

62 역시 순수한 행실이었네 : 저본에는 "亦鬼純行"으로 되어 있으나 문맥에 근거하여 "鬼"를 "有"로 바로잡아 번역하였다.

질병과 곤궁에 처한 사람 있으면　疾厄困窮
남을 자신처럼 보았네　視人若己
도와주고 불쌍히 여겨　周之恤之
힘 닿는대로 하였네　惟力所至
비록 독단하지 않았으나　雖不自專
부친을 계승한 미덕이었네　幹蠱之美
조정에 오른 뒤로는　自登于朝
항상 그 직분에 걸맞았네　動協其職
잠시 고을 수령 되니[63]　暫佩縣符
정사는 깨끗하고 송사는 사라졌네[64]　政淸訟息
공이 되고 경이 되더라도　爲公爲卿
누구만 못했으랴　而孰不如
낮은 자리에 침체되었으니　屈於下位
이 또한 운명이리라　是或命歟
그래도 앞으로는　猶謂前途
기대에 걸맞으리라 여겼는데　克副所期
어찌 생각했으랴 한창 젊은 나이에　豈意方强
갑자기 여기에 그칠 줄　奄忽止斯
어진 이 장수한다는 말 징험할 수 없고　仁壽無徵

63 잠시……되니 : 송광식은 1662년(현종3) 이산 현감(尼山縣監)에 임명되었다.《承政院日記 顯宗 3年 6月 10日》

64 정사는……사라졌네 : 저본에는 "改淸訟息"으로 되어 있으나 문맥에 근거하여 "改"를 "政"으로 바로잡아 번역하였다.

선한 이에게 복을 주는 이치 어긋났네 福善乖理
주관하는 자는 누구인가 主張者誰
나는 이를 따지고 싶네 我欲詰此
생각건대 공의 아내는 念公有室
나의 외종 누이였네[65] 卽我表娣
옛날 어린 시절부터 粤自童齔
내가 형으로 섬겼네 余以兄事
나를 선으로 인도하고 道余以善
내가 의를 힘쓰게 하였네 勖余以義
내가 짝을 찾게 되자 迨余求配
자기 누이 시집보냈네 令妹于歸
귀한 집에 의지한지 托跡高門
이미 세월 오래되었네 亦已多時
출입할 때 함께 하고 出入與偕
자고 먹기 같이 하였네 寢食與同
공의 권면에 힘입었으니 賴公偲切
삼밭 속의 쑥대와 같았네[66] 在痲之蓬
친하게 사귄 우정은 交好之情
비단 인척이라서가 아니었네 匪爲婚媾

65 생각건대……누이였네 : 송광식의 아내는 저자의 고모부 조석윤(趙錫胤)의 딸이다.

66 삼밭……같았네 : 《순자(荀子)》 〈권학(勸學)〉의 "쑥대가 삼밭에서 자라면 부축하지 않아도 곧게 자란다.〔蓬生痲中, 不扶而直.〕"라는 말을 인용한 것으로, 좋은 벗에게 도움을 받았다는 뜻이다.

이 즐거움 보존하여	庶保此樂
함께 늙고자 하였는데	共指白首
공이 지금 나를 버렸으니	公今棄余
그만이로구나 미치기 어렵네[67]	已矣難及
지난해 여름에	去歲之夏
공이 위독하다는 소식 듣고서	聞公疾亟
의원 데리고 문병하러 갔네	携醫往問
머물러 여러 달 보았더니	留視累月
형체와 기운은 쇠약해져도	形脫氣薾
정기는 줄어들지 않았네	精華不損
조용하고 여유로웠으니	從容暇豫
평소 수양을 알 수 있었네	素養可見
내게 이야기하며	向余有說
"눈물 흘리고 탄식하기를	垂涕戲欷
죽고 사는 이치는	死生之理
내가 이미 알고 있네	吾所已知
늙은 어버이 누가 보살피랴	親老誰將
눈을 감을 수 없네	目且不瞑
천천히 다시 스스로 새겨보니	徐復自解
운명이니 어찌하겠는가."	奈何乎命
내가 돌아갈 때가 되자	及余之旋

67 그만이로구나 미치기 어렵네 : 저본에는 "已矣難叉"로 되어 있으나 문맥에 근거하여 "叉"를 "及"으로 바로잡아 번역하였다.

술잔 들고 작별하였네 執爵爲別
누가 알았으랴 이날에 誰知此日
곧장 영결하게 될 줄을 便成永訣
부고가 전해지니 凶聞傳來
처음에는 사실 아니라고 의심하였네 始訝非眞
멀리서 바라보고 울음 삼키니 遙望呑聲
눈물이 땅을 적셨네 有淚徹泉
몸이 관직에 얽매여 身有所縻
가고 싶어도 갈 수 없으니 欲往不得
빈소에서 관을 어루만지지 못하고 殯不摩棺
장사지낼 때 상엿줄 잡지 못하였네 窆不執紼
슬픔 머금고 한을 품은 채 茹悲抱恨
자나깨나 잊지 못하였네 寤寐弗釋
마침 내가 명을 받고 適余受命
남쪽 지방 다스리러 왔네 來按南臬
공의 영전에서 곡하려고 爲哭公筵
길을 돌아 수레를 멈추었네 迤道弭節
집에 들어가 길이 통곡하니 入門長慟
공이 있는 듯도 하고 없는 듯도 하네 若有若無
위로는 스승을 위로하고 仰慰函丈
아래로는 고아들을 돌보았네 俯撫諸孤
슬픈 마음에 정신 없고 哀情惝怳
오장이 찢어지는 듯하네 摧切心腑
갈 길에 기한 있어 正程有限

제수도 갖추지 못하였으니	漬綿乏具
몸소 한 잔 술 올리려는	一酌躬奠
소원을 이루지 못하였네	願莫之遂
초가을이 되었으니	初秋云屆
돌아가신 달 다가왔네	期月在卽
시절을 느끼며 옛일을 슬퍼하니	感時愴舊
감정을 어찌 억누를 수 있으랴	情豈可抑
이에 좋은 날을 골라	式涓良辰
멀리서 간소한 제수를 보내네	遠致菲薄
영령이 어둡지 않다면	英爽不昧
행여 알고 들으리라	倘知倘聞
공에게 유감이 있으니	公有遺憾
아침 저녁 길이 맺혔네	永結晨昏
더구나 지금 선생께서	矧今先生
소명에 응하여 일어났네[68]	起膺禮召
의지하는 임금의 돌보심 깊고	眷深主倚
세도가 귀중하기 때문이라네	貴重世道
돌아가고자 하였으나 하지 못하고	懷歸未果
오랫동안 서울 집에 머물렀네	久滯京邸
공은 이미 없고	公既不在
형제도 적으니	又鮮兄弟
누가 슬하에서 모시며	孰侍膝下

68 더구나……일어났네 : 당시 송준길이 좌참찬으로서 조정에 나와 있던 상황을 말한다.

기거를 공경히 부축할까	起居敬扶
일은 작년과 같은데	事同曩歲
오직 아들만 없네	獨欠鯉趨
지하에서도	九泉之中
이 통한 어찌 끝이 있으랴	此痛何極
이를 생각하면	念及于此
내 참담한 마음 더하네	重我慘怛
병중의 한 마디 말씀	病裏一言
또렷이 귓가에 남아 있네	丁寧在耳
내가 비록 어리석으나	余雖不敏
감히 공의 뜻을 저버리랴	敢孤公意
내 할 말은 끝이 없고	余言不盡
내 마음 더욱 유장하네	余懷彌長
제문 지어 대신 술을 올리니	緘辭替酹
천지는 아득하기만 하네	穹壤茫茫
아, 슬프다	嗚呼哀哉
흠향하소서	尙饗

이 충무 순신 의 사당에 대한 제문

祭李忠武 舜臣 廟文

을사년(1665, 현종6) 10월 계축삭 11일 계해, 아무 관직 민유중은 정성껏 재계하여 정결히 하고 삼가 술과 과일을 갖추어 증 대광보국숭록대부 의정부우의정 시호 충무공 행 정헌대부 전라좌도수군절도사 겸 삼도통제사 이공의 신령에게 감히 고합니다.

아, 위기를 당하여 어려움을 막고 제몸을 잊고 나라를 위해 죽는 것은 충성이며, 직접 화살과 돌을 무릅쓰고 사졸들의 앞장을 서는 것은 용기입니다. 배를 말처럼 몰아 바다를 육지처럼 다니며 신출귀몰하게 적은 병력으로 많은 적을 공격하는 것은 기이한 계책입니다. 의기를 격려하여 군사들이 다투어 죽을 곳으로 나아가고 싸우면 반드시 이겨 백 번 싸워 한 번도 지지 않은 것은 신령한 용병입니다. 천 척의 배가 파도에 묻히고 피비린내가 바다에 넘치니 흉악한 적이 물러나 감히 국경에 다가오지 못한 것은 위대한 성공입니다. 큰 별이 갑자기 떨어지고 유탄이 몰래 날아오자 유언으로 죽음을 감추게 하고 처음처럼 싸움을 독려하였으니, 아름다운 순절입니다.

충성스러우나 용맹이 없으면 전장에서 무슨 소용이 있겠으며, 용맹스러우나 계책이 없으면 일을 당하여 무엇을 이루겠습니까. 장수가 병법을 모르면 공훈을 세울 수 없고, 공을 세우기는 쉬워도 의리를 지켜 죽기는 더욱 어렵습니다. 열렬한 우리 공은 모두 소유하였으니, 어찌 하늘이 나라를 위하여 미리 이 사람을 낳아 기울어가는 국운을 부지한 것이 아니겠습니까.

옛적 당(唐)나라 천보(天寶) 연간에 안녹산(安祿山)의 난이 일어났을 때 장순(張巡)과 허원(許遠)은 죽음을 무릅쓰고 수양(睢陽)을 지키며 강한 적에 저항하였습니다. 창려(昌黎) 한씨(韓氏 한유(韓愈)는 천하가 망하지 않은 공로를 두 사람에게 돌렸습니다.[69] 우리 공은 임진년(1592, 선조25)의 변란을 당하여 바닷길을 막아 적의 공격을 꺾어 양호(兩湖) 지방을 보전하고 의주(義州)에서 믿게 하였습니다. 중흥의 업적은 실로 여기에 바탕을 두었으니, 공은 장순, 허원과 대략 비슷합니다. 그러나 장순과 허원은 육지에서 싸우고 공은 바다에서 싸웠으며, 장순과 허원은 패전하여 죽고 공은 승전하여 죽었습니다. 비록 쉽고 어렵고 이롭고 불리하기는 말하기 부족하지만, 그 성취를 따지자면 공은 장순과 허원에게 부족하지 않고 더 나을 수도 있습니다.

저는 비록 늦게 태어났으나 몹시 의리를 사모합니다. 공의 일을 말할 때마다 눈물을 닦으며 항상 이로써 자신을 가다듬으며 남에게 권면하곤 합니다. 외람되게 관찰사의 자리에 올라 이 지방에 순행하러 왔는데 우뚝한 사당이 있으니 바로 공의 옛 병영입니다. 남은 공렬을 떠올리니 감동하여 탄식합니다. 이에 술 한 잔 올려 빼어난 혼백에게 삼가 바치니 흠향하소서.

69 옛적……돌렸습니다 : 장순과 허원은 수양성을 포위한 안녹산의 군대와 싸우다가 끝내 함락되었으나 굴하지 않고 죽었다. 한유(韓愈)는 〈장중승전후서(張中丞傳後序)〉에서 장순의 공로를 칭송하며 "천하가 망하지 않은 것은 그 누구의 공이었는가.〔天下之不亡, 其誰之功也.〕"라고 하였다.

이 수사의 사당에 대한 제문

祭李水使廟文

임금이 욕되면 신하는 죽고	主辱臣死
시대가 위태로우면 목숨은 가볍네	時危命輕
힘을 다해 난리를 막고	竭力禦難
절개 지켜 바른 길 걸었네	秉節履貞
남아 있는 매서운 풍도	遺風餘烈
늠름하여 살아 있는 듯하네	凜然若生
간소한 제수를 진설하여	式陳菲薄
작은 정성을 담습니다	用寓微誠
흠향하소서	尙饗

포저 조 선생 익 의 묘소에 대한 제문[70]

祭浦渚趙先生 翼 墓文

삼가 생각건대 선생은	恭惟先生
순정한 자질에	醇正之質
넓고 깊은 도량으로	宏深之器
충성과 효도 갖추었고	忠孝之備
도학이 아름다웠네	道學之懿
한 시대의 모범 되어	儀形一代
후학을 인도하였네	啓牖後人
산이 무너지고 대들보 부러진 지[71]	山頹樑壞
지금 몇 해나 되었는가	迄今幾年
많은 선비 존경하여	多士宗慕
오래될수록 더욱 새로운데	雖久彌新
옛적 종종걸음으로 따르며	念昔趨隅
한가할 때 모셨다네	獲侍燕申
온화한 기운 가득하여	藹然和氣
살과 뼈에 스며들었네	浹人肥骨

70 포저……제문 : 이 글은 저자가 1668년(현종9) 충청도 관찰사로 부임하여 대흥현(大興縣)에 있는 조익의 묘소에 올린 것으로 보인다.

71 산이……지 : 큰 인물의 죽음을 말한다. 공자가 자신의 죽음을 예견하고 "태산이 무너지려는가, 들보가 부러지려는가, 철인이 쓰러지려는가.〔泰山其頹乎, 梁木其壞乎, 哲人其萎乎.〕"라고 탄식한 고사에서 유래한 말이다. 《禮記 檀弓上》

성대한 덕과 엄숙한 용모	盛德肅容
지금도 눈에 선하네	至今在目
마침 관찰사 되어	適忝觀風
이 땅에 부임하니	來莅玆疆
저 울창한 소나무와 잣나무는	鬱彼松柏
선생이 묻힌 곳이라네	冠屨攸藏
공경히 봉분을 알현하니	祗謁塋封
남은 자취 모시듯 황홀하네	怳奉遺躅
산처럼 높고 물처럼 깊으니	山高水深
존경하는 마음 어찌 끝이 있으랴	景仰何極
간소한 제수를 진설하여	載陳菲薄
이렇게 정성을 바치네	薦此誠忱
영령이여, 어둡지 않다면	精靈不昧
부디 강림하여	庶幾鑑臨
흠향하소서	尙饗

선조비 여산 송씨의 묘소를 수리할 때 고유한 제문[72]

先祖妣礪山宋氏墓所修改時告由祭文

보잘것없는 후손이	藐玆雲仍
삼가 묘소를 살핍니다	欽奉幽堂
바라보니 마음 아프고	瞻省惕懷
행여 무너질까 두렵습니다	懼或頹荒
이번에 수축하는 일을 계기로	玆因修築
아울러 석물을 설치합니다	兼擧儀設
영령을 편안히 하고 복을 드리우니	安靈垂休
길이 변치 않고자 합니다	永世無斁
삼가 맑은 술과 여러 제수로	謹以淸酌庶羞
이렇게 삼가 고하니	用伸虔告
흠향하소서	尙饗

72 선조비……제문 : 이 글은 공주(公州) 유성현(儒城縣)에 있는 저자의 9대조모 여산 송씨의 묘소를 수리하고 지은 것이다. 여산 송씨는 민심언(閔審言)의 아내이다. 《老峯集 卷9 九代祖妣贈貞夫人礪山宋氏墓表》

선조고 집의부군과 선조비 보성 오씨의 묘소를 수리할 때의 고유제문[73]

先祖考執義府君先祖妣寶城吳氏墓所修改時告由祭文

묘소를 이곳에 둔 지	遺墓寄此
이백여 년이 지났습니다	二百餘祀
지금 수리하지 않으면	不今加修
후손이 찾지 못할 것입니다	俾後或迷
길이 공고하기를 도모하여	圖惟永固
비석을 세우고 흙을 쌓으니	竪石崇土
체백은 편안히 계시고	體魄攸寧
놀라지 마소서……	願勿震驚云云

73 선조고……고유제문 : 이 글은 저자의 8대조 민충원(閔沖源)과 부인 보성 오씨(寶城吳氏)의 묘소를 수리하고 지은 것이다. 《老峯集 卷9 九代祖妣贈貞夫人礪山宋氏墓表》

선조고 증 이조판서부군과 선조비 함안 윤씨의 묘소를 수리할 때의 고유제문[74]

先祖考贈吏曹判書府君先祖妣咸安尹氏墓所修改時告由祭文

관과 신을 묻은 곳에	冠履修藏
살아계신 것처럼 오르내리시니	陟降如存
소목은 비록 멀지만	昭穆雖遠
거르지 않고 성묘했습니다	灑掃罔愆
그래도 손상될까 두려워하여	猶懼圮傷
옛무덤을 증축하려 합니다	卽舊增築
석물을 설치하여	儀設是擧
후손에게 알립니다……	俾後有識云云

74 선조고……고유제문 : 이 글은 저자의 7대조 민수(閔粹)와 부인 함안 윤씨(咸安尹氏)의 묘소를 수리하고 지은 것이다. 《老峯集 卷8 先考通政大夫……巡察使府君行狀》

선조고 증 좌찬성 부군과 선조비 언양 김씨의 묘소를 수리할 때의 고유제문[75]

先祖考贈左贊成府君先祖妣彦陽金氏墓所修改時告由祭文

울창한 묘역에	鬱鬱佳城
체백이 편안히 계시니	體魄攸寧
추모하며 공경히 받들어	追慕欽奉
영구히 가기를 더욱 도모합니다	益圖永長
흙을 더하여 봉분을 높이고	增土崇封
비석을 세워 법식을 갖추겠습니다	豎石備章
이에 일을 시작한다고 고하니	式告始事
지금 좋은 날에 맞추었습니다	迨玆辰良

75 선조고……고유제문 : 이 글은 저자의 6대조 민귀손(閔龜孫)과 부인 언양 김씨(彦陽金氏)의 묘소를 수리하고 지은 것이다.《老峯集 卷8 先考通政大夫……巡察使府君行狀》

규암 송 선생의 묘소에 대한 제문[76]

祭圭庵宋先生墓文

삼가 생각건대 선생은	恭惟先生
산하에 드문 기상이요	山河間氣
규벽처럼 좋은 자질이었네	圭璧良姿
젊은 시절 과거에 급제하여	妙年發軔
멀리 소급하고 널리 사우를 따라	遠泝旁追
예악에 침잠하고	涵淹禮樂
시서에 감화되었네	被服書詩
법도를 따르며	遵繩蹈墨
성현을 스승 삼았네	聖賢爲師
수립하고 성취한 것이	樹立成就
탁월하고 기특하여	卓厲閎奇
출사하여 세상에 쓰이니	出爲世用
봉황 같은 모습 다투어 바라보았네	爭覩鳳儀
효도는 모든 행실의 근원인데	孝源百行
공이 실로 간직하였네	公實有之
상을 당하자 감응을 초래하여	當喪致感
흰 제비가 날아왔고[77]	白燕來思

76 규암……제문 : 이 글은 저자가 문의(文義)에 있는 송인수(宋麟秀, 1499~1547)의 묘소를 지나며 올린 것이다.

집에 있으면서 수양한 일에서	居家所修
나라에서 한 일을 알 수 있네	在國可推
조정에 옥처럼 서서	玉立朝端
바른 낯빛과 곧은 말로	正色直辭
임금 앞에서 온화하게 아뢰어	雍容前席
요순을 법도로 삼았네	舜矩堯規
상서로운 세상의 난새와 봉황이	鸞鳳瑞世
올빼미에게 무슨 잘못 저질렀으랴[78]	何負梟鴟
간사한 자들이 성을 내어[79]	姦回作釁
갑자기 비방이 뒤따랐네	謠諑忽隨
함정을 한번 설치하자	陰穽一設
태양이 빛을 잃었네	白日無光
애통하다 선조의 사당에서	薑矣先祠
부딪치는 소리 났네[80]	閣閣有聲

77 흰 제비가 날아왔고 : 송인수가 어려서 모친상을 당하여 여막살이를 할 때 제비가 여막에 둥지를 틀었는데 새끼가 모두 흰색이었다는 일화를 인용한 것이다. 《圭菴集 卷3 附錄 諡狀》

78 상서로운……저질렀으랴 : 난새와 봉황은 군자, 올빼미는 소인을 비유한다. 가의(賈誼)의 〈조굴원문(弔屈原文)〉에 "난새와 봉황은 숨고, 올빼미는 날아다니네.〔鸞鳳伏竄兮, 鴟梟翱翔.〕" 하였다.

79 간사한……내어 : 저본에는 "姦回作昊"로 되어 있으나 《霽月堂集 卷7 祭圭菴先生文》에 근거하여 "昊"를 "釁"로 바로잡아 번역하였다.

80 애석하다……났네 : 송인수가 사사의 명을 받은 날, 송인수의 부친 신주가 탁상에서 내려와 창 앞으로 와서 벽에 머리를 부딪치며 소리를 내었다. 《圭菴集 卷4 附錄 年譜》

충신의 혼이 위로 올라가고	忠魂上征
원통한 기운이 흰 기운으로 변하였네[81]	寃氣化白
황천후토에	皇天后土
이 마음 맹세할 수 있다는	此心可質
여덟 글자 남긴 말씀[82]에	八字遺詞
먼 훗날에도 옷깃을 적시네	千古沾襟
이치는 줄어들기도 하고 늘어나기도 하니	理有消長
때로는 군색하다 형통하네	或屯而亨
하늘이 정하면 반드시 이기는 법	天定必勝
세도가 다시 밝아졌네	世道復明
간신을 주살하고 무함을 씻으니	誅奸雪誣
깊은 원한 통쾌히 풀었네	快洩幽寃
높은 반열과 아름다운 시호	崇班美謚
차례로 뒤늦게 신원되었네	次第追申
유림은 기세를 토하고	儒林吐氣
뜻 있는 선비는 슬픔을 그쳤네	志士紓憯
영광과 슬픔이 모두 지극하니	哀榮備至
참으로 유감이 없으리라	允矣無憾
소자는 늦게 태어나	小子生晩

81 원통한……변하였네 : 송인수가 사사당하던 날 밤에 흰 기운이 그의 집에서 곧장 하늘로 뻗어 며칠동안 사라지지 않았다는 일화를 인용한 것이다. 《圭菴集 卷3 附錄 諡狀》

82 여덟……말씀 : 송인수가 사사당하던 날 벗에게 보낸 편지에 "황천후토가 실로 내 마음을 살필 것이다.〔皇天后土, 實鑑此心.〕"라는 말이 있었다. 《圭菴集 卷3 附錄 諡狀》

스승 삼지 못하여 한스럽네 恨未摳衣
유풍이 사라지지 않아 遺風不沫
더욱 존경하고 우러렀네 景仰愈罙
마침 관찰사 되어 適忝觀風
이 지방에 부임하여 來莅是邦
묘소를 참배하니 瞻拜丘壟
영령을 뵙는 듯하네 髣髴英靈
한 잔 술을 공경히 바치니 一杯敬酹
부디 흠향하소서 庶幾歆聽

천곡 송 선생 상현 의 묘소에 대한 제문[83]

祭泉谷宋先生 象賢 墓文

삼가 생각건대 선생은	恭惟先生
효성과 우애의 행실 독실하고	行篤孝友
타고난 자질은 바르고 곧았네	質賦正直
출사하여 세상에 쓰이자	出爲世用
충성과 비분을 쌓았네	忠憤其蓄
목릉(선조)에게 지우를 입어	受知穆陵
동래의 부절을 받았네	析符萊服
임진년(1592, 선조25)에 이르러	歲洊龍蛇
치아 검은 오랑캐가 포악을 부려	漆齒肆虐
하늘을 쏘는 악행을 저지르니	凶浮射天
형세가 괵나라 멸할 듯하였네[84]	勢滔滅虢
동래는 침입을 막는 곳으로	萊爲藨梗
먼저 그 해독을 입었네	先受其毒
맨손으로 세찬 물결에 저항하니	尺手洶濤
조만간 화가 닥칠 듯하였네	禍濱朝夕

83 천곡……제문 : 이 글은 임진왜란 때 동래 부사로 순절한 송상현을 애도한 것으로, 저자가 1668년(현종9) 충청도 관찰사로 부임하였을 때 지은 것으로 보인다.

84 형세가……듯하였네 : 춘추 시대 진(晉)나라가 괵(虢)나라를 정벌한다는 핑계로 우(虞)나라에게 길을 빌려 괵나라를 정벌한 뒤 우나라까지 정벌하였다는 가도멸괵(假道滅虢)의 고사를 인용한 것이다.《春秋左氏傳 僖公5年》

진양성은 물에 잠기고[85]	晉版水沈
주나라 봉화는 별처럼 떨어졌네[86]	周烽星落
저 성 안을 돌아보니	顧彼城朝
참담하여 사람의 낯빛 없었는데	憯無人色
변고를 앞두고도 조용하여	臨變從容
태연히 걸상에 앉았네	據床自若
의관을 갖추고 찬을 지으니[87]	衣帶一贊
천년이 지나도록 참담하고 격렬하네	千載慘激
곰발바닥과 물고기의 구분 정해졌으니[88]	熊魚分定
몸은 뒷전이요 나라가 우선이네	後身先國
충신은 죽음으로 나라 지키고	忠臣死守
첩은 절개 지켜 죽으니[89]	妾人殉節

85 진양성은 물에 잠기고 : 춘추시대 지백(智伯)이 한(韓)과 위(魏)의 군사를 거느리고 조(趙)의 진양성을 포위하고 물로 공격하자 성이 대부분 물에 잠겼다는 고사를 인용한 것이다. 《戰國策 趙策》

86 주나라……떨어졌네 : 주나라 유왕(幽王)이 포사(褒姒)의 웃는 모습을 보고자 거짓 봉화를 올리는 바람에 제후들이 헛걸음하곤 하였다. 이로 인해 훗날 유왕이 견융(犬戎)의 공격을 받아 봉화를 올렸으나 제후들이 오지 않았다는 고사를 인용한 것이다. 여기서는 원군이 오지 않았다는 뜻으로 보인다. 《史記 卷4 周本紀》

87 의관을……지으니 : 송상현이 죽음을 앞두고 부친에게 보낸 편지에 "외로운 성에 달 비치고 여러 진은 편히 자네. 군신의 의리는 무겁고 부자의 은혜는 가볍네.〔孤城月暈, 列鎭高枕, 君臣義重, 父子恩輕.〕"라는 말을 가리키는 듯하다. 《泉谷集 卷2 附錄 行狀》

88 곰발바닥과……정해졌으니 : 곰발바닥과 물고기는 모두 좋은 음식이지만 하나만 고른다면 곰발바닥을 택하겠다는 맹자의 말을 인용한 것으로, 목숨보다는 의리가 중요하다는 말이다. 《孟子 告子上》

무지한 오랑캐도 異類無知
그 절개 공경하였네 亦欽其烈
여러 진에서 의리를 앞세워 義倡諸鎭
다투어 적을 향하였네 爭放首敵
나라가 다시 만들어지자 暨邦再造
그 죽음 공적이 되었네 其死也績
묘소에 성은이 빛나고 恩耀泉隧
이름은 역사에 찬란하네 名煥竹帛
상당(청주)의 언덕은 上黨之岡
굳센 혼백이 의지한 곳이네 毅魄攸托
기운이 위로 솟구쳐 有氣上干
두성과 우성의 옆에 있네 斗牛之側
내가 이 지방에 부임하여 我莅玆服
옛일을 살펴보았네 撫往擊昔
봉긋한 석 자의 무덤 睪如三尺
소나무 잣나무 울창하네 鬱鬱松柏
빼어난 혼은 어디에 있는가 英魂安在
구천에서 살아 돌아오기 어렵네 九原難作
진심을 쏟아내고 寫以肝膈
간소한 제수를 바치니[90] 薦以菲薄

89 첩은……죽으니 : 송상현을 따라 죽은 첩 금섬(金蟾)을 말한다.《泉谷集 卷2 附錄 行狀》

90 간소한 제수를 바치니 : 저본에는 "藏以菲薄"으로 되어 있으나 문맥에 근거하여

혼이여, 지각이 있다면	魂兮有知
부디 한번 강림하여	願賜一格
흠향하소서	尙饗

"藏"을 "薦"으로 바로잡아 번역하였다.

정 장령 양 의 묘소에 대한 제문[91]

祭鄭掌令 瀁 墓文

아, 슬프다	嗚呼哀哉
굳세고 바른 자질	剛正之資
준엄하고 결백한 행실	峻潔之行
시례의 학문	詩禮之學
효성과 우애에 바탕한 정사	孝友之政
선을 좋아하고 악을 미워함은	好善嫉惡
참으로 천성에서 나왔네	允出天性
자기보다 못한 사람은	有不吾如
한번 돌아보려 하지도 않았네	一顧不屑
시대를 걱정하며 강개한 마음에	憂時忼慨
의로운 기운 격렬하였네	義氣激發
곤궁한 사람 불쌍히 여겨 구제하여	哀窮拖濟
은혜를 두루 베풀었네	恩意周及
영예로운 발탁 사양하니	遜辭榮擢
은둔을 배워서가 아니라네	非學幽遯
낮은 자리에서 배회하며	低徊下位

91 정……제문 : 이 글은 저자의 사돈 정양(鄭瀁, 1600~1668)의 묘소에 올린 제문이다. 정양의 묘소는 충북 제천(堤川) 남면(南面) 월림리(月林里)에 있다. 《抱翁集 卷7 年譜》

스스로 이은에 의탁하였네	自托吏隱
이 담박한 생활을 즐거워하며	樂此澹泊
저 화려한 것들을 싫어하였네	厭彼紛華
지키는 바가 치우치지 않아[92]	維執不倚
더러워지거나 닳지 않았네	莫我涅磨
홀로 우뚝히 서니	特立高揭
살아서는 부끄럽지 않았고	生也無怍
조화를 타고 참됨으로 돌아가니	乘化歸眞
죽어도 무엇이 슬프리오	死又何戚
공의 아들은	維公胤子
바로 나의 매부라네[93]	寔我妹壻
맑고 밝고 강직하여	淸明耿介
속세를 멀리 벗어났네	逈拔塵世
선비들의 칭송 한창 자자했는데	士譽方蔚
중도에 세상을 떠났네	中道不淑
지극한 정을 쏟은지라	至情所鍾
이보다 통탄스러운 일 없네	莫此爲毒
공은 이치에 통달하여	公能達理
홀로 되어도 원망 않고	不怨其獨
남은 고아를 보살피니	在抱遺孤

92 지키는……않아 : 저본에는 "維執不猗"로 되어 있으나 문맥에 근거하여 "猗"를 "倚"로 바로잡아 번역하였다.

93 공의……매부라네 : 정양의 아들 정보연(鄭普衍)은 민정중의 누이와 혼인하였다.

두각이 우뚝하였네 嶄然頭角
돌보고 가르치며 以撫以敎
날마다 성취하기를 바랐네 日冀成立
가문을 맡길 곳은 門戶之托
오직 이 아이 뿐이라네 惟有此兒
공은 지금 끝났으니 公今已矣
모든 일 더욱 슬프네 萬事增悲
어둡고 어리석은 나는 顧此昏愚
알고 지낸 지 오래인데 辱知蓋久
독실한 정분은 情誼之篤
혼인으로 맺어져서가 아니라네 匪以婚媾
얼마 전 조정의 명을 받고 昨受朝命
호서를 다스리러 나왔는데 出按湖藩
공이 술 한 병을 들고 公携一壺
강가에서 나를 전송하였네 送我江干
이별 앞두고 손잡으니 臨分握手
서글퍼 즐겁지 않았네 悵然不樂
누가 알았으랴 이날 誰謂此日
갑자기 사별하는 날이 될 줄 遽成死別
지금 돌이켜 생각하니 秪今追惟
나로 하여금 눈물 흘리게 하네 使我出涕
묏자리 잡은 곳이 靑烏所卜
마침 이 지역에 있네 適玆方內
나랏일에 얽매여 王事于縻

멀어서 상엿줄 잡지 못하였는데	遠莫執紼
지금 와서 절하고 통곡하니	今來拜哭
봉분이 집과 같네	有封若屋
모습은 영원히 멀어져도	永隔儀采
길이 풍도를 접하네	長揖風節
간소한 제수를 진설하니	菲具式陳
성의로 올리는 것이라네	誠意是將
영령에게 지각이 있다면	精靈有知
이 술잔을 흠향하소서	歆此酹觴
아, 슬프도다	嗚呼哀哉
흠향하소서	尙饗

묘소에 대한 두 번째 제문[94]

再祭墓文

그대가 죽은 뒤로	自君之殁
벌써 아홉 해가 지났는데	倏焉九載
맑은 자질과 바른 논의는	淸姿正論
자나깨나 여전히 있는 듯하네	寤寐猶在
그대 집안에 하늘이 화를 내려	天禍高門
춘부장께서 이어서 서거하니	尊府繼逝
의지할 데 없는 고아와 과부는	惸然孤寡
통곡하며 방황하네	號哭彷徨
머나먼 영남은	逖矣嶺南
고향도 아닌데	亦非故鄕
이곳에 묏자리 정하여	卜兆於此
장례를 치렀네[95]	大事克襄
그대의 관을 옮겨	遷君之柩
별도의 언덕에 부장하였네[96]	仍祔別岡

94 묘소에……제문 : 이 글은 저자의 매부 정보연(鄭普衍, 1637~1660)을 애도하며 지은 것이다.

95 머나먼……치렀네 : 정보연의 묘소는 본디 제천(堤川)에 있었으나 1662년 봉화(奉化) 사천리(沙川里)로 이장하였다. 《宋子大全 卷186 處士鄭君墓誌銘》

96 그대의……부장하였네 : 1668년 정보연의 부친 정양(鄭瀁)이 세상을 떠나자 봉화에 있던 정보연의 묘소를 다시 제천으로 옮겨 함께 장사지냈다. 《宋子大全 卷186 處士鄭

집안에서 모시던 즐거움	趨庭之樂
살아서 끝마치지 못했는데	生旣無終
황천에서 만났으니	黃泉相見
아마도 화락하리라	倘其融融
옛일에 감개하고 지금을 슬퍼하니	感舊悲今
만사가 한탄스럽네	萬事歔欷
내가 호서에 부임하여	我莅湖服
고을을 순행하다 이곳에 이르렀네	行縣至斯
상엿줄 잡지 못하였기에	未執紼役
뒤늦게 묵은 풀 소제하고	追掃宿草
변변찮은 술을 붓네	薄酒是酌
거친 말로 고하니	蕪辭以告
영령은 아는가 모르는가	靈其知否
내 마음 절로 슬프네	我心自悼
흠향하소서	尙饗

君墓誌銘》

송강 정 선생 철 의 묘소에 대한 제문[97]

祭松江鄭先生 澈 墓文

삼가 생각건대 선생은	恭惟先生
세상을 뒤덮는 영웅호걸로	蓋世英豪
재주와 자질이 빼어나	拔萃才質
평생의 뜻과 절개	平生志節
얼음 안고 황벽나무 씹었네[98]	抱氷含蘗
고니처럼 조정에 서서	鵠立朝端
선한 말과 바른 낯빛으로	昌言正色
완고한 이 청렴하게 하고 나약한 이 일으키니	廉頑激懦
백관이 법도로 삼았네	百僚承式
현인을 좋아하고 인자를 벗삼아	好賢友仁
그 덕이 외롭지 않았네	其德不孤
소금과 매실 같은 훌륭한 보필이요[99]	鹽梅良弼
우두머리 맡은 이름난 선비였네	領袖名儒

97 송강……제문 : 이 글은 정철(鄭澈, 1536~1593)을 애도하며 지은 것으로 저자가 1668년(현종9) 충청도 관찰사로 부임하였을 때 지은 것으로 보인다.

98 얼음……씹었네 : 저본에는 "抱氷含藥"으로 되어 있으나 문맥에 근거하여 "藥"을 "蘗"으로 바로잡아 번역하였다.

99 소금과……보필이요 : 은 고종(殷高宗)이 부열(傅說)을 재상에 임명하며 "내가 국을 끓이거든 그대가 소금과 매실의 역할을 하라."라고 한 말을 인용한 것이다. 《書經 說命下》

천재일우 같은 군주와 신하의 만남	君臣千載
한 자리에서 정사를 의논하였네	吁咈一席
장차 크게 시행하여	將大厥施
왕국을 구제하려 하였네	以濟王國
곧은 도로 실천하니	直道而行
간사한 자를 두렵게 하였네	可畏孔壬
수많은 유언비어가 하늘을 찌르고	群飛刺天
여러 사람의 입은 쇠도 녹이는 법	衆口鑠金
곤궁한 처지에서도 더욱 형통하니	處困愈亨
용납받지 못한들 무슨 상관이랴	不容何病
나라가 어지러운 때에	板蕩之際
비로소 충신과 간신을 알아보니	方識忠佞
은혜로운 윤음으로 불러들여	恩綸召入
외딴 변방에서 일으켰네	起自荒服
정신은 쇠퇴하지 않아	精忱不衰
다시 경계를 아뢰었네	更進規益
날개를 다 펴지 못하고	飛不盡翰
큰 뜻이 끝내 꺾였네	大志終屈
백년의 세월 흘러도	百載之下
공론이 없어지지 않아	公議不滅
후세 사람의 그리움은	後人之思
오래되었으나 더욱 간절하네	雖久采篤
고양에서 이장하여	阡改高陽
진천에 새로 묏자리 잡았네[100]	卜新鎭邑

울창한 묘소는 鬱鬱佳城
관과 신을 묻은 곳이네 冠履攸托
내가 와서 뵙고 절하며 我來瞻拜
어제 일처럼 감개하네 感慨如昨
아름다운 길이 생각하니 永懷芬芳
어찌 진심을 다 토로하리오 曷寫衷悃
간소한 제수를 갖추어 菲具薄醪
삼가 이렇게 제사를 지내니 敬此奠沃
영령이여 어둡지 않다면 精靈不昧
부디 강림하여 願賜俯恪
흠향하소서 尙饗

100 고양에서……잡았네 : 정철의 묘소는 고양(高陽) 신원(新院)에 있었으나 1665년(현종6) 진천(鎭川) 지장산(地藏山)으로 옮겼다.《松江別集 卷3 附錄 年譜下》

사계 김 선생 장생 의 묘소에 대한 제문[101]

祭沙溪金先生 長生 墓文

우리나라는 천년 동안	我東千載
사문이 어둡지 않았으니	斯文不晦
여러 선비가 무리지어 나왔네	群儒輩出
포은(정몽주)이 시원을 열고	圃老啓源
정암(조광조)과 퇴계(이황)가 전수하니	靜退相傳
그 단서가 분명하였네	厥緖旣的
이때 율곡(이이) 노인이	惟時栗翁
그 종장이 되고	爰得其宗
선생은 이분을 계승하였네	先生是述
타고난 자질 혼후하고	天資渾厚
덕의 바탕 크고 넓어	德器宏茂
결국 노둔함으로 터득하였네[102]	竟以魯得
젊은 나이에 과거 급제하여	妙年發軔
선조의 교훈 잘 지켜	克守前訓
먼 자취를 능히 따랐네	允蹈遐轍

101 사계……제문 : 이 글은 김장생(金長生, 1548~1631)을 애도하며 지은 것으로 저자가 1668년(현종9) 충청도 관찰사로 부임하였을 때 지은 것으로 보인다.

102 결국 노둔함으로 터득하였네 : 우직하여 학문을 터득하였다는 뜻이다. 《근사록(近思錄)》 〈위학(爲學)〉의 "증삼은 노둔하기 때문에 마침내 도를 터득하였다.〔參也竟以魯得之〕"라는 말을 인용한 것이다.

들은 것 존중하고 아는 것 실천하며	尊聞行知
간절히 묻고 가까운 것 생각하여	切問近思
몸가짐이 날로 독실해졌네	操履日篤
엄격하고 공손한 태도 지켜	嚴恭自將
예가 아니면 움직이지 않았으니	非禮勿動
수준기처럼 평평하고 먹줄처럼 곧았네	準平繩直
성과 경에 근본하고	本諸誠敬
성명의 이치에 통달하니	以達性命
극도의 공을 이루었네	會功于極
고명하고 광대하여	高明廣大
얼굴과 몸에 드러나니	睟面盎背
누가 이 경지에 올랐는가	孰際斯域
옛적 순임금과 우임금부터	粤自舜禹
주고받은 말 있었으니	迺有授受
정밀하게 하고 한결같이 하라는 것이었네	惟精惟一
주돈이와 장재에서 주자에 이르기까지	濂關逮閩
함께 하나의 근원을 지켰으니	同守一源
기미를 미리 아는 것과 박문약례라네	幾豫博約
선생은 이에 대해	先生於斯
멀리 소급하고 가까이 추종하였으니	遠溯近追
참으로 바른 맥락이었네	允矣正脈
만년에 태평성대를 만나	晩際昌辰
예를 갖추어 빈번히 부르자	束帛頻繁
잠시 산림을 떠났네	暫辭丘壑

조정에서 예의를 논의하니	議禮朝端
한 마디 말이 만 근과 같아	一言萬鈞
백관이 법도로 삼았네	百僚是則
고향으로 돌아와 누우니	歸臥桑鄕
선비들이 그림자처럼 따르고	多士景從
여론의 기대 드높았네	輿望隆赫
산림에서 오랜 세월 보내니	山林日長
글 읽는 소리 가득하여	講誦洋洋
고요한 가운데 지극한 즐거움이었네	靜裏至樂
예서를 가장 좋아하여	最嗜禮書
사탕수수처럼 달게 여기니	其味蔗如
전일하고 넓었네	旣專且博
끝까지 탐구하고 자세히 증명하여	討究證詳
황양목이 더욱 자라듯 하여[103]	益大黃楊
우리의 여러 의혹 깨우쳤네	啓我群惑
《상례비요》 한 편은	喪祭一篇
후세 사람 분명히 가르쳐	指掌後人
어두운 방에 촛불 밝히듯 하였네	幽室得燭
사례가 시행되어	四禮興行
추로의 풍속 이루었으니	鄒魯成風
이는 누구의 힘인가	是誰之力

103 황양목이……하여 : 황양목은 1년에 1치씩 느리게 자라며, 윤년에는 오히려 줄어드는 나무이다. 여기서는 학문이 천천히 진보했다는 뜻으로 쓰인 듯하다.

어진 후사가 잘 계승하여　賢胄幹蠱
의발을 전할 곳 있으니　衣鉢有付
남은 풍도 멀리 전하였네　餘韻遠徹
온 세상이 경도되고　擧世傾注
별처럼 찬란하니　爛若星斗
하인들도 이름을 외우네　名誦走卒
돌아가신 지 여러 해이나　梁摧幾年
광채는 늘 새로우니　耿光長新
변치 않고 존경하네　宗仰無斁
어리석은 소자는　小子蒙顓
스승과 긴밀히 통하여　密通師門
남긴 향기 맡았네　獲襲遺馥
과분한 성은을 입어　屬明謬恩
남은 자취 접하러 오니　來挹餘塵
추모하는 마음 더욱 간절하네　追慕彌切
모습을 생각하고　緬惟儀形
문장을 바라보니　瞻像文章
어제처럼 완연하네　宛然如昨
외성의 동쪽은　外城之東
옷과 신을 묻은 곳이니[104]　衣履斯藏

104 외성의……곳이니 : 김장생의 묘소는 진잠현(鎭岑縣) 성북리(城北里)에 있었으나 1641년 연산현(連山縣) 고정산(高井山) 우두리(牛頭里)로 옮겼다. 여기서 외성은 연산 외성을 말하는 듯하다. 《沙溪遺稿 卷12 附錄 行狀》

그 무덤은 집과 같네	若堂其宅
이수가 우뚝하고	螭首巋然
전나무와 잣나무 빽빽이 바라보여	檜柏參望
지나는 자 반드시 공경하네	過者必式
바람은 시원하게 불고	風籟帶淸
초목은 향기 머금으니	樹草含香
정신이 의지한 곳이네	精神攸托
아, 아름답구나	穀朝于差
술 따르고 제문 읽어	泂酌陳詞
아홉 번 조아리고 숙배하네	九頓以肅
좋은 음식과 정결한 희생	嘉毛潔牷
제물은 간소하나	物則惟鮮
환히 강림하기를 바랍니다	尙冀昭格

신독재 김 선생의 묘소에 대한 제문[105]

祭愼獨齋金先生墓文

외람되게 관찰사가 되어 猥忝按道兮

언덕과 습지를 달려갑니다 驅馳原隰

가는 길에 우리 선생의 옛집을 지나다가 路出我先生之故莊

고운사[106]의 새 무덤이 생각났습니다 仍念孤雲之新兆

실로 선생의 의관을 묻은 곳이니 寔先生衣冠之所藏

하룻밤 정결히 재계하고 와서 성묘합니다 宿齋潔而來省

산처럼 높은 모습 우러르니 仰山高兮

감회가 그치지 않습니다 懷不能已

비단 평소 경모하던 마음을 조금 펴고자 해서만이 아니라

蓋不惟有以少伸平昔景仰之私

성대한 조정이 원로를 존숭하는 뜻에 걸맞습니다

亦以稱盛朝尊崇文獻之意

선생의 도덕의 연원은 惟先生道德之淵源

가정에 근본하였습니다 本乎家庭

가까이는 여러 현인을 잇고 近紹諸賢兮

105 신독재……제문 : 이 글은 김집(金集, 1574~1656)을 애도하며 지은 것으로 저자가 1668년(현종9) 충청도 관찰사로 부임하였을 때 지은 것으로 보인다.

106 고운사 : 연산(連山) 천호산(天護山)에 있는 사찰로, 김집의 묘소가 이곳 북쪽에 있다. 《愼獨齋遺稿 卷15 附錄下 墓誌銘》

멀리 공자와 맹자에 이어졌습니다　遠接洙泗

학문은 지극히 넓었으며　學極其博兮

행실은 간략히 가다듬었습니다　行履繩約

조존성찰의 공부는　操存省察之功

늙을수록 더욱 독실하였습니다　老而彌篤

가진 것을 미루면 세상 다스리고 백성에 은택 베풀기 충분하였으니　推其有足以經世澤物兮

어찌하여 조금 시험하고　曷爲少試

어그러져 쓰임을 다하지 못하였습니까　其乖兮未究厥施

아, 가고 멈춤은 시운에 달려 있어　噫行止關時

세상과 어긋나니[107] 하늘이여 어째서입니까　逕其庭彼蒼何

후세 사람이 묘소를 바라보면　俾後人瞻眺佳城兮

감개하는 마음 끝이 없게 합니다　感慨不歇

제수를 진열하니　肴羞在列兮

향기가 풍깁니다　馨香發聞

영령이 오르내리리라 생각하니　想英靈陟降兮

저의 작은 정성 흠향하소서　歆我微誠

107 세상과 어긋나니 : 저본에는 '逕其祭'로 되어 있으나 문맥을 고려하여 '祭'를 '庭'으로 바로잡아 번역하였다.

큰고모 윤 도사 부인에 대한 제문[108]
祭伯姑尹都事夫人文

소자는 불효한 죄가 쌓여 돌아가신 부모님을 끝까지 봉양하지 못하였고 외로이 슬퍼하나 어쩔 수가 없었으니, 우리 큰고모님과 작은고모님이 아니었다면 남은 인생에 누구를 우러렀겠습니까.

삼가 생각건대 고모님은 선친보다 순서가 앞섰습니다. 어머니처럼 자애로워 제가 어려서는 성장하기를 바랐고, 제가 자라서는 입신양명하기를 바랐습니다. 제가 현달한 뒤에는 또 제가 복을 누리고 창성하기를 바랐습니다. 때때로 찾아 뵙고 안부를 물으면 자주 본다고 기뻐하였고, 나랏일로 멀리 나가면 늦게 돌아온다고 걱정하였습니다. 헤어질 때마다 말씀하기를 "나는 잠시나마 죽지 않고 있다가 조카들의 앞에서 죽기를 바라니, 하늘이 내 소원을 이루어줄까."라고 하였으니, 어찌 그리고 사랑이 깊고 말이 간절하였습니까. 조카들도 근래 고모님의 나이가 더욱 높아지고 기운이 더욱 노쇠하였기에 한편으로는 기쁘고 한편으로는 두려운 마음을 더욱 견디지 못하였습니다.

마침 불행하게도 맏형은 경상 감사로 나갔고 둘째 형은 벼슬을 사직하고 물러나 한가로이 지내며, 저 역시 평안 감사의 명을 받았기에 가족들이 흩어지는 바람에 미처 모이지 못하였습니다. 갑자기 귀신의

108 큰고모……제문 : 이 글은 1670년(현종11) 7월 23일 세상을 떠난 저자의 고모 여흥 민씨(驪興閔氏, 1592~1670)를 애도하며 지은 것이다. 여흥 민씨는 윤창원(尹昌遠, 1591~1650)의 아내이다. 《睡谷集 卷12 內資奉事贈左承旨尹公墓表》

화가 닥쳐 늙으신 고모님이 돌아가셨는데, 멀리서 부고를 받아 염습하고 빈소를 차리지 못하여 동쪽을 바라보며 슬피 통곡하니 이승과 저승에 한이 맺힙니다. 지금 장사지낸다는 소식이 왔는데 또 무덤에 달려가 곡하여 영결하는 슬픔을 펴지도 못하니, 하늘이여, 하늘이여, 어찌 나로 하여금 우리 고모님의 얼굴을 다시 보지 못하게 하고 우리 고모님의 관이 땅에 들어가는 것을 보지 못하게 하여 우리 고모님의 옛적 간절한 소원을 길이 저버리게 하는 것입니까. 애통합니다. 차마 말할 수 있겠습니까. 천리 먼 곳에서 글을 지으니 슬퍼서 지을 수가 없습니다. 눈물이 다하고 애가 끊어지니 슬픔이 망극합니다. 아, 슬픕니다.

사당을 중건할 때의 제문[109]

祠重建祭文

나라를 위해 죽음을 잊는 것은　圖國忘死
바른 신하의 행동이요　貞臣以之
위험을 만나 순절하는 것은　臨危殉節
열사가 하는 일이네　烈士攸爲
이러한 사람이 없다면　苟無斯人
인륜을 어떻게 부지하랴　曷扶倫彝
생각건대 방어사는　緬惟防禦
태어나 어려운 세상을 만났네　生丁世難
미친 오랑캐가 침략하니　狂寇來噬
그 무리가 참으로 많았네　其醜寔萬
여러 고을이 바람에 휩쓸리듯 무너지고　列郡風靡
외로운 성에 달빛 비추네　孤城月暈
곰발바닥과 물고기를 선택하려는[110]　熊魚取舍
이 마음 이미 정해졌네　此心已決
관가 창고가 불타고　官倉紫焰
온 식구가 같은 날 죽었네　闔門同日

109　사당을……제문 : 이 글은 임진왜란 때 순절한 방어사와 판관을 위해 지은 것으로 보이나 누구인지는 알 수 없다.

110　곰발바닥과 물고기를 선택하려는 : 107쪽 주88 참조.

판관으로 말하자면　粤若判官
변방의 보좌관이었네　佐貳邊隅
오랑캐가 침략하여　封豕竊發
깊숙이 쳐들어와도 막지 못하였네　莫遏長驅
비록 굳게 성을 지켰으나　墨守雖堅
군량이 떨어져 소리쳤네　吳庚方呼
힘이 다하고 형세가 기우니　力屈事去
오직 한 번 죽음이 있을 뿐이네　唯有一死
휘하의 군사들도 목숨 바쳤으니　麾下效命
역시 의기에 감동해서라네　亦感義氣
열렬한 두 공이여　烈烈二公
수립한 바 탁월하네　所立卓爾
이 고을에 사당을 세우고　廟于玆邑
희생 올려 제사 지냈네[111]　祠以刏衈
세상을 떠나도 잊지 못하니　沒世不忘
백성이 타고난 마음으로 똑같이 좋아하네　民彝同好
병란을 겪은 뒤로　自經兵燹
옛법이 씻은 듯 사라졌네　故典如掃
예전에는 크고 화려하였으나[112]　曾是輪奐

111 희생……지냈네 : 원문은 '祠以刏珥'인데, 《周禮 夏官 司馬》에 근거하여 '珥'를 '衈'로 바로잡아 번역하였다.

112 예전에는 크고 화려하였으나 : 저본에는 "曾是輪興"으로 되어 있으나 문맥에 근거하여 "興"을 "奐"으로 바로잡아 번역하였다.

무성한 풀에 묻혔네	鞠爲茂草
천추토록 혼백이	千秋魂魄
내려와 의지할 곳 잃었네	靡所降依
수령은 부끄러워하고	守土貽羞
지사는 더욱 슬퍼하였네	志士增悲
부로에게 묻고서	詢之父老
남은 터를 넓혔네	乃拓遺基
드높은 사당이	翼翼明宮
오래지 않아 새로워졌네	不日咸新
이에 영령을 모시니	于以安靈
지금 좋은 날이라네	及玆良辰
굳센 풍도와 맹렬한 기운	雄風猛氣
지금도 남아 있는 듯하네	彷彿如在
바라건대 남은 위엄에 의지하여	願仗餘烈
우리 서쪽 변방 진압하기를	鎭我西塞
우리 백성이 보우를 받으니	我民受祐
제사를 감히 그만둘 수 있으랴	禋祀敢廢

조카딸 이씨 부인에 대한 제문[113]

祭姪女李氏婦文

임자년(1672, 현종13) 3월 정미삭 15일 신유, 계부는 평안도의 관직에 매여 멀리서 계절에 맞는 제수를 보내고 조카로 하여금 조카딸 이씨 부인의 영전에 고한다.

아, 내가 너를 못 본 지 이미 4년이 되었고, 네 부고를 들은지 또 다섯 달이 되었다. 네가 죽었다고 하자니 아리따운 말소리와 용모가 아직도 내 눈에 선하고, 네가 살았다고 하자니 내가 장차 집으로 돌아갈 것인데 만날 수가 없을 것이다. 나는 장차 만날 것만 같아 놀라고 의심하지만, 끝내 그럴 수 없다는 것을 알고서 정신없이 통곡하며 네가 이렇게 된 이유를 알지 못한다. 아, 그만이로구나.

예전에 나와 큰형님이 모두 관찰사의 명을 받았는데, 내가 평안도로 간 뒤에 큰형님이 경상도로 갔다. 네가 남쪽으로 따라갈 때 나는 전송하지 못하였고, 계례를 치르고 시집갈 적에 나는 경계하지 못하였고, 시아버지가 죽어 분상할 때 나는 위로하지 못하였고, 갑자기 병에 걸려 죽을 때 나는 간호하지 못하였고, 염습하고 입관하여 장사지낼 때 나는 가서 관을 쓰다듬으며 한번 통곡하지 못하였다. 생사와 길흉은 인사의 큰 변고인데 내가 먼 곳에서 관직에 매여 골육의 친척에게 마음을 다하

113 조카딸……제문 : 이 글은 1671년(현종12) 11월 26일 세상을 떠난 저자의 조카딸 여흥 민씨(驪興閔氏, 1656~1671)를 애도하며 지은 것이다. 여흥 민씨는 민시중(閔蓍重)의 딸이며 이항(李沆)의 아내이다. 《老峯集 卷9 亡姪女墓表》

지 못하였으니, 생각이 여기에 미치면 더욱 나도 모르게 마음이 아프고 애가 끊어진다.

큰형님이 돌아오기 전에 네가 죽었고, 돌아오자 너를 장사지내 네 얼굴은 못 보고 네 관만 보았다. 형수님은 네 둘째 동생이 위독하여 중도에 머무르느라 네 관이 집에 있는 모습을 보지 못하였다. 아비와 자식이 살아서는 헤어지고 죽어서는 떨어졌으니 죽은 사람이나 산 사람이나 한이 맺혔다. 신이시여, 어찌 차마 이처럼 혹독한 화를 내리는 것입니까.

아, 나는 불효하여 끝까지 녹봉으로 봉양하지 못하여 항상 풍수지탄(風樹之歎)의 아픔을 품었다. 다행히 형제가 무고하고 각기 자녀를 두어 한 집에 살면서 함께 밥을 먹으며 길러서 장가보내고 시집보냈으며 손자도 안았다. 형제와 자식과 조카가 멀리 떨어진 적이 없고, 헤어져도 반드시 오래지 않아 모였다. 인간 세상의 지극한 즐거움으로 이와 바꿀 것은 없다고 여겼는데, 네가 부모를 버리고 영원히 떠나 우리 형제가 여생의 즐거움을 잃고 갑자기 끝없는 슬픔을 품을 줄 생각이나 했겠느냐. 더구나 나는 천리 먼 곳에서 4년 동안 떨어져 있으면서 살아서는 다시 만나지 못하고 죽어서는 돌아가 곡하지 못하였으니 어떻겠느냐.

생각건대 너는 젊은 나이에 몸이 약한데 갑자기 상을 당하였고, 몸을 보하는 음식도 때맞추어 먹지 못하였으니, 오랫동안 몸이 지극히 상하여 갑자기 일어나지 못하였다. 부모를 만나지 못하고 한을 품은 채 땅으로 들어갔으니, 사람이 누군들 죽지 않겠는가마는 너의 죽음이 가장 슬프다. 여러 부모 형제 자매가 이처럼 마음 아파하니, 참을 수 있겠느냐. 네게 만약 지각이 있다면 내 말이 슬프다는 것을 알 것이다.

제문을 지어 멀리서 보내며 네게 술 한 잔 올린다. 말은 끝이 있지만 마음은 끝이 없다. 아, 슬프다.

죽은 아내 송 부인에 대한 제문[114]

祭亡室宋夫人文

유세차 숭정 계축년(1673, 현종14) 2월 12일 임자, 자헌대부 형조판서 겸 지경연춘추관사 세자우빈객 민유중은 죽은 아내 정부인 은진 송씨의 장례가 내일이기에 장사지낼 준비를 갖추고 삼가 맑은 술과 여러 음식을 영전에 올리고 곡하며 고합니다.

아, 부부가 해로하는 자는 드물고, 팽조(彭祖)나 상인(殤人)이나 죽기는 마찬가지이다. 이는 고금의 정해진 이치이니, 달관한 자가 본다면 어찌 슬퍼할 만한 일이겠는가. 그러나 내가 그대를 잃고는 슬퍼하기 부족하다는 것을 알면서도 슬퍼하지 않을 수 없다. 슬퍼하는 것은 망녕되어 이치를 통달하지 못하여 그러한 것인가. 아니면 감정이 간곡하고 의리가 깊어 그만둘 수 없어서 그러한 것인가.

그대의 온화하고 부드러운 자질과 효성스럽고 우애있는 성품은 하늘에서 타고났으며 남보다 뛰어났다. 집에 있을 때는 부모에게 사랑을 받았고, 시집 와서 나의 조모와 선친을 섬길 적에는 삼가고 유순하였다. 자매와 동서 사이에 있을 적에는 공손하다고 일컬어졌으며, 노비를 다스릴 적에는 허물에 관대하고 잘 가르쳤다. 멀고 가까운 친척을 대할 적에는 각기 그 도를 다하였으며, 남을 상대할 적에는 정성스러운 뜻이

114 죽은……제문 : 이 글은 1672년(현종13) 11월 28일 세상을 떠난 저자의 아내 은진 송씨(恩津宋氏)를 애도하며 지은 것이다. 은진 송씨는 송준길(宋浚吉)의 딸이다. 《睡谷集 卷15 驪陽府院君閔公諡狀》

먼저 미더웠으며 온화한 기운이 가득하였으니, 그 마음의 덕이 이처럼 순수하였다.

처음 그대가 시집 와서 미처 뵙지 못했을 때 우리 선비께서 세상을 떠났고, 3년 뒤에 우리 조모님과 그대의 대부인이 모두 세상을 떠났고, 7년 뒤에 선친께서 세상을 떠나 전후로 7, 8년 동안 애통한 마음을 품었으니, 나는 그대가 타고난 운명이 불행하다고 가만히 탄식하였다. 그래도 어진 이가 장수하고 선한 이가 복을 받는 이치는 어둡지 않으니 필시 뒤늦게 복록을 누려 그 덕에 걸맞을 것이라 여겼는데, 한번 병에 걸리자 일어나지 못하고 나이 서른 여섯에 죽었으니, 이른바 하늘의 도라는 것은 옳은가, 그른가. 내가 비록 슬퍼하지 않으려 한들 할 수 있겠는가.

그대는 일곱 자녀를 두었는데, 장녀는 이미 시집갔고, 관자(觀子 민진원)는 관례를 치렀으나 아직 혼인하지 못하였다. 인자(寅子 민진후)는 아홉 살이고, 딸은 여섯 살이다. 신녀(愼女)는 돌이 되었고, 포대기에 싸인 두 딸은 그대가 죽으려 할 때 남긴 아이다. 비록 그대가 장수를 누리지 못하더라도 10, 20년을 더 살면서 여러 아이들을 길러 아들은 전부 장가가고 딸은 전부 시집가는 모습을 보았다면 그대와 나는 모두 한이 없었을 것이다. 비록 10, 20년을 더 살지 못하더라도 1, 2년만 더 살면서 관자의 아내가 집에 들어오는 모습을 보았다면 이 또한 충분한데 그조차 하지 못하였다. 조물주는 어찌 그리 빨리도 빼앗아갔는가. 남은 두 아이는 내가 지금 이름을 지었으니, 먼저 나온 아이는 정성(正性)이라 하고, 뒤에 나온 아이는 정제(正悌)라 하였다. 자식이 태어나 아비가 이름을 지었는데 어미가 모르니, 이것이 어찌 사람의 이치이겠는가. 애통하고 애통하다.

나는 불효한 죄가 쌓이고 끝까지 녹봉으로 봉양하지 못하여 스스로 슬퍼하였는데, 그대 역시 어머니 얼굴을 보지 못한 것을 죽을 때까지 애통해 하였다. 자녀들이 무릎을 둘러싸고 노는 모습을 볼 때마다 손가락으로 가리키며,

"사람이 어찌 항상 어릴 적처럼 부모가 모두 계시고 형제에게 별탈이 없을 수 있겠느냐. 즐거움만 알고 걱정을 모르는 너희들이 몹시 부럽다."

하였으니, 그 말이 몹시 슬퍼 아직도 내 귀에 남아 있다. 지금 그대가 아이들을 버리듯 두고 갔으며 세상이 싫어 영원히 떠났으니, 과연 지하에서 돌아가신 부모님을 따르며 화목하게 지내는 기쁨을 얻었는가. 그렇지 않다면 어찌 아이들로 하여금 어미를 잃고 길이 통곡하면서 지난날 무릎을 둘러싸던 즐거움을 다시 누리지 못하게 하였는가. 내가 이에 대해 어찌 슬퍼하지 않을 수 있겠는가.

부인이 시집간 뒤에도 어버이에 대한 효도가 쇠하지 않는 것은 옛사람도 어려워하였는데 나는 그대에게서 보았다. 그대는 일찍 대부인을 잃어 추모하는 애통한 마음이 오래될수록 더욱 간절하였다. 또 동춘(同春 송준길) 선생이 나이가 점점 많아져 항상 기쁘고도 두려운 마음을 품었다. 나를 따라 평안도로 와서 여러 날 기거를 듣지 못하면 번번이 근심이 낯빛에 드러났고, 밥을 먹을 때 진기한 음식을 만나면 어버이가 맛보지 못하였다며 대뜸 입에 대지 않았으니, 그 사모하는 정성이 그렇지 않은 때가 없어 사람을 감동시켰으니, 이른바 '한 마디 말을 하고 한 걸음 발을 내딛을 때조차 부모를 잊지 않는다.'라는 말이 거의 가깝다.

지난 여름, 선생이 병에 걸렸다는 소식을 듣고 평양에서 급히 뵈러

돌아갔는데 얼마 후 병이 나으셨다. 8월에 그대가 비로소 서울 집으로 돌아왔는데 선생의 병은 겨울이 되자 또 심해졌다. 그대는 소식을 듣고서 몹시 놀라 다시 가려고 하였으나 해산을 한 달 앞두고 있는 데다 병으로 갈 수 없어 근심하고 눈물을 흘리며 먹고 자는 것도 그만두어 원기가 아무도 모르게 사그라들었다. 해산한 뒤에 갑자기 기운이 다하여 숨이 끊어지기 전에 내게 말하기를,

"부디 우리 병든 아버지에게 내가 죽었다고 알리지 마시오."

하였다. 그대가 죽고 닷새가 지나 선생이 갑자기 또 돌아가셨다. 그대는 선생보다 먼저 죽었으나 선생은 미처 듣지 못하였고, 선생은 그대보다 뒤에 돌아가셨지만 그대는 알지 못하였으니, 이는 실로 인가의 변고 중에 참담하고 참기 어려운 것이다. 길 가는 사람들도 눈물을 흘리니, 그대에게 만일 지각이 있다면 필시 저승에서 상심하고 애통해 할 것이다.

그대가 병에 걸렸을 때 의원이 산후열(産後熱)이 나서 그렇다고 하기에 그 열을 다스렸더니 위태로운 증상이 더욱 심해졌다. 나는 열 때문이 아니라 몸이 허해서라고 생각하여 비로소 보약을 먹이니 정신이 조금 안정되어 마치 소생할 가망이 있는 듯하였다. 얼마 후 다시 병이 심해져 마침내 구하지 못하였으니, 행여 보약을 일찍 먹였다면 아마도 죽지는 않았을 것이다. 내가 혼미하여 미처 이렇게 하지 못하고 의원의 치료가 올바른 방법을 잃었으니, 이는 인사가 미진하기 때문이며 필시 천명과 운수와는 관계가 없을 것이다. 내가 이에 대해 또 어찌 슬퍼하지 않을 수 있겠는가. 아, 이 또한 운명이다. 끝났으니 어찌하겠는가.

그러나 내가 몹시 슬퍼하는 점은 따로 있다. 그대는 아름다운 자질을

타고나 일찍 가정에서 가르침을 받았다. 비록 책을 읽지 않았으나 그 견식은 종종 남자도 미치지 못하는 점이 있었다. 규방의 편협하고 자잘한 버릇은 모두 하려고 하지 않았다. 나는 성품이 본디 경박하고 너그러움이 부족하니 병통이 대부분 여기서 나왔다. 온화하고 부드러운 그대 덕택에 점차 도움을 받는다고 깨달았다.

내가 처음으로 관찰사의 일을 맡았을 때는 매번 사람의 목숨을 아끼고 형벌을 신중히 하라고 나를 권면하였다. 선물을 주고받는 일에 대해서는 반드시 그 의리를 살펴 터럭만큼도 구차한 뜻이 없었다. 용렬한 내가 경재(卿宰)의 지위에 오르고 집에서나 관청에서나 큰 허물을 면한 것은 그대 덕택이다. 지금은 이처럼 현명한 보좌를 잃어 평소 경계하던 말을 다시 들을 수가 없다. 이 일을 돌이켜 생각하면 나도 모르게 애가 끊어지고 눈물이 흐른다.

비록 그러하나 이른바 "이별할 시간이 얼마나 되겠는가. 슬퍼하는 시간은 오래가지 않는다."[115]라는 옛사람의 말이 참으로 내 마음을 먼저 알고 한 말이다. 인간 세상에서 20년 동안 함께 살았던 것은 일장춘몽만도 못하다. 구천에서 단란히 모여 끝없이 지낼 기약이 있으니, 나는 이 때문에 스스로 달래고 또 그대를 위로한다. 그대는 아는가.

그대가 죽은 뒤 술가의 말에 따라 죽산(竹山) 칠현산(七賢山)의 첫 번째 언덕에 묏자리를 잡았으나 올해 마침 구기(拘忌)가 있어 내년

115 이별할……않는다 : 한유(韓愈)의 〈제십이랑문(祭十二郞文)〉에 나오는 "죽어서 지각이 있다면 이별할 시간이 얼마나 되겠는가. 지각이 없다면 슬픔은 오래가지 않는다.〔死而有知, 其幾何離, 其無知, 悲不幾時.〕"라는 말을 인용한 것이다. 자기도 곧 죽을 것이라는 말이다. 《韓昌黎集 卷23 祭十二郞文》

봄을 기다리려 한다. 전부인 이씨의 옛무덤을 열어 그대와 함께 이장하고 합장하여 만세토록 영원한 집으로 삼을 것이다. 우선 그대의 묏자리를 묘향(卯向)의 언덕에 정하니, 그대는 편안히 지내라.

어린아이들을 돌보는 것이 오늘날 나의 책임이지만 어미 없는 아이를 기르기가 몹시 어려우니, 장성하기를 또 어찌 확신할 수 있겠는가. 어미가 자식을 사랑하는 마음은 아마도 저승과 이승의 차이가 없을 것이니, 행여 묵묵히 보우하여 내 바람에 부응하겠는가. 정신이 어지럽고 글이 서툴러 졸렬하여 내가 하고자 하는 말을 다하지 못한다. 한 잔 술로 영결하니 천지는 아득하기만 하다. 아, 슬프다.

동춘당 송 선생 준길 에 대한 제문[116]

祭同春堂宋先生 浚吉 文

아, 위대한 현인을 내려 세상에 이름나게 하는 것은 본디 하늘의 뜻이지만, 장수에 인색하여 남겨두지 않는 것도 하늘의 뜻입니까. 이 이치는 아득하여 헤아리기 어려우니 기수(氣數)의 탓으로 치부하는데, 혹시 그렇습니까. 우리 도가 불행하고 나라의 운수가 비색하여 사류는 의지할 데 없고 소인은 방자합니다. 누가 선생이 갑자기 이 지경에 이르리라 생각하였겠습니까.

삼가 생각건대, 선생은 자품이 순수하여 마치 정련한 쇠나 아름다운 옥과 같았습니다. 정신이 맑고 밝아 마치 얼음병이나 맑은 하늘의 달과 같았고, 올바른 학문의 연원은 가까이 사계(沙溪 김장생)와 율곡(栗谷 이이)을 스승삼고, 염락(濂洛 주자와 정자)으로 소급하여 수사(洙泗 공자와 맹자)에 이르렀습니다. 독실하게 실천하는 공부로 경과 의를 모두 지켜 본체를 확립하고 작용을 갖추었습니다. 평소 지낼 적에는 단정하고 엄숙하여 상제를 마주한 것처럼 근엄하였고, 남을 대할 적에는 온화하고 편안하여 따스한 봄볕이 가득한 것 같았습니다.

친족과 함께 하여 먼 친족에게까지 베푼 것은 화목을 돈독히 한 인(仁)이었고, 양쪽 끝을 다 말씀하여[117] 어리석음을 깨우치고 잘 인도

116 동춘당……제문 : 이 글은 1672년(현종13) 12월 2일 세상을 떠난 송준길(宋浚吉, 1606~1672)을 애도하며 지은 것이다. 송준길은 저자의 장인이다. 《同春堂集 別集 卷9 墓誌文》

한 것은 부지런한 스승의 도였습니다. 곤궁할 때 홀로 선을 지킨 것은 본디 사람들을 떠나고 속세와 단절하려는 것이 아니었으며, 장성하여 실천하고자 한 것은 임금을 요순으로 만들어 백성에게 혜택을 주는 것이었습니다. 더구나 《춘추》의 대의가 어두워지고 세상의 강상이 무너졌으니, 세도의 책임을 누가 맡겠습니까. 이것이 선생의 뜻이었습니다.

효종의 시대를 만나자 물고기가 물을 만난 것처럼 기뻐하였으니 시대가 큰 일을 할 만하였습니다. 그러나 하늘이 돕지 않고 인사가 일정치 않아 나라를 일으키고 난리를 평정하려는 긴밀한 계책이 마침내 아득히 실추되었습니다. 지금의 임금에게 지우를 입어 스승으로 대우받았으니 도를 시행할 만하였습니다. 그러나 세상길이 위험하고 거센 물결이 마구 쏟아져 조용히 임금을 돕는 노력을 다 펴지 못하였으니, 이는 선생의 운명입니다.

생각을 바꾸어 일어나기도 하고 시원하게 돌아가기도 하며 즐거우면 나아가고 근심스러우면 물러났습니다. 구한 것은 의리에 합치하는 것이고 귀하게 여긴 것은 때를 아는 것뿐이었습니다. 옛사람이 이른바 어진 사대부로 그 진퇴를 보고서 나라의 흥망을 점친다는 말이 선생을 두고 한 말이 아니겠습니까. 선생은 멀리 재야에 있으면서 물러나 임금의 허물을 보충하려고 생각하였습니다. 군주의 덕에 잘못이 있다는 말을 들으면 번번이 서글퍼하며 즐거워하지 않았습니다. 알고도 말하

117 양쪽……말씀하여 : 양쪽 끝은 시종(始終), 본말(本末) 따위를 말한다. "나는 양쪽 끝을 들어서 다 말해준다.〔我叩其兩端而竭焉.〕"라는 공자의 말에서 유래하였다. 《論語 子罕》

지 않으면 내게 죄가 있다고 하며 글을 올려 바로잡은 적이 한두 번이 아니었습니다. 그러다가 깊은 병에 걸리자 모든 생각이 사라져 손수 유소(遺疏)의 초고를 써서 시간(屍諫)[118]을 대신하였습니다. 말씀하신 것은 실로 현인과 악인을 변별해야 한다는 주부자(朱夫子)의 교훈에 근본하였으니, 요컨대 두 조정에서 받은 불세출의 융숭한 돌봄을 저버리지 않았습니다. 지극한 정성에서 나와 감개하고 격렬하여 기휘를 범해도 돌아보지 않고 살아서나 죽어서나 바뀌지 않았으니, 임금을 사랑하고 나라를 걱정한 선생의 충성은 귀신에게 맹세하고 금석을 꿰뚫을 만하다고 하겠습니다.

아, 나아가서는 도에 어긋나지 않았고 물러난 것은 자신을 깨끗이 하기 위해서가 아니었습니다. 밝은 시절을 도왔으니 주자가 40일 동안 조정에 있던 것[119]과 무엇이 다르겠으며, 시골에서 유유자적한 것은 한두 동지가 있었던 덕택입니다. 당세에 대한 생각이 없지 않았으나 누추한 골목에 사는 즐거움을 바꾸지 않았습니다. 덕이 성대하여 영화가 더욱 순수하고, 도가 높을수록 겸손은 더욱 돈독하였습니다. 덕을 보는 자는 마음이 취하고 풍문을 듣는 자는 성심으로 감복하였습니다. 사방의 선비들이 모두 사랑하고 사모하며 존경하고 스승삼았습니다. 높은 이름을 태산북두처럼 우러르고 길이 장수를 누리기를 기원하였으나 멀리 떠나려는 마음을 돌리지 않아 끝내 어려운 시절을 구제하지

118 시간(屍諫) : 시신으로 간언한다는 말로, 춘추 시대 위(衛)나라 사어(史魚)가 간신 미자하(彌子瑕)를 등용하 임금의 잘못을 깨우치기 위해 일부러 자신의 시신을 창가에 두라고 유언한 고사에서 나왔다. 《孔子家語 困誓》

119 주자가……것 : 주자는 과거에 급제하고 50년 동안 대부분 외직에 있었으며, 조정에 있었던 기간은 40일 정도였다. 《宋史 卷429 朱熹列傳》

못하였습니다. 또 갑자기 세상을 떠났으니 백 번 대신 죽어도 바꿀 수 없음을 어찌하겠습니까.[120] 선생이 어지럽고 더러운 세상을 싫어하여 정신이 하늘나라에서 노니느라 돌아올 줄 모르는 것 아니겠습니까. 과연 하늘의 명이요 기수에 관계되어 어쩔 수 없이 그러한 것입니다. 애통하고 애통합니다.

아, 옛적 선생이 선왕에게 진강할 적에 소자도 강관의 말석에 참여하였습니다. 경전의 뜻을 토론하는 모습을 가만히 엿보니 분석이 정밀하였고, 글을 통해 유추하고 사안을 가리키며 경계를 아뢰니, 성상께서 경청하고 받아들이며 용안이 펴졌습니다. 한 건물에서 정사를 논하는 모습이 당우(唐虞) 시절을 방불케 하였기에 성대한 모습을 몸소 본 것을 다행으로 여겼습니다. 어느덧 15년이 흘러 선왕은 승하하여 뒤따라갈 수 없이 아득하였으나 우뚝한 영광전(靈光殿)[121] 같은 선생도 오래 남아 있지 못하였으니, 옛날과 지금의 일을 생각하면 저도 모르게 눈물이 줄줄 흐릅니다.

아, 소자는 자리에서 가까이 모셨으니 스승과 제자의 분수가 있으며, 집안에 장가들었으니 장인과 사위의 친분이 있습니다. 선생은 잘못 생각하여 알아주고 칭찬하며 어리석다고 내치지 않으셨으며, 두 집안이 인척으로 맺어진 뒤에도 간곡히 가르치셨습니다. 소자가 불민하여 비록 훈도를 받고 스스로 가다듬어 돌보고 사랑한 기대에 부응하지

120 백……어찌하겠습니까 : 《시경》 〈황조(黃鳥)〉의 "만일 대신할 수 있다면, 사람들이 자기 몸을 백 번이라도 바치리라.〔如可贖兮, 人百其身.〕"라는 말을 인용한 것으로, 송준길 대신 죽고 싶어도 그럴 수 없다는 말이다.

121 영광전(靈光殿) : 한나라의 전각으로 오랜 세월을 거치며 다른 전각이 모두 무너졌을 때도 남아 있었기에 원로를 비유한다.

못하였으나 선생이 가르치신 힘 덕택에 그래도 다행히 우리 무리에 죄를 짓지는 않았습니다. 지금은 끝났으니 장차 맹인이 밤길을 더듬어 가는 것처럼 갈 곳을 몰라 갈팡질팡합니다.

아, 지난 기유년(1669, 현종10) 여름에 소자가 평안 감사가 되었는데, 당시 선생은 도성에 있다가 서쪽 교외로 나와 전송하였습니다. 나랏일을 권면하며 직임이 가볍지 않다고 걱정하고, 멀리 헤어진다고 위로하며 훗날 만나기 어려울 것이라고 서글퍼하였습니다. 그러다가 지난 가을에 돌아와 기거를 살피려고 생각하였으나 조정의 관직에 얽매여 처음의 소원을 이루지 못하였습니다. 말미를 청하였으나 얻지 못하고, 출발하려다가 도로 멈추며 그저 4년 동안의 이별을 상심할 뿐 끝내 하루도 모시지 못하였습니다. 깊은 못 앞에 서고 얇은 얼음을 밟는 듯이 여기라는 경계를 받들지 못하였는데 대들보 같은 선생이 어찌 그리 빨리 무너진 것입니까. 주자가 이른바 '병들었을 때 부축하지 못하고 돌아가셨을 때 반함하지 못하였으며 남보다 늦게 달려왔으니 죽어도 남은 유감이 있다.'[122]라는 말이 참으로 오늘날 소자의 정경을 말한 것입니다.

선생이 돌아가시기 전에 집사람이 갑자기 병에 걸려 구하지 못하였습니다. 아비와 자식이 며칠 사이에 함께 세상을 떠나 부고가 도로에서 교차되어 전해지니, 사람의 이치가 참담하여 차마 말할 수 없습니다. 하늘이 덕 있는 가문에 어찌 유난히 혹독한 화를 내리는 것입니까. 모르겠습니다만 지하의 단란한 즐거움이 인간세상과 같습니까. 그렇지 않다면 선생의 영령도 필시 저승에서 애통해 할 것입니다.

122 병들었을……있다 : 주자가 지은 이동(李侗)의 제문에 나오는 말이다.

아, 엊그제 회천(懷川)으로 와서 집으로 들어와 영전에서 절하였습니다. 목소리는 들을 수 없고 궤장은 집에 있었습니다. 지금 새 무덤으로 와서 상여를 맞이하여 통곡하는데 모습은 보이지 않고 만장과 불삽(黻翣)이 길에 있습니다. 모든 일을 어찌할 수 없으니 어느 날 가르침을 받겠습니까. 대성통곡하니 마음이 무너지고 애가 끊어집니다. 친지와 손님이 모두 모이고 장사지낼 날이 박두하여 간소한 제수를 진설하고 영결을 고합니다. 만약 정령이 어둡지 않다면 부디 강림하여 한 잔 술을 흠향하소서. 아, 슬프다.

자형 이 참판 연년 의 묘소에 대한 제문[123]

祭姊兄李參判 延年 墓文

아, 겸손하고 후덕하며 선을 좋아하는 덕과 담박하여 영위하지 않는 뜻은 천지신명이 보우하여 복을 받아 마땅합니다. 황량지몽(黃粱之夢) 같은 참판의 반열에 오르고 아침 이슬처럼 중년에 죽는 한을 품었으니, 어찌하여 지위가 낮지 않은데 수명은 짧았습니까. 등유(鄧攸)는 살아남았으나 자식이 없었으니[124] 하늘의 도는 참으로 무지하고, 문백(文伯)은 죽었으나 모친은 살았으니 사람의 이치로 가장 슬픈 일입니다.[125]

능침에 재해가 생기자[126] 명령이 엄하고 사안이 중대하여 밤길을 바삐 달리며 천리 먼 길도 꺼리지 않는 것은 신하의 직분입니다. 하늘까지 이어진 철령(鐵嶺)에서 거센 바람과 폭설을 맞으며 옆사람이 힘써

123 자형……제문 : 이 글은 1672년(현종13) 11월 24일 세상을 떠난 이연년(李延年, 1620~1672)을 애도하며 지은 것이다. 이연년은 저자의 자형이다. 《海左集 卷30 嘉善大夫禮曹參判李公墓誌銘》

124 등유(鄧攸)는……없었으니 : 등유는 진(晉)나라 사람으로 난리를 만나자 아들과 조카를 데리고 피난하였다. 둘다 살릴 수가 없어 아들을 버리고 조카를 데려갔는데, 결국 후사가 없었다. 《晉書 卷90 鄧攸列傳》

125 문백(文伯)은……살았으니 : 문백은 춘추 시대 노(魯)나라의 대부이다. 모친 경강(敬姜)보다 먼저 세상을 떠났다. 《禮記 檀弓下》

126 능침에 재해가 생기자 : 이연년은 함경도 능침에 재해가 생기자 이조 참판으로 봉심하러 갔다가 안변에서 세상을 떠났다. 《海左集 卷30 嘉善大夫禮曹參判李公墓誌銘》

만류하는데 하루도 쉬지 않고 갔던 것은 사람의 일을 다하지 못하였기 때문입니다.

아, 생사와 화복은 하늘의 뜻이며 운명이니, 공이 하늘의 뜻을 어찌 하겠으며 운명을 어찌하겠습니까. 불행히 길에서 병이 나서 함경도에서 고복(皐復)하니, 친척과 벗은 멀어서 알지 못하였습니다. 살아서는 간호하지 못하고 죽어서는 반함하고 염습하지 못하였으니, 이승과 저승의 이 통한은 천지처럼 끝이 없습니다.

아, 공의 아내는 나의 누이입니다. 외람되게도 아름다운 혼인을 맺어 형으로 섬긴 지 지금 39년입니다. 공은 현명하여 평소 선친께서 소중히 여겼으므로 아끼고 인정하는 마음으로 원대한 경지에 도달하기를 기약하고 백년 동안 즐겁게 어울리리라 여겼습니다. 어찌 공의 덕으로 갑자기 여기에 그칠 줄 생각하였겠습니까.

홀로 남은 제게 집안의 화가 끊이지 않아 정만창(鄭晩昌 정보연(鄭普衍))과 홍숙평(洪叔平 홍만형(洪萬衡))을 곡하고 지금 또 공을 곡합니다. 세 자매가 외로이 슬픔을 품은 채 마주하고 통곡하니, 눈으로 어찌 차마 보겠으며 귀로 어찌 차마 듣겠습니까. 마음이 참담하여 실로 인간 세상에 살고 싶은 마음이 없습니다. 오직 슬프지 않은 일은 지하에서 만나 영원히 함께 할 기약이 있다는 것입니다.

공을 장사지낼 때 저는 아내의 상을 당하였기에 무덤에 가서 한번 통곡하지 못하였습니다. 이번에 선영으로 가는 길에 이곳으로 길을 잡아 새 무덤에 곡하며 절하고 삼가 간소한 제수를 바칩니다. 무덤으로 가는 길이 영원히 닫혀 목소리를 들을 수 없으니 마음이 무너지고 애가 끊어져 눈물만 흐릅니다. 영령이여, 어둡지 않다면 내 술 한 잔 흠향하소서. 아, 슬프다.

한천동 토지신에 대한 제문

寒泉洞土地神文

이곳 한천동을 돌아보니	眷玆寒泉
참으로 뛰어난 땅이로다	實惟勝區
높이 삼각산과 이어져	高挹三角
큰 길을 굽어보네	俯臨九衢
생각건대 우리 선조는	念我先祖
이곳에 와서 터를 잡았네	聿來卜築
조용하고 외딴 곳을 취하고	地取幽僻
달고 맑은 샘물 좋아해서라네	泉愛甘洌
서산에서 막걸리 마시며	西山白酒
마음대로 읊은 시가 전해지네	逸詠流傳
세월이 흘러	時移歲遷
벌써 백년이 지났네	倏焉百年
못은 평평한 땅이 되고 대는 무너져	沼平臺圮
무성한 풀속에 파묻혔네	鞠爲茂草
그저 터만 남았으니	遺墟但存
옛 자취 씻은 듯 사라졌네	故蹟如掃
외롭고 어리석은 나는	眇余孤蒙
선조를 추념하니 서글퍼지네	追遠怵惕
선조가 지은 집 망칠까 두려워	堂搆恐墮
재목과 돌을 모았네	木石斯集

그 옛터를 넓혀서 廓其舊址
이 작은 집을 지었네 營此小廬
막힌 물길 뚫으니 廢渫疏流
섬돌 따라 물 흐르네 瀡瀡循除
어린아이 데리고 들어와 살며 携幼入處
웃고 이야기하네 載笑載語
무너진 것 일으키니 감회 생기고 廢興起感
선조가 생각나서 더욱 사모하네 羹墻增慕
삼가 생각건대 토지신은 恭惟土神
실로 이 땅의 주인이네 寔主玆丘
후세 사람 도와서 克相後人
전에 내린 복 변치 마소서 毋替前休
온갖 재앙 없애고 驅除百沴
어린아이들 보호하여 保艾群幼
이곳에 대대로 살면서 俾此世居
영구히 누리게 하소서 用享永久

죽은 조카 참봉에 대한 제문[127]

祭亡姪參奉文

아, 너는 어찌 그리 오래 병을 앓았으며 어찌 그리 일찍 죽었느냐. 의원의 재주가 좋지 않아서인가. 크나큰 한이 극에 달해서인가. 집안이 지나치게 번성하여 귀신이 시기하여 해친 것인가. 부형의 죄가 쌓여 재앙이 너에게 미친 것인가. 행실이 단정하니 복을 누려야 마땅한데 서른 살에 갑자기 요절하였고, 재주가 명민하니 조정에서 현달해야 하는데 마침내 낮은 벼슬로 그쳤구나. 하늘은 헤아릴 수 없고 이치는 짐작할 수 없다. 아, 슬프다.

너는 자제들 중에 종손이었다. 태어나자 우리 할머님과 돌아가신 부모님이 몹시 사랑하여 은혜롭고 부지런히 기르며 밤낮으로 장성하기를 바랐다. 네가 관례(冠禮)를 치르고 혼인하였을 때 할머님과 어머님은 모두 이미 세상을 떠났기에 네가 관례복 입는 모습을 보며 직접 향주머니를 매어 주지 못하였다. 얼마 안 되어 선친께서 고아들을 버리고 세상을 떠나셨는데, 네가 성균관에 들어간 것은 그 뒤였으니, 이는 실로 불효한 우리 형제가 죽을 때까지 부모님을 모시지 못하는 애통한 일이다. 그러나 네 나이는 여전히 젊고 앞날이 아직 창창하였다. 행실과 재주가 있어 장차 큰 일을 할 것 같았기에 훗날 집안에 보답하기를

127 죽은……제문 : 이 글은 1673년(현종14) 10월 25일 세상을 떠난 저자의 조카 민진하(閔鎭夏, 1643~1673)를 애도하며 지은 것이다. 민진하는 민시중(閔蓍重)의 장남이다. 《宋子大全 卷199 永禧殿參奉閔君墓表》

기대하였는데, 어찌 네가 끝내 여기서 그칠 줄 생각했겠느냐. 아, 애통하다.

부모가 자식을 사랑하는 마음이 미치지 못하는 곳이 없지만, 부귀는 외물이니 얻고 얻지 못하고는 기뻐하거나 슬퍼하기 부족하다. 오직 재앙이 없고 질병이 없으며 장수하고 자식을 두는 것이 가장 간절한 소원이다. 그런데 너는 일찍부터 고질병을 앓아 항상 걱정을 끼쳤으며, 아이를 낳았으나 기르지 못하였고, 수명도 몹시 짧았다. 부모의 마음을 위로한 일이 하나도 없으니, 네가 하늘에서 받은 운명은 어찌 그리 몹시 불행한가. 형님은 지난해 네 두 누이와 네 아들을 곡하였는데, 지금 또 너를 곡한다. 사랑을 쏟은 이를 이치에 어긋나게 잃는 것[128]은 본디 인정으로 참을 수 없는 일이다. 더구나 종가의 일이 지극히 중요한데 손자들은 아직 어리니, 어진 이를 골라 후사로 세우기도 쉽지 않다. 이를 생각하면 어떻게 마음을 달랠 수 있겠느냐. 상복을 입고 너의 상에 와서 슬픈 표정으로 통곡하니, 길 가는 사람도 슬퍼한다. 네게 만약 지각이 있다면 눈도 감지 못할 것이다. 아, 슬프다.

네가 죽은 지 얼마 되지 않아 벌써 석달의 상제(喪制)가 차서 장차 너를 선영의 옆에 장사지내려 한다. 상여는 이미 준비되었고, 장차 길에서 전별하려 한다. 나는 마침 관직에 얽매여 상여를 따라 함께 가서 네 관이 땅에 들어가는 모습을 볼 수가 없다. 지금 내가 너와 영결하니, 이 생애에서는 그만이고 지하에서 만나 영원히 함께할 기약이 있을 뿐이다. 술과 음식을 앞에 진설하고 네게 먹고 마시도록 권한

128 이치에……것 : 저본에는 "近理之喪"으로 되어 있으나 문맥에 근거하여 "近"을 "逆"으로 바로잡아 번역하였다.

다. 돌이켜 생각하면 병들었을 때 억지로 한번 먹게 하던 것과 마음은 같지만 일은 다르니 가슴이 찢어진다. 지극한 슬픔은 글로 표현할 수 없으니 또 무엇을 말하겠는가. 아, 애통하다.

죽은 아내 이 부인의 이장에 대한 제문

亡室李夫人改葬祭文

유세차 을묘년(1675, 숙종1) 12월 갑인삭 7일 경신, 민유중은 죽은 아내 덕수 이씨의 묘를 열고 9일 임술에 발인하여 12일 을축에 새 산소에 도착하였다. 장차 20일 계유에 안장하려고 이에 술과 과일을 간소히 갖추어 관 앞에 올리고 곡하며 영결한다.

아	嗚呼
이승과 저승이 비록 다르지만	顯幽雖殊
하나의 이치가 감동하여 통하는 법	一理感通
그대의 영령은 어둡지 않아	君靈不昧
내 마음을 살피리라	宜鑑余衷
옛적 내가 그대를 장사지낼 때	昔我葬君
땅을 마련할 수 없어	無地可營
경기의 전장에 나아가	言就圻莊
우선 무덤으로 삼았네	姑托幽堂
나중에 지관에게 물으니	追詢術人
모두 불길하다 하였네	咸曰不臧
귀신인들 어찌 편안하랴	神道豈安
내 마음 더욱 아팠네	我心增傷
이곳 충주 고을은	眷玆忠鄕
선영이 있는 곳이네	先墓所處

이곳에 다시 뭣자리 정하니 於焉改卜
실로 음덕에 힘입었다네 實獲陰助
이곳에 그대의 관을 옮기고 用遷君柩
나의 무덤으로 삼네 爲我壽藏
부디 놀라거나 두려워 말고 庶勿驚震
이곳 무덤을 편안히 여기라 安此佳城
그대가 처음 시집올 때 생각하니 憶君初歸
할머님은 나이 많았고 王母大耋
양친이 모셨으며 二親承顏
손자들은 무릎을 둘러쌌네 諸孫繞膝
집안에 벼슬아치 많고 家庭簪笏
형제는 화목하였네 伯仲塤篪
그저 즐거운 줄만 알고 但知歡悞
탄식하는 모습 못 보았네 不見歔欷
잠깐 사이에 轉頭之頃
인사가 누차 바뀌어 人事屢易
조강지처의 즐거움 잃고 樂缺糟糠
풍수지탄의 슬픔 얽혔네 哀纒風木
남은 생에는 어쩔 수 없으니 餘生無及
뒤에 죽는 사람만 슬프네 後死堪悲
화복은 느닷없고 倚伏無端
영욕은 서로 뒤따르네 榮辱相隨
세상의 변고를 世間變故
혼자서 많이 겪었네 閱歷獨多

그대는 저승으로 돌아갔으니　君歸冥漠
알고 있는가　其有知耶
용모는 온순하고　婉順其容
자질은 맑았네　淸淑其質
효성스러운 행실과　孝友之行
명철한 식견　明達之識
타고난 것은 어찌 그리 많으며　受賦何豐
세상에 산 날은 어찌 그리 짧았나　在世何促
삶과 죽음 갈라진 지　存亡相隔
24년이 지났네　廿有四年
지난날을 생각하니　追惟疇曩
온갖 감정 감도는구나　百感纏綿
내 나이 이미 늙었으니　我齒已衰
어찌 오래 살겠는가　亦豈久延
지난 자취는 한바탕 꿈 같고　陳迹一夢
훗날 지하에서 만나리라　後會九泉
여관에 빈소를 차린 지　旅館寓殯
여러 날 지나지 않았고　曾不多日
겨우 명정과 불삽을 옮겼는데　纔移旌翣
또 무덤으로 나아가네　又就窀穸
한번 술 따르고 영결을 고하니　一酌告訣
가슴이 무너지고 애가 끊어진다　心摧腸裂
아, 슬프다　嗚呼哀哉

죽은 아내 송 부인의 이장에 대한 제문
亡室宋夫人改葬祭文

아	嗚呼
죽은 사람은 날마다 멀어지고	死以日遠
시간은 죽은 이와 함께 지나가네	時與死邁
상기가 이미 다하였는데	喪期旣盡
무덤을 또 다시 정하네	幽隧又改
옛 널에 다시 기대고	舊櫬重憑
영연을 거듭 진설하네	靈筵再陳
처음 죽었을 때와 똑같은데	怳若初終
어느덧 다섯 해가 흘렀네	倏尒五春
맑은 자태와 아름다운 모습	淸姿婉儀
두터운 덕과 순수한 행실	厚德純行
보고 싶어도 볼 수 없네	願言不見
지난날을 생각하니	緬懷疇曩
그대는 장수하지 못하고	君壽不延
우리 집은 거듭 화를 당하여	我家洊禍
울던 갓난아이 둘은	呱呱二孩
또 따라서 세상 떠났네	又隨而化
어미와 아들을 곡한 지	哭母若子
한 해도 되지 않았으니	曾不周星
끝없는 이 한은	悠悠此恨

이승과 저승 모두 맺혔네	共結幽明
맏며느리가 집안에 들어와[129]	冢婦入門
공경히 그대의 제사를 지내네	虔奉君祀
인아(寅兒 민진후)는 무탈하여	阿寅無恙
나이가 열 셋이네	舞勺其齒
-1자 빠짐- 제사를 돕고	■能助奠
신아(愼兒)[130]도 품을 떠났네	愼亦離抱
아이들은 점차 자라	諸稚漸長
나를 어미처럼 여기네	視我猶母
앞서는 울다가 뒤에는 웃으니	先咷後笑
상황 따라 달라지네	觸境殊端
마음이 허전하니	情懷忽忽
누구와 함께 슬퍼하고 기뻐할까	誰與戚欣
나는 우활하고 어리석어	顧余疏愚
지금 죄를 지은 상황이네	方負罪愆
돌아가신 스승께 무고가 미쳐	誣及先師
지하[131]에 견책이 내렸네	謫加重泉
여러 사람이 떠들썩하여	衆口紛紜

129 맏며느리가 집안에 들어와 : 저본에는 "厚婦人門"으로 되어 있으나 문맥을 고려하여 "厚"를 "冢"으로, "人"을 "入"으로 바로잡아 번역하였다.

130 신아(愼兒) : 앞의 〈죽은 아내 송 부인에 대한 제문〉에서 신녀(愼女)라고 지칭한 딸을 가리키는 것으로 보인다.

131 지하 : 저본에는 '重衆'으로 되어 있으나 문맥에 근거하여 '衆'을 '泉'으로 바로잡아 번역하였다.

남은 목숨 위태롭네　餘喘凜危
세상의 변화는 끝이 없고　世變無窮
사람의 일은 알기 어렵네　人事難知
생각건대 이곳에 임시로 묻은 것은　念玆權窆
애당초 오래 갈 계획 아니었네　初非久計
이에 새 묏자리 잡았으니　爰卜新兆
실로 점괘에 알맞았네　實協龜筮
전처와 다른 곳에 장사지냈으니　前配異葬
각기 땅을 골랐기 때문이라네　各緣擇地
비록 평소 마음과 다르지만　雖違宿心
큰 일에 유감이 없네　無憾大事
장례 지내는 기일을 잡고　襄禮有期
이미 상여를 준비하였네　紼具已飭
산 사람과 죽은 사람이 영결하는　存亡相訣
이 날이 다시 왔네　重有此日
차마 영구를 옮겨　忍遷靈柩
다시 무덤으로 나아가네　復就窀穸
인간세상에서의 이별은　人間契闊
그만이니 어찌할 수 없고　已矣莫追
삶은 끝이 있으니　生也有涯
얼마나 떨어져 있겠는가　其幾何離
이야기가 여기에 미치니　興言至此
가슴이 찢어지려 하는구나　心肝欲摧
정성으로 간소한 제수 올리고　薄奠由誠

거친 말에 슬픔을 담네 蕪辭寓哀

그대의 영령이 어둡지 않다면 君靈不昧

내 한 잔 술을 흠향하라 歆我一杯

아, 슬프다 嗚呼哀哉

동춘 선생의 이장에 대한 제문[132]

同春先生改葬祭文

동춘당 송 선생의 묏자리가 좋지 않아 병진년(1676, 숙종2) 12월 6일 갑신에 묘를 열고 관을 꺼내어 연기(燕岐)에서 발인하여 회덕(懷德)의 새로 잡은 무덤에 도착하여 16일 병신에 장례를 지내고자 합니다. 이틀 전 갑오일에 문인 여흥 민유중이 삼가 맑은 술과 여러 제물을 올리며 영전에 고합니다.

산이 무너지고 대들보가 부러진 지	山頹梁壞
세월이 얼마나 흘렀습니까	歲月幾何
세상사 어지러우니	世事紛如
우리 도는 틀린 듯합니다	吾道非耶
머나먼 영해에	迢迢嶺海
유배된 사람 이어지고	竄逐聯翩
화가 당파에 미쳐	禍延鉤黨
지하에 견책이 내렸습니다	謫加重泉
예전에 사악하고 아첨하는 자가	曾是邪佞

132 동춘……제문 : 송준길의 묘소는 처음에 연기(燕岐) 죽안리(竹岸里)에 있었으나 1676년(숙종2) 회덕(懷德) 흥농리(興農里)로 옮겼고, 1689년 다시 공주(公州) 유곡(鍮谷)으로 옮겼다. 이후 1700년 진잠(鎭岑) 사점동(沙店洞)으로 옮겼다. 이 글은 회덕으로 이장할 때 지은 것이다. 《同春堂集 別集 卷9 墓誌文》

차마 충신과 현인을 무함하니 忍誣忠賢

변고가 끝이 없었는데 無窮者變

혼령은 어둡지 않습니다 不昧者靈

정신이 또렷하여 耿耿精忱

해와 별을 꿰뚫는데 可貫日星

원한이 있어도 씻지 못하니 有冤莫雪

누가 그 거짓을 바로잡겠습니까 誰直其謾

하늘의 이치는 아득하여 天理杳茫

사림이 상심하고 한탄하였습니다 士林傷歎

풀이 묵은 무덤은 草宿之原

침식될까 두려우니 水齧是懼

새로 묏자리를 열어 新開宅兆

시신을 옮겼습니다 移奉冠屨

의장은 빠진 것이 있고 儀章有缺

선비의 예로 강등하니 士禮之殺

일이 예전과 달라 事異疇昔

보는 이들이 눈물 흘립니다 觀者出涕

생각건대 어둡고 어리석은 저는 顧念昏愚

오랫동안 목소리 듣지 못하였으니 久失謦欬

저는 장차 누구를 우러르겠습니까 吾將安仰

생각해도 소용이 없습니다 每懷靡逮

뜻밖에 스승이 豈意師門

이처럼 무함을 받을 줄 알았겠습니까 罹此搆捏

변고를 겪었으니 閱歷變故

비분강개한 심정 간절합니다 悲憤交切
이번에 면례를 계기로 玆因緬禮
재차 궤연을 받드니 再奉筵几
봄바람 부는 듯한 자리[133]에서 春風座上
모시는 듯합니다 怳若趨侍
옥같은 모습과 쇠같은 목소리 玉色金聲
끝내 볼 수가 없습니다 竟莫瞻覿
자나깨나 성대한 덕 생각하니 寤寐盛德
어찌 서글피 사모하는 마음 견디겠습니까 曷勝愴慕
영구를 붙잡지 못하고 靈櫬莫挽
이미 광중을 갖추었으니 窀穸已具
한번 무덤을 닫으면 一閉幽堂
영원히 만날 수 없습니다 永隔攀陪
간소한 제수로 영결을 고하며 薄奠告訣
이 깊은 슬픔을 담습니다 寓此沈哀
말로는 다할 수 없어 言不可盡
오장이 찢어지는 듯합니다 腸裂肝摧
아, 슬픕니다 嗚呼哀哉

133 봄바람……자리 : 온화한 인품을 말한다. 정호(程顥)의 제자 유초(游酢)가 정호와 지내던 일을 봄바람 속에 앉아 있었다고 비유한 데서 비롯된 말이다. 《宋元學案 卷14 明道學案》

동춘당 부인의 이장에 대한 제문[134]

同春堂夫人改葬祭文

유세차 병진년(1676, 숙종2) 11월 기묘삭 16일 갑오, 사위 여흥 민유중은 삼가 간소한 제수를 갖추어 동춘당 부인 정씨의 영전에 두 번 절하고 곡하며 영결합니다.

명가의 빼어난 기운 받아	毓秀名家
군자와 미덕을 나란히 하였습니다	媲美君子
밝고 정숙하며 온화하고 어질어	明淑溫仁
덕이 온전하고 행실을 갖추었습니다	德全行備
몸은 예법을 따르니	身遵禮則
사람들이 현명한 법도에 감복하였습니다	人服哲範
후한 복을 받아야 마땅한데	厚祿宜享
장수를 누리지 못하였습니다	遐算猶歉
선한 이가 보답받는 징험 없으니	善報無徵
신령의 이치는 어찌 그리 어긋났습니까	神理何乖
옥수 같은 자제가 먼저 죽고	玉樹先凋
대들보가 또 부러졌습니다[135]	梁木又摧

134 동춘당……제문 : 이 글은 1676년(숙종2) 송준길의 아내 진주 정씨(晉州鄭氏)의 묘소를 이장할 때 지은 것이다. 진주 정씨는 정경세(鄭經世)의 딸이다.

135 옥수……부러졌습니다 : 옥수 같은 자제는 송준길의 외아들 송광식(宋光栻)을

이십년 사이에	二十年間
세월 따라 일이 바뀌었습니다	時與事遷
사특한 논의가 횡행하고	邪議橫流
당화가 뒤늦게 미쳤습니다	黨禍追延
인간 세상은 아득하고	悠悠人世
지하는 까마득합니다	漠漠重泉
처음 묏자리가 길하지 않아	初兆違吉
후상(後喪)[136]의 무덤을 달리하였습니다	後喪異阡
선영에 다시 자리잡으니[137]	桑鄉改卜
점괘와 참으로 부합합니다	允協龜筮
이에 합장하는 예를 따라	爰循魯祔
나란히 면례를 거행합니다	並擧緬禮
옥완이 다시 세상에 나오고[138]	玉盌再出
신령한 검이 다시 만났습니다[139]	神劍重會

말하고, 대들보가 부러졌다는 것은 송준길의 죽음을 비유한 것이다.

136 후상(後喪) : 여기서는 송준길의 상을 말한다. 진주 정씨는 송준길에 앞서 세상을 떠나 공주(公州)에 장사지냈고, 송준길은 사후 연기(燕岐)에 장사지냈다. 《同春堂集 別集 卷9 附錄 墓誌文》

137 선영에 다시 자리잡으니 : 1676년(숙종2) 송준길의 묘소를 회덕으로 이장한 것을 말한다.

138 옥완이……나오고 : 옥완은 장사지낼 때 함께 묻는 부장품이다. 옥완이 다시 나왔다는 것은 옛무덤을 파서 이장한다는 말이다.

139 신령한……만났습니다 : 용천(龍泉)과 태아(太阿) 두 보검이 연평진(延平津)에서 용으로 변하였다는 고사에서 나온 말로, 부부의 합장을 비유한다. 《晉書 卷36 張華列傳》

영령이여 어찌 모르겠습니까　靈豈無知
일이 마치 기다린 듯합니다　事若有待
생각건대 소자는　言念小子
일찌감치 사위가 되어　夙托甥館
밖으로는 스승의 가르침 받고　外承師敎
안으로는 자애로운 돌보심 입었습니다　內菏慈眷
지난 자취 완연한데　依然往迹
벌써 노년이 되었습니다　倏焉暮齡
묵은 상자에 몹시 슬픈 마음　悲深陳篋
항상 맺혀 끝이 없습니다[140]　恒結莫極
누가 알았겠습니까 오늘날　孰謂今日
빈소를 다시 보게 될 줄이야　移瞻殯堂
생사와 영욕을　存込榮辱
말하자니 애가 끊어집니다　欲語摧腸
장사지낼 날이 다가와　襄期載臻
이미 상여를 준비하였으나　紼事已將
붙잡을 수가 없습니다　追攀無地
세상이 끝날 때까지 영결하며　永訣終天
삼가 간소한 제수를 진설합니다　恭陳菲薄
관 앞에서 절하고 곡하니　拜哭柩前
영령은 없어지지 않았을 것입니다　不亡者存

140 항상……없습니다 : 저본에는 "恒結冥極"으로 되어 있으나 문맥에 근거하여 "冥"을 "莫"으로 바로잡아 번역하였다.

이 정성을 살피소서	鑑此忱虔
아, 슬픕니다	嗚呼哀哉

풍전포 기우제문

楓田浦祈雨祭文

선부군이 안변에 있을 때[141] 대신 지었다.

김매는 계절이 되었는데	節屆耘月
가뭄이 기승을 부리네	旱魃斯虐
들판은 메마르고	田原枯槁
도랑과 못은 고갈되었네	溝澤匱竭
모든 전답은 붉게 타고	千畝赤土
사방 들판 누렇네	四野黃垓
근심하는 백성이	嗷嗷下民
또한 몹시 슬프구나	亦孔之哀
실로 나의 허물이니	我實自咎
신이 어찌 꾸짖지 않으랴	神豈無責
좋은 날과	以日之令
좋은 때에	與辰之吉
엄숙히 제사를 지내어	肅將祀事
신령한 못에 기도하네	禱于靈淵
술과 희생을 마련하여	有酒有牲
정성껏 성의를 바치니	誠意孔虔

141 선부군이 안변에 있을 때 : 저자의 부친 민광훈(閔光勳)은 1649년(인조27) 안변 부사에 임명되었다.

신령이여 강림하여	惟神降監
내가 분명히 고하는 말을 들으소서	聽我明告
신령의 응답은 어둡지 않으니	冥應不昧
부디 단비를 내려주소서	庶霈膏雨

법수산 기우제문

法秀山祈雨祭文

선부군이 안변에 있을 때 대신 지었다.

이곳 신령한 산악은	維茲靈嶽
실로 신이 사는 곳이라네	寔神所宅
구름 일으키고 비를 내리니	興雲作雨
그 혜택 두루 적시네	厥施普洽
일찍부터 영험한 도움 드러나	夙著冥貺
오래 전부터 기이한 소문 전하였네	久傳異聞
어찌하여 올해는	云胡是歲
가뭄이 거듭되는가	旱暵荐臻
봄부터 비가 내리지 않아	自春不雨
여름까지 가물었네	屆于夏月
들판은 불타 그을리고	原野焦爍
시내와 도랑은 메말랐네	川瀆枯涸
이미 봄농사 망쳤으니	旣失東作
감히 추수를 바랄 수 있으랴	敢望西成
애처로운 백성이	哀哀下民
어떻게 살 수 있겠는가	亦何爲生
이 땅을 지키는 직임 맡았는데	職守玆土
재해가 갑자기 혹독하니	災沴奄酷
근심하는 마음 가득하여	憂心惸惸

좌불안석이었네　身不安席
제단을 정결히 쓸고　齋掃玄壇
공경히 정성을 고하네　虔告素誠
희생은 정결하고　牲羞惟潔
술은 향기롭네　旨酒惟馨
신은 환히 굽어살피니　神監孔明
비를 흠뻑 내려주시어　庶幾霈澤
우리의 전답을 적시고　潤我田畝
우리의 곡식을 자라게 하소서　長我禾穀
이 백성이 도움을 얻는다면　斯民有賴
신의 은혜가 클 것입니다　神賜則優
감히 밤낮으로　敢不夙夜
공경히 신령한 복 받들지 않겠습니까　祗服靈休

황룡산 기우제문[142]

黃龍山祈雨祭文

저 울창한 황룡산은	鬱彼龍山
이곳 학성(안변)의 진산이라네	鎭此鶴城
산과 못에는	惟山有淵
신령이 있는 법	有神有靈
양의 덕[143]이 참으로 드러나	陽德允顯
변화를 헤아릴 수 없네	變化不測
두루 시행하여	厥施斯普
그 이익이 널리 미치네	其利乃博
이 땅을 돌아보니	眷言玆土
이런 가뭄을 당하였네	罹此旱戾
찬바람이 화기를 해치고	凄風損和
먹구름이 자욱하네	密雲陰曀
농사는 김매지 못하고	農耕不耘
싹은 말라서 상하였네	苗枯而痒
백성 다스리는 직분에 있는데	職在治民
재해를 당하여 농사짓지 못하니	遇災未穰

142 황룡산 기우제문 : 황룡산은 안변에 있다. 이 글 역시 저자의 부친이 안변 부사로 있을 때 지은 것으로 보인다.

143 양의 덕 : 만물을 자라게 하는 양기(陽氣)를 말한다.

저 백성은 무슨 죄인가　彼民何辜
그저 나의 허물이네　惟我之咎
이에 길일을 잡아　茲涓吉辰
엄숙히 제사지내며 경건히 고합니다　肅祀虔告
하나의 이치로 감응하니　一理相感
간소한 제물 흠향하소서　二簋可享
지금 비를 내리지 않으면　失今不雨
다시 어느 때 내리겠는가　復時何及
바라건대 신령의 보우를 내려　願垂陰祐
속히 단비를 내려주소서　亟霈膏澤
천리를 흠뻑 적시면　千里滂沱
만물이 잘 자라리라　萬彙利遂
신령의 도움 두루 미치면　冥貺旣普
감히 제사를 소홀히 하겠는가　敢怠禋祀
삼가 희생과 단술　謹以牲幣醴齊
여러 가지 제물을　粢盛庶品
진설하여 올리니　式陳明薦
흠향하소서　尙饗

가야산 기우제문[144] 위와 같음

伽倻山祈雨祭文 上同

나라의 운수가 불행하여	邦運不幸
거듭 재앙을 당하였네	洊罹災孽
지난해 큰 가뭄이 들고	去歲大旱
겨울에 또 눈이 조금 내렸네	冬又小雪
지극히 심한 가뭄이	極無之凶
봄을 거치며 더욱 혹독해졌네	經春彌酷
산은 마르고 들은 불타며	山枯野焦
우물은 마르고 시내는 다하였네	井涸川竭
누가 농사를 지어	孰理田功
우리 곡식을 심겠는가	藝我黍稷
비록 밭갈고 파종하더라도	縱或耕播
싹트지 않고 자라지 않네	弗生弗苗
봄 농사 이미 놓쳤는데	東作已失
갑자기 여름이 다가왔네	南訛倏至
날씨가 점차 요동쳐	天時漸擾
가뭄이 더욱 기승을 부리네	魃虐猶肆
구름이 잠깐 모이더라도	陰雲乍合

144 가야산 기우제문 : 이 글은 저자가 충청도 관찰사로 재직하던 1668년(현종9) 지은 것으로 보인다. 가야산은 서산에 있다.

바람이 흩어놓고	風以離之
빗방울 잠깐 뿌리고는	微沫纔灑
햇빛이 다시 쬐네	日復晞之
곡식이 자라는 것을 막고	閼玆嘉生
적셔준 적이 없네	曾莫沾濡
무더위가 그치지 않아	蘊隆未已
남김없이 불태웠네	焚灼無餘
생사와 존망이	存亡死生
이 며칠에 달려 있네	爭此數日
하늘이 지금 비를 내리지 않으니	天今不雨
아, 이제 와서 어찌하리오	嗚呼曷及
하늘이 만백성 낳아	天生烝民
곡식을 먹게 하였으니	俾爾粒食
이로써 기르고 봉양하여	以育以養
사람의 도가 서는 법이네	人道乃立
무슨 죄로 지금 사람은	何辜今人
죽음이 가까웠나	大命近止
곡식은 전부 메마르고	二黍盡枯
농사는 전부 불리하네	三農不利
날마다 무지개 바라고	日日望霓
밤마다 하늘에 호소하네	夜夜號天
누구의 잘못이기에	云誰之咎
시신이 구덩이를 메우는가	溝壑于塡
관찰사가 적임자가 아닌지라	按播匪人

재해를 없앨 방법이 없네	弭災無策
자신을 반성하며 백성을 슬퍼하니	省躬悼民
마음이 찢어지는 듯하네	心焉如割
영험한 신령이 없다면	不有靈神
어디에 명을 청하겠는가	于何請命
이 명산을 돌아보니	眷玆名山
호서의 웅대한 진산이네[145]	雄鎭湖鏡
예부터 기이한 효험 드러나	夙著異驗
일찍이 정갈한 제사 받았네	曾享精禋
이에 옛 자취 찾고	乃訪古躅
이에 제단을 세워	乃建祀壇
희생과 제물을	牲禮粢盛
모두 정결히 준비하였네	罔不蠲潔
하나의 이치가 감응하니	一理相感
터럭만큼도 어긋나지 않네	間不容髮
구름을 일으켜 비를 내리고	興雲作雨
해로움 제거하고 은택을 베푸는 것이	祛害施澤
백성의 바람이요	惟民所望
또한 신의 직분이네	亦神攸職
이 슬픈 말을 들어주고	聽此悲辭
이 지극한 정성을 살펴	鑑此至忱

145 호서의 웅대한 진산이네 : 저본에는 "雄鎭湖鏡"으로 되어 있으나 문맥을 고려하여 '鏡'을 '境'으로 바로잡아 번역하였다.

속히 현묘한 조화를 운용하여 亟運玄造

단비를 두루 내려주어 普霈甘霖

우리 백곡을 자라게 하소서 興我百穀

우리 만백성 다스려 治我萬姓

항상 보답하리라 報事有常

감히 신령의 은택을 소홀히 하리오 敢忽冥貺

삼가…… 謹以云云

구룡산 기우제문

九龍山祈雨祭文

평안 감사로 있을 때이다.

빛나는 옛 도읍은　赫赫故都
태사(기자)가 법을 세운 곳이라네　太師肇極
오랑캐를 중화로 만들고　俾夷爲華
우리를 인륜으로 이끌었네　迪我彝則
드높은 명산은　嶪嶪名山
정성이 있으면 반드시 닿고　有誠必格
소원이 있으면 반드시 이루네[146]　有願必穫
메마른 사물 적셔 소생함이　潤物蘇枯
신령의 직분이라네　惟神之職
부디 강림하여　庶幾降監
나의 간소한 제수 흠향하소서　歆我菲薄
속히 명계에서 응답을 내려　速賜冥應
단비를 흠뻑 내려주소서　渙沛膏澤

146 소원이……이루네 : 저본에는 "有願必穫"으로 되어 있으나 문맥에 근거하여 "穫"을 "獲"으로 바로잡아 번역하였다.

장자택[147] 기우제문

長者澤祈雨祭文

경성 판관으로 있을 때이다.

드넓고 깊은 연못은	浩浩深淵
신령이 사는 곳이라네	惟神所宅
재앙을 없애고 복을 기원하면	禳災祈福
소원이 반드시 이루어지네	有願必獲
백성도 말하기를	民亦有言
명계의 징험 어긋나지 않는다 하네	冥驗不忒
내가 이곳에 와서	我來于茲
가뭄을 만났네	逢歲之旱
찰기장, 메기장, 벼, 조	黍稷稻粱
백곡이 메말랐네	百穀焦暵
메뚜기 재해가 겹쳐서	蝗災荐仍
곡식을 거의 다 갉아먹었네	耗食殆盡
저 사방 들판을 보니	相彼四野
논밭이 텅 비었네	濯濯畦畛
아, 어찌 그리 혹독한가	於乎何酷
백성의 목숨 끊어지게 되었네	民命將絶
근심하는 마음 타는 듯하여	憂心如熏

147 장자택(長者澤) : 함경도 경성에 있다.

밤낮으로 위태롭고 두려웠네	夙夜危惕
신이 아니면 어디에 호소하나	靡神何訴
나는 이 때문에 다급하네	我是用急
신은 밝게 듣고	神聽惟聰
신은 환히 살피니	神鑑孔燭
백성의 울부짖음	赤子嗷嗷
이미 듣고 보았으리라	亦旣聞覩
백성이 씨도 남지 않으면	生民無類
신도 필시 의지할 곳 없으리니	神必靡依
신령의 마음으로 묵묵히 생각하면	冥心默運
어찌 상심하고 슬퍼하지 않으랴	寧不傷悲
호수가 넘실거리니	湖水泛灎
눈 닿는 곳까지 끝이 없네	極目無際
이곳의 맑은 물결 떠다가	酌此澄波
단비로 바꾸어 주소서	變作甘澍
큰 비를 내려 두루 적셔	汪濊普洽
진토를 한번 씻어주소서	一洗塵土
메마른 것 소생시켜	回蘇枯槁
우리 농사 흥성하게 하소서	興我稼穡
이제부터 풍년이 들어	自今有年
길이 신령의 혜택 받으리라	永庥神澤
내 말은 아첨이 아니니	我辭匪諂
부디 강림하소서	庶冀降格

성거산[148] 기우제문

聖居山祈雨祭文

충청 감사로 있을 때이다.

북쪽을 넘고 남쪽으로 뻗어　跨北迤南
언덕이 우뚝 솟았네　有峙屹然
성거산이라 부르기 시작하니　聖居肇號
신의 자취 오래 전부터 전하네　神迹久傳
여러 산을 굽어보니　俯視衆嶽
한 지방의 큰 진산이네　雄鎭一方
사물을 적시고 사람을 도우며　澤物佑人
폐해를 제거하고 상서를 내리네　祛害降祥
삼가 생각건대 신령이여　欽玆有靈
예우와 등급이 높으니　禮崇秩望
만약 응답하지 않는다면　苟失其應
사람들이 장차 무엇을 우러르랴　人將安仰
지난해 불행하게도　往歲不幸
지극한 흉년이 들었네　極無爲孼
백성은 한창 굶주려　民方阻飢
유랑하고 골짜기에 뒹구네　瑣尾塡壑
지금 또 재해가 거듭되어　今又洊災

148 성거산(聖居山) : 충청도 직산에 있다.

한발이 포악을 부리네 旱魃肆虐
낮에는 바람 싸늘하고 晝而凄風
밤에는 이슬이 내리지 않네 夜無零露
비는 한 번도 적시지 않았는데 一雨未霑
봄은 이미 다 지났네 三春已暮
시내와 못에는 먼지만 날리고 川澤揚塵
전답은 거북등처럼 갈라졌네 田疇拆龜
가을 보리 수확 기대할 수 없고 麥秋斷望
파종할 때를 놓쳤네 播穀愆時
가뭄이 그치지 않아 蘊隆未已
불타듯 땅이 붉구나 有若焚赭
슬프다 우리 선량한 농민이여 哀我良農
사방 들판에서 통곡하네 號泣四野
용렬하고 어리석은 내가 自惟庸愚
외람되게 관찰사를 맡았네 猥叨藩寄
직무에 걸맞지 않아 職事無稱
온갖 재해를 당하였네 災沴備至
백성이 모두 죽는다면 民之盡劉
나라는 어디에 의지하나 國亦何托
크나큰 근심에 잠 못 이루고 耿耿隱憂
밤낮으로 애태우네 日夜煎迫
밝은 신을 우러러보며 仰時明神
목욕재계하고 목숨을 비네 齋沐請命
이 지방을 진압하며 鎭茲邦服

움직이는 모습 보이지 않네　不見運動

백성과 만물이 이에 자라니　民物乃育

신성한 교화와 신령한 은택이　聖化靈澤

오랜 세월 나란하였네　億載並流

어찌하여 지금은　奈何于今

신이 복을 내리지 않는가　神不降休

가뭄이 재앙이 되어　亢陽爲災

단비가 오래 끊겼네　膏澤久絶

논밭은 모두 갈라지고　田疇皆坼

시내는 거의 말랐네　川瀆殆竭

봄갈이는 이미 망쳤고　春耕既愆

여름 김매기도 못하였네　夏耘亦失

온갖 곡식이　嘉生百物

모두 시들었네　罔不萎閼

먹구름이 잠시 모이다가　陰雲乍集

금세 흩어지니　旋卽解駮

가랑비가 잠시 적시다가　小雨纔霑

곧 개는 모습 보네　立見霽廓

사방 수백 리가　方數百里

마치 불타는 듯하니　如在焚灼

누구의 잘못으로　伊誰之咎

백성이 해독을 입게 하였나　俾民罹毒

관찰사는 교화를 받들어 은택을 베푸는데　藩臬承流

나는 적임자가 아니라서 부끄럽네　余愧匪人

신은 총명하고 정직하며　聰明端一
신의 덕은 몹시 어진데　神德孔仁
어찌하여 벌을　胡不降殛
내 한 몸에 내리지 않고　于余一身
차마 무고한 백성이　忍令無辜
도랑에 뒹굴게 하는가　溝壑于塡
더구나 이곳 호서는　矧惟西土
여러 해 흉년이 들었네　連歲饑凶
고생하는 백성은　殿屎餘氓
부지런히 농사지어　服勤田功
부디 풍년이 들어　庶幾有年
양육하고 살기 바라네　以養以生
어찌하여 불행히도　如何不幸
가뭄이 거듭되나　暵乾洊丁
하늘 같은 양식 없어지고　民天旣斁
나라의 근본은 무너지려 하네　邦本將蹶
나는 이 때문에 다급하여　我是用急
신에게 번거롭게 청하네　明神干瀆
정성 있으면 알아주니　有孚斯諶
아무리 어두운 곳도 빠뜨리지 않네　無幽不假
드넓고 깊은 연못은　浩浩深淵
신령한 자취를 의지하는 곳이라　靈迹所托
감동하여 분명히 응답하니　肹蠁昭應
어찌 예와 지금이 다르랴　奚異古今

이 맑은 물을 떠서	挹此淸波
단비를 쏟아주소서	霈以甘霖
높은 땅과 낮은 땅을[149]	甌窶汗邪
넉넉히 적셔주면	旣優旣渥
어찌 메마른 것 소생할 뿐이랴	豈止蘇枯
풍년을 기대할 수 있으리라	可期豐穡
백성은 혜택을 받고	民之受賜
신도 보답을 누리리라	神亦享報
성대한 은혜 아끼지 말고	毋靳盛惠
공경한 기도 굽어살피소서	庶鑑虔禱

149 높은……땅을 : 저본에는 "甌窶汗郉"로 되어 있으나 문맥에 근거하여 "郉"를 "邪"로 바로잡았다.

구진익수[150] 기우제문

九津溺水祈雨祭文

드넓은 구진익수는	浩浩津流
모든 물의 종주라네	衆水之宗
물의 덕을 묵묵히 운용하여	坎德默運
사물을 적셔 공을 드러내네	澤物著功
이곳에 신령이 있으니	欽茲有靈
이에 사당에서 제사하네	爰以廟饗
만약 그 응답이 없다면	苟蔑其應
백성이 장차 누구를 우러르랴	民將安仰
시운이 불행하여	維時不幸
가뭄의 재해를 당하였네	災臻旱炎
봄은 이미 다 지났는데	三春已過
비 한 번 내리지 않아	一雨未霑
종자가 땅에 들어가지 않으니	種不入土
누가 곡식을 심겠는가	孰藝黍稷
이미 봄농사를 망쳤으니	旣失東作
어찌 추수할 수 있으랴	焉有秋獲
겨울 지나자 보리와 밀은	經冬二麥
여름 전에 먼저 시들어	未夏先萎

150 구진익수(九津溺水) : 평양에 있는 하천 이름이다.

하늘이 길러주는 방도 끊어져	絶天所養
사람의 무리가 죽게 되었네	殲人之類
예로부터 재해가	從古災禍
이처럼 심한 적 없었네	未若是烈
신은 지각이 있으리니	惟神有知
어찌 상심하지 않으랴	寧不傷怛
속히 명계에서 보우하여	亟垂冥祐
단비를 두루 내려주어	普霈甘澤
우리 마른 땅을 적시고	沃我焦土
우리 곡식을 소생시키소서	蘇我嘉穀
두터운 덕과 깊은 인에	厚德深仁
감히 보답을 잊겠는가	其敢忘報
내 말은 참으로 슬프니	余言孔悲
이 경건한 기도 굽어살피소서	鑑此虔禱
삼가……	謹以云云

구룡산[151] 기우제문

九龍山祈雨祭文

평안도 땅은	浿西維服
나라의 큰 지방이라네	國之重臬
명을 받아 다스림 맡으니	承命忝履
임무는 큰데 재주가 없네	任大才蔑
감히 신을 업신여기지 않았는데	非敢慢神
신이 복을 내리지 않네	神不降福
감히 백성을 학대하지 않았는데	非敢虐民
백성이 혜택을 입지 못하네	民弗蒙澤
화기를 해쳐 재앙을 부르니	干和召沴
한발이 포학을 부리게 하였네	俾魃肆凶
한창 곡식이 자랄 때인데	時當發育
가뭄의 재앙이 혹독하네	災酷蘊隆
뜨거운 해가 불태우니	赫日焦爍
땅의 신령은 깊이 숨었네	坤靈祕縮
논밭은 모두 갈라지고	田疇皆坼
시내는 말랐네	川瀆斯渴
선량한 농부는 게으름 피우지 않고[152]	良農不惰

151 구룡산(九龍山) : 평양 대성산(大城山)을 말하는 것으로 보인다.

152 선량한……않고 : 저본에는 "良農不隋"로 되어 있으나 문맥에 근거하여 "隋"를

그래도 봄갈이를 일삼네	猶事春耕
밭 갈아도 파종하지 못하고	耕而未播
파종해도 자라지 않으니	播亦不生
수많은 백성은	生齒林林
무엇을 먹겠는가	奚待以食
목숨이 끊어질 판국이요	大命近止
나라의 근본이 무너지려 하네	邦本將蹶
비가 오려나 기대하였는데	其雨其雨
어찌 이리 오래 걸리나	何日之多
어느덧 세월이 흘러	天時荏苒
벌써 여름이 되었네	忽焉南訛
지금 구하지 않는다면	失今不救
나중에는 어쩔 수 없네	後將無及
생사와 존망이	存亡死生
촌각을 다투네	爭此晷刻
누가 재앙을 초래하였나	伊誰致孼
실로 직분을 잘못한 나라네	實由不職
차마 백성이	忍見赤子
대신 심한 벌을 받는 것을 보랴	替受濫罰
높은 산을 돌아보니	眷言崇嶽
밝은 신령이 사는 곳이로다	明神所宅
예로부터 일이 있으면	自昔有事

"惰"로 바로잡아 번역하였다.

메아리처럼 속히 응답하였네	報應響捷
지난해 가뭄이 들었을 때도	去歲告旱
신의 도움을 받았기에	亦賴神貺
다급히 호소하니	疾痛而呼
이곳을 버리고 어디로 가리오	舍此安往
번거롭게 제사 지내는 것이 아니라	匪瀆于祀
백성을 위해 청하는 것이라네	爲民而請
만물을 적시고 사람을 돕는	澤物祐人
그 권한 누가 맡았는가	孰司其柄
신에게 영험이 없다 하자니	謂神無靈
지난 자취 어둡지 않고	往蹟不昧
신에게 지각이 있다고 하자니	謂神有知
어찌 한번 적시기를 아끼는가	何愛一霈
아침 내내 가랑비 내렸지만	崇朝小雨
마른 곡식 소생하기 부족하네	未足蘇枯
한 국자의 작은 물로	勺水之微
큰 화로의 불을 어찌 끄리오	其奈洪爐
먹구름 곧 흩어지니	雲陰纔解
남은 은택 바랄 수 있으랴	餘澤可冀
부디 단비를 내려주어	願施甘霖
천리를 두루 적시소서	普洽千里
백성이 곡식을 먹어야	民之乃粒
신도 굶주리지 않으리라	神亦不餒
덕에 어찌 끝이 없으랴	德豈無終

때는 다시 오지 않네	時不可再
말은 비록 서툴지만	言雖蕪拙
마음이 실로 슬프네	情實戚矣
신은 총명하고 정직하니	聰明端一
부디 강림하기 바라네	庶降格只
삼가……	謹以云云

동쪽으로 정벌 와서 싸우다 죽은 장사에 대한 기우제문[153]

東征將士戰亡神祈雨祭文

옛적 외딴 우리나라가	昔我偏邦
비색한 운수를 만나	運際中否
섬나라 오랑캐가 창궐하여	島夷猖獗
곧장 천리를 달려왔네[154]	直擣千里
길고 날카로운 창칼로	長戈利矛
하늘을 쏠 수 있다고 하였네[155]	謂天可射
사면초가 신세라 괴롭고	楚國兵苦
주나라 구정[156]에 화가 박두하였네	周鼎禍迫
명나라 조정에 이 일을 알리니	事聞于朝
황제가 크게 분노하였네	帝赫斯怒
장수에게 출정하라 명하니	命將出征

153 동쪽으로……기우제문 : 이 글은 저자가 평안도 관찰사로 재직할 때 평양 민충단(愍忠壇)에서 기우제를 지내기 위해 지은 것이다.

154 곧장 천리를 달려왔네 : 저본에는 '直擣千里'로 되어 있으나 문맥을 고려하여 '擣'를 '濤로 바로잡아 번역하였다.

155 하늘을……하였네 : 은(殷)나라 군주 무을(武乙)이 가죽 주머니에 피를 담아 매달고 활을 쏘았다는 고사에서 나온 말로, 흔히 반역을 뜻한다. 《史記 卷3 殷本紀》 여기서는 일본이 명나라를 침범하려 한 것을 말한다.

156 주나라 구정 : 본디 구주(九州)를 상징하는 물건인데, 여기서는 조선 왕실을 뜻한다.

포효하는 범처럼 굽어보았네　　闞如虓虎
평양까지 진격하여　　進薄箕都
흉악한 오랑캐 소탕하려 하였으나　　擬掃凶孽
하늘이 주는 때가 이롭지 않아　　天時不利
갑자기 군율을 잃었네　　師律忽失
화살 다하고 북소리 그치며　　矢盡鼓死
수레는 파묻히고 말은 죽었네　　輪霾驂殪
살려고 도망치는 것을 치욕으로 여겨　　偸生爲辱
칼날을 맞고도 후회하지 않았네　　蹈刃不悔
얼마나 많은 남아들이　　幾箇男兒
원숭이와 학으로 변하였나[157]　　化爲猿鶴
그리하여 제단을 만들어　　於焉設壇
굳센 혼백을 모셨네　　以妥毅魄
황제는 나라 위해 죽은 사람 슬퍼하여　　帝哀國殤
민충단이라는 이름을 내렸네　　錫名愍忠
사십여 년이 지나도록　　四十餘載
제사지내 공로에 보답했네　　祀以報功
세월 흐르고 일이 바뀌어　　時移事變
옛법이 중도에 무너졌네　　舊典中墮
이역만리에 의지할 곳 없어　　絶域靡托

157 원숭이와 학으로 변하였나 : 장졸들의 죽음을 말한다. 주 목왕(周穆王)이 남쪽을 정벌할 적에 모든 군사가 죽어 군자는 원숭이와 학으로 변하고 소인은 벌레와 모래가 되었다는 고사에서 나온 말이다. 《抱朴子》

귀신이 굶주렸네 鬼其餒而
내가 와서 다스리며 我來觀風
감개하고 슬피 눈물 흘렸네 感慨悲涕
그리하여 지난 가을부터 爰自去秋
비로소 제사를 복구하고 始復牲醴
부로들과 상의하여 謀之父老
길이 후세의 법으로 삼았네 永爲後則
의로운 사적 드러내어 用彰義蹟
황제의 덕에 보답하려 하였네 思報帝德
생각건대 이번 가뭄은 念玆亢旱
봄이 지나 여름까지 계속되니 經春涉夏
보리와 밀은 이미 말랐고 二麥旣枯
백곡을 파종하지 못하였네 百穀未播
누가 재앙을 내려 伊誰之孽
우리 백성을 죽이는가 殲我生類
깊이 근심하고 길이 생각해도 深憂永思
이유를 알 수 없네 莫究所以
아마도 원한 품은 기운이 或者冤氛
위로 하늘에 닿아 上干穹霄
재앙과 요기가 되어 爲災爲沴
혜택과 은혜를 막아서라네 閼澤屯膏
생각건대 영웅과 열사가 仰惟英烈
불행한 시대를 만나 遭世不幸
혼은 칼 맞고 날아가고 魂飛鋒鏑

피는 풀을 더럽혔는데	血汚草莽
이 남모르는 울분을	蓋此幽憤
풀지 못하여 답답하였네	鬱鬱莫洩
굳센 풍도와 맹렬한 기운	雄風猛氣
상상하면 만나는 듯하네	想像若接
두 그릇 제물로 제사지낼 수 있으니[158]	二簋可享
하나의 이치는 다르지 않네	一理不隔
이에 간소한 제수를 갖추어	玆具菲薄
삼가 제사를 지냅니다	敬伸奠沃
바라건대 밝으신 신령은	惟願明靈
우리나라를 보우하여	保佑東方
재앙을 없애고 복을 내려	除災降福
속히 무더위를 씻어내소서	迅滌驕陽
고국은 어디에 있는가	故國何許
이 땅에서 순절하였네	殉節有地
우리 백성 천추토록	我民千秋
항상 제사하며 감히 실추하지 않으리	常祀敢墜
삼가 맑은 술과 여러 제물로	謹以淸酌庶品
제사를 올립니다	式陳明薦

158 두……있으니 : 《주역》 〈손괘(損卦)〉단사(彖辭)의 "제물 두 그릇만으로도 제사를 지낼 수 있다.〔二簋可用享〕"라는 말을 인용한 것이다.

단군과 동명왕 사당에 대한 기우제문 위와 같음

檀君東明王祠祈雨祭文 上同

아득히 먼 옛날	粤在邃古
하늘이 이인을 내렸네	天降異人
동토에 나라를 열어	肇開東土
백성의 주인으로 삼았네	俾主生民
찬란하다, 단군이여	於赫檀君
태백산에서 일어났네	起自太白
요임금과 나란히 서서[159]	唐堯竝立
평양을 집으로 삼았네	浿城爲宅
오랜 세월 장수하여	歷年之長
천 사십 년이었네	千有四十
산에 들어가 돌아오지 않으니	入山不返
그 자취 아득하네	杳茫其迹
밝고 진실한 동명왕은	允顯東明
해의 정기 받아 태어났네	生稟日精
위엄으로 송양을 복종시키고[160]	威服松壤
버들가지 꿰뚫는 활솜씨 뛰어났네	藝絶穿楊

159 요임금과 나란히 서서 : 단군의 개국이 요임금 25년 무진년이라는 《동국통감(東國通鑑)》의 기록을 따른 것으로 보인다.

160 위엄으로 송양을 복종시키고 : 송양은 비류국(沸流國)의 왕이다. 동명왕과 활쏘기를 겨루어 패배하자 항복하고 나라를 바쳤다. 《三國史記 卷13 高句麗本紀》

물고기와 자라가 다리를 놓고[161] 橋成魚鱉
동굴에는 기린이 있었네[162] 窟有麒麟
세상 싫어 후사에게 왕위 전하고 厭世傳嗣
하늘로 조회하러 올라갔네 上朝玉宸
지극한 덕과 신묘한 공은 至德神功
시대가 달라도 한결같았네 異代一揆
전하는 이야기 황홀하고 流傳恍惚
남은 사적 기특하네 事蹟奇偉
사당 세워 후하게 보답함은 建祠崇報
실로 우리나라에서 시작하였네 實自我朝
천추토록 흠향하니 千秋肹蠁
그 신령 참으로 밝았네 厥靈孔昭
옛 도읍의 남은 백성들 舊都遺黎
복을 받아 마땅하네 宜爾錫福
어찌하여 이제 와서 奈何乎今
이 혹독한 재앙 내리나 降災斯篤
봄부터 비가 오지 않아 自春不雨
지금 여름이 되었네 汔玆朱明
백곡을 파종하지 못하여 百穀靡播
사방 들판에 푸른 빛 없네 四野無青

161 물고기와……놓고 : 동명왕이 북부여를 탈출할 때 물고기와 자라가 놓은 다리를 건너갔다는 전설을 인용한 것이다. 《三國史記 卷13 高句麗本紀》

162 동굴에는 기린이 있었네 : 동명왕이 대동강 부벽루 아래 기린굴(麒麟窟)에서 기린마(麒麟馬)를 길렀다는 전설을 인용한 것이다. 《新增東國輿地勝覽 卷51 平安道 平壤府》

무더위가 몹시 심하여　蘊隆太甚
마치 타는 듯한 형세라네　勢若焚灼
보리가 없으니 무엇을 먹겠으며　無麥何食
농사짓지 않으니 어찌 수확하랴　不耕胡獲
가련한 우리 백성은　哀哀赤子
장차 구덩이를 메우겠네　溝壑將塡
누가 흉악한 한발을 없애　孰誅凶魃
가뭄을 깨끗이 씻어내랴　以滌旱氛
이렇게 다급히 호소하는데　控告斯亟
신령은 어찌 들어주지 않는가　幽聽豈邈
뭇 신령을 불러모아　號召群靈
지축을 진동하여　鼓發陰軸
큰 비를 쏟아부어　汪汪大霈
구역을 두루 적시소서　遍洽區域
가뭄 그쳐 마른 작물[163] 소생시켜　蘇枯止槁
우리 농사 일으키소서　興我稼穡
오랜 세월이 지난 뒤에　百世之下
다시 남은 은택 입게 하소서　復霑遺澤
항상 제사를 올리니　禋祀有常
길이 변치 않기 바라네　庶永無斁
삼가 제물을 바쳐……　謹以牲幣云云

163 마른 작물 : 저본에는 '敲'로 되어 있으나 문맥을 고려하여 '槁'로 바로잡아 번역하였다.

기자묘 기우제문 위와 같음

箕子廟祈雨祭文 上同

태사는 어려울 때 정도를 지켜	太師艱貞
은나라가 망하는 때를 만났네	際殷其淪
의리상 신하가 될 수 없어	義罔臣僕
홍범구주를 아뢰었네[164]	九疇乃陳
하늘이 우리 백성에게 은혜를 베풀어	天惠吾民
백마를 타고 동쪽으로 왔네	白馬東來
성인의 교화가 베풀어져	聖化所被
문화가 시작되었네	人文肇開
백성에게 무엇을 가르쳤나	教民維何
팔조목을 베풀었네	八條是設
군신과 부자가	君臣父子
모두 차례와 질서 있었네	咸敍有秩
이곳에 정전을 두어	爰有井田
경계를 바로잡았네	以正經界
편리한 도구와 윤택한 생활	利用厚生
제도를 갖추지 않은 것 없네	罔不備制

164 의리상……아뢰었네 : 주 무왕(周武王)이 기자를 조선에 봉하고 신하 삼지 않았다는《사기》〈송미자세가(宋微子世家)〉의 기록과, 기자가 조회하여 무왕을 위해 홍범구주를 아뢰었다는 기록을 것이다.《서경》〈홍범〉의 기록을 인용한 것이다.

풍속이 예의를 지켜　　俗成禮義
사람들 다투지 않았네　　人不爭鬪
오랑캐를 중화로 만들었으니　　俾夷爲華
무슨 누추함이 있으리오　　何陋之有
황하와 숭산에 비유하여[165]　　黃河崇嶽
노래하기를 그치지 않았네　　歌頌不衰
토산에 무덤이 있고　　兎山有墓
옛 도읍에 사당이 있어　　故都有祠
만세토록 제사지내네　　萬世俎豆
삼대의 문물을　　三代文物
아, 잊을 수 있으랴　　於戲可忘
남은 은택 없어지지 않았네　　餘澤未沫
생각건대 이 -1자 빠짐- 가뭄은　　念玆罒暘
하나가 지극히 없는 흉사라네[166]　　極無之凶
세상에 피해를 끼쳐　　耗斁下土
오랫동안 무더위가 기승을 부렸네　　久肆蘊隆
백곡을 파종하지 못하여　　百穀靡播
봄농사를 갑자기 망쳤네　　東作倏失

165 황하와 숭산에 비유하여 : 기자가 팔조목의 가르침을 베풀자 백성이 기뻐하여 대동강을 황하에, 영명령(永明嶺)을 숭산에 비유하여 칭송하는 노래를 불렀다. 《高麗史 卷71 樂志 俗樂》

166 하나가……흉사라네 : 비가 내리지 않는다는 뜻이다. 《서경》〈홍범〉에 "한 가지가 지극히 구비되어도 흉하며, 한 가지가 지극히 없어도 흉하다.〔一極備凶, 一極無凶〕" 하였다.

이미 보리농사 흉년이니	麥旣無秋
사람들이 어찌 먹겠는가	人曷爲食
한창 길러야 할 시기에	時當長養
농부는 밭갈고 김매기를 멈추었네	農輟耕耨
곤궁하고 병들었으니	鞠哉疚哉
누구에게 하소연하고 물어보랴	誰訴誰扣
울창한 평양성은	鬱鬱浿城
실로 옛 도읍이라네	寔惟舊京
수많은 생명은	林林生齒
모두 남은 백성이라네	莫非遺氓
곁에 있는 듯 오르내리니	陟降如在
응당 버리지 않으리라	應不遐棄
죽음이 비록 다가왔으나	大命雖近
신의 도움을 바랄 수 있네	冥騭可冀
강은 대동강이 있고	江有大同
산은 구룡산이 있네	山有九龍
물결 일으키고 구름 만들며	驣波作雲
신의 능력 묵묵히 운용하네	默運神功
단비를 부어	注以甘霖
천리에 쏟으리라	千里滂沱
저 가뭄을 씻어내고	湔彼旱炎
우리 작물 일으키리	興我農庥
무고한 백성으로 하여금	無使無辜
재앙을 당하지 않게 하소서	困于咎徵

이제 임금의 하사를 받았는데	于今受賜
그 신령이 나타나지 않아	不顯其靈
간소한 제수와 슬픈 제문으로	薄具悲辭
밝은 신령을 번거롭게 하네	用瀆明神
신령은 어둡지 않으리니	庶幾不昧
이 진심을 살펴주소서	鑑此忱眞
삼가 제물을 바쳐……	謹以牲幣云云

평양강 기우제문 위와 같음

平壤江祈雨祭文 上同

평안도의 여러 강 가운데	環西衆流
이 강이 가장 뛰어나네	維瀆特達
허공을 담고 사물을 적시며	涵虛潤物
드넓어 다하지 않네	浩浩不竭
임금의 이름으로 제사지내니	祀以宸諱
예법이 가장 높네	秩禮最崇
물으면 대답하지 않음이 없고	靡叩不應
정성이 있으면 반드시 통하였네	有誠必通
사람들도 말하기를	人亦有言
그 신령이 환하다고 하네	厥靈昭哉
어찌하여 지금은 돕지 않고	胡今莫祐
혹독한 재앙을 내리는 것인가	而篤降災
봄 내내 은택을 베풀지 않아	三春閟澤
종자를 땅에 심지 못하였네	種未入土
농민이 부지런히 수고하며	良農服勤
늦게야 남쪽 이랑에서 일하였네	晩事南畝
싹이 한창 돋아나니	苗之方生
날마다 적셔주길[167] 바라네	日望其濯

167 적셔주길 : 저본에는 '擢'으로 되어 있으나 문맥을 고려하여 '濯'으로 바로잡아 번

밤이면 찬바람 불고	夜而風凄
낮에는 뙤약볕이 내리쬐어	晝則曦赫
그을리고 불태우니	焦之爍之
끝내 상하여 남은 것이 없네	卒痒靡遺
사방 들판이 깨끗하여	滌滌四野
날리는 먼지만 보이네	但見塵飛
길이 길러주지 않고	閟玆長養
가뭄이 포학을 부리네	肆厥魃虐
지금 큰 흉년이 두렵고	方懼大侵
보리 농사 망칠까 걱정이네	遑恤無麥
백성은 신음하며	赤子喁喁
물불 속에 있는 듯하네	如在水火
신이 적셔주지 않는다면	于神不潰
누가 이 화를 구제하랴	孰濟此禍
옛터의 새 사당이	舊墟新廟
그윽한 강가에 있네	在江之幽
여기에서 제사를 지내며	卽事于玆
제물을 올리네	牲璧式修
신령이 흠향하리니	冥冥盻蠁
이치는 어긋나지 않네	理則不爽
이 농민들을 위로하고	慜此三農
이 만백성을 불쌍히 여겨	哀此萬姓

역하였다.

맑은 물결을 끌어당기고	淸波可挹
조각 구름을 불어와	片雲可噓
빚어서 단비를 만들고	釀作甘霖
넉넉히 쏟아주소서	霈乎有餘
메마른 작물이 소생하고	群槁一蘇
천리를 모두 적시리라	千里普洽
백성은 그제야 밥을 먹고	民之乃粒
신령은 영원히 제사받으리	神永有食
다급히 호소하니	疾痛而呼
마음이 답답하고 말이 막히네	情隘辭蹙
인자하신 신령은 들으시고	神聽孔仁
부디 강림하소서	庶幾降格
삼가……	謹以云云

동춘 선생 사당에 분황하며 고한 글[168]

同春先生祠堂焚黃告文

얼마 전 간사한 자가 일을 꾸며　頃緣姦宄用事
방자하게 모욕하고 무함하였습니다　肆加醜誣
관직을 삭탈하는 형률이　削官之律
지하에까지 미쳤습니다　延及泉壤
원통함을 머금고도　茹痛銜冤
호소할 곳 없었습니다　靡所號籲
얼마 전 성상께서 깨달으시고　乃者聖心開悟
억울함을 신원하셨습니다　昭雪幽枉
뒤늦게 애도하는 은전을 거행하고　追擧愍章
그 관작을 회복하였습니다　復其爵秩
명을 내리는 글을 삼가 받으니　祗奉命書
감읍하기가 망극합니다　感泣罔極
이제 신주를 고치고 분황하려니　今將改題焚黃
애통한 마음 더합니다　益增哀隕

168 동춘……글 : 이 글은 1680년(숙종6) 5월 1일 송준길의 관작을 회복하라는 명이 내린 뒤 지은 것으로 보인다. 《肅宗實錄 6年 5月 1日》

동춘 선생 묘소에 치제할 때 사당에 고한 글[169]

同春先生墓所致祭時祠堂告文

……지난달 18일 연석에서 정승이 아뢴 일로 인하여 조부 아무 관직 부군이 오랫동안 억울한 일을 당하였다는 이유로 특별히 묘소에 사제(賜祭)하라는 명이 내렸습니다. 예관(禮官)이 전지(傳旨)를 받들고 와서 선포하고 장차 이달 아무 날에 제사를 지낼 것입니다. 살아서는 영광을 누리고 죽어서는 애도를 받으니 사모하는 마음 끝이 없습니다.

169 동춘……글 : 이 글은 1680년(숙종6) 5월 18일 송준길에게 사제(賜祭)하라는 명이 내린 뒤 지은 것으로 보인다. 《肅宗實錄 6年 5月 18日》

종가의 가묘에 고한 글

宗家家廟告辭

종손 진하(鎭夏)가 아들 없이 일찍 죽었기에 그 아우 진주(鎭周)의 아들 종수(宗洙)를 후사로 삼았습니다. 불행히 그가 성인이 되기 전에 요절하고, 이어서 상화가 겹쳤기에 종가의 일을 오랫동안 맡길 곳이 없었습니다.

이번에 진하의 며느리 조씨(趙氏)가 또 진주의 둘째 아들 승수(承洙)를 후사로 세우고자 예조에 고하여 성상께 아뢰어 이미 이달 7일에 윤허를 받아 입안(立案)을 작성하였습니다. 대를 잇는 일을 생각하니 서글픈 마음을 견딜 수 없습니다. 감히 고하나이다.

사묘에 분황하며 고한 글

私廟焚黃告文

이번에 은혜를 입어 추증하니 신주를 다시 쓰고자 합니다.

사묘에 분황하며 고한 글 또

私廟焚黃告文 又

유세차 신유년(1681, 숙종7) 6월 아무 삭 아무 날에 남편 보국숭록대부 영돈녕부사 지경연사 여양부원군 아무개는 죽은 아내 증 해풍부부인(海豐府夫人) 이씨에게 밝게 고합니다.

죽은 아내 증 은성부부인(恩城府夫人) 송씨는 아무개의 품계가 1품에 올랐으니 법규상 따라서 추증되어야 하기에 이미 지난해 아무 달 아무 날에 부인에게 정경(貞敬)의 칭호가 뒤늦게 내려졌습니다. 또 올해 3월 26일 딸이 왕비에 선발되어 낳아준 이에게 추은(推恩)하여 성대한 전례를 거행하여 특별히 추가로 봉작하였습니다. 경사가 나라에 관계되고 영광이 사가에 미쳤습니다. 삼가 명서(命書)를 받드니 서글픈 마음을 견디기 어렵습니다. 분황하고 신주를 고쳐 쓰는 예식이 있으니, 이에 술과 과일을 진설하여 삼가 고합니다.

조부의 사당에 고하는 글[170]

祖廟告文

삼가 생각건대, 우리 증숙조고 증 통덕랑 호조정랑 부군은 덕을 쌓고 빛을 감추어 후손을 도와 오늘날의 복이 있게 하였습니다. 다만 종법(宗法)에 억눌리고 국법에 구애받아 그간 추증하는 영광이 유독 낳아 주신 분께 미치지 못하였으니, 어찌 불초한 증손이 서글프고 답답할 뿐이겠습니까. 또한 돌아가신 저의 조부와 부친이 두려워하며 불안하게 여기던 것입니다.

이번에 증손 아무개가 외람되게도 남기신 경사로 1품의 지위에 올랐기에 함부로 은전을 청하는 상소를 올려 뿌리까지 흐르는 보답을 받기를 원하였습니다. 성상께서 사사로운 간청을 굽어보고 따라주시어 특별히 증숙조고를 자헌대부 의정부좌참찬 겸 지의금부사 오위도총부도총관으로, 증숙조비 이씨를 정부인으로 추증하였습니다. 이 세상에 드문 성대한 은전은 죽은 사람과 산 사람을 감격케 하니, 더 이상 유감이 없습니다. 삼가 총애하는 명을 받드니 한편으로는 기쁘고 한편으로는 슬픕니다. 삼가 망참례(望參禮)를 계기로 공경히 고하나이다.

170 조부의……글 : 이 글은 저자가 1681년(숙종7) 6월 13일 생증숙조(生曾叔祖) 민여건(閔汝健)의 증직을 청하여 윤허를 받은 뒤에 지은 것으로 보인다. 본서 제4권 〈사정을 아뢰고 은혜를 청하는 소〉 참조.

죽은 아내 송 부인을 이장할 때 옛산에 고한 글 갑자년(1684, 숙종10)

亡室宋夫人改葬時舊山告文 甲子

옛적에 창졸간에 상을 당하였고 또 달리 선영이 없었기에 우선 이 산에 와서 오른쪽 언덕에 임시로 매장하였다가 훗날 오래된 절터로 이장하였다. 형국은 비록 아름다우나 혈장(穴場)이 분명하지 않아 술가에게 널리 물어보니 대부분 좋지 않다고 하였다. 더구나 무덤을 너무 깊이 파고 토질도 거칠며, 물이 침식하는 우환이 생겨 체백이 편안하지 못할까 몹시 두려웠다. 산을 구하여 이장하려고 생각한 지 이미 여러 해가 지났는데, 근래 겨우 여주(驪州) 등신리(燈神里) 초현(草峴)에 언덕 하나를 새로 잡았으니, 여러 사람의 논의가 같아 공사를 시작하려고 한다. 이제 옛 무덤을 열고자 하니, 영령은 진노하거나 놀라지 마소서.

숙증조고비의 묘소에 고하는 글

叔曾祖考妣墓所告文

이제 장차 봉분을 증축하고	今將增築封塋
표석을 다시 세우려 합니다	改樹標石
길일을 잡아 일을 시작하니	涓吉始事
감히 그 사유를 고하나이다	敢告厥由

숙증조고비의 묘소에 고하는 글 또

叔曾祖考妣墓所告文 又

봉분을 이미 증축하였으나	封塋雖已增築
상설에 흠결이 있습니다	儀設有所欠缺
망주석을 추가로 만들고	添造望柱
길일을 잡아 뒤늦게 세웠습니다	歷吉追豎
감히 술과 과일로	敢以酒果
그 사유를 고하나이다	用告厥由

양주 선영에 고하는 글

楊州先墓告文

오랜 세월이 흘러	載祀寢遠
봉분이 점차 무너졌습니다	封塋漸圮
상설로 말하자면	至於儀設
역시 대부분 기울었습니다	亦多攲側
마땅히 속히 수리하여	亟宜修改
영구하기를 도모해야 합니다	以圖永久
흙을 쌓아 무덤 높여	築土崇墓
엄숙하게 보이도록 하고	俾嚴瞻奉
여러 돌을 배열하여	所排諸石
바꾸거나 늘였습니다	或易或增
길일을 잡아 일을 시작하니	歷吉始事
감히 그 사유를 고하나이다	敢告厥由

양주 선영에 고하는 글 또

楊州先墓告文 又

봉분이 무너졌으니	封塋頹圮
속히 증축해야 합니다	亟宜增築
상설이 기울었으니	儀設欹側
감히 개수를 지체하겠습니까	敢緩改修
길일을 잡아 일을 시작하여	歷吉始事
영구히 가기를 도모합니다	以圖永久
이에 술과 과일을 진설하여	式陳酒果
그 사유를 고하나이다	用告厥由

표 表

한나라 시중 음흥이 제후의 봉작을 사양하는 표문에 대한 의작[171]

擬漢侍中陰興辭封侯表

황실의 외척이 되어 후한 녹봉을 받는 벼슬이 한창 부끄러운데, 제후의 봉작이 내렸으니 높은 제후의 영광을 감히 편안히 여길 수 있겠습니까. 달아나고 싶은 마음으로 섬돌에 머리를 조아리며 청합니다.

삼가 생각건대, 신은 폐하의 지우를 입어 시중의 자리에 올랐습니다. 황실과 혼인을 맺었으나 어찌 강길(姜姞)[172]의 예법에 견주겠으며, 임금의 내린 벼슬을 받아 항상 허사(許史)[173]의 교만과 사치를 경계하였습니다. 그저 유난히 깊은 성은을 믿었으니 어찌 큰 화가 갑자기 닥치리라 생각하였겠습니까. 고명한 사람의 집안은 귀신이 엿보는 법

171 한나라……의작 : 음흥은 광렬 황후(光烈皇后)의 아우로 후한(後漢) 광무제(光武帝)의 처남이다. 광무제는 그를 시중에 임명하고 관내후(關內侯)에 봉하려 하였으나 사양하였다. 《後漢書 卷32 陰興列傳》 이 글은 그가 올리는 표문을 의작한 것이다.
172 강길(姜姞) : 주나라 왕실과 혼인을 맺은 강씨(姜氏)와 길씨(姞氏)를 말한다.
173 허사(許史) : 한 선제(漢宣帝)의 처가 허 황후(許皇后) 집안과 외가 사 양제(史良娣)의 집안을 말한다.

이니[174] 과연 뜻하지 않은 재앙을 재촉하였고, 부귀는 위태로운 덫이니 마침내 사람을 죽이는 우환을 초래하였습니다. 온 집안이 해를 당하여 죽은 사람을 계속 슬퍼하지 못하는데, 만호(萬戶)의 봉작을 받아 갑자기 땅을 나누어주는 총애가 넉넉하였습니다. 비록 밝은 군주가 이렇게까지 은혜를 베풀었으나 어리석은 신이 분수를 헤아려보면 감당할 수 없습니다.

공후(公侯)를 분봉하려면 반드시 공로를 세운 선비를 기다려야 하는데, 인척을 끌어들였으니 어찌 사적으로 친한 사람에게 미칠 수 있겠습니까. 하늘의 도는 가득찬 것을 어그러뜨리고 겸손한 이를 보태주니 만족을 알면 위태롭지 않고, 사람의 일은 융성하면 도로 쇠퇴하니 자신을 반성하면 어찌 편안하겠습니까. "좋은 벼슬을 너와 함께 하겠다."[175] 라는 말은 귀해지기를 바라서지만, "임금이 되는 것은 나의 절조가 아니다."[176]라고 하였으니, 이를 따라 사양합니다. 천하의 기대를 저버리고 성상의 덕에 누를 끼칠가 걱정입니다. 문제(文帝)는 두광국(竇廣國)을 재상으로 삼으려 하였으나 오히려 외척이라는 혐의를 염려하였고,[177] 세종(世宗)이 처음에 이사(貳師)를 봉하자 어떤 이는 궁중의

174 고명한……법이니 : 저본에는 "高明鬼瞰"으로 되어 있으나 《文選 卷45 解嘲》에 근거하여 "瞰"을 "瞰"으로 바로잡아 번역하였다.

175 좋은……하겠다 : 《주역(周易) 중부괘(中孚卦) 구이(九二)》에 나오는 말이다.

176 임금이……아니다 : 춘추시대 연릉계자(延陵季子)가 왕위를 사양하며 한 말이다. 《春秋左氏傳 襄公 14年》

177 문제(文帝)는……염려하였고 : 두광국은 한 문제(漢文帝)의 후비 두 황후(竇皇后)의 아우이다. 문제는 그를 정승으로 삼으려 하다가 세상 사람들의 오해를 살까 염려하여 그만두었다. 《漢書 卷42 申屠嘉傳》

총애하는 여인 때문이라고 의심하였습니다.[178] 이유 없이 벼슬을 받아 남다른 은혜를 저버려서는 안 됩니다.

신은 삼가 바라건대, 사양하는 마음을 특별히 살피고 봉작을 내리라는 명을 속히 중지하여 미천한 신이 처음의 뜻을 이루게 해 주소서. 그렇게 하신다면 인척은 자잘한 비난을 받지 않고 왕도는 넓게 펼쳐지는 성대함이 있을 것입니다. 신은 삼가 영화를 두려워하며 높은 자리를 사양하고 낮은 자리에 있어야 합니다. 임금과 어버이에게 보답하고자 하니 어찌 수고를 다할 날이 없겠습니까. 바라건대 친족과 함께 사양하는 풍도를 변치 않고자 합니다.

178 세종(世宗)이……의심하였습니다 : 세종은 한 무제(漢武帝)를 말하며, 이사는 이광리(李廣利)이다. 이광리의 누이 이부인(李夫人)은 무제의 총애를 받았다. 《漢書 卷61 李廣利傳》

한나라 현량 동중서가 마음을 바로잡아 조정을 바로잡도록 청하는 표문에 대한 의작[179]

擬漢賢良董仲舒請正心以正朝廷表

성상의 학문은 모든 왕의 정통을 이었으니 한창 덕이 성대한 아름다움을 우러르며, 군주의 마음은 모든 교화의 근원이니 근본을 단정히 하는 방도에 힘써야 합니다. 가까운 것부터 시작하여 조정에 모범이 되어야 합니다.

삼가 생각건대, 위태롭고 은미한 하나의 마음은 실로 모든 일의 관건입니다. 허령한 지각을 온몸이 모두 따르고, 순수하고 통달하여 모든 선을 갖추었습니다. 그러나 성명(性命)과 형기(形氣)가 간혹 잡박하므로 수시로 잡고 놓고 나가고 들어옵니다. 사물의 유혹이 침범하니 우산(牛山)의 도끼와 자귀[180]가 두렵고, 이익과 욕심이 앞을 가리니 오솔길이 풀에 덮여[181] 애석합니다. 존양성찰(存養省察)하는 공부는 하나이고

179 한나라……의작 : 동중서는 한 무제(漢武帝)가 즉위한 초기에 현량과(賢良科)에 응시하여 대책문(對策文)을 올렸는데, 여기에 "임금된 자는 자기 마음을 바로잡아 조정을 바로잡는다."라는 말이 있다. 《漢書 卷56 董仲舒傳》

180 우산(牛山)의 도끼와 자귀 : 선량한 마음을 해치는 외물을 말한다. 맹자는 우산의 나무를 날마다 도끼와 자귀로 베고서 재목이 없다고 하면 산의 본성이 아니라고 하였다. 《孟子 告子上》

181 오솔길이 풀에 덮여 : 선량한 마음이 욕심에 가려진다는 말이다. 맹자는 오솔길을 사용하지 않으면 풀에 덮여 길이 막힌다고 하면서 마음도 이와 마찬가지라고 하였다. 《孟子 盡心下》

둘이 아니며, 학문의 연원을 주고받는 법은 16자가 있습니다.[182]

더구나 군주는 백성이 종주로 삼는 바이며 조정은 정사와 명령이 나오는 곳입니다. 먼저 큰 것을 세워 마음을 다스리고, 진실로 중도를 잡아 털끝까지 분변해야 합니다. 근원이 맑아야 지류가 깨끗하니 인도하고 이끄는 방도와 마찬가지요, 모습이 곧아야 그림자가 바르니 저절로 보고 감동하는 이치가 있습니다. 여러 관원의 위에서 모범이 되고 한 사람의 마음의 표준이 되어야 합니다.

삼가 생각건대 황제 폐하께서는 대궐에 똑바로 자리하여 정신을 가다듬고 처음 정사를 하십니다. 늘 삼대를 본받아 반드시 때맞추어 사업을 수행하려 하고, 육경을 드러내려 하면서 마치 도를 못 본 것처럼 여기십니다. 예라(禮羅)[183]를 넓혀 준수한 선비를 오게 하고, 대궐을 활짝 열고 미천한 자에게도 묻습니다. 다만 나라를 경영하는 방도는 반드시 먼저 마음의 명령을 들어야 합니다. 제왕이 다스리는 근본은 자신을 어떻게 반성하는가에 달려 있고, 학문의 도는 다름이 아니라 잃어버린 마음을 찾는 것 뿐입니다. 희노애락의 감정이 발하여 절도에 맞아 어긋나지 않고, 신령하고 순수한 참모습의 전체가 어둡지 않습니다. 자신이 바르면 남도 바르게 된다는 맹자의 가르침[184]이 어찌 거짓이

182 학문의……있습니다 : 순(舜)임금이 우(禹)임금에게 왕위를 넘겨주며 "인심은 위태롭고 도심은 은미하니 정밀하게 하고 한결같이 하여 진실로 그 중도를 잡으라.〔人心惟危, 道心惟微, 惟精惟一, 允執厥中.〕"라고 한 말을 가리킨다. 《書經 大禹謨》

183 예라(禮羅) : 그물로 새나 물고기를 잡듯이 예로 인재를 맞이한다는 뜻으로 흔히 과거를 비유한다.

184 자신이……가르침 : 《맹자》 〈진심 상(盡心上)〉의 "대인(大人)이 있으니, 자기를 바르게 하면 사물도 바르게 되는 사람이다.〔有大人者, 正己而物正者也.〕"라는 말을 가

겠습니까. 마음이 다스려지면 나라도 다스려진다는 관자(管子)의 말[185]에서 징험할 수 있습니다.

윗사람과 아랫사람의 감응이 몹시 빠르고, 군주와 신하의 교제가 서로 미덥습니다. 직접 체험하여 백관의 모범이 되고, 몸소 실천하여 백성의 표준이 됩니다. 속에 쌓으면 밖으로 드러나니 지키는 것은 간략하고 베푸는 것은 넓으며, 뿌리를 북돋아야 가지가 자라니 이것을 들어 저기에 놓는 것입니다. 현신 16인을 등용하자 서로 사양하며 모두 순임금의 공적을 떠받들었고,[186] 신하 3천 명을 두었는데 마음을 같이하였으니 모두 주나라의 덕이었습니다.[187] 아, 우리 임금이시여. 어찌 우선할 바를 살피지 않으십니까.

신은 삼가 바라건대, 임금을 바로잡으려는 어리석은 신을 특별히 불쌍히 여기고 경계하는 마음을 속히 살피소서. 본원이 있는 곳에 유의하고 조존성찰의 요점에 힘쓰소서. 그러면 마음이 태평해지고 인욕이 깨끗이 사라집니다. 해가 한창 떠오르면 모든 만물이 모습을 바꾸고, 바람이 불면 모든 풀이 누워 교화에 귀의합니다. 신은 삼가 배운 바를

리킨다.

185 마음이……말 : 《관자(管子)》 〈심술 하(心術下)〉의 "마음이 편안하면 나라가 편안하고 마음이 다스려지면 나라가 다스려진다.〔心安是國安也, 心治是國治也.〕"라는 말을 가리킨다.

186 현신……떠받들었고 : 현신 16인은 고양씨(高陽氏)의 여덟 아들과 고신씨(高辛氏)의 여덟 아들을 말한다. 순임금이 이들을 등용하여 천하를 다스렸다. 《春秋左氏傳 文公18年》

187 신하……덕이었습니다 : 주(周)나라 무왕(武王)이 은(殷)나라 주왕(紂王)을 정벌하러 가면서 "나는 3천 명의 신하를 두었는데 마음이 한결같다."라고 하였다. 《書經 泰誓上》

저버리지 않고 아는 것에 더욱 힘쓰겠습니다. 선을 아뢰고 사악함을 막아 신하의 공손함[188]을 다하기 바라고, 왕을 바로잡고 일을 바로잡아 대인의 충성[189]에 부끄럽지 않고자 합니다.

188 신하의 공손함 : 《맹자》 〈이루 상(離婁上)〉의 "임금에게 어려운 일을 요구하는 것을 공손하다 하고, 선을 아뢰고 사악함을 막는 것을 공경한다 한다.〔責難於君謂之恭, 陳善閉邪謂之敬.〕"라는 말을 인용한 것이다.

189 대인의 충성 : 《맹자》 〈이루 상(離婁上)〉의 "오직 대인이라야 임금의 잘못된 마음을 바로잡는다.〔惟大人, 爲能格君心之非〕"라는 말을 인용한 것이다.

당나라 습유 두보가 조서를 내려 가족을 찾도록 허락한 데 사은하는 표문에 대한 의작
擬唐拾遺杜甫謝詔許尋問家室表

어려운 시절에 임금을 따르며 요행히 시종신의 반열에 올랐고, 처자와 떨어진 지 오래되어 특별히 찾으라는 은혜를 입었습니다. 지금 멀리 떠나게 되니 차마 영결할 수 없습니다.

삼가 생각건대, 신은 어지러운 세상에 살아남은 목숨이요, 막다른 길에 선 썩은 선비입니다. 지금 강한 기병이 북쪽에서 와서 임금이 치욕을 당하였는데도 죽지 못하였고, 어가가 서쪽으로 행차하게 되었는데 임금이 계신 곳을 잃고 어디로 가겠습니까. 몸은 적의 예봉을 벗어났고, 발은 황량한 산길에 부르텄습니다. 어렵사리 행재소에 도착하여 면류관의 빛을 다시 보니, 조정에서 살아 돌아옴을 불쌍히 여겨 다시 관원의 뒤를 따르게 하였습니다. 도포가 풀빛처럼 푸르니 영예를 돌아보면 무슨 마음이겠으며, 어가가 먼지를 뒤집어썼으니 나랏일을 생각하면 눈물이 흐릅니다.

비록 한 몸이 의탁할 곳이 있어 다행이지만, 온식구가 의지할 데 없어 가련합니다. 삼천(三川)[190]으로 편지를 부쳤으나 소식은 오지 않고, 만리를 떠돌아다니니 생사를 알기 어렵습니다. 무기가 교차하니 참으로 나그네가 고향을 생각하는 날이요, 풍진이 자욱하니 어찌 신하

190 삼천(三川) : 검남서천(劍南西川), 검남동천(劍南東川), 산남서천(山南西川)으로, 여기서는 두보의 고향이 있는 사천(四川) 지방을 말한다.

가 집을 말할 때이겠습니까. 그저 달빛을 밟는 마음만 깊고, 구름을 보니 서글퍼 견딜 수 없었습니다.[191] 성스러운 성상께서 돌보아주시어 갑자기 총애하는 묵제(墨制)[192]의 글을 내려주실 줄 어찌 생각하였겠습니까.

초야에서 성상을 호위하며 성상의 허물을 보충하는 책임을 다하지 못하였는데, 쑥대밭에 묻힌 귀로를 가리키며 집을 묻는 은혜가 넉넉합니다. 화창한 봄이 돌아오자 도성의 옥좌를 떠나고, 백발로 걸어서 하늘 멀리 고향으로 향합니다. 두려운 마음으로 절하고 사직하니, 갈 길이 아득합니다. "네 집은 어디에 있느냐."라고 하시니 비록 처자를 생각하는 사정을 유념하였지만, 왕실에 어려움이 많으니 임금을 그리워하는 마음을 견딜 수 있겠습니까. 물결처럼 많은 학사들이 말고삐를 잡는 수고를 벗어나지 못하였는데, 습유(拾遺) 자리에 있는 늙은 신이 홀로 집으로 가라는 명을 받았습니다. 누가 이 날을 기약하였겠습니까. 내 마음을 아는 것은 하늘 같은 성상 뿐입니다.

이에 삼가 황제 폐하께서 봉상(鳳翔)에서 즉위하는 때를 만나 공경하는 아들을 편안케 하려는 계책을 받들었습니다. 사잇길로 옥책(玉冊)을 전하여 당(唐)나라 요(堯)임금의 선위(禪位)를 크게 잇고, 천하를 안정시키는 계책으로 은(隱)나라 고종(高宗)의 업적을 회복하였습니다. 크나큰 은혜를 미루어 미천한 신에게까지 미쳤으니, 신이 감히

191 그저……없습니다 : 집안 식구들이 생각난다는 말이다. 두보(杜甫)의 〈한별(恨別)〉에 "집 생각에 달빛 밟으며 맑은 밤에 서 있고, 아우 그리워 구름 보며 대낮에 잔다.〔思家步月淸宵立, 憶弟看雲白日眠.〕"라는 말을 인용한 것이다.

192 묵제(墨制) : 중서성을 거치지 않고 곧장 시행하는 천자의 명령서이다.

머리 끝부터 발끝까지 은혜로 돌리고 골육이 감사한 마음을 품지 않겠습니까. 주인을 그리워하는 개나 말처럼 더욱 돕기를 생각하고, 어리석은 부부처럼 그저 죽어서 결초보은하기를 생각합니다.

동한의 태학생들이 과거 시험을 치르고 관직에 임명하게 한 데 사은하는 표문에 대한 의작
擬東漢太學生等謝令課試拜官表

예라(禮羅)[193]로 불러들이니 선발하는 반열에 잘못 오르고, 그중에 뛰어난 사람을 뽑아 외람되게 관직에 제수하는 은혜를 입었습니다. 많은 선비가 영광으로 여기며 처음 벼슬을 받자 고개를 숙였습니다. 생각건대 신들은 모두 공자를 본받아 반드시 문왕과 같은 군주를 기다렸습니다. 선비는 주머니 속에 있는 송곳과 같으니, 감히 송곳 전체가 빠져나온다고 하겠습니까.[194] 선비는 자리 위의 보배와 같으니, 좋은 값을 기다려 팔기를 스스로 기약합니다.[195]

지금 조정에서 급히 어진 선비를 구하기에 주현(州縣)에서 계리(計吏)[196]와 함께 나아갔습니다. 학교에 올라 수업을 받으며 함께 글 읽는 풍도를 익히고, 도성을 구경하고 손님 노릇하며 많은 선비들과 나란히 노닐었습니다. 의리는 옛사람의 찌꺼기를 훔치고서 아침저녁으로 태

193 예라(禮羅) : 220쪽 주183 참조.

194 선비는……하겠습니까 : 낭중지추(囊中之錐)의 고사를 인용한 것으로, 뛰어난 인재는 저절로 두각을 드러낸다는 뜻이다. 《史記 卷76 平原君列傳》

195 선비는……기약합니다 : 《예기》 〈유행(儒行)〉의 "선비는 자리 위의 보배처럼 초빙을 기다린다.〔儒有席上之珍以待聘〕"라는 말과, 《논어》 〈자한(子罕)〉의 "나는 좋은 값을 기다리는 사람이다.〔我待賈者也.〕"라는 말을 인용한 것으로, 선비가 학업을 닦으며 출사할 때를 기다린다는 뜻이다.

196 계리(計吏) : 지방의 인재와 동행하여 서울로 올라오는 관원이다.

학의 음식을 허비하였는데, 요행히 선비를 높이는 성대한 마음으로 과거를 보이는 아름다운 전례를 거행하였습니다. 인재를 양성하는 선왕의 법을 본받아 반드시 근본을 배양하고, 한 해 걸러 점검하는 규례를 시행하여 모두 성취하게 하였습니다. 명분과 실제가 부합하는지 살펴 그 행실의 옳고 그름을 따지고, 예서와 경전을 강론하여 학문의 깊고 얕음을 물었습니다. 먼저 공부를 감독하고 기예를 부과한 뒤에 직무를 나누고 관직을 주었습니다.

"어찌 벼슬하고자 해서가 아니겠는가."[197]라고 하셨으니 실로 천재일우의 은혜를 입었고, 정사를 보게 할 만하다고 여겨 마침내 아홉 등급의 반열에 올랐습니다. 처음에는 〈녹명(鹿鳴)〉[198]을 노래하며 왔는데, 지금은 기러기가 하늘로 날아가는 것[199]을 기뻐합니다. 한 가지 기예라도 이름난 자는 모두 등용하니 어찌 못난 선비를 쓰겠으며, 만백성을 가르쳐 빈객으로 천거하니 젊은이가 나아갔습니다.[200] 헛된 이름이 몹시 부끄럽고 실천하지 못하여 부끄러운데 인재를 장려하고 유학을 숭

197 어찌……아니겠는가 : 후한(後漢)의 등유(鄧攸)가 광무제를 찾아가자 광무제가 "그대가 멀리서 온 것은 어찌 벼슬하고자 해서가 아니겠는가."라고 하였다. 등유는 벼슬을 원하지 않는다며, 광무제를 도와 역사에 이름을 남기고 싶다고 하였다. 《後漢書 卷16 鄧攸列傳》

198 녹명(鹿鳴) : 《시경》 〈소아(小雅)〉의 편명으로, 본디 손님에게 잔치를 베푸는 것을 읊은 시인데 과거 합격을 축하하는 노래이기도 하다.

199 기러기가……것 : 《주역》 〈점괘(漸卦) 상구(上九)〉의 "기러기가 공중으로 점차 나아간다.〔鴻漸于陸〕"라는 말을 인용한 것으로 관직이 점차 올라간다는 뜻이다.

200 젊은이가 나아갔습니다 : 문왕의 교화를 노래한 《시경》 〈사제(思齊)〉의 "그러므로 성인은 덕이 있고 젊은이는 나아갔다.〔肆成人有德, 小子有造.〕"라는 말을 인용한 것이다.

상하는 때를 만났습니다. 푸른 쑥[201]을 기르는 것을 즐거워하니 상나라 학교의 문풍이 회복되고, 풍수(豐水)의 기초(芑草)[202]를 양성하니 주나라 학교의 선비 기운이 진동합니다. 심지어 미천한 선비까지도 도야하는 은혜를 입었습니다. 감히 옛것을 배워 관직에 올라 경서를 연구하고 쓰임을 다하지 않겠습니까. 예(藝)에 노닐고 덕(德)에 의거하는 것을 잘한다고 할 수는 없으나, 어려서 배운 것을 장성하여 실천하는 것이 본디 소원입니다.

201 푸른 쑥 : 《시경》 〈청청자아(菁菁者莪)〉에 나오는 말로, 인재를 비유한다.

202 풍수(豐水)의 기초(芑草) : 《시경(詩經)》 〈문왕유성(文王有聲)〉에 나오는 말로, 인재 양성을 비유한다.

전箋

탄신일 전문

誕日箋文

장추전(長秋殿)[203]에서 연회를 열어 어버이를 높이는 예를 거행하려 하고, 알맞은 2월이 되었으니 성인이 탄생한 날이 또 왔습니다. 종묘사직에 경사가 넘치고 조정과 재야에서 모두 기뻐합니다.

삼가 생각건대, 천지가 자리잡고 만물을 길러 중화를 이루며, 밝게 보고 들으며 아랫사람을 다스리십니다. 순(舜)임금처럼 종신토록 부모를 사모하는 마음이 있어 공경히 대비의 의식을 받들고, 선왕의 뜻을 계승하려는 무왕(武王)의 정성이 있어 어려운 시운을 구제하기를 기약합니다. 처음 정사할 때를 헤아리니 순한 복을 받을 것입니다.

삼가 생각건대, 신은 몸소 좋은 날을 만났으나 하례하는 반열에서 멀리 떨어져 있습니다. 땅이 남극과 맞닿으니 수성(壽星)을 머리에 이고 그리워하며, 하늘이 동방을 도우리니 상서로운 구름을 바라보며 축하를 바칩니다.

203 장추전(長秋殿) : 본디 황후의 궁전인데, 여기서는 대비의 거처를 말하는 듯하다.

조 詔

당나라 조정에서 백관으로 하여금 과실을 극언하게 하는 조서(詔書)에 대한 의작

擬唐朝令百官極言過失詔

황제는 다음과 같이 말한다.

하늘이 기이한 재해를 내려 한창 홍수가 산까지 차는 화를 당하였으니, 내게 부족한 덕이 있어 하문하는 정성을 편다. 조정의 반열에 있는 모든 관원은 모두 아뢰어 책망해야 마땅하다.

짐은 천명을 받고 시운에 응하여 나라를 열고 계승하였다. 한(漢)나라가 일어나 진(秦)나라의 가혹한 법을 제거하자 왕업이 시작되었고, 은(殷)나라가 하(夏)나라의 시대를 거울삼았으니 천자의 지위는 어렵기만 하다. 두려워하는 마음으로 깊은 밤까지 게을리하지 않았는데, 어찌하여 비상한 변고를 다시 교화하는 초기에 만났는가. 허물을 징계하려고 해로운 기운이 나타나니 그 벌을 항상 비가 내리는 것이고, 물이 거꾸로 흐르는 것을 홍수라고 하니 그 해는 하늘까지 넘친다. 우리 백성의 집을 무너뜨리고 관청이 물에 잠겼다. 근래 20년에 가까우니 하늘의 위엄이 두렵고, 죽은 사람이 6천 명에 이르니 내가 물에 빠진 것과 무엇이 다르겠는가.

물이 쏟아지니 호자(瓠子)[204]의 근심보다 심하고, 경(耿)이 무너지자 반경(盤庚)은 근심하였다.[205] 재해는 이유 없이 생기지 않으니 누가 그 허물을 맡겠는가. 내게 실로 죄가 있으니 저 백성이 몹시 불쌍하구나. 이 때문에 조정에 있는 관원들에게 도움을 구하여 부족한 점을 보충하고자 생각한다. 옛날에는 시종신과 악관(樂官), 사관(史官)도 경계를 바쳤으니, 우리 경사대부(卿士大夫)는 부지런히 잘못을 책망하라. 신하가 군주의 잘못을 바로잡지 않으면 묵형(墨刑)을 당하니[206] 강직한 논의를 듣고 싶고, 하늘이 내린 재앙은 피할 수 있으니 어찌 재앙을 없앨 방도가 없겠는가. 드넓은 천하에 시름하고 원망하는 백성이 많을 것이니, 하루에 업무가 만 가지나 되니 정사와 명령에 흠이 있을까 두렵다.[207] 자로는 허물을 들으면 기뻐하였으니[208] 하물며 과인은 어떻겠으며, 성탕(成湯)은 자신을 탓하여 흥성하였으니 이 때문에 더욱 성인이 되었다. 말이 비록 귀에 거슬리더라도 짐은 명심하겠다.

아, 하늘은 편애가 없고 낮은 곳에서 듣고서 부류에 따라 재해와 상서를 내리며, 사람은 잘못을 아는 것이 가장 어려우니 크고 작은

204 호자(瓠子) : 황하 인근의 지명인데 한 무제(漢武帝) 때 이곳에 둑이 터져 큰 피해를 입은 적이 있다. 《漢書 卷6 武帝紀》

205 경(耿)이……근심하였다 : 경은 은(殷)나라 조을(祖乙)이 세운 도읍인데, 황하가 범람하여 이곳이 무너지자 반경이 은(殷)으로 옮겼다. 《書經 盤庚上》

206 신하가……당하니 : 《서경(書經)》 〈이훈(伊訓)〉에 나오는 말로 이윤(伊尹)이 태갑(太甲)에게 훈계한 내용이다.

207 정사와……두렵다 : 저본에는 "抑攻政令有累"로 되어 있으나 문맥에 근거하여 "攻"을 "恐"으로 바로잡아 번역하였따.

208 자로는……기뻐하였으니 : 저본에는 "于路聞過則喜"로 되어 있으나 《孟子 公孫丑上》에 근거하여 "于"를 "子"로 바로잡아 번역하였다.

일을 막론하고 모두 말하라. 어지러울 정도로 독한 약이라야 병이 나으니 임금을 보필하는 뜻을 다해야 마땅하고, 바람과 우레는 개과천선의 뜻을 보이니,[209] 미천한 자에게도 묻는 나의 마음을 유념하라.

209 바람과……보이니 : 《주역》 〈익괘(益卦)〉의 "바람과 우레가 익(益)이니, 군자가 이를 보고서 선을 보면 옮겨 가고 허물이 있으면 고친다.〔風雷益, 君子以見善則遷, 有過則改.〕"라는 말을 인용한 것이다.

고 誥

당나라 조정에서 화중에게 명하여 수확을 고르게 하라는 고문(誥文)에 대한 의작

擬唐朝命和仲平秩西成誥

황제는 다음과 같이 말한다.

아, 너 화중(和仲)이여. 하늘은 사계절을 공평히 나누니, 순서가 운행되지 못하면 수확을 이루지 못한다. 임금은 하늘을 대신하여 사물을 다스리고 사계절을 순히 하여 백관을 다스리고 모든 공적을 넓히니, 진실로 이 도는 어렵다. 내가 상제(上帝)를 마주한 듯 공경하여 삼가 하늘의 기강을 펼치고 백관을 훈도하여 모두 직분을 수행하게 하였다.

동쪽에 있으면 양곡(暘谷)[210]이라 하니, 청양(青陽)[211]의 터이다. 원기가 발육하고 만물이 처음 자라니, 희중(羲仲)이 사는 곳이다. 남쪽에 있으면 명도(明都)[212]라고 하니, 주염(朱炎)[213]의 구역이다. 훈훈한 화

210 양곡(暘谷) : 해가 뜨는 곳을 말하며, 동쪽을 가리킨다.

211 청양(青陽) : 봄을 뜻하며, 역시 동쪽에 해당한다.

212 명도(明都) : 남쪽을 말한다.

213 주염(朱炎) : 태양을 뜻하며 여름을 상징한다.

기로 늘 길러 만물이 모두 형통하니, 희숙(羲叔)이 사는 곳이다. 북쪽에 있으면 유도(幽都)[214]라고 하니, 현음(玄陰)[215]의 구역이다. 추위가 매서워 만물이 숨으니, 화숙(和叔)이 사는 곳이다.

서쪽에 매곡(昧谷)이 있으니 해가 지는 곳이다. 세덕(歲德)은 금(金)이며[216] 이칙(夷則)[217]의 율려를 맡는다. 백곡이 익고 만물을 이루니 지위는 냉정하게 죽이는 역할이고, 시기는 수확하는 계절이다. 참으로 천지(天地)의 이로운 쓰임이니 백성이 의지한다.

누가 나의 일을 순히 할 수 있겠는가. 오직 너 화중이 이에 능하다. 그러므로 내가 너를 서쪽에 살도록 명하니, 들어가는 해를 공경히 전송하는 것이 너의 직분이요, 수확을 고르게 하는 것이 너의 공로이다. 가서 네 직분을 조화롭게 수행하라.

아, 관직은 어진 이에게 맡기고 정사는 백성을 기르는 데 달려 있다. 백성은 농사를 근본으로 삼고 농사는 시기에 달려 있다. 시기보다 앞서거나 늦거나 그 해는 같다. 너 화중은 네 지위를 신중히 하고 감히 어기지 말라. 천문을 보아 변화를 살피고 사물을 이롭게 하여 업무를 완성하여 네 공적에 더욱 힘쓰라. 짐의 명령을 버리지 말고 공경하고 공경하여 하늘의 일을 도우라.

214 유도(幽都) : 북쪽을 말한다.

215 현음(玄陰) : 겨울을 뜻하며 역시 북쪽을 상징한다.

216 세덕(歲德)은 금(金)이며 : 1년 중 가을에 해당한다는 말이다.

217 이칙(夷則) : 12율(律)의 하나로 역시 가을을 상징한다.

주奏

한나라 광록대부 곽헌이 원정을 하지 말도록 청하는 상주문에 대한 의작[218]

擬漢光祿勳郭憲請勿遠征奏

신이 듣기로 위엄을 쌓는 방법은 오직 덕을 밝히는 것 뿐이고, 공로를 탐하면 노고에 보답할 수 없습니다. 성인이라도 어쩔 수 없이 군사를 사용하였으니, 공자가 신중히 한 것은 전쟁입니다. 그러므로 백 균 무게의 궁노는 다람쥐를 잡기 위한 것이 아니며, 천금을 가진 집안의 자제는 마루 끝에 앉지 말라는 경계가 있습니다. 공적은 중요한 일에 힘써야 이루어지고, 일은 위험한 때를 틈타면 망치는 법입니다. 그러므로 진시황(秦始皇)은 순수(巡狩)를 좋아하다가 끝내 박랑사(博浪沙)에서 변란을 만났고,[219] 한 고조(漢高祖)는 묵특(冒頓)을 정

218 한나라……의작 : 곽헌은 후한(後漢) 사람이다. 광무제(光武帝)가 외효(隗囂)를 정벌하려 하자 반대하며 칼로 말의 가슴걸이 끊을 끊으며 간언하였다. 광무제는 듣지 않고 출정하였으나 영천(潁泉)에서 반란이 일어나자 곽헌의 말을 듣지 않은 것을 후회하였다. 《後漢書 卷82 方術列傳 郭憲》

219 진시황(秦始皇)은……만났고 : 진시황이 동쪽을 순시하다가 장량(張良)과 창해역사(滄海力士)가 박랑사에서 그를 저격한 일을 말한다. 《史記 卷55 留侯世家》

벌하다가 평성(平城)에서 포위당하고 말았습니다.[220] 옛날에도 그러하였으니, 지금의 거울입니다.

지금 폐하께서는 10대 동안 액운을 당하고 천년만의 기회를 만났습니다. 먼저 흉악한 동두(銅斗)를 제거하자[221] 사람과 귀신이 수치를 씻었고, 손수 금도(金刀)의 위업을 개척하자[222] 신민이 기대하였습니다. 여러 도적을 평정하자 세상이 편안해졌습니다.

지금 서주(西州)의 잔당은 남월(南越)처럼 다른 뜻을 몰래 품었습니다. 천명(天命)이 귀의하는 곳을 모르고 제멋대로 자신을 높이며, 땅이 험하니 믿을 만하다며 감히 굴기하였습니다. 지금 천하가 하나로 모였으니, 어찌 한 모퉁이라도 떨어져 있도록 하겠습니까. 홀로 깊은 계책을 운용하여 마침내 친히 정벌하겠다는 계책을 결정하고, 묘당의 논의가 모두 동의하여 하늘이 토벌하는 의리를 속히 거행하였습니다. 여러 군주를 모두 부르고 육군(六軍)을 정돈하였습니다.

그러나 생각건대, 함부로 나서면 반드시 위태로워지고 가볍게 범하면 쓰러집니다. 국가가 대일통(大一統)의 업적을 이루었으니 덕에 순종하는 자는 창성하고, 제왕의 군사는 만전의 계책을 귀하게 여기니

220 한 고조(漢高祖)는……말았습니다 : 한 고조가 묵특 선우(冒頓單于)를 정벌하려다가 평성의 백등산(白登山)에 7일간 포위되었다가 간신히 빠져나온 일을 말한다.

221 먼저……제거하자 : 광무제가 왕망(王莽)을 제거하고 한나라를 부흥시킨 것을 말한다. 동두(銅斗)는 구리로 만든 말〔斗〕인데, 왕망이 지니고 있던 기물이다. 《漢書 卷99 王莽傳》

222 손수……개척하자 : 역시 광무제가 한나라를 부흥시킨 것을 말한다. 금도는 광무제의 성인 유(劉)의 파자(破字)이다. 왕망은 제위를 찬탈한 뒤 금도라고 새겨진 화폐가 있으면 화천(貨泉)으로 고쳤다. 《後漢書 卷1 光武帝本紀》

때를 보아 움직입니다. 순(舜)임금이 70일 동안 교화를 펼치자 삼묘(三苗)가 복종하였고,[223] 주 선왕(周宣王)이 6월에 군사를 일으켜 길보(吉甫)를 법도로 삼았습니다.[224] 위험한 땅으로 들어가 강한 적과 싸우는 것은 만승천자(萬乘天子)가 할 일이 아니고, 왕자(王者)의 주벌을 시행하고 황제의 영령을 떨치는 것은 일개 장수의 책임이니, 참으로 평정할 가치도 없다는 것을 알 수 있습니다. 어찌 몸소 앞장설 필요가 있겠습니까.

더구나 지금 우리나라는 겨우 안정되고[225] 중국은 어려움이 많습니다. 군마를 쉬게 하고 도를 논하며 한창 문교를 닦으려는 뜻이 있는데, 수레를 점검하여 어찌 다시 무용을 빛내기를 일삼겠습니까. 저 유영(劉永)은 양(梁) 지방에 근거하여 반란을 일으켰으니 스스로 멸망을 선택하였고,[226] 장보(張步)는 제(齊) 지방을 차지하여 왕을 참칭하였으니 마침내 주륙당할 것입니다.[227] 어린아이처럼 보잘것없는 자를 어

223 순(舜)임금이……복종하였고 : 순임금이 삼묘를 정벌하였으나 이기지 못하자 익(益)의 간언에 따라 문덕(文德)을 베푸니 70일 만에 삼묘가 귀의하였다. 《書經 大禹謨》

224 주 선왕(周宣王)이……삼았습니다 : 주 선왕 때 험윤(玁狁)이 변방을 침범하자 선왕이 윤길보(尹吉甫)를 보내 정벌하였다. 《시경》 〈유월(六月)〉에 "문무를 겸비한 장군 길보여, 만국이 법도로 삼는다.〔文武吉甫, 萬邦爲憲.〕" 하였다.

225 우리나라는 겨우 안정되고 : 저본에는 "東方甫靈"으로 되어 있으나 문맥에 근거하여 "靈"을 "寧"으로 바로잡았다.

226 유영(劉永)은……선택하였고 : 유영은 유현(劉玄)이 즉위하자 양왕(梁王)에 봉해지고 유현이 죽은 뒤 천자를 참칭하였다. 유영(劉永)은 저본에 "劉求"로 되어 있으나 《後漢書 光武帝本紀》에 근거하여 "求"를 "永"으로 바로잡았다.

227 장보(張步)는……것입니다 : 장보는 유영(劉永)에 의해 제왕(齊王)으로 옹립되었으나 결국 광무제에게 귀순하였다. 《後漢書 卷1 光武帝本紀》

찌 감히 우리 강역에 용납하겠습니까. 탄환만한 외로운 성을 어찌 치지도외하지 않으십니까. 작은 용맹을 좋아하지 말고 영구한 계획을 생각하소서.

뒤따르는 수레가 먼지를 뒤집어쓰니 아직 뒤집힐 근심이 있고, 외로운 군대가 험한 곳을 지나니 어찌 무기의 위엄을 믿겠습니까. 비록 자신은 가볍게 여기더라도 종묘는 어찌하겠으며, 이 계책을 주장한 자는 누구입니까.

신이 큰 성은을 받아 외람되게 재상의 반열에 끼었습니다. 연회하는 자리에서 적을 물리친 안영(晏嬰)의 지혜에 실로 부끄럽고,[228] 천막 안에서 계책을 세운 장량(張良)의 재주를 바칠 길이 없습니다. 지금 어가가 원정을 떠나게 되었으니 뱃대끈을 끊는 미천한 정성을 감히 드러냅니다. 예전에 듣기로 모보(謀父)가 목왕(穆王)에게 간언하여 열병(閱兵)을 경계하였다고 하니,[229] 계손(季孫)의 근심이 전유(顓臾)에게 있지 않고 나라 안에 있을까 걱정입니다.[230] 윤허하시기를 바라며 낱낱이 아뢰기를 꺼리지 않습니다. 삼가 아룁니다.

228 연회하는……부끄럽고 : 공자가 안영을 두고 "연회하는 자리를 벗어나지 않고 천리 밖을 안다더니, 바로 안자를 두고 하는 말이다. 적을 물리쳤다고 하겠다."라고 한 말을 인용한 것이다. 《新書 雜事》

229 모보(謀父)가……하니 : 주 목왕(周穆王)이 천하를 주유하려 하자 모보가 〈기초(祈招)〉라는 시를 지어 간언하였다. 《春秋左氏傳 昭公12年》

230 계손(季孫)의……걱정입니다 : 《논어》 〈계씨(季氏)〉의 "나는 계손의 근심이 전유에 있지 않고 담장 안에 있을까 두렵다.〔吾恐季孫之憂, 不在顓臾, 而在蕭墻之內也.〕"라는 말을 인용한 것으로 나라 안에 우환이 있다는 말이다.

잠 箴

근독잠
謹獨箴

숨어서 보이지 않는다고 하지만	謂隱無見
숨은 것보다 잘 보이는 것 없고	隱斯莫見
작아서 드러나지 않는다 하지만	謂微不顯
작은 것보다 드러나는 것 없네[231]	微斯莫顯
담장에도 귀가 있고	垣亦有耳
옥루는 본디 어둡지 않네[232]	屋本無暗
귀신의 눈은 번개 같고	有電鬼目
하늘이 환히 보고 있으니	有赫天鑑
어두운 곳에서 조심하고	靡愼匪幽
홀로 있을 때 삼가야 하네	靡謹匪獨

231 작은……없네 : 원문은 '斯莫顯'인데, 문맥에 근거하여 '斯' 앞에 '微' 1자를 보충하여 번역하였다.

232 옥루(屋漏)는……않네 : 옥루는 방의 서북쪽 모퉁이이다. 《시경》〈대아(大雅) 억(抑)〉에 "네가 홀로 방 안에 있을 때를 보니, 여전히 방구석에 부끄럽지 않다.〔相在爾室 尙不愧于屋漏〕" 하였다. 남의 눈에 띄지 않는 곳에서도 행동을 조심한다는 말이다.

누가 어리석고 방자하며	孰昏且肆
누가 공경하고 삼가는가	孰敬且式
한가히 못된 짓을 하는 것은	閒居不善
소인의 악이요	小人之惡
은은히 날로 드러나는 것은	闇然日章
군자의 덕이라네	君子之德
너의 집에 있을 때에	相在爾室
허물이 없을까 반성해야 하네	不遐有愆
마치 스승을 만난 듯하고	若接師保
제사 지내고 손님 맞은 듯 해야 하네	如承祭賓
남들은 모르지만	人所不知
나는 스스로 두려워하네	我其自懼
드러나지 않았을 때 방비하고	防于未著
보이지 않을 때 경계해야 하네	戒于不睹
터럭만큼도 방심하지 않고	毫芒莫放
동정을 순일하게 해야 하네	純一靜動
어두운 곳에 있어도 밝은 것 같고	在幽猶明
혼자 있어도 여럿과 있는 것 같네	處獨猶衆
낮에는 그림자에 부끄럽지 않고	晝不媿影
밤에는 이불에 부끄럽지 않네[233]	夜不媿衾

233 낮에는……않네 : 채원정(蔡元定)의 "홀로 걸을 때에는 그림자에게도 부끄럽지 않게 하고, 홀로 잘 때에는 이불에도 부끄럽지 않게 해야 한다.〔獨行不愧影, 獨寢不愧衾.〕"라는 말을 인용한 것이다. 《宋史 卷434 儒林列傳 蔡元定》

그 뜻을 바꾸지 말고	勿遷其意
그 마음을 달리하지 말아	勿貳其心
안팎을 번갈아 수양하며	交修表裏
신명을 마주한 듯 해야 하네	對越神明
삼감에서 시작하여	其始于謹
성실에서 이루리라	克成于誠

심잠
心箴

높은 하늘이여	天之高兮
헤아릴 수 없네	不可度也
두터운 땅이여	地之厚兮
끝이 없네	不可極也
조그마한 우리 사람은	藐爾吾人
태창의 피와 같네	稊在太倉
하늘을 우러러보면 아득하고	仰而蒼蒼
땅을 굽어보아도 까마득하네	俯亦茫茫
몸은 대적할 수 없고	體不可敵
힘은 억지로 상대할 수 없네	力不可强
오직 이 마음만은	惟有此心
지극히 허령하여	至虛至靈
모든 선을 구비하고	百善俱備
모든 이치에 환하네	萬理洞明
방촌에 요약하니	約之方寸
혼연하여 밖이 없네	渾然無外
미루어 변화하면	推而化之
아득히 크다네	浩浩其大
덕은 하늘보다 높고	德崇乎天
업적은 땅보다 넓네	業廣乎地

높이는 하늘과 나란하고　高可幷焉
두텁기는 땅과 똑같다네　厚亦配矣
한 몸이 비록 은미하나　一身雖微
천지와 참여하여 삼재가 되네　參兩爲三
무엇이 참여하는가　誰其參之
오직 마음이라네　曰惟心兮
누군들 이 마음 가지고　孰無是心
사람이 되지 않았으랴　其能爲人
어리석은 보통 사람도　蚩蚩之衆
사단을 온전히 갖추었네　四端具全
성인은 나면서부터 알아　聖人生知
허령함을 잃지 않고　虛靈不喪
군자는 스스로 살펴　君子自省
없어진 마음 잡고 잃어버린 마음 찾네[234]　操亡求放
성명의 근본은　性命之本
은미하여 밝히기 어렵고　微而難明
형기의 사사로움은　形氣之私
위태로와 싹트기 쉽네　危而易萌
경으로 터득하면　敬而得之
그 공로를 이룬다네　其功則成

234 없어진……찾네 : 《맹자》〈고자 상(告子上)〉의 "마음을 잡으면 보존되고 놓으면 없어진다.〔操存舍亡〕"는 말과 "학문의 도는 다른 것이 아니라 그 잃어버린 마음을 찾는 것 뿐이다.〔學問之道無他, 求其放心而已.〕"라는 말을 인용한 것이다.

하나에 집중하여 잡념을 버려야 主一無適
사악함 막고 성실함 보전하네 閑邪存誠
성인의 법이 가르침 남기고 聖模垂教
현인의 법이 앞길 열어 인도하네 賢範啓導
책에 분명히 나왔으니 瞭然方策
스승 삼고 본받아야 하네 可師可效
위로는 하늘의 법도 받들고 上戴玄規
아래로는 땅의 법도 따르네 下履黃矩
천지신명이 보고 있으니 神祇所臨
감히 경계하고 두려워하지 않으랴 敢不戒懼
밤낮으로 부지런하여 夙夜孜孜
혹시라도 어기지 않도록 생각하라 思罔或違
우리 도에 나아가면 吾道有造
성현과 함께 돌아가리라 聖賢同歸

설 說

귀신은 두 기운의 양능이라는 설[235]
鬼神者二氣之良能說

귀신이란 무엇인가. 돌아가고〔歸〕 펴지는〔伸〕 것을 말한다. 두 기운이란 무엇인가. 음과 양을 말한다. 무엇을 양능이라 하는가. 저절로 그러한 오묘함으로 억지로 하지 않아도 그렇게 되는 것이다. 천지 사이에 음과 양 아닌 물건이 없고, 음양은 없는 곳이 없다.[236] 그러므로 귀신 또한 몸으로 삼지 않는 물건이 없고, 없는 곳이 없으니, 요컨대 음과 양 두 기운을 벗어나지 않는다.

기운이 와서 펴지는 것을 양이라 하고, 기운이 반대로 돌아가는 것을 음이라 한다. 펴지는 것은 오지 않은 적이 없고, 돌아가는 것은 반대로 가지 않은 적이 없다. 돌아가는 것은 귀(鬼)가 되고, 펴지는 것은 신(神)이 되니, 신은 양이고 귀는 음이다. 누가 펴지게 수 있는가. 양의

235 귀신은……설 : 이 글은《중용장구》제16장 주석의 "장자(張子)가 말하기를 '귀신은 두 기운의 양능이다.〔鬼神者, 二氣之良能也.〕' 하였다."라는 말을 풀이한 것이다.
236 음양은……없다 : 원문은 '陽無所不在'인데, 문맥을 고려하여 '陽' 앞에 '陰' 1자를 보충하여 번역하였다.

영령이다. 누가 돌아가게 할 수 있는가. 음의 영령이다. 음과 양의 영령을 양능이라고 한다. 귀의 능력은 돌아가는 데 능하고, 신의 능력은 펴지는 데 능하다. 저절로 굽히고 펴지며 저절로 오가니, 능하기를 구하지 않아도 능한 것이 양능이다. 아, 이것이 귀신이 두 기운의 양능인 까닭이리라.

문정공유고

제6권

서계 書啓

강화 어사로 나갔을 때 올린 서계 갑진년(1664, 현종5) 3월
江華御史時書啓 甲辰三月

신이 삼가 보니, 본부(本府 강화도)의 각 창고에 원곡(元穀) 이외에 회외모곡(會外耗穀)[1]도 그 사이에 섞여 있었습니다. 이 미곡이 비록 원곡에서 나온 것이지만 회외(會外)라고 이름하였으니, 이는 본부의 사적인 비용입니다. 그런데 동일한 창고에 섞여 있으니, 사리에 있어서 부당할 뿐 아니라 창고의 미곡이 줄어드는 근심은 늘 창고 문을 열 때 고자(庫子)들이 이를 이용하여 부정한 짓을 하는데 있습니다. 본부의 비용은 전적으로 모곡에만 의존하기 때문에 빈번하게 창고의 문을 여니, 엄격하게 금지하고 규찰하더라도 훔치는 짓을 막기 어려우니, 원곡이 축나는 것은 실로 여기에서 비롯된 것입니다. 그러므로 이번에 번고(反庫)[2]할 때 회외모곡을 덜어내어 따로 한 곳에 저장해 두어 원곡과 뒤섞이지 않게 하였습니다.

또 본부 군병의 제번미(除番米)[3]로 매년 거두는 미곡이 늘 천 수백

1 회외모곡(會外耗穀) : 회외(會外)는 장부에 회록(會錄)하고 남은 것이라는 뜻이고, 모곡(耗穀)은 각 고을 창고(倉庫)에 저장한 양곡(糧穀)을 봄에 백성에게 대여(貸與)했다가 추수(秋收) 후 받아들일 때 말(斗)이 축나거나 창고에서의 손실을 보충하기 위하여 10분의 1을 첨가하여 받는 곡식이다.

2 번고(反庫) : 창고에 저장한 물건을 모두 꺼내어 장부와 대조해서 검사하는 것을 말한다.

3 제번미(除番米) : 입번(入番)할 군인이 입번하지 않는 대신에 내는 돈이나 베를 말한다.

섬을 밑돌지 않는데, 당초 조정에서 본부의 비용이 많은 것을 염려하여 이 미곡을 덜어내어 여러 가지 삭하(朔下)[4]에 보태 쓰고, 사용한 뒤에는 호조에 회감(會減)[5]하도록 하였으니, 그렇게 한 데에는 의도가 있습니다. 그런데 이전에 본부에서는 사적인 소유물로 간주하여 곧장 관청에서 관리하고 거두어들여 구별 없이 임의대로 사용하고, 사용하고 약간 남는 양은 으레 군대의 양식으로 충당하였으니, 일의 체모로 헤아려보면 전혀 온당치 않습니다. 그러므로 지금 현존하는 실제 수량을 조사해내고 양을 헤아려 군량미로 옮겨두었습니다. 이 두 가지 일은 한편으로는 원곡을 축내는 폐해를 예방하고, 한편으로는 군량이 낭비되는 폐단을 막을 수 있으나, 다만 이후로 예전의 잘못된 관례를 따르는 폐단이 없지 않을까 염려되니, 반드시 계하받아 분부한 뒤에야 영구히 따라서 시행할 수 있을 것입니다.

그리고 생각해보건대 본부의 회외미곡이 많게는 2만 섬에 이르니, 모든 필요 경비를 지급하기에 충분하여 당초 군량을 사용하라고 허락한 때와는 그 형세가 현저하게 다릅니다. 지금부터는 매년 군량의 수량을 헤아려 원곡에 회록(會錄)하고, 일절 마음대로 사용하는 일이 없도록 해야 합니다. 만일 본부에서 홀로 감당할 수 없는 큰 공역이 있으면 별도로 계청하여 가져다 쓰도록 하는 것이 마땅할 듯합니다. 거의 우매한 견해를 아울러 진달하니, 묘당으로 하여금 헤아려 처결하도록 해주

4 삭하(朔下) : 돈이나 무명으로 월초(月初)에 주는 이례(吏隷)의 급료(給料)의 하나이다.

5 회감(會減) : 회계 처리에서 받을 것과 줄 것을 상쇄하고 남은 것을 셈하는 일을 말한다.

시기를 바랍니다.

비변사 계목을 첨부해서 계하하였다.

"본부가 승호(陞號)된 초기[6]에 관청에 바치는 물품은 일체 줄여서 없앴습니다. 상번 군사(上番軍士)[7]는 모두 번(番)을 면제시켜 본부에 소속시키도록 허락하고, 그들로 하여금 미곡으로 바꾸게 해서 거두어 모든 필요한 비용으로 삼고, 남은 양의 많고 적음에 따라 회록(會錄)하도록 하였습니다. 당초에 의논하여 정한 것은 그 뜻이 우연이 아닐 뿐만 아니라, 시행한 지가 수십 년인데 지금에 와서 변경하는 것은 역시 온당하지 않습니다. 예전대로 시행하되, 매년 모미(耗米)는 역시 군량의 예에 따라 사용하고 남은 수량은 장계를 올려 회록하는 것이 마땅할 듯합니다. 유수에게 아울러 분부하는 것이 어떻겠습니까?" -아뢴대로 하라고 윤허하였다.-

6 본부가 승호(陞號)된 초기 : 강화도는 지정학적 중요성 때문에 1626년(인조 4년)에 강화부에서 강화유수부로 승격되었다.

7 상번군사(上番軍士) : 지방군으로 도성 근무명령을 받고 올라오는 군사를 말한다.

강화 어사로 나갔을 때 올린 서계 두 번째

江華御史時書啓 又

신이 명을 받은 뒤로 도중에 비로 인해 지체되어 19일에 강화부에 도착하여 군량과 창고를 먼저 거행하였습니다. 본부의 곡자(斛子)[8]는 구곡자(舊斛子)와 신곡자(新斛子) 두 가지가 있기에 그 연유를 물어보니, 두 가지 모두 호조에서 만들었는데 구곡자를 받아온 것은 병신년(1656, 효종7)의 일이고, 신곡자를 받아온 것은 지난해 8월의 일이며, 신곡자는 구곡자에 비해 4되 정도 크기가 커진 것을 기준으로 삼았다고 합니다. 신이 직접 양을 비교해 보니, 과연 그 말대로였습니다.

구곡자로 거둔 미곡을 지금 신곡자로 다시 양을 측정하면 곡식의 축이 났는지 여부를 막론하고 사리에 전혀 맞지 않는 일입니다. 그러므로 구곡자로 거둔 미곡은 구곡자로 다시 양을 측정하고, 새로 거둔 미곡은 신곡자로 다시 양을 측정하였습니다. 또 군량의 출납을 기록한 장부를 살펴보니, 기해년(1659, 현종 즉위년)과 경자년(1660, 현종1) 두 해의 미곡 1만 2,541섬 9말은 5~6년 동안 오래 묵은 미곡입니다. 그 중에서 내창(內倉)에 있는 미곡은 6,812섬 9말이고, 외창(外倉)에 있는 미곡은 5,729섬입니다. 내창에 저장된 미곡 중에 3,719섬 5말 5되를 덜어내어 번고(反庫)할 때에 먼저 본부의 민결(民結)에 나누어 주고, 그 나머지는 남겨두어 이후에 추가로 지급할 밑천으로 삼았으며,

8 곡자(斛子) : 용량의 한 가지 단위로 15말 들이를 소곡(小斛) 곧 평섬(平石), 20두 들이를 대곡(大斛) 곧 전섬(全石)이라 한다.

이 밖에 외창에 저장된 미곡 5,729섬도 전례에 의거하여 이전(移轉)하여 개색(改色)[9]할 것입니다. 지금 바닷길이 이미 통하여 배가 왕래하니, 만일 이번 번고하는 날에 맞추어 그대로 이전한다면 창고를 열어 수량을 계산한 뒤에 곧바로 미곡을 받아야 하는 각 고을에 지급할 수 있으니, 본부에서 백성을 수고롭게 하는 폐단을 줄일 뿐 아니라, 번고하는 일도 간편히 할 수 있습니다.

환곡의 출납과 관련된 일은 신의 소임이 아니지만, 당초 묘당에서 번고할 때 이전하라는 뜻을 탑전에서 결정하셨기에 수신(守臣)과 상의하여 급히 아뢰니다. 묘당으로 하여금 전례에 따라 경기도와 황해도 두 지역에 분배하고 해당 도의 수령에게 직접 받아 가도록 하여 감색(監色)[10]등이 중간에 부정을 저지르는 폐단이 생기지 않도록 하소서.

비변사 계목을 첨부해서 계하하였다.

"매년 이전하던 것을 지금 나누어 지급하면 번고할 때에 일이 매우 간편합니다. 황해도의 각 고을로 이전하는 미곡은 해당 도의 감사에게 통보하여 각 고을로 하여금 즉시 가서 받아가도록 하며, 경기 지역의 고을은 능행(陵幸)이 얼마 남지 않아 지역 내의 선박을 다른 일에 내어 쓰기가 어려우니, 거둥이 지난 뒤에 즉시 받아가도록 하

9 개색(改色) : 조운(漕運)하는 과정에서 침수된 미곡 또는 오래된 군량미, 진휼청(賑恤廳)이나 관창(官倉)의 묵은 곡식 등을 지방민에게 나누어 주고 그 수량만큼 새로운 미곡으로 보충하게 하는 것을 말한다.

10 감색(監色) : 감관(監官)과 색리(色吏)를 말한다. 감관은 각 관아나 궁방에서 금전 출납을 맡아보거나 중앙 정부를 대신하여 특정 업무의 진행을 감독하던 관직이며, 색리는 일정한 일을 맡아 보던 아전을 말한다.

되, 그 중에 만일 받아가기를 원하는 고을이 있으면 먼저 나누어 주는 것이 마땅합니다. 이와 같은 뜻을 경기도와 황해도의 감사에게 아울러 분부하는 것이 어떻겠습니까?" -아뢴 대로 하라고 윤허하였다.-

강화 어사로 나갔을 때 올린 서계 세 번째
江華御史時書啓 又

군기(軍器)의 점검은 군량에 대한 번고(反庫)를 마친 뒤에 해야합니다. 가만히 생각해보니 강도(江都)의 수비를 위한 도구로는 전선(戰船)보다 급한 것이 없습니다. 전선과 병기는 다른 군기에 비해 더욱 긴요하고 중요한 듯하니, 일체 점검해야 합니다. 그러나 신이 받은 사목(事目) 중에는 유독 이 한 가지 항목이 없습니다. 우매한 신의 생각으로는 조정에서 이미 어사를 파견하였으니, 섬 전체에 설치한 각 진영과 보루의 전선과 병기는 본부와 수영 소속을 따질 것 없이 하나하나 허실과 정밀한지 여부를 살펴보아야 합니다. 이는 일의 체모상 마땅할 뿐만이 아니니, 평소에 만약 신칙하고 독려하지 않는다면 창졸간에 변고가 일어났을 때에 힘을 얻기가 어려울까 염려됩니다. 이 일은 이미 조정의 지시가 없었기에 감히 마음대로 처리할 수가 없으니, 묘당으로 하여금 헤아려 지휘하게 하시되, 만일 신의 말이 옳다고 여기신다면 각 진영과 보루의 전선과 병기 등의 출납을 기록한 문서를 역시 해당 조(曹)로 하여금 베껴서 내려 보내게 하여 점검할 수 있도록 해주십시오.

비변사 계목을 첨부해서 계하하였다.
"강화도에 있는 각 진영과 포구의 전선과 병기 등을 모두 점검하는 것은 몹시 마땅한 일이니 장계에 따라 시행하되, 전선과 병기의 성책(成冊)은 해당 조로 하여금 내려보내게 하는 것이 어떻겠습니까?"
-아뢴 대로 하라고 윤허하였다.-

강화 어사로 나갔을 때 올린 서계 네 번째

江華御史時書啓 又

본부의 외창(外倉)에 저장된 기해년(1659, 효종10)과 경자년(1660, 현종1)의 묵은 미곡은 겨우 5,729섬입니다. 그러므로 올해에 이전할 미곡의 수량은 평년에 비해 제법 적다고 합니다. 신이 듣기로 가까운 고을의 민심은 모두 민결(民結)에 균등하게 지급해 주지 못한다고 말할 뿐만 아니라, 각 관청에서 신에게 공문을 보내어 더 얻기를 원하는 경우도 있는데, 이는 신이 감히 마음대로 결정할 수 있는 일이 아니니, 어떻게 처리해야 하겠습니까? 묘당으로 하여금 헤아려 지휘하게 해주십시오.

또 신이 생각하기로 본부에 있는 군량의 미곡과 잡곡을 모두 헤아려 보면 그 수량이 14만 1천 여 섬인데, 신이 이미 번고(反庫)한 것은 5만 3,900여 섬이며, 5만 3,900여 섬 중에 축이 난 수량이 이미 7백 수십 섬 가량 됩니다. 앞으로 각 창고의 허실을 미리 헤아릴 수는 없지만, 이로 미루어 보면 14만 1천여 섬 내에서 축이 난 수량은 2천 섬을 밑돌지 않을 듯합니다. 군량 100섬은 250명이 한 달간 먹을 양식인데, 이번에 축이 난 수량이 만약 수백 섬에 그치지 않는다면 몇 년 이내에는 형세상 보충하기가 어려울 듯하니, 이 역시 미리 생각하지 않아서는 안 됩니다.

신의 생각으로는 이번에 이전곡(移轉穀)을 받기 전에 비국에서 경기도와 황해도 두 도에 행회(行會)[11]하여 민심을 살펴보아 만일 환자를 받기 원하는 고을이 있으면 신축년(1661, 현종2) 미곡을 더 내어서 그들이 원하는대로 헤아려 지급하고, 그들로 하여금 규례대로 모곡을 갖추어 와서 바치게 하며, 가을에 거둔 뒤에 모두 군량미로 들이면 2~3년을 넘지 않아 축이 난 미곡의 수를 저절로 충당할 수 있을 것이니, 이 일이 편의에 맞는 방도일 듯합니다. 이전곡을 받아가는 각 관청이 며칠 이내에 도착할 것이기에 감히 이러한 사정을 급히 아뢰니, 처리해주시기를 공손히 기다립니다.

비변사 계목을 첨부해서 계하하였다.

"경기도의 각 고을에서 이전곡을 추가로 받기 원하는 곳은 그들이 원하는대로 제급(題給)[12]하는 것이 마땅합니다. 경기 감사로 하여금 물어서 성책(成冊)하고 본사(本司)와 강화부에 이송하게 하겠습니다. 가을에 추수하여 도로 바칠 때에는 으레 마련하기 어렵다는 원망이 있으니, 헤아려서 수량을 정하여 과다하게 주지 말되, 모곡의 수량도 아울러 마련해 바치라는 뜻을 미리 명백하게 알려주겠습니다. 황해도에서 이전곡을 받아가는 각 고을 역시 경기도의 예에 의거하여 시행해야 합니다. 이러한 뜻을 경기 감사와 황해 감사에게 아울러 분부하는 것이 어떻겠습니까?" -아뢴대로 하라고 윤허하였다.-

11 행회(行會) : 각 관아의 관장(官長)이 조정의 새로운 명령 내용을 관아에 속한 아랫사람들에게 통지하는 것을 말한다.

12 제급(題給) : 관에서 물품을 내어주는 증명서를 써 주는 것을 말한다.

서계 별단

書啓別單

신이 삼가 성상의 전지를 받들어 강화도의 어사로 임명되어 2월 14일에 하직 인사를 드리고 출발하여 80여 일이 지나서 비로소 복명(復命)하였습니다. 담당한 군량과 군기(軍器) 등의 일은 삼가 이미 사목(事目)에 따라 그 허실과 정밀함의 여부를 상세히 조사하여 단락을 나누어 나열하여 기록하고 각각 별폭(別幅)[13]을 갖추어 -군량의 번고(反庫)에 관한 별단이 하나이고, 군량의 집탈(執頉)[14]에 관한 별단이 하나이고, 잡물의 점고에 관한 별단이 하나이고, 각 아문에 있는 군기의 점고에 관한 별단이 하나이고, 군기의 점고에 관한 별단이 하나이고, 수영(水營)에 소속된 삼진(三鎭)의 전함과 군기의 점고에 관한 별단이 하나이고, 군기의 집탈에 관한 별단이 하나이다.- 감히 이렇게 써서 올려 어람에 대비합니다.

이어 삼가 생각건대 국가에서 이곳을 금성탕지(金城湯池)로 믿어 위급할 때 반드시 귀의할 곳으로 삼아 군량을 쌓아두고 무기를 저장한 지 여러 해가 지났으니, 뜻하지 않은 난리에 대비하는 계책을 평소에 강구했다고 하겠습니다. 그러나 그 사이에 역시 논의할 만한 부족한 점과 언급할 만한 폐단이 없지 않기에 신이 외람되이 얕은 견해와 어리석은 생각을 아래와 같이 조목으로 열거하였습니다. 그러나 글로 아뢰어서는 상세히 다 말할 수 없으니, 비변사에서 으레 성상을 뵙는 날에

13 별폭(別幅) : 공식 문건의 내용을 보충하는 형식으로 첨부된 문건을 말한다.

14 집탈(執頉) : 남의 잘못을 집어내어 트집을 잡는 것을 말한다.

가까운 자리에서 하나하나 대면하여 아뢸 생각이니, 삼가 지시를 기다립니다.

신이 삼가 살펴보건대, 강화도의 형세는 사면의 해안이 평탄하여 왕래하는 선박이 곳곳에 정박할 수 있으니, 방비하기에 어려운 점은 바로 여기에 있습니다. 해안 일대에 벽루(壁壘)를 많이 설치하되 서로 간의 거리를 멀지 않게 하여 호응하여 의지하게 하고, 들어가서 지키는 병력이 이곳을 점거하여 방비한 뒤에야 만전을 기하여 반드시 지킬 수 있을 것입니다. 또 벽루는 꼭 돌로 쌓을 필요가 없고 지나치게 높게 쌓을 필요가 없으니, 흙을 이용하여 두텁게 쌓고 높이를 한 길 정도 하면 역시 방비하기에 충분히 여유가 있을 것입니다. 이 일은 성상께 번거롭게 아뢸 사안은 아니니, 오직 조정에서 유의하여 잘 처결하는 데 달려 있습니다.

-부표(付標)[15]를 붙였다.- 보류하라.

모든 방비하는 곳에는 모두 소속된 여러 고을의 군병이 있어 일이 발생하면 징발하여 들어가서 지키도록 하는데, 유독 강화도만은 이런 법규가 없습니다. 삼가 생각건대 조정에서 이 점을 생각하지 않는 것은 아니고 간혹 그 사이에 생각을 하였지만, 신의 생각으로는 아마도 소략한 잘못을 면하지 못한 듯합니다. 강화도와 이웃하고 있는 경기도와 황해도의 군과 현은 모두 배 한 척으로 다닐 수 있는 가까운 거리에 있으니, 부르면 모을 수 있고 멀어도 하루 이틀 정도면 왕복할

15 부표(付標) : 문서 중에 특별히 유념해야 할 부분이 있을 경우 그곳에 표지를 붙이는 것을 말한다.

수 있습니다. 만일 여러 고을에 편성된 병졸을 강화도에 소속시켜 관리를 받게 하고 미리 호령을 정하여 한결같이 다른 방비하는 곳의 예를 따라 거행하게 하면 일이 발생하기 전에 대비를 갖추어 급박한 순간에 방비하지 못하는 근심이 없을 것입니다. 정축년의 일[16]을 귀감으로 삼을 만하니, 묘당으로 하여금 심사숙고하여 속히 처결하게 해 주소서.

-부표(付標)를 붙였다.- 이미 시행하고 있다.

강화도는 물살이 매우 급하여 왕래하는 선박이 반드시 조수를 따라 오르락내리락하여 사람의 힘으로는 억지로 할 수가 없습니다. 반드시 전선(戰船)을 물살의 위와 아래에 많이 배치한 뒤에야 위급할 때에 조수의 진퇴를 살펴 오르락내리락하면서 형세를 보아 변화에 대응할 수 있습니다. 그러나 월곶(月串), 제물(濟物), 용진(龍津), 초지(草芝), 광성(廣城), 승천(昇天), 인화(寅火)등의 진(鎭)과 보(堡)는 원래 전선이 없고 다만 비변사의 선박을 지급하여 그 선박에 방패를 설치하여 전선으로 만드는데, 그 제도가 맞지 않으니 전선을 완비하는 것만 못합니다. 매년 봄부터 겨울까지 오랫동안 고기잡이를 하러 나가니, 갑작스레 발생하는 변란에 대비하는 방법도 아닙니다. 지금 전선을 넉넉히 만들어 각 진영에 나누어 주어 위급한 상황에 대비하는 도구로 삼아야 합니다. 신이 본부의 백성들이 전하는 말을 들어보니, 정축년 난리[17]에 적의 전선 2척이 정포(井浦)의 전선에 의해 전

16 정축년의 일 : 1637년(인조15)에 청나라 군사들에게 강화도(江華島)가 함락된 사건을 말한다.

복되었다고 하니, 전선의 이로움을 여기서도 알 수 있습니다. 조정에 일이 많아 비록 이와 같은 일에 겨를이 없겠지만 역시 미리 대비하지 않아서는 안 됩니다.

-부표(付標)를 붙였다.- 보류하라.

1. 군량을 비축하는 것은 급한 상황이 닥쳤을 때 먹을 양식을 미리 마련하기 위함이니, 꼼꼼히 갖추지 않아서는 안 됩니다. 그런데 강화도의 대동수미(大同收米)와 환자로 거둔 미곡은 비록 먹을 수 있는 미곡으로 명명하였으나 빛깔이 좋지 않을 뿐 아니라 간혹 쌀과 벼가 섞여 있는 것도 있고, 이른바 '백미(白米)'라는 것도 대부분 거친 쌀입니다. 이와 같은 종류는 반드시 한번 도정을 거친 뒤에야 먹을 수 있으니, 너무나 한심합니다. 각 관아에서 이전하여 바친 쌀과 양호(兩湖)의 대동미(大同米)의 경우에는 모두 깨끗이 도정한 흰 쌀인데, 본부의 문서에는 대부분 '먹을 만한 쌀〔可米〕'로 기록되어 있으니, 몹시 터무니없습니다. 본부로 하여금 지금부터는 '가미(可米)' 두 글자를 문서에 사용하지 못하도록 하고, 수미(收米)와 환미(還米)는 반드시 흰 쌀을 바치게 하여 예전처럼 구차하게 군량의 명목만 갖추게 하지 마소서.

-부표(付標)를 붙였다.- 시행하라.

1. 강화도의 미곡을 이전하는 법규는 근래 각 고을의 큰 폐단이 됩니다. 이는 각 창(倉)의 고자배(庫子輩)가 군량을 그다지 중요하게 여

17 정축년 난리 : 260쪽 주16 참조.

기지 않고 다만 이 물건을 으레 각 고을로 돌려보내는 것으로 알아 제멋대로 훔쳐내고 다시 두려워하거나 꺼려하지 않은 데에서 비롯된 것입니다. 그러다가 미곡을 이전할 때에는 으레 부실한 섬으로 그 수량을 채워 넣기 때문에 각 고을에서 받아갈 적에 이미 곡(斛)을 가득 채운 미곡을 가져가지 못하고, 거두어들일 때에는 도리어 더 채워서 정해진 수량대로 바치도록 하니, 조적(糶糴)의 불균등과 민심의 불편함이 이보다 심한 것이 없습니다.

미곡을 이전하는 일은 다름이 아니라 해마다 개색(改色)[18]하여 썩지 않도록 하기 위해서일 뿐이니, 만일 개색할 수 있다면 어찌 굳이 각 고을로 미곡을 이전한 뒤라야 잘 하겠습니까. 양호(兩湖)에서 상납하는 대동미는 매년 반드시 강화도를 거쳐서 오는데, 만일 담당 관청으로 하여금 대동미를 강화도에 남겨두고 강화도의 미곡과 바꾸어 경창(京倉)으로 운송하여 나라의 비용으로 쓰게 한다면 군량은 절로 묵힐 근심이 없을 것이고, 각 고을도 원망하고 괴로워하는 폐단이 없을 것이니, 형세를 따라 잘 변통하기로는 이보다 더 나은 방법은 없을 것입니다. 삼가 바라건대 묘당에 하문하여 헤아려 처결하게 해 주소서.

-부표(付標)를 붙였다.- 보류하라.

1. 각 창고에서는 원곡(元穀)과 회외모곡(會外耗穀)[19]을 동일한 창고에 넣는데, 자주 창고를 열고 닫는 곳은 축난 수량이 아주 많았습니다. 따로 하나의 창고에 들여 굳게 잠근 곳으로 말하자면 수량에 맞

18 개색(改色) : 253쪽 주9 참조.

19 회외모곡(會外耗穀) : 249쪽 주1 참조.

고 부족한 것이 없었습니다. 미곡이 줄어드는 우환은 늘 창고를 개방할 때에 고자배(庫子輩)가 이를 기회로 삼아 농간을 부리기 때문에 발생하니, 번고할 때에 이런 폐단을 염려하여 별도로 다른 창고에 회외모곡을 저장해두어 원곡과 섞이지 않도록 했습니다. 다만 염려되는 사항은 이후에 혹여 예전의 투식을 그대로 답습할까 하는 점이니, 본부로 하여금 이를 규례로 삼아 영구히 시행하도록 해야 합니다.
-부표(付標)를 붙였다.- 시행하라.

1. 각 창고에 있는 최근의 미곡이 간간이 구곡(舊穀)과 섞여 있는 경우도 있으니, 이는 미곡을 창고로 들일 때에 연조(年條)를 구분하여 각각 저장해두고 두 미곡을 떼어 놓지 못했기 때문에 발생한 일입니다. 또 듣기로 예전부터 조적(糶糴)할 때에 간혹 기한이 되어 개색(改色)해야 하는 곡식을 다 나누어 주지 않고, 창고를 개방할 때에 연조를 구분하지 않고서 편의에 따라 바꾸어 지급하는 일이 있었다고 합니다. 본부에 신칙하여 반드시 연조를 구분해 차례대로 개색하여 이전과 같은 폐단이 없게 해야 합니다.
-부표(付標)를 붙였다.- 시행하도록 하라.

1. 강화도는 땅이 척박하고 백성들이 빈곤하여 환곡을 받기만 일삼고, 관원도 차마 완강하게 거절하지 못하니, 처음에 과다하게 나누어 주었다가 나중에 포흠(逋欠)[20]한 수량이 점점 불어납니다. 1년에 지

20 포흠(逋欠) : 국가에 내야 할 공물이나 세금을 내지 못하고 있거나 국가에서 빌려 쓴 조곡을 갚지 못하고 있는 것 또는 그 물품을 말한다.

급하는 수량이 늘 2만 섬을 밑돌지 않기 때문에 비록 섬 전체의 민전(民田)에서 생산되는 미곡을 다 모아도 오히려 관청에 갚을 미곡을 바치기는 부족하니, 그 폐단을 염려하지 않을 수 없습니다. 지금부터는 늘 미곡을 대여해 줄 때에 그 섬수를 정하여 아뢴 이후에 창고를 개방하는 일을 남한산성의 예에 따르는 것이 마땅할 듯합니다.

-부표(付標)를 붙였다.- 시행하라.

1. 각 창고를 덮은 기와에 새는 곳이 많고 사방의 벽도 견고하게 쌓지 않아 미곡이 썩고 도난당할 우려가 실로 이 때문에 발생하니, 본부로 하여금 각 창고를 자세히 살펴 이때에 맞추어 십분 완전하고 견고하게 기와를 고치고 벽을 쌓게 하여 흙비에 피해를 입지 않도록 해야 합니다.

-부표(付標)를 붙였다.- 시행하라.

1. 군량을 각 보(堡)에 나누어주는 일은 그 의도가 본곡(本穀)을 유지하면서 이자를 취하여 본보(本堡)로 하여금 비용을 마련하도록 하기 위함이었습니다. 그런데 전후의 별장(別將)이 대부분 본부 사람이기 때문에 늘 조적(糶糴)할 때면 지급해주어야 하는 토병(土兵) 이외에 또 향리에서 안면이 있는 사람에게 나누어 빌려주고는 거두어들일 때가 되어서는 일일이 징수하지 못하여 오랜 기간 포흠(逋欠)된 수량이 많습니다. 이미 본보에서 이익을 취하기에도 부족하고 도리어 공곡(公穀)만 축이 나니, 본부로 하여금 지금부터 각 보(堡)의 군량을 환수하여 각 창고로 옮겨 들여 훗날의 폐단이 없도록 하소서.

-부표(付標)를 붙였다.- 전과 같이 각 보(堡)에 남겨두고 조적(糶糴)을

하되, 매년 거둘지 여부를 본부에서 점검하여 비변사에 보고하고 적간(摘奸)하여 탈이 있으면 별장 및 본부의 관원을 각별히 논죄하라.

1. 현재 보유한 각종 화기(火器)의 수량은 비록 여유가 있는 듯하지만, 연해의 수비 지역에 소용되는 수량을 한번 헤아려보건대 오히려 부족하니, 미리 계획하여 그 수량을 더 갖추지 않아서는 안 됩니다. 그 가운데 불랑기(拂狼機)[21]는 오련자포(五連子砲)[22]와 번갈아 발사할 수 있어서 급히 사용하기에 가장 적합하니, 별도로 넉넉히 제조하는 것이 마땅할 듯합니다.

-부표(付標)를 붙였다.- 시행하라.

1. 화기(火器) 가운데에 소소황자포(小小黃字砲) 및 소소완구포(小小碗口砲)나 측자포(昃字砲) 등은 모두 오래된 제도인데 포혈(砲穴)이 좁고, 들어가는 화약의 양도 적어 발사하여 탄환을 쏠 때 멀리까지 날아가지 못하니, 다른 화기에 비해 가장 성능이 떨어집니다. 만약 이와 같은 작은 화포를 부수어 다른 화기를 주조하는데 보태어 쓰게 한다면 실용적인 면에서 이득이 있을 것입니다.

-부표(付標)를 붙였다.- 보류하라.

21 불랑기(拂狼機) : 조선 중기에 제작된 서양식 청동제 화포로, 발사틀의 구실을 하는 모포(母砲)와 실탄을 장전하여 모포에 삽입, 발사하는 자포(子砲)로 분리된다.

22 오련자포(五連子砲) : 수철(水鐵)로 제작된 총신 다섯 정을 한 포판(砲板)에 고정함으로써 다섯 발을 동시에 장전(裝塡)하고 발사할 수 있는 장점이 있는 포이다.

1. 크고 작은 화기(火器)는 그 형태가 각각 다르며 쓰이는 여러 도구도 각기 다릅니다. 그런데 지금 신이 각 진(鎭)을 점검할 때에 어떤 화포를 꺼내오게 하니, 어떤 형태가 어떤 화포인지를 모르고, 어떤 화포에 사용되는 여러 도구를 꺼내오게 하니, 어떤 물건이 어떤 화포에 사용되는지를 모르고 있었습니다. 철환(鐵丸)과 약승(藥升)등의 물품은 각 화포에 사용되는 것을 구분하지 않은 채 크고 작은 것이 섞여 있었으며, 그 수량을 합산하였습니다. 시험 삼아 철환을 화포의 구멍에 넣어보니 대부분 서로 맞지가 않았습니다. 또 화기의 수는 적은데 여러 도구가 지나치게 많은 경우도 있으며, 화기의 수는 많은데 여러 도구가 부족한 경우도 있어 전도되고 뒤섞이지 않은 물건이 없었습니다. 이는 나누어줄 때에 본부에서 각종 무기와 여러 도구를 자세히 구분하지 못하고 각 진에서도 각종 무기와 여러 도구를 상세히 알지 못하며, 나누어준 뒤에는 본부에서 신경을 쓰지 않아 전혀 점검하여 살피지 않고, 각 진에서도 창고 안에 내버려 두고 역시 제대로 관리하지 않아 피차간에 다만 그 수량만 기록하고 그 쓰임을 알지 못한데서 비롯된 것입니다. 그러므로 그 중에 비록 마련하기 쉬운 물건이 있더라도 역시 조치할 수가 없었던 것이니, 탈이 있는 부분에서 이른바 '미비한 것'이라는 것은 모두 이런 종류입니다.

지금 본부에 신칙하여 일일이 검열하여 부족한 것은 늘리고 잘못된 것은 바로잡아 명칭과 수량, 도구가 조리가 분명하도록 하여 비록 진(鎭)의 어리석은 병졸이라도 어떤 화기인지 어떤 도구인지 알고서 변고가 발생하지 않았을 때 십분 익숙히 숙지하게 해야 하니, 그런 뒤에야 위급한 상황이 발생했을 때 제대로 대응하지 못하는 근심이 없을 것입니다.

-부표(付標)를 붙였다.- 시행하라.

1. 본부의 별파진(別破陣)[23]은 설치한 지가 이미 오래되었으니, 애초에 아무 뜻이 없이 설치한 것이 아닌데, 전후 관원의 의견이 각기 달라 어떤 경우에는 재주를 시험하여 정원수를 줄이고, 어떤 경우에는 문서를 살펴 도로 예전의 정원수를 채우기도 하는데, 훈련을 시켜 성취시키는 방책은 전혀 없고 어쩌다가 있습니다. 이 때문에 그 인원들도 훈련에 전념하지 않아 백 명 중에 화포를 다루는 방법을 이해하는 사람이 몇 사람에 불과합니다. 화기(火器)는 항상 쓰이는 군기(軍器)와 달라 평소에 익숙히 다룬 사람이 없으면 다만 하나의 쓸모없는 물건일 뿐이니, 급한 변고가 생기면 무슨 도움이 되겠습니까.

또 각 진에 모두 별파진을 나누어 지정해두어 그들로 하여금 각각 스스로 관리하게 하여 늘 화포를 다루는 방법을 강습하게 하였는데, 명칭만 존재할 뿐 실제로 하는 일이 없습니다. 신의 소견으로는 조정에서 본부로 하여금 각처에 나누어 소속되어 있는 인원수를 헤아려 정원수를 정하여 문서를 작성해 비변사에 보고하고 결원이 생기면 곧바로 채우게 하며, 또 늘 훈련을 권장하고 성취를 면려하여 오로지 형식을 차리기만 일삼지 말고 반드시 숙련된 정도에 따라 등급을 매겨 그에 따라 상과 벌을 내려야 한다고 생각합니다. 그리고 때때로 도성으로 소집하여 성취한 재주를 시험하여 더욱 뛰어난 자를 선발하여 별도로 상을 내린다면 그들이 반드시 분발하고 다투어 스스로 노력할 줄 알게

23 별파진(別破陣) : 군기시(軍器寺)와 각 군영 등에 편재된 군사 조직으로, 포(砲)와 같은 화기(火器)를 다룬 것으로 보인다.

될 것이니, 결국에는 성취하는 실효를 거둘 것입니다.

-부표(付標)를 붙였다.- 시행하라.

1. 본부와 각 진의 군기는 그 수량이 이미 많으며, 또 화약 및 연환(鉛丸)이 들어있는 궤(樻)와 각종 화포의 종류는 모두 무게가 너무 무거워 운반하기가 어렵습니다. 평상시에는 보관하여 손상이 없게 하는데 불과할 뿐이지만, 위급한 일이 발생하면 마땅히 각처에 나누어 운반하여 군병들에게 흩어주어야 할 것입니다. 그런데 어깨에 짊어지거나 손으로 들고 옮기게 하는 것은 형세상 그럴 겨를이 없으니, 운반하는 도구를 미리 마련하지 않아서는 안 됩니다. 본부로 하여금 몇 사람의 힘으로 끌 수 있는 작은 수레 수십 대를 별도로 만들어 본부의 내부와 각 진에 나누어 배치하여 위급한 상황에 쓸 수 있도록 대비해야 합니다.

-부표(付標)를 붙였다.- 시행하라.

1. 신이 삼가 보니, 강화부에 소속된 월곶(月串), 제물(濟物), 용진(龍津), 초지(草芝)의 네 진(鎭)은 창설할 때에 수군(水軍)을 충원해 주지 못하고 다만 각 진으로 하여금 장정을 모집하여 대가를 지급하고 대신 번을 서도록 하였습니다. 그리고 가포(價布)[24]는 병조에서 매달 각 90필을 지급하여 20명을 고용하게 하였으니, 이는 비록 부족하지만 그래도 유지할 수는 있었습니다. 그런데 중간에 어떤 변장(邊

24 가포(價布) : 국가에 일정한 신역(身役)을 치러야 할 사람이 동원되어 나가지 않고 그 신역의 대가로 바치는 포목(布木)을 말한다.

將)이 장물죄(贓物罪)를 저질러 본부에서 드디어 지급하는 포를 줄여 한 달에 19명에 해당하는 가포만 지급하고 남은 것은 본진(本鎭)에 저장해두고 '유포(留布)'라 이름하여 본진으로 하여금 감히 마음대로 사용하지 못하게 하였는데, 줄어들고 도적질을 당하여[25] 일에 불편한 점이 많았습니다.

그리고 고용된 19명은 군관과 색리를 위해 나무하고 물 긷고 밥 짓고 심부름을 하는 등의 부류가 실제 그 인원수를 다 채워 더 이상 여유가 없습니다. 그런데 그들에게 지급하는 각종의 군기는 삼남의 큰 고을보다 갑절은 많고 이외에 또 서너 척의 전선이 있으니, 이런 형세로는 비록 군무[26]를 다스리도록 요구하더라도 될 수가 없습니다. 병졸로 모집한 인원은 또 모두 근본이 없이 유랑하는 사람들이라 평소에 굳은 의지가 없으니, 혹시라도 변고가 생기면 어떻게 힘을 얻을 수가 있겠습니까. 국가가 관방(關防)[27]을 설치한 것은 그 의도가 있는데 피폐하고 허술하기가 이처럼 극심하니, 진실로 심사숙고하여 개선하지 않아서는 안 됩니다.

신의 소견으로 수군(水軍)은 정해진 인원수를 충원해주기가 어렵고, 포(布)를 지급하여 고용하는 일도 일시적인 방편에서 나온 것이라 영구히 지속할 수 있는 방도가 아닙니다. 만일 경기도와 황해도의 가까

25 줄어들고 도적질을 당하여 : 원문은 '拘切'인데, 문맥에 의거하여 '拘切'을 '狗竊'로 바로잡아 번역하였다.

26 군무(軍務) : 원문은 '軍飭'인데, 문맥에 의거하여 '飭'을 '務'로 바로잡아 번역하였다.

27 관방(關防) : 관문을 세워 수비하는 변방을 말하는데, 여기서는 강화부를 말한다.

운 고을에 있는 육군(陸軍)을 각 진(鎭)에 떼어 주어 그들로 하여금 순번을 돌아가며 번을 서게 하고, 매년 한 차례 규정된 위치에 모여서 훈련하게 하여 위급할 때 들어가 방비하게 한다면, 대가를 지급하건 병력을 지급하건 병조의 입장에서는 본디 앞뒤로 손해와 이익에는 차이가 없고, 방비하는 방법으로 말하자면 양민으로 구성된 정규군은 모집한 유랑민에 비할 바가 아니니, 그 득실과 이해는 차이가 현격합니다. 또 듣기로 안흥산성(安興山城)에도 육군을 떼어준 전례가 있다고 합니다. 삼가 바라건대, 조정에서는 깊이 이 점을 헤아려 속히 변통하소서.

사보(四堡)의 경우에는 원래 관할하는 군졸이 없기 때문에 본부에서 각 진의 군포를 떼어내어 각 보(堡)에 달마다 20필을 지급하여 6~7명을 고용하니, 전혀 모양새를 갖추지 못합니다. 그 중에 광성(廣城), 승천(昇天), 인화(寅火)는 지세가 요해처에 해당하고 군기의 수량이 많아 사진(四鎭)과 다름이 없지만 소략하게 임시로 설치하였으니, 더욱 좋은 계책이 아닙니다. 역시 만호(萬戶)로 승격시키고 육군을 떼어 주어 위급할 때에 힘을 다하게 해야 합니다.

신이 또 생각건대, 사진(四鎭)과 삼보(三堡)에 떼어 주는 육군의 인원수를 만약 진마다 한 달에 30명으로 제한을 둔다면 일 년을 통틀어 응당 360명을 지급하게 되니, 합쳐서 계산하면 2,520명이 됩니다. 2,520명의 군정(軍丁)을 강화부에서 훈련시키면 진실로 음우(陰雨)의 계책[28]을 얻게 될 것입니다. 하물며 해서(海西)의 군정에 관한 일은

28 음우(陰雨)의 계책 : 유사시를 대비하여 미리 국방을 튼튼히 하는 대비를 말한다. 《시경》 〈빈풍(豳風) 치효(鴟鴞)〉에 "비가 내리기 전 날씨가 좋을 때에 저 뽕나무 뿌리

포기한 지가 이미 오래이니, 이를 계기로 관리한다면 역시 편의에 합당할 것입니다. 신의 어리석은 소견을 감히 이렇게 아룁니다.

-부표(付標)를 붙였다.- 유수가 올라오기를 기다려서 내게 물어 처리하라.

1. 강화부에 소속된 각 진 변장(邊將)의 급료는 매달 쌀 18말과 콩 9말을 지급하는데, 그 수량은 도성의 초관(哨官)[29]의 급료에 미치지 못합니다. 변장의 품계가 비록 낮지만 조정에서 임명한 사람인데, 이처럼 녹봉이 적어 국가에서 아랫사람을 대우하는 체모를 몹시 손상시키니, 해당 조로 하여금 성상께 여쭈어 처리하게 하소서.

-부표(付標)를 붙였다.- 유수가 올라오기를 기다려서 내게 물어 처리하라.

1. 각 진에 보관되어 있는 군기는 본진(本鎭)의 방비를 위한 도구일 뿐 아니라, 일이 발생하면 들어가서 방비하는 여러 군사가 모두 이를 사용합니다. 그런데 덕포(德浦), 비포(非浦), 철곶(鐵串) 세 곳의 군기는 그 수량이 너무 적어 점검할 적에 변진(邊鎭)의 모양새를 갖추지 못했습니다. 응당 각종 군기와 화포 등의 물건을 더 지급해주어 그들로 하여금 평상시 잘 보관하고 수리하여 위급할 때에 가져다 쓸 수 있도록 해야 합니다. 해당 조로 하여금 성상께 여쭈어 처리하게 하여 본부에 보관된 것을 헤아려 옮겨 지급하게 하소서.

를 거두어다가 창문을 칭칭 감는다면, 지금 이 아래에 있는 사람들이 혹시라도 감히 나를 업신여기겠는가.〔迨天之未陰雨, 徹彼桑土, 綢繆牖戶, 今此下民, 或敢侮予?〕"라는 구절에서 유래하였다.

29 초관(哨官) : 군영에 딸린 위관(尉官)의 하나로 한 초(哨)를 거느리는 장교를 말한다.

-부표(付標)를 붙였다.-

1. 철곶(鐵串)의 전선을 보관해 두는 곳은 지면이 높은 데다 흙을 파낸 부분도 얕아 매달마다 조수가 줄어드는 양현(兩弦)[30] 때가 되면 배가 지면에 닿아 움직일 수가 없으니, 갑작스럽게 변고를 만나면 어떻게 도움을 받을 수 있겠습니까. 해당 영에 분부하여 형세와 편의 여부를 살펴 만일 옮겨 바꿀만한 곳이 없으면 예전에 보관하던 곳을 깊이 파내어 비록 양현[31] 때라도 조수가 서로 통하게 하여 급한 상황에 응하여 전선을 띄울 수 있게 해야 합니다. 또 덕포(德浦)의 전선을 보관하는 곳이 비록 철곶보다는 낫지만 여전히 양현(兩弦) 때[32]에 물이 줄어드는 우려를 면할 수가 없으니, 역시 조금 더 파내어 전선의 운용을 편하게 해야 합니다.

-부표(付標)를 붙였다.- 시행하라.

1. 삼진(三鎭)을 비록 강화부의 경내에 설치하였지만, 수영(水營)의 관할을 받기 때문에 본부에서는 이미 감독할 일이 없고, 수영에서는 전부터 또 순찰하여 살피는 일이 없었습니다. 이 때문에 두 곳 사이에 있어 여유롭고 편의대로 하여 직책을 생각지 않고 군무를 태만히

30 양현(兩弦) : 조수 간만의 차가 줄어드는 상현(上弦)과 하현(下弦)을 말한다.

31 양현(兩弦) : 원문은 '兩鉉'인데, 문맥에 의거하여 '鉉'을 '弦'으로 바로잡아 번역하였다.

32 양현(兩弦) 때 : 원문은 '强時'인데, 문맥에 의거하여 '强'을 '弦'으로 바로잡아 번역하였다.

하니, 소홀하고 엉성하기가 다른 진보다 심합니다. 수영에서 순찰하여 살피지 않는 것은 비록 그 이유를 모르겠으나 경계하고 질책하여 훗날의 경계로 삼아야 합니다.

-부표(付標)를 붙였다.- 시행하라.

1. 강화부의 군적에 기록된 수군들이 여러 차례 하소연하였는데, 그 말을 자세히 들어보니 다른 도의 수군은 각기 봉족(奉足)[33]을 두어 번포(番布)[34]를 마련해 내는 일이 어렵지 않다고 합니다. 그런데 본부의 수군은 봉족이 이미 정해진 인원수를 채우지 못하니, 3필의 번포를 한 집안에서 부자와 형제가 인원수대로 마련해 바치기 때문에 비록 전답을 팔고 소를 팔아도 부족할까 걱정입니다. 가산을 다 탕진해 살아갈 방도가 없기에 번포 1 필을 줄여주어 살 수 있게 해달라고 하였습니다. 봉족이 없는데 혼자 3필의 부역을 감당하니 원통하다고 하는 것이 당연하고, 번포를 줄여달라는 바람 역시 몹시 측은합니다. 일이 민정과 관련되어 감히 아뢰지 않을 수 없습니다.

-부표(付標)를 붙였다.- 지금은 우선 시행하지 말라.

33 봉족(奉足) : 공역(公役)에 복무하는 자를 돕기 위해 금품 또는 노동을 제공하는 사람을 말한다. 조선조는 건국 초부터 양반 계급을 제외한 16세 이상 60세까지의 평민을 6년마다 군적(軍籍)에 올렸으며, 현역으로 뽑아 번상(番上)하게 했다. 이때 직접 군역을 지지 않는 나머지 장정을 봉족으로 삼아 번(番) 드는 사람의 비용을 조달하게 했다. 조정(助丁)・인록(人祿)・보(保)라고도 했다.

34 번포(番布) : 군정(軍丁)이 번(番)을 서는 대신으로 바치는 무명베를 말한다.

강화부 군량의 번고(反庫)에 대한 별단

江華府軍餉反庫別單

은포는 아래에 붙여 기록함.

1. 군량의 원래 수량은 동등(冬等)의 회계 장부에 기록된 수량과 올봄 회계장부에 보태 넣은 수량을 합쳐서 계산한 것입니다. 먼저 총수량을 제시한 뒤에 거두지 못한 수량과 창고에 남아 있는 수량을 구분하고, 창고에 남아 있는 수량 중에 또 번고한 뒤의 실제 수량과 허위로 기록되어 무면(無面), 양축(量縮), 부패한 것을 아래와 같이 구별하여 낱낱이 기록합니다.

1. 강화부의 계묘년(1663, 현종4) 조(條) 전세 미태(田稅米太)와 대동수미(大同收米)는 번고한 뒤에 거두어 들였기 때문에 여기에 넣지 않았습니다.

1. 번고할 때에 찌를 뽑아〔抽栍〕 시험 삼아 계량하는 것은 상세히 살피는 데에는 흠이 있는 듯합니다. 그러므로 창고마다 먼저 수십 섬을 계량하여 그 섬〔石子〕이 부족한지 꽉 찼는지 여부를 살펴서 파악한 뒤에 수량을 헤아려 창고에서 꺼내어 일일이 구분하여 부족한 섬은 가져다 한쪽에다 놓아두고 모두 다시 기준에 맞게 계량하여 창고에 들어있는 실제 수량을 채웠습니다.

1. 창고에서 군량을 꺼낼 적에 원래 없는 섬 수는 '무면(無面)'이라고

이름하고, 다시 계량했을 때 줄어든 수량은 '양축(量縮)'이라고 이름하였습니다. 무면 가운데 도적질을 하다가 적발된 수량과 양축 가운데 물과 쌀을 섞어 거두어들인 일과 썩거나 거친 쌀인 경우에는 집탈(執頉)에 대한 별단에 상세히 기록하였습니다.

1. 본부의 문서를 가져다 보니, 기해년(1659, 현종즉위년) 관향미(管餉米)[35] 중에 거두지 못한 수량이 74섬이고, 장목가미(長木價米) 중에 거두지 못한 수량 20섬과 경자년(1660, 현종1)의 축이 난 콩으로 거두지 못한 95섬이 회계장부에 허위로 기록되어 있었습니다. 그런데 지금 번고할 때에 본부에서 장부에 회록(會錄)하고 남은 쌀과 콩으로 이미 보충하였기 때문에 과연 모두 수량이 맞고 탈이 없었습니다. 그러나 허위로 기록한 한 가지 일은 감히 덮어버릴 수가 없어 역시 조사하여 집탈에 대한 별단에 기록하였습니다.

1. 각 창고에 있는 낙판 미태(落板米太)는 먼지와 볏짚을 키로 까부르고 다시 계량하여 축이 난 수량을 먼저 보충하고 남으면 또 '무면'의 수량을 메꾸었습니다.

1. 하나의 창(倉)에 고(庫)의 이름이 비록 다르더라도 연조(年條)가

35 관향미(管餉米) : 국가의 비상시에 군량으로 쓰기 위하여 보관, 관리하던 곡식을 이른다. 1623년(인조1)에 북쪽의 오랑캐와 남쪽의 왜적의 침입에 대비하기 위하여 각 지방에 군량을 비축하고, 관향사(管餉使)를 파견하여 이를 관리하게 하였다. 뒤에 이 관향곡은 황해도와 평안도 지방에만 비축하게 되어, 1636년에는 평안 감사가 관향사를 겸임하게 되었으며, 흉년이 들었을 때에는 관향곡을 환곡(還穀)으로 쓰기도 하였다.

이미 동일하고 고(庫)에서 꺼낸 수량이 하나는 남고 하나는 부족한데 참고하여 합쳐 계산하여 원래 수량과 맞는 경우는 남는 것으로 부족한 것을 보충하였습니다. 고(庫)의 이름이 각기 다르고 연조(年條)도 다른데 본고(本庫)의 원래 수량을 채우고 난 뒤에 또 낙판 미태(落板米太)가 있는 경우는, 다른 고(庫)에 옮기기가 합당하지 않기 때문에 '잉미(剩米)'와 '잉태(剩太)'로 이름하여 하단(下端)에 부록하였습니다.

1. 번고한 뒤에 본부(本府)의 환자와 각 관청에 이전한 수량은 본부의 문서가 따로 있기 때문에 여기에서는 아울러 기록하지 않았습니다. …….

각 진(鎭)에 별도로 비축한 군량

신이 삼가 보건대 월곶(月串), 제물(濟物), 초지(草芝)의 세 진(鎭)은 모두 별도로 비축된 군량이 있었습니다. 그 유래를 물어보니, 판서 홍중보(洪重普)가 유수로 재직할 적에 본진의 유포(留布)를 덜어내어 군량을 마련하고, 매년 조적(糶糴)할 때 늘 원래 수량을 남겨두고 모곡(耗穀)을 본진에 지급하여 필요한 비용의 밑천으로 삼도록 했다고 합니다. 이미 군포를 미곡으로 만들었으니, 군량의 회계 장부에 누락되어서는 안 되기 때문에 그 수량을 상세히 갖추어 여기에 부록하였습니다. 해당 조로 하여금 지금부터는 회계장부에 넣어 기록하도록 하되, 늘 원래 수량은 남겨두고 모곡을 쓰도록 허용하는 일은 한결같이 전례를 따르는 것이 마땅할 듯합니다.

은포질(銀布秩)

…….

위의 은자 1만 3천 냥은 일곱 개의 궤짝에 들어있습니다. 본부에는 은을 계량하는 저울이 없어 계량하지 못했습니다. 일곱 궤짝 중에서 찌를 뽑아 열어 보니 밀봉하고 서명을 한 것이 의심할 여지없이 완연했기 때문에 도로 견고하게 봉하여 창고에 넣었습니다.

비변사 계목을 첨부해서 계하하였다.

"강화부 군량의 번고에 관한 별단 가운데 아직 거두어들이지 못한 각종 쌀과 콩이 도합 5,143섬이라고 하였습니다. 본부에서 각 해에 거두어들이지 못한 환자는 본부에서 가을이 되기를 기다려 수량대로 거두어야 하겠지만, 이미 다른 도의 각 고을에서 거두지 못한 미곡도 있고, 또 연군 작미(煙軍作米)와 산릉도감(山陵都監)에 빌려준 명목(名目)도 있으니, 이 역시 본부에서 도촉하여 거두어들이지 않아서입니다. 본부로 하여금 속히 징수해야할 곳에 추징하도록 하겠습니다. 그리고 각 진에서 별도로 비축한 군량은 애초에 홍중보(洪重普)가 유수로 재임할 적에 마련해서 조적(糶糴)하여 원래 수량을 남겨두고 모곡을 본진에 지급하여 필요한 비용의 밑천으로 삼게 한 데에서 나온 것입니다. 어사의 서계대로 원래의 쌀은 해당 조(條)로 하여금 군량의 회계 장부에 기록하게 하고 모곡을 쓰도록 허용하도록 하는 것이 편리하고 마땅할 듯합니다. 이렇게 분부하는 것이 어떻겠습니까?"

아뢴 대로 하라고 윤허하였다.

강화부 군량의 집탈에 대한 별단

江華府軍餉執頉別單

신이 삼가 사목(事目)을 보니, 번고할 때에 섬마다 간색(看色)[36]하여 부패하였거나, 먹을 수 없는 쌀이거나, 허위로 기록하여 무면(無面)이 되었거나, 다시 계량하였는데 축이 난 일이 있으면 해당 관원을 조사해내고 감색(監色)[37]을 가두어 등급을 나누어 개록(開錄)하여 아뢰어 엄히 다스리도록 하라고 하였습니다. 신이 삼가 이에 의거하여 각종 집탈 부류를 뽑아내어 섬 수를 계산하고 연조(年條)를 고찰하여 일일이 모두 기록하였습니다. 해당 관원은 성명과 재임 기간을 그 아래에 상세히 기록하고, 감관(監官)과 색리(色吏) 및 고자(庫子)와 사인(使人) 등은 별도로 한 부의 기록으로 만들어 이어붙여 아뢰니다.

본부(本府)

…….

위는 각 해에 거두어들이지 못한 환자로, 본부에서 늘 회계 장부에 그 수량을 상세히 기록하여 호조에 알렸습니다. 이 경우는 허위로 기록된 것과는 차이가 있기 때문에 해당 관원은 우선 거론하지 않겠습

36 간색(看色) : 견본을 삼아 일부분을 택하여 물건의 좋고 나쁨을 살피는 일을 말한다.

37 감색(監色) : 감관(監官)과 색리(色吏). 감관은 각 관아나 궁방에서 금전 출납을 맡아보거나 중앙 정부를 대신하여 특정 업무의 진행을 감독하던 관직. 색리는 일정한 일을 맡아 보던 아전을 일컫는다.

니다. 다만 거두어들이지 못한 수량이 이처럼 많으니 완전히 내버려 두기는 어려울 듯합니다. 역시 본부에 신칙하여 가을이 되기를 기다려 수량대로 거두어들여야 하니, 오직 조정에서 참작하여 처리하는 데 달려 있습니다.

기해년(1659, 현종즉위) 미곡 중에 양축(量縮)……
양축의 부류는 하나의 창고에 온전한 섬도 있고 부족한 섬도 있는데, 부족한 섬에서 줄어든 수량은 본래 창고지기의 도적질에서 비롯된 결과입니다. 임인년(1662, 현종) 미곡의 경우 갑창(甲倉)에서 거두어들인 것을 전부 다시 계량하였는데, 몇천 섬 중에 정해진 수량에 맞는 섬이 하나도 없었고, 매 섬마다 줄어든 수량이 3~4되나 5~6되 혹은 7~8되나 되었습니다. 처음부터 끝까지 대략 비슷하여 축이 난 양이 80여 섬에 이르렀습니다. 또 물어보니 간혹 뭉쳐서 덩이진 미곡이 있었는데, 이는 도적질을 해서 그런 것이 아니라 해당 관원이 물을 섞은 쌀을 잘못 거두어들여 일 년이 지난 뒤에 점차 줄어들어 그렇게 된 것입니다.

계묘년(1663, 현종4) 미곡 중에 양축은 갑창과 옥창을 합하여 300섬입니다.……-같은 해 6월 이전에 봉납한 것임-
위의 계묘년 미곡의 원래 수량 9,011섬을 전부 다시 계량해보니, 1섬도 기준에 맞는 것이 없고 줄어든 양이 많게는 320여 섬에 이르렀습니다. 섬마다 줄어든 양은 위의 항목인 임인년(1662, 현종3)의 미곡과 대략 동일한데, 뭉쳐서 덩이진 미곡의 상태는 더욱 심합니다. 거두어들일 때의 문서를 살펴보니, 모두 양호(兩湖)에서 거둔 대동미인데 물을 섞은 흔적이 아주 명백합니다. 근래에 서울과 지방에 이런 폐단이 날마다 더욱 심해지니, 아주 한심합니다. 거두어들이는 일을 감독한 관리를 논책하는 데서 그쳐서는 안 될 듯하니, 해당 고을에서 와서 바친 감색(監色)도 한 차례 징계하여 다스려야 합니다.

계묘년(1663, 현종4) 미곡 중에 양축…… 사창(司倉) -같은 해 6월 이후에 거두어들인 것임-

해당 유수는 권우(權堣)이고, 재임기간은 위에 보입니다. -살펴보건대 권우가 체직되어 떠난 시기는 환자를 태반을 거두기 전이었는데, 낭관이 모두 거두어 들였으니, 이 한 조목의 집탈은 전적으로 논책해서는 안 될 듯합니다.-

기해년(1659, 현종즉위)에 허위로 기록됨……

위는 기해년과 임인년(1662, 현종3)에 허위로 기록된 수량으로, 이번에 번고할 때에 본부에서 해외미태(會外米太)[38]로 이미 보충하였기 때문에 허위로 기록된 본래 수량은 회외문서(會外文書)로 옮겨 기록하게 하였습니다.

기해년(1659, 현종즉위)의 무면(無面)……

신이 삼가 생각해보니, 창고에 비가 새어 미곡이 썩은 경우, 젖은 미곡을 잘못 거두어들여 양이 줄어든 경우, 그리고 허위로 기록한 잘못과 아직 미곡을 거두어들이지 못한 죄는 모두 해당 관원을 논책해야

38 해외미태(會外米太) : 회외(會外)는 장부에 회록(會錄)하고 남은 것이라는 뜻이고, 미태는 콩과 쌀이다.

하지만, 무면(無面)의 경우에는 오로지 하례(下隷)가 도적질한 데에서 비롯되었으니, 실로 당초에 거두어들인 관리가 알 수 있었던 것이 아닙니다. 이 한 조목은 관원을 조사하여 논책하는 데에서 빼야하지만, 역시 감히 사목을 위반할 수 없어 별도로 뽑아내어 조정에서 참작하여 처리하기를 기다립니다.

승천보(昇天堡)

…….

본보(本堡)에서 아직 거두어들이지 못하고 허위로 기록된 양 이외에 썩은 미곡이 이렇게 많으니, 보고는 무척 놀랐습니다. 그 연유를 상세히 물어보니, 작년에 풍덕(豐德)에서 이전미(移轉米)를 가져와서 바칠 때, 별장 한인좌(韓仁佐)가 선가(船價)[39]를 이익으로 여겨 본부의 유수 권우(權堣)에게 요청하여 풍덕에 문서를 보내어 자기 병선(兵船)에 실어 오도록 하였습니다. 그런데 실어오던 미곡이 배가 기울어 침수되는 바람에 700여 섬이 거의 물에 잠겼고, 겨우 햇볕에 말려 본부에 바쳤습니다. 그러나 그 중에 마르지 않은 미곡은 본부에서 받아주지 않았던 까닭에 보(堡)에 저장된 군량을 전부 내어 바꾸어 그 수량을 충당하고는 마르지 않은 미곡은 본보(本堡)에 남겨두었습니다. 본부에 고하지도 않고 신에게 말하지도 않았는데, 번고할 때에 이르니 41섬이 모두 썩어 있었습니다. 각 관청에서 이전미를 실어올 때 예전에 각 진에서 값을 받고 실어오도록 본부에서 허락한 규례에 없었습니다. 이런 전례가 한 번 생기면 반드시 훗날에 폐단이 발생할

39 선가(船價) : 세곡(稅穀)을 운반할 때 뱃삯으로 더 징수하는 쌀을 말한다.

것이니, 권우의 조처는 매우 부당합니다. 한인좌는 각 보에 지급했던 군량과 바꾸어 이전곡의 수량으로 옮겨 충당하고는 마르지 않은 미곡을 감추어 두어 미곡이 썩는 우환을 초래하였으니, 더욱 통탄스럽습니다. 다만 본범(本犯)을 감률하는데 그칠 뿐 아니라, 썩은 미곡은 본부로 하여금 개비(改備)하도록 독촉하고 수량을 계산하여 전부 거두어들여 군량에 축이 나는 폐단이 없게 하소서.

인화보(寅火堡)

…….

위의 항목에 있는 집탈(執頉) 중에 쌀과 벼가 서로 섞여 있다고 한 것은 쌀 1말 안에 벼가 2~3홉 혹은 5~6, 7~8홉이고, 가장 많은 경우에는 1되 가량 됩니다. 간색(看色)하는 과정에서 누차 시험하니 모두 그러하였고, 그 가운데 계묘년(1663, 현종4) 미곡이 상태가 더욱 심합니다. 신이 전 유수 권우(權堣)의 중기(重記)[40]를 가져다 보니, 각 보(堡)의 군량은 정해진 수량대로 기록하였는데, 번고하여 실상을 조사해보니, 아직 거두지 못한 양이 매우 많았습니다. 허위로 기록한 일은 마땅히 본부에 책임을 묻고 거두지 못한 죄는 마땅히 각 보(堡)에 책임을 물어야 합니다.

각 창고의 감관(監官)과 색리(色吏) 및 고자(庫子)와 사인(使人)등을 조사해 낸 부류

각 창고의 미곡 중에 무면(無面)이 된 것, 도적질한 것, 양축(量縮)이 된 것과 썩은 부류는 연도를 구분하여 나열하여 기록하고, 해당

40 중기(重記) : 인수인계할 때에 넘겨주는 문서를 말한다.

감관(監官)과 색리(色吏) 및 고자(庫子)와 사인(使人)등의 성명을 뽑아 그 아래에 덧붙였습니다. 또 축이 난 수량과 저지른 죄의 경중은 모두 차임한 기간과 관계되는 까닭에 그 연월을 상고하여 아울러 상세히 기록하여 조정에서 근거삼아 처리할 수 있도록 하였습니다. -각 창고의 감색은 모두 사목에 의거하여 가두었습니다.-

사창(司倉)

…….

도둑맞은 미곡〔偸竊〕

황자고(荒字庫)의 미곡 7섬을 갈라내어 도적질 하였는데, 도적질한 수량은 매 섬마다 5~6말쯤 됩니다. 또 동이고(東二庫)의 미곡 4섬은 동일고(東一庫)의 들보 위에서 갈라내어 도적질하였는데, 매 섬마다 훔쳐낸 수량 역시 거의 3~4말쯤 됩니다. 탄로난 뒤에 두 창고의 고자(庫子)와 사인(使人) 등을 먼저 형추(刑推)[41]하고는 우선 풀어주어 조정에서 참작하여 처리하기를 기다립니다.

갑창(甲倉)

…….

도둑맞은 미곡〔偸竊〕

일자고(日字庫)의 벽 근처에 쌓아둔 미곡이 50섬인데, 묶어둔 부분을 칼로 끊어 모두 훔쳐가고 창고에는 빈 섬〔空石〕[42]만 남겨 두었습니다.

41 형추(刑推) : 죄인에게 형장(刑杖)을 가하여 심문하는 일을 말한다.

42 빈섬 : 섬은 짚으로 거적처럼 짜고 반으로 접어서 꿰맨 자루의 일종이다.

살펴보니 창고의 뒤쪽 벽 한 곳에 사람이 출입할 만한 큰 구멍이 뚫려 있었고, 외면은 나무를 엮어 진흙을 발랐으나 내면은 벽을 도로 메우지 못했고, 구멍 앞에는 떨어진 미곡이 땅에 널려 있어 그 흔적을 감출 수가 없었습니다. 또 이 창고에서 들보를 따라 황자고(荒字庫)로 넘어 들어가서 7섬을 갈라내어 훔쳐갔으니, 두 창고에서 훔쳐간 수량을 통틀어 계산해보면 57섬입니다. 벽을 통해 훔치고 진흙을 발라 흔적을 덮은 정황으로 보면 결코 한두 사람의 소행이 아닙니다. 그러므로 번고를 거친 뒤에 본창(本倉)의 감관(監官)과 색리(色吏) 및 고자(庫子)와 사인(使人) 등을 모두 가두었습니다. 고자와 사인의 무리는 창고 아래에 사는 사람으로, 훔치는 일이 있으면 저절로 호응하는 형세가 있으니, 필시 알지 못할 리가 없습니다. 만약 엄하게 조사하고 신문하면 정범(正犯)[43]을 잡기가 어렵지 않을 것입니다. 내자고(來字庫)의 뒤쪽 벽 역시 사람의 두 손이 드나들 수 있는 구멍 하나가 뚫려 있는데, 구멍에 맞닿은 2섬을 칼로 갈라서 훔친 수량이 10여 말 가량 됩니다. 감관과 색리 및 고자와 사인 등을 잡아 가둔 뒤에 들으니, 본부에서 감관의 보고로 인하여 미곡을 도적질한 통진(通津)의 차선승(車先承)이라는 자를 막 잡아 가두었다고 합니다.

옥창(玉倉)의 양축(量縮)……

이 창고의 양축은 물을 섞은 미곡을 거두었다가 벌어진 결과이니, 무면(無面)과는 차이가 있습니다. 그러므로 감관과 색리를 사목에 의

43 정범(正犯) : 주범(主犯)과 같은 말로 형법에서 자기 의사에 따라 범죄를 실제로 저지른 사람을 이르는바, 단독 정범과 공동 정범으로 크게 나뉜다.

거하여 가두고 고자 무리는 형추한 뒤에 풀어주었으며 사계(查啓)[44] 하지는 않았습니다.

신이 삼가 생각건대, 강화도의 군량이 도적질을 당하고 축이 났다는 이야기는 번고를 거치지 않아도 길가는 사람들 역시 모두 이야기하는데, 다만 조정에서 징계하여 다스린 적이 없을 뿐입니다. 이번에 실제 수량을 번고한 일은 십년 동안 없었던 것으로, 불가불 이를 시작으로 법규를 엄정히 세워 죄를 지은 사람이 요행히 면하는 일이 없어야 훗날의 경계가 될 것입니다. 윗 항목의 미곡을 훔친 죄를 범한 감관과 색리 및 고자와 사인 등은 유사(攸司)로 하여금 잡아다 도성의 감옥에 가두게 하고 각별히 조사하고 신문하여 정범(正犯)을 캐내어 법에 따라 처벌해야 합니다.

비변사에 계하하였다.

비변사 계목을 첨부해서 계하하였다.

"강화부에서 각 해에 거두지 못한 미곡의 수량은 늘 회계장부에 상세히 기록하고 해당 조(條)에 보고하여 알렸으니, 비록 허위로 기록한 것과는 차이가 있지만 거두지 못한 수량이 이렇게 많으니 참으로 한심합니다. 이는 1~2년 동안 거두지 못한 것이 아니니, 이전 관원을 형세상 일일이 뒤늦게 거론하기가 어렵습니다. 본부로 하여

44 사계(查啓) : '사핵계본(查覈啓本)'의 준말로, 어떤 사건(事件)이나 사안(事案)에 대해 조사하여 그 내용을 임금에게 보고하는 것, 또는 그 보고서를 말한다.

금 가을이 되기를 기다려 수량대로 거두어들인 뒤에 아뢰게 하겠습니다.

이른바 썩은 쌀, 거친 쌀, 쌀과 벼가 섞인 쌀은 모두 본부로 하여금 일일이 개색(改色)하도록 하겠습니다. 애초에 쌀과 벼가 서로 섞인 것을 받아두었으니, 급박한 상황이 발생했을 때 군량은 무엇으로 지급해준단 말입니까. 일이 매우 놀랍습니다. 이전에 금성산성(金城山城)에서 이런 일이 있었는데, 역시 의금부로 잡아들여 심문하고 논죄하였으니, 거두어들이는 일을 감독한 경력 등을 모두 의금부로 잡아다 형추하겠습니다. 유수도 검사하고 신칙하지 못한 잘못을 면하기가 어려우니 역시 추고하겠습니다.

무면(無面)이 된 쌀과 콩은 전적으로 하인들의 도적질에서 비롯되었으니 관원을 아울러 논죄하는 것은 마땅하지 않습니다. 본부로 하여금 속히 각 인원에게서 나누어 징수하여 그 수량을 채우게 하겠습니다. 각 보(堡) 역시 쌀과 벼가 섞인 것이 있을 뿐만 아니라 허위로 기록된 수량이 몹시 많으니, 더욱 놀랍습니다. 해당 별장을 모두 의금부로 잡아다 심문하여 처치하고 허위로 기록된 미곡을 모두 거두어들이도록 독촉하며, 쌀과 벼가 섞인 것 역시 즉시 개색하게 하겠습니다. 사각보(史閣堡) 별장은 쌀과 겨가 섞인 것이 단지 16섬이니, 우선 본부로 하여금 죄를 다스리고 개색하게 하겠습니다. 승천보(昇天堡) 별장 한인좌(韓仁佐)는 물에 젖은 미곡을 바꾸어 창고에 저장하였는데 모두 썩은 것이 41섬에 이르니, 저지른 죄가 더욱 중하지만 이미 응당 의금부로 잡아다 심문할 대상에 포함되어 있습니다. 자기 병선(兵船)으로 미곡을 실어 나른 일은 당초의 사목에 선가(船價)를 거두도록 허락하여 배 위의 기물을 수리하는 비용으로 보태 쓰도록 하였으니, 별장이 유수에게 청한 일과 유수가 운반하도록 허락한 일은 모두 죄가 아닙니다. 양이 줄어든 미곡 중에 새와 쥐에 의해 줄어든 것도 없지 않으나, 물을 섞은 미곡을 잘못 거두어 점차 줄어 들었고 역시 뭉쳐서 덩어리가 된 미곡도 있으니, 하인들이 도적질을 하여 그렇게 된 것 만은 아닙니다.

별단 가운데 임인년(1662, 현종3)에 허록(虛錄)되거나 축이 난 태(太)를 거두지 못한 95섬에 관한 사연은 모두 해당 경력에 대한 문목(問目)과 유수를 추고하는 함사(緘辭)에 첨가해 넣겠습니다.

양호(兩湖)에서 와서 바친 고을의 감관과 색리를 징계하여 다스리는 일은 지금에 와서 조사해 내면 소요가 발생할까 염려됩니다. 이른바 기해년(1659, 현종즉위년)에 허위로 기록된 거두지 못한 관향미(管餉米) 74섬으로 말하자면, 서원리(徐元履)가 유수로 재직할 때 본사(本司)와 의논한 뒤 탑전에서 아뢰어 해서 지역 포보(砲保)의 가포(價布)를 떼어 주도록 한 것인데, 마침 흉년을 만나 해서의 각 고을에서 거두기도 하고 거두지 못하기도 하였다가 1년이 지난 뒤에 비로소 실어다 바쳤기 때문에 강화부에서 그 모곡의 수량까지 계산하여 이렇게 기록하였습니다. 해서에서 바친 수량이 이미 정해진 원래 수량에 맞고, 또 이미 본부의 회외(會外)로 들어갔으니, 이를 추징하는 것은 마땅하지 않고 탕척해주는 것이 마땅합니다.

사창(司倉)의 황자고(荒字庫)와 갑창(甲倉)의 일자고(日字庫)에서 도적질한 죄를 범한 감색, 고자, 사인 등은 담당 관사로 하여금 잡아와 서울에 있는 감옥으로 잡아들여 각별히 조사하고 신문하기를 청한 것은 실로 적발하여 통렬하게 징계하는 뜻에서 나온 것이지만, 조사하고 신문하며 적발하면서 서울과 지방 차이를 두지 않아 많은 사람들이 함께 도성의 감옥으로 잡혀오면 소요가 발생할까 염려되니, 본부로 하여금 각별히 엄정히 조사하여 반드시 정범(正犯)을 잡아서 아뢰게 하여 처단하겠습니다. 내자고(來字庫)의 감관이 고발하여 사로잡은 통진(通津) 사람 차선승(車先承) 역시 엄히 형신하여 실정을 밝혀 아뢰도록 하겠습니다. 무면(無面)에 해당하는 각 인원들은 모두 잡아 가두고, 그들이 바쳐야 하는 수량을 다 바친 후에 낱낱이 본사(本司)에 보고하게 하여 처치해야 합니다.

어사가 올린 서계의 말단에 '각 보(堡)의 군량은 수량대로 기록하였는데 번고하여 실제 수량을 조사해보니, 거두지 못한 수량이 매우 많습니다. 허위로 기록한 일은 본부에 책임을 묻고, 거두지 못한 죄는 각 보에 물어야 합니다.'라고 하였습니다. 그런데 각 보와 본부의 관계는 각 고을과 감사의 관계와 같아 거두지 못한 사실을 보고하지 않았으니, 유수가 중기(重記)에 기록한 것은 기만을 당한 데에 지나지 않습니다. 지금부터는 각 진에서 수량대로 거두었다고 보고한 뒤에 본부에서 그 허실을 살펴 이전과 같은 폐단이 없게 하는 것이 마땅합니다. 이렇게 분부하시는 것이 어떻습니까?"

아뢴 대로 하라고 윤허하였다. 쌀과 벼가 섞여있는 것을 거두어 들이면서 살피지 못하였으니, 해당 유수를 먼저 파직시킨 뒤에 추고하라고 하였다.

강화부와 소속 각 진의 군기 점고 별단

江華府及所屬各鎭軍器點考別單

각 진보의 선척을 아울러 기록함

신이 삼가 사목을 살펴보니, 활에 근각(筋角)이 붙어있는지 자작나무 껍질로 둘러쌌는지, 활시위의 유무와 완전한지 혹은 부서졌는지, 장편전(長片箭)의 깃과 촉, 깃 사이에 칠이 붙어있는지 여부, 조총(鳥銃)의 포혈(砲穴)과 이혈(耳穴)과 침철(砧鐵)이 정밀한지 여부, 화약이 강력한지 여부와 그 무게가 찼는지 혹은 모자라는지, 연환(鉛丸)의 갯수, 깃발, 징, 북 등 각종 군수품을 일일이 상세하게 살피라는 내용이 있었습니다.

신이 삼가 이에 의거하여 봉행한 이외에 삼가 보니, 강화도의 군기 중에 화기(火器)가 더욱 많은데 방비하는 방도로는 오직 이 물건이 가장 긴요하니, 화기에 사용되는 크고 작은 여러 도구들을 반드시 정해진 수량에 맞게 미리 준비한 뒤에야 급박한 상황이 발생했을 때 활용할 수 있습니다. 그러므로 각 명목 아래에 사용되는 물건을 나열해 기록하고, 존재 여부와 완전한지 흠이 있는지의 여부를 덧붙여서 관리하는 책임을 맡은 자의 능력과 근태를 기록하였습니다. 군기가 파손되어 쓸 수 없어 이미 예전 것을 바탕으로 수리할 수 없는 경우에는 역시 장부에 허위로 기록하여 실제 사용에 방해가 되어서는 안 됩니다. 이에 감히 별행(別行)으로 초록하여 재결하여 처리해주기를 대비합니다. 또 각 진의 선박을 역시 점검하여 아울러 군기의 아래에 첨부하였습니다.

본부(本府)

흑각궁(黑角弓) 462장(張) 중에 -궁도(弓韜)와 궁현(弓絃)은 모두 무탈하다.- 무탈한 것이 404장, 집탈(執頉)이 56장 -잘 만들어지지 못한 데다 상한 곳이 있다.-, 2장이다. -상현(上絃)이 당시에 끊어져 있었다.-

장전(長箭) 4,531부(部) 중에서 사용 가능한 것이 3,022부, -간간이 깃이 손상되었으나 고칠 수 있는 것이 있다.- 집탈(執頉)이 15부, -깃이 손상된 정도가 심하다.- 1,357부, -이는 난리를 겪은 뒤에 수습한 것인데, 만들어진 길이가 고르지 않고 화살촉의 모양과 크기가 고르지 않아 반드시 가려내어 수리한 뒤에 쓸 수 있다.- 27부, -역시 난리를 겪은 뒤에 수습한 것인데, 더욱 상태가 나빠 쓸 수가 없다.- 새로 만들었으나 아직 화살촉을 붙이지 않은 것이 110부이다. -전임 유수 권우(權堣)가 재임 시에 만든 것이다.-

편전(片箭)……

집탈 2,610부 -이는 모두 난리를 겪은 뒤에 수습한 것인데, 만듦새가 좋지 않아 장전(長箭)과 다름이 없고, 또 대부분 화살촉이 커서 통아(筒兒)에 맞지 않으니, 모두 선별하여 별도로 수리한 뒤에 쓸 수 있다.-

개아(箇兒)……

집탈 176개 -이는 모두 난리를 겪은 뒤에 수습한 것인데, 쓸 수가 없다.-

조총(鳥銃) 674병(柄) 중 -606병은 덮개가 없어 집탈하였다.- 집탈 3병 -지난해에 군병이 사격을 연습할 때 파손되었다.-

추철(錐鐵) 317개(箇) -원래 수량이 부족하여 집탈하였다.-

이약통(耳藥桶) 집탈 2개 -파손되었다.-

피남라(皮南羅) 집탈 200부 -썩고 손상되어 사용할 수 없다.-

남아있는 소연환(小鉛丸)…… -수량에 맞다.-

원진천뢰(元震天雷) 집탈 91좌(坐) -철주(鐵柱), 철차정(鐵釵丁) 모두 없다.-

수철대완구(水鐵大椀口) 4좌 -탈이 없다. 기목(機木), 침목(枕木), 추철(錐鐵), 동차(童車), 철정(鐵丁), 추퇴(木槌), 사색(絲索), 예색(曳索), 약승(藥升), 토격승(土隔升), 격목(檄木)은 모두 미비하여 집탈하였다.-

수철현자포(水鐵玄字砲) 집탈 1좌 -파손되어 사용할 수 없다.-

수철별황자포(水鐵別黃字砲) 집탈 2좌 -족철(足鐵)이 없다.-

천자불랑기(天字拂狼機) 1좌 -자포(子砲)가 전혀 없어 집탈하였다.-

유호준포(鍮虎蹲砲) 집탈 1좌 -대철(帶鐵)이 파손되었다.-

삼혈통(三穴銃) 집탈 5병 -철정(鐵丁)이 미비되었다.-

남아 있는 화약(火藥)…… -수량이 맞으며 불길 역시 맹렬하다.-

환도(環刀)의 집탈…… -품질이 떨어지고 담금질이 되어 있지 않다.-

철갑(鐵甲)의 집탈…… -갑령(甲領)은 쥐가 쏠아서 손상되었다.-

수은갑(水銀甲) 집탈 1부, -앞뒤 옷자락이 쥐가 쏠아서 손상되었다.- 1부 -사방에 꿰맨 곳이 좀이 슬었다.-

철주(鐵胄)의 집탈(執頉)…… -이는 난리를 겪은 뒤에 수습한 것인데 파손되어 쓸 수 없기 때문에 영구히 쓸 수 없는 부류에 초록하였다.-

섬류황(石硫黃) 무면(無面) 20근(斤) -승천보(昇天堡) 전 별장 이경남(李敬男)이 빌려간 뒤에 바치지 않았다고 한다.-

제색기(諸色旗)…… -이상은 대나무를 갖추었고 탈이 없다.-

영원히 쓸 수 없는 물건 부류

철주(鐵冑) 33부 -난리를 겪은 뒤에 수습한 것인데 파손되었다.-

천자수철포(天字水鐵砲) 1좌 -실구멍〔線穴〕이 없다.-

소소별황자포 1좌 -파손되었다.-

피엽상(皮葉裳) 7부 -이상은 난리를 겪은 뒤에 수습한 것인데 영구히 파손되었다.-

월곶진(月串鎭)

흑각궁(黑角弓) 200장(張) 중에 -활과 활시위의 길이가 모두 서로 맞지 않다.- 집탈이 5장, -나뭇조각을 각(角)에 덧대어 먹을 칠한 것이 드러나 있다.- -몇 글자 빠짐-, 3장 -끝까지 당기자 저절로 부러졌다.-

장전(長箭) 300부 -전체 수량 안에서 깃이 파손된 것이 매우 많아 집탈하였다.-

개아(箇兒) 집탈 28개 -기울고 뒤집혀 쓸 수 없다.-

대조총(大鳥銃) 집탈 6병 -모두 침철(砧鐵)이 불량하다.-

추철(錐鐵)…… -모두 무디고 커서 이혈(耳穴)에 들어가지 않아 집탈하였다.-

기목(機木) ……

잣대목(毳大木) 12쌍(雙) -뾰족하고 작아 쓸 수 없어 집탈하였다.

소조총(小鳥銃) 집탈 1병 -화문(火門)에 덮개가 없다.-

17병 -철정(鐵丁)이 짧고 작아 구차히 채웠다.-

8병 -총갑(銃匣)에 못이 없어 줄로 묶어 점검을 받았다.-

39병 -침철(砧鐵)과 화문(火門)에 불량이 있다.-

이약통(耳藥桶)…… -파손되고 결함이 있어 사용하지 못하여 집탈하였다.-

방패선(防牌船) 1척 -신축년(1661, 현종2)에 제조한 것인데 길이와 넓이가 모두 기준에 맞는다.-

범석(帆席) 2건(件) -모두 파손되어 집탈하였다.-

제간(薺竿) 30개 중 -17개를 점검하지 못하여 집탈하였다.-

급수선(汲水船) 3척 삼나무 판자가 썩어 손상되어 집탈하였다.-

제물진(濟物鎭)

흑각궁(黑角弓) ……

목궁(木弓) 50장 -이상 활 몸통은 온전한 전부 자작나무 껍질을 바꾸고 활시위를 바꾸었으며, 활 손잡이도 모두 가죽을 바꾸었다.-

장전(長箭)……

편전(片箭) 100부 -이상은 장편전(長片箭)으로 모두 수리하였다.-

대조총(大鳥銃)[45]…… -통혈(筒穴)과 이혈(耳穴)을 모두 정련하였다.-

영기(令旗)…… -이 이하는 본진(本鎭)에서 새로 갖춘 것이다.-

용진진(龍津鎭)

소조총(小鳥銃)[46] 집탈 80병 -침철(砧鐵)에 불량이 있고, 장식이 정밀하지 못하다.-

현자지포(玄字紙砲) 10좌 중 5좌 -정유년(1657, 효종8)에 시험삼아 발사할 때에 파손되었다.-

방패선(防牌船) 1척 -고기를 잡는다고 본부(本府)에 보고하고 나갔으므로 점고를 받지 않았다.-[47]

45 대조총(大鳥銃) : 원문은 '大鳥銃'인데, 문맥에 의거하여 '銃'를 '銃'으로 바로잡아 번역하였다.

46 소조총(小鳥銃) : 원문은 '小鳥銃'인데, 문맥에 의거하여 '銃'를 '銃'으로 바로잡아 번역하였다.

47 고기를……않았다 : 원문은 본문으로 되어 있는데 문맥에 의거하여 본문 원주로 처리하였다.

소소진선(小小津船) 3척 중 -1척은 썩어서 파손되었고 나머지 집물(什物)[48]은 모두 탈이 없다.-

광성보(廣城堡)

편전(片箭) 100부 -간간이 깃이 파손된 것이 많아 집탈하였다.-

대조총(大鳥銃)[49] 142병 -전부 낮고 습한 곳에 보관하여 개혈(箇穴)과 이혈(耳穴)에 모두 녹물이 굳어서 막혔으므로 급박한 상황이 발생했을 때 사용하기 힘들어 집탈하였다. -

대완구(大碗口) 1좌 -양쪽 고리가 파손되어 집탈하였다.-

승천보(昇天堡)

흑각궁 집탈 9장 -나뭇조각을 각(角)에 덧대었고 만듦새 역시 좋지 않다.-

편전(片箭) 집탈 2부 -제조 상태가 몹시 좋지 않고 파손된 부분이 있다.-

대조총(大鳥銃)[50] 집탈(執頉) 1병 -장식이 파손되었다.-

천자포(天字砲) 1좌 -포구(砲口)가 파손되어 구멍이 있어서 집탈하였다. -

48 집물(什物) : 원문은 '汁物'인데 다수의 용례에 의거하여 '汁'을 '什'으로 바로잡아 번역하였다.

49 대조총(大鳥銃) : 원문은 '大鳥鋭'인데 문맥에 의거하여 '鋭'를 '銃'으로 바로잡아 번역하였다.

50 대조총(大鳥銃) : 원문은 '大鳥鋭'인데, 문맥에 의거하여 '鋭'를 '銃'으로 바로잡아 번역하였다.

철갑(鐵甲) 1부 -파손되어 영구히 사용할 수 없다.-

인화보(寅火堡)

소조총(小鳥銃)[51] 집탈 1병 -침철(砧鐵)이 부러졌다.-

1병 -통혈(筒穴)이 막혔다.-

염초 40근

삼혈통(三穴筒) 1병

나팔(喇叭) 1쌍 -염초 이하는 본보(本堡)에서 새로 마련한 것이다.-

51 소조총(小鳥銃) : 원문은 '小鳥鋭'인데, 문맥에 의거하여 '鋭'를 '銃'으로 바로잡아 번역하였다.

각 아문의 군기 점고에 대한 별단

各衙門軍器點考別單

신은 삼가 사목에 의거하여 강화부에 있는 각 아문의 군기를 역시 일일이 점검하여 아래와 같이 개록(開錄)[52]합니다.

군기시(軍器寺)

장전(長箭) 2,307부 18개 중에 사용 가능한 것이 2,296부 18개 -수리해야 할 것- 사용 불가능한 것이 11부 -탕척해야 할 것……-

위의 군기는 한결같이 본시(本寺)의 계사에 의거하여 신이 본시의 첨정 남수성(南壽星)과 함께 취사선택한 뒤에 각기 명목 아래에 수리할 것과 탕척할 것을 이처럼 분류하여 기록하고 이미 1건을 본시로 보내어 성상께 여쭈어 처리하도록 대비하였습니다.

훈련도감

화약(火藥)…… -수량대로 있고 품질이 좋다.-

화전(火箭) 집탈(執頉)…… -썩고 손상되어 쓸 수 없다.-

52 개록(開錄) : 장계(狀啓) 등 왕에게 올리는 문서의 말미에 보고 사항이나 의견 등을 열거하여 기록하는 것을 말한다.

총융청

화약…… -정해진 수량 안에서 각 해에 보내온 것을 간간이 찌를 뽑아 시험 삼아 불을 붙여 상태를 점검하였다.-

임인년(1662, 현종)에 보내온 2,000근은 품질이 좋아 쓸 수 있다.

정유년(1657, 효종8)과 무술년(1658, 효종9)에 보내온 10,064근은 세월이 오래되고 습기에 상하여 불길이 끓는 듯이 일어났다. -다시 빻은 뒤에 사용할 수 있다.-

신이 삼가 보니, 각 아문의 군기 중에 강화부에 있는 것은 해당 부(府)에서 비록 사람을 차임하여 맡아 지키게 하지만 애초에 관리하는 일이 없고 본 아문에서는 거리가 멀어 점검할 수가 없으니, 단지 중간에 붙어있는 물건일 뿐입니다. 이 때문에 화약을 수시로 말리지 못하여 습기에 상하기에 이르고, 화살 깃은 제 때에 수리하지 못하여 파손되어 떨어지기에 이르렀으니, 이는 형세상 그렇게 될 수밖에 없습니다. 그러나 지금 만일 전적으로 본부에 위임하여 스스로 담당하게 하면 본부에서 소유하고 있는 무기조차도 일일이 수리하지 못하는 상황이니, 다른 일에 신경 쓸 여력이 없을 듯합니다. 삼가 듣건대 군기시에 매년 관원을 보내어 화약을 말리는 법규가 있다고 하니, 다른 군문으로 하여금 이대로 매년 한 두 차례 관원을 보내어 화약을 말리고 보수하게 하여 때를 놓치지 않은 뒤에야 위급할 때 사용할 수 있을 것입니다. 이를 아울러 아뢰니다.

비변사에서 다음과 같이 복계하였다.

"강화부에 있는 군기시에서 관리하는 군기 중에 난리를 겪은 뒤에 수습한 것으로 세월이 오래되어 파손되어 쓸 수 없는 것은 지난번에 본시(本寺)에서 입계하여 낭관과 어사를 파견하여 함께 간택(看擇)하고 분류하여 성책(成冊)하여 왔습니다. 그러므로 그 성책에 의거하여 응당 탕척할 것은 탕척하고 수리할 수 있는 것은 수리해야 한다고 하였습니다. 훈련도감의 장편전(長片箭), 화전통(火箭筒), 화전죽(火箭竹) 가운데 탈이 있는 것도 해당 아문으로 하여금 수리하게 하며 무면(無面)의 수량 역시 보충하도록 하겠습니다. 훈국과 어영청 및 총융청도 군기시의 예에 따라 매년 관원을 보내 화약을 말리는 일을 각 아문으로 하여금 거행하게 하는 것이 어떻겠습니까?"

아뢴 대로 하라고 윤허하였다.

수영 소속 삼진의 전선과 군기의 점고에 대한 별단
水營所屬三鎭戰船軍器點考別單

신이 삼가 보건대 삼진이 비록 강화부 소속은 아니지만 이미 강화도 내에 있으니, 점검하여 살피는 일을 홀로 빠트려서는 안 됩니다. 그러므로 삼가 이미 장계를 올려 청하여 윤허를 받은 뒤에 역시 그 전선과 군기를 상세히 검열하고 나열해 기록하여 아룁니다.
……

이상의 각종 집탈(執頉)을 분류하여 뽑아내었습니다. -삼가 사목에 의거하여 해당 관원의 성명과 재임 시기를 조사해서 각각 집탈 아래에 붙입니다.-

덕포진(德浦鎭)
집탈(執頉)

화약(火藥)……
갖추지 못하였다. -이는 비록 성책(成冊)하고 현록(懸錄)하여 점고를 거른 것과 차이가 있지만, 응당 갖추어야 하는데 갖추지 못하였으니, 정해진 수량대로 갖추도록 요구해야 합니다. 그러므로 아울러 초록(抄錄)하니, 이하 두 진(鎭)도 이렇게 하였습니다.-

대포(大砲) 약승(藥升) ……
해당 첨사 권극용(權克用) -임인년(1662, 현종) 3월 3일에 부임하였다.-

철곶진(鐵串鎭)……

정포진(井浦鎭)……

덕포진은 군기의 집탈이 가장 적으니, 직임을 수행한 것으로 논하자면 두 진보다 조금 나은 편입니다. 그러나 신이 일을 마치고 출발할 때에 본진의 토병(土兵)이 연명으로 소장을 올려 첨사 권극용(權克用)이 군기를 수리하고 선박을 다시 만든 일을 성대히 칭찬한 것이 장황할 뿐 아니라, 또 임기가 만료되었다는 이유로 아뢰어 유임시켜 달라고 청하기까지 하였습니다. 이는 군기 중에 집탈한 것이 있기 때문에 죄의 책임을 물을 것이라 생각하여 토졸을 회유하여 칭송하게 한 것이니, 그 사람은 비록 질책하기 부족하나, 그 버릇이 참으로 몹시 가증스럽습니다. 변장(邊將)이 병졸들을 회유하여 자신을 칭송하게 하는 행태가 이미 근례에 폐단이 되었습니다. 지난 무술년(1658, 효종9)에 병조에서 영남 어사의 서계로 인하여 앞으로는 적발하여 죄상을 논하도록 계청하여 윤허를 받았으니, 해당 조로 하여금 조사하고 근거삼아 처치하게 하소서.

비변사에서 다음과 같이 복계하였다.

"별단을 살펴보니 덕포 첨사 권극용(權克用)은 군기에 탈이 있는 것이 가장 적으나 토졸이 칭송하는 소장을 올렸기 때문에 해당 조로 하여금 처치하도록 요청하였습니다. 그런데 권극용은 이번 전최(殿最)[53]에서 이미 폄제(貶題)를 받아 체직되었으니, 굳이 다시 죄를

53 전최(殿最) : 포폄(褒貶)을 말한다. 관원의 근무 실적을 정기적으로 평가하는 것

논할 필요가 없습니다. 철곶 첨사(鐵串僉使) 정진(鄭璡)은 탈을 잡힌 물건이 매우 많고 역시 이미 전최에서 하(下)를 받았으며, 정포 만호(井浦萬戶) 임성윤(任聖尹)은 먼저 추고하겠습니다. 삼진에 탈이 있거나 미비한 물건은 해당 도의 수사(水使)로 하여금 검열하여 정밀하게 갖추도록 하고 변장(邊將)의 물력으로 마련하지 못하는 경우에는 수영에서 보태어 주는 것이 마땅합니다. 이와 같은 뜻으로 분부하는 것이 어떻겠습니까?"

아뢴대로 하라고 윤허하였다.

으로 매년 6월과 12월에 행해졌다. 경관(京官)은 소속 관사의 당상관(堂上官)과 제조(提調) 및 소속 조(曹)의 당상관이, 외관(外官)은 관찰사(觀察使)와 절도사(節度使)가 실적을 평가하여 매년 6월 15일과 12월 15일까지 계본(啓本)을 올리도록 하였다. 경관은 만 30일, 외관은 만 50일의 임기를 채워야 평가 대상이 되었다. 전최 계본에는 해당 관원의 실적을 4자나 8자로 평가한 글〔題目〕과 그 평가에 따라 매긴 상·중·하 등급인 등제(等第)를 기록하였다.

강화부와 소속 각 진보의 군기의 집탈에 대한 별단

江華府及所屬各鎭堡軍器執頉別單

선척의 집탈을 아울러 붙임

신이 삼가 사목을 보니, 군기 중에 만일 집탈(執頉)이 있으면 재임 기간이 오래인데도 수리하지 않은 관원을 조사하여 아뢰라는 내용이 있었습니다. 신이 삼가 이에 의거하여 본부와 각 진보의 해당 관원을 조사해내고 아울러 그들의 재임기간을 각기 집탈한 항목 아래에 개록(開錄)하여 아룁니다.

본부(本府)

집탈(執頉)

-해당 유수(留守)와 도사(都事)-

-현재 유수(留守)와 도사(都事)-

신이 삼가 생각건대, 조정에서 처음으로 병신년(1656, 효종7) 부터 강화부에 도사 1명을 두어 군기를 전담하여 관장하게 하였는데, 이번 집탈한 내용 가운데 난리를 겪은 뒤에 수습한 장편전(長片箭)을 수리하지 않은 것과 총포 등 여러 도구 중에 파손되거나 미비한 물품들은 그 유래가 이미 오래되었으니, 근래의 관원에게 전적으로 책임을 물어서는 안 됩니다. 이전의 도사에 대해 참작하여 죄상을 논의하여 다른 사람들을 경계하지 않을 수 없을 듯합니다.

월곶진(月串鎭)……

신이 삼가 생각건대, 각 진에서 갖추지 못한 부류는 모두 본부에서 애초에 제대로 나누어 주지 않아 성책(成冊)이 없는 것입니다. 점고할 때에 비록 집탈한 일은 없었으나 집탈한 내용에 아울러 초록한 것은 본부로 하여금 지금부터 기준에 맞게 갖추도록 하여 빠뜨리지 않게 하기 위함입니다. 이는 무면(無面) 및 점고를 거른 부류와는 크게 다르니, 이것을 가지고 논죄할 수는 없을 듯합니다.

또 신이 삼가 보건대, 각 진보에 주선하여 일을 벌일 수 있는 재물이 전혀 없으니, 군기를 수리하지 못하는 것은 형세상 그럴 수밖에 없습니다. 그러나 역량이 미치는 대로 마음을 다해 직무를 수행한다면 빠른 시일 안에 어찌 효과를 보지 못하겠습니까. 다만 수량을 계산하고 보관할 줄만 알았을 뿐, 파손된 것이 있으면 즉시 고치지 않아 이런 상황에 이르렀으니, 그 버릇이 몹시 가증스럽습니다. 제물진 만호(濟物鎭萬戶) 김유정(金有鼎)만이 수많은 궁시(弓矢)를 일일이 수리하였으며, 조총(鳥銃)과 화기(火器)에 쓰이는 여러 도구들을 분류하여 정밀히 갖추어 모두 가지런히 정리해 놓았고, 총혈(銃穴)과 포혈(砲穴) 역시 모두 잘 정련해놓았으며, 기타 물건은 힘써 마련한 것이 많아 어느 정도 변진(邊鎭)의 모양새를 갖추었습니다. 그가 한 일을 보고서 다른 진에 물어보았는데, 초지진 만호(草芝鎭萬戶) 이신(李伸)이 각종 군기를 수리하여 탈이 없었습니다. 그 우열을 논하자면 비록 제물진에 미치지 못하는 듯하지만 부임한 지가 오래되지 않았는데도 이미 이렇게 잘 갖추어 놓았으니, 직무를 잘 수행하여 역시 몹시 가상합니다. 신이 감히 소견을 아울러 이렇게 아뢰니, 포상하고 장려하여 다른 사람을 권면하는 것이 합당할 듯합니다.

비변사에서 다음과 같이 복계하였다.

"강화부의 군기와 각종 물목 중에 탈이 있는 수량이 제법 많고, 응당 갖추어 놓아야 하는데 갖추지 못한 물건도 많으니, 이는 본부로 하여금 신속히 수리하고 마련하게 해야 합니다. 이른바 무면(無面)에 해당하는 물건은 무면이 된 사유를 상세히 살펴 죄를 줄 만한 사람은 죄를 주고 징수할 만한 물건은 징수하고, 별도로 사정이 있으며 아뢰어 처치하겠습니다. 영구히 쓸 수 없는 물건 중에 철물(鐵物)은 장부에 헛되이 남겨둘 필요가 없으니, 다른 무기를 수리하는데 옮겨 사용하도록 하고, 이밖에 난리를 겪은 뒤에 수습한 편전(片箭), 통아(筒兒), 지갑주(紙甲胄), 피엽상(皮葉裳) 등의 물건 중에 영구히 쓸 수 없는 것은 모두 탕척을 허락하는 것이 마땅합니다.

전 도사 민정(閔鼎)은 재임기간이 1년이니, 수리하지 않은 책임을 면하기가 어려우므로 먼저 추고하겠습니다. 유수 권우(權堣) 역시 점검하고 신칙하지 않은 잘못이 있으니 추고하겠습니다. 그 이전의 도사에 대해 논죄하는 일이 없을 수 없다고 하였으나 성명과 재임기간의 많고 적음을 드러내지 않았으니, 본부로 하여금 조사하여 아뢰게 한 뒤에 성상께 여쭈어 처리하겠습니다.

본부에 소속된 진보의 군기 중에는 탈이 있는 경우도 있고, 미비한 경우도 있으며, 무면(無面)이 된 경우도 있으니, 평상시에 내버려둔 정황이 매우 편치 않습니다. 전 월곶 첨사(月串僉使) 이유욱(李有彧)은 부임하고 체직된 날짜를 살펴보니, 재임기간이 석 달이었습니다. 현재의 첨사 남극성(南極星)은 도임한지 얼마 되지 않았으니, 우선 논죄하지 않겠습니다. 용진 만호(龍津萬戶) 이유정(李惟楨)은 먼저 추고하겠습니다. 광성보 별장(廣城堡別將) 황절(黃窃)은 대조총(大鳥銃)과 소조총(小鳥銃) 도합 240여 병(柄)을 전부 지대가 낮고 습한 곳에 방치하여 총혈(銃穴)과 이혈(耳穴)에 녹물이 굳어 막혀버렸다고 하였으니, 더욱 놀랄 만한 일입니다. 황절은 쌀을 허위로 기록하고 쌀과 벼가 섞인 쌀 따위의 일로 이미 의금부로 잡아다 형추하기를 청하였으니, 지금 이 죄상을 보태어 문목(問目)을 만들겠습니다. 승천보 별장(昇天堡別將) 한인좌(韓仁佐)와 인화보 별장(寅火堡別將) 유예립(柳禮立) 등은 역시 의금부로 잡아다 형추할 대상에 포함되어 있으니, 모두 황절의 예에 의거하여 문목에 보태 넣겠습니다.

어사의 서계에서 '각 진의 미비한 물건은 모두 본부에서 애초에 나누어주지 않아 성책이 없는 것입니다.'라고 하였는데, 과연 사용해야 할 때에 빠뜨릴 수 없는 물건이라면 해당 진에서 제조하도록 요청하지 않은 것과 본부에서 염두에 두지 않은 것은 모두 부당한 처사입니다. 지금 이후로는 본부의 모조(耗條)[54]에서 재물을 찾아 지급하여 미비한 물건이 없도록 하고, 부서져 탈이 있는 경우에는 파손 되는대로 즉시 고치게 하겠습니다. 제물진 만호 김유정과 초지진 만호 이신 등은 비록 미비한 몇 종류가 있으나, 본부에서 애초에 나누어 주지 않았으니 원래 그들의 죄가 아닙니다. 어사가 칭찬하는

54 모조(耗條) : 원문은 '某條'인데, 문맥에 의거하여 '某'를 '耗'로 바로잡아 번역하였다.

말이 제법 있었으니, 해당 조로 하여금 참작하여 포상을 논의하게 하는 것이 어떻겠습니까?"

아뢴 대로 하라고 윤허하였다. -병조의 복계로 인하여 김유정에게는 표리(表裏)[55] 1습(襲)을 하사하고, 이신에게는 아마(兒馬) 1필을 하사하라고 판하하였다.-

55 표리(表裏) : 옷 한 벌을 지을 수 있는 겉감과 안감을 말한다.

강화부의 잡물을 점고하고 올린 별단
江華府雜物點考別單

신이 삼가 사목을 보건대 각종 군수품의 수량을 세어 자세히 살피라는 말이 있었습니다. 비변사에 문의하니, 부(釜)와 정(鼎) 같은 철물(鐵物)이 그 속에 포함되어 있다고 하기에 하나하나 점검하여 등급을 나누어 아룁니다.

…….

비변사에서 다음과 같이 복계하였다.

"강화부에 있는 각종 철물은 모두 본사(本司)에서 살펴보고 마련해 보내어 보관하게 하였으니, 의도가 있습니다. 그런데 지금 어사가 점고하고 올린 별단을 보건대 부(釜)와 정(鼎)과 같은 물건의 경우에는 파손되어 쓸 수 없는 것이 많아 일이 매우 편치 못하다고 하였으며, 가라광이(加羅廣耳), 소시랑(小施郎), 가라병목(加羅柄木) 등과 부겸자(釜鎌子)는 무면(無面)이 매우 많다고 하니, 더욱 놀랍습니다. 본부로 하여금 해당 관원을 적발하여 아뢰게 하고 담당자의 죄를 논하여 엄하게 죄를 다스려 하나하나 생징(生徵)[56]한 뒤에 본사에 보고하라는 뜻으로 분부하는 것이 어떻겠습니까?"

아뢴 대로 하라고 윤허하였다.

56 생징(生徵) : 세금을 물어야 할 이유가 없는 사람에게 억지로 세금을 거두는 일인데 백징(白徵)이라고도 한다.

또 올린 장계 3월

又狀啓 三月

군량의 회계 장부에 기록된 무술년(1658, 효종9) 묵은 콩〔陳太〕의 원래 수량은 5,934섬인데, 본부의 문서를 가져다 보니 그 중에 축이 난 수량이 또 95섬입니다. 이른바 '묵은 콩'은 과거에 전하는 말을 들어보니, 어떤 사람은 쓸 수 있다고 하고, 어떤 사람은 쓸 수 없다고 하였는데, 지금 신이 직접 살펴보니 조금 나은 것은 빛깔과 맛이 변하였지만 그래도 메주〔末醬〕를 만드는 데 쓰기에 적합합니다. 그러나 부패한 것은 결코 쓸 수가 없습니다. 그러나 품질이 좋은 것 중에 부패한 것도 있고 부패한 것 중에 조금 나은 것도 있어 서로 뒤섞여 분간하기가 어렵습니다. 지금 유수 조복양(趙復陽)의 말을 들어보니, 지난번 인견하였을 때에 제방을 쌓는 비용에 보태 쓰도록 계청하여 이미 윤허를 받았다고 합니다. 이는 본부로 하여금 곧바로 가져다 쓰게 해야 하니, 굳이 수량을 헤아려 다시 계량할 필요는 없기에 그 연유를 치계합니다.

경상 우도 어사로 나갔을 때의 별단[57]

慶尙右道御史時別單

신이 4월 18일에 대행대왕(大行大王)[58]에게 명을 받아 경상우도를 염찰(廉察)하였습니다. 이번 달 11일에 진해현(鎭海縣) 경내에 이르러 시골 마을을 출입할 때에 갑자기 대행대왕께서 승하하셨다는 소식을 듣고는 현관(縣官)으로 달려 들어가 북쪽을 바라보며 통곡하였으니, 오장(五臟)이 찢어지는 듯하며 타는 듯하였습니다. 정신이 없던 와중에 중대한 명을 받은 것을 생각할 겨를이 없어 곧장 빈전(殯殿) 아래로 달려가 통곡하고 울부짖으며 신하로서 망극한 마음을 펴고자 하였습니다. 그날로 길을 나서서 밤낮으로 속히 말을 달렸으나 중간에 강에 가로막혀 6일이 지나서야[59] 비로소 대궐에 도착하였는데, 궁검(弓劍)[60]은 이미 멀어져 뒤따르려 해도 미칠 수가 없었으니, 하늘이 끝나도록 1자 빠짐 지극한 고통이 어찌 끝이 있겠습니까.

57 경상……별단 : 이 글은 민유중이 1659년(효종10)에 경상 우도 어사로 나갔을 때 올린 별단이다.

58 대행대왕(大行大王) : 효종(孝宗)을 말한다. 민유중은 1659년(효종10)에 경상우도 어사로 나갔다가 도중에 효종의 승하 소식을 들었다.

59 6일이 지나서야 : 원문은 '兄六日'인데, 본서 권7의〈경상우도어사시별단(慶尙右道御史時別單)〉에 의거하여 '兄'을 '凡'으로 바로잡아 번역하였다.

60 궁검(弓劍) : 활과 검으로, 임금의 죽음을 뜻한다. 여기서는 효종의 승하를 말한다. 황제(黃帝)가 형산(荊山) 아래에서 솥〔鼎〕을 주조하여 완성하자 하늘에서 용이 내려와 황제를 태우고 승천하였는데, 이때 신하들이 용의 수염을 부여잡고 매달리니, 수염이 뽑혀 떨어지면서 황제의 활과 칼도 함께 떨어졌다.《史記 卷28 封禪書》

그리고 삼가 생각건대 신이 받은 봉서(封書)에 수령과 변장(邊將) 및 주사(舟師)등의 일을 염찰하여 아뢰라는 명이 있었습니다. 신이 이미 들른 곳은 겨우[61] 열 한 개 고을인데, 이외에 세 고을과 다른 여러 건의 일은 모두 살필 겨를이 없었습니다. 갑자기 대행대왕의 승하 소식을 듣고 허둥지둥 달려가 곡을 하느라 맡은 일을 마치지 못하여 복명(復命)할 수가 없으니, 신의 마음이 편치 못할 뿐만이 아닙니다.

또 듣기로 대관(臺官)이 이미 여러 도의 어사가 모두 일을 마치게 하도록 청하였더니, 윤허하는 전지가 내려졌다고 합니다. 신은 명을 저버리고 지레 돌아왔으니, 무거운 처벌을 받아야 마땅합니다. 그러나 이미 방문했던 곳은 감히 내버려두고 아뢰지 않을 수 없기에 삼가 이렇게 베껴 써서 올립니다. 받은 봉서(封書)는 미처 다 봉행하지 못한 사항이 있으니, 의리상 사적으로 지니고 있을 수도 없지만 역시 감히 경솔하게 도로 바칠 수도 없습니다. 신이 삼가 스스로 봉서를 잘 간직하여[62] 우러러 지시를 기다리니, 혹여 다시 가서 어사의 임무를 마치도록 허락해주시는 것이[63] 역시 신의 간절한 바람입니다. 신은 슬픔에 눈물을 흘리고 두려움에 떨며 죄를 기다리는 지극한 마음을 견딜 수가 없습니다.

61 겨우 : 원문은 '謹'인데, 본서 권7의〈경상우도어사시별단(慶尙右道御史時別單)〉에 의거하여 '謹'을 '僅'으로 바로잡아 번역하였다.

62 잘 간직하여 : 원문은 '莊緘'인데, 본서 권7의 경상우도어사시별단(慶尙右道御史時別單)〉에 의거하여 '莊'을 '藏'으로 바로잡아 번역하였다.

63 허락해주시는 것이 : 원문에는 '評'인데, 본서 권7의 경상우도어사시별단(慶尙右道御史時別單)〉에 의거하여 '評'을 '許'로 바로잡아 번역하였다.

수령에 대한 염문

찌를 뽑은[64] 열 네 곳의 고을 안에서 이미 방문한 곳이 열 한 고을이며, 아직 방문하지 못한 곳은 창원(昌原), 웅천(熊川), 김해(金海) 세 고을입니다.

문경 현감(聞慶縣監) 김후(金垕)

고을이 도로변에 위치하여 모든 일을 두려워하고 삼가서 정무에 결점이 없었으며, 또 백성들을 돕고 부역을 줄여준 일이 있습니다. 다만 구황책을 미리 요량하지 창고의 곡식과 사채의 수량이 많지 않았습니다. 그러므로 구휼하여 빌려줄 때에 부족하여 두루 빌려주지 못하였습니다.

현(縣)의 어떤 곤궁한 백성이 처음에 몇 말의 환곡을 받고서 그 후에 다시 요청하였는데, 이전에 받았다는 핑계로 다시 지급을 허락하지 않았습니다. 그는 의지하여 살아갈 방도가 없어 다른 사람에게 말하기를 "살아서 굶주림을 참는 것은 죽어서 편안한 것만 못하다."라고 하고 스스로 목을 매어 죽었습니다. 김후가 그 소식을 듣고는 놀라 비로소 자주 환곡을 내주었는데, 또 눈앞에서 균등하게 나누어 각기 지급하지 않고 단지 몇 명을 정하여 1섬을 모두 지급하고는 그들로 하여금 사적으로 나누게 하였습니다. 때문에 관아의 문을 나서자마자 각자 다투어 교활하고 힘이 있는 자가 모두 차지하고, 어리석고 힘이 없는 자는 빼앗기고 말았다고 합니다. 또 다른 도의 유랑하고 걸식하는 백성을 함께 구제하지 않았습니다.

64 찌를 뽑은 : 원문은 '抽往'인데, 문맥에 의거하여 '往'을 '柱'으로 바로잡아 번역하였다.

전 상주 목사(尙州牧使) 박장원(朴長遠)

재주는 번거로운 일을 처리하기에 충분하고 정무를 볼 때 백성을 아끼는 일을 숭상하여 편의에 따라 부역을 줄여주었으며, 백성들을 돌보는데 몹시 부지런하여 비록 흉년을 만났지만 백성이 소생할 수 있었습니다. 토호들을 제어하고 이서(吏胥)들을 엄히 단속하여 폐단을 일으키지 않도록 하니, 마을에서 관청의 차사(差使)를 보는 일이 드물어 온 경내에서 칭송하고, 목사에서 물러나 떠난 뒤에도 백성들이 몹시 그리워하며 심지어 '흉년에 훌륭한 수령을 잃었으니, 무슨 수로 도움을 받는단 말인가.'라고 하였습니다. 부유한 백성들에게 사채를 많이 빌려서 경내의 굶주린 백성들을 뽑아 일일이 구휼해주었으며, 양호(兩湖)의 백성으로 와서 구걸하는 자 역시 양식을 지급해주어 구제하여 살려준 사람이 제법 많다고 합니다. 새로 제수된 목사 최문식(崔文湜)은 현재 아직 부임지에 도착하지 않았습니다.

개령 현감(開寧縣監) 허육(許稑)

정무에 비록 서툴지만 일처리가 상세하여 관아의 비용을 절약하여 백성들의 부역을 돕고, 흉년에 백성들을 구휼하는 일을 미리 준비하였습니다. 지난해 겨울 향임(鄕任)을 뽑아 보내어 경내의 품관(品官)과 백성을 타일러 조금 살림이 넉넉한 집에서 사곡(私穀)을 거두어 모아 관아로 옮겨 두었다가 봄과 여름에 이르러 굶주린 백성을 뽑아 이것으로 구휼하였습니다. 또 백성들의 재산의 궁핍한 정도를 분별하고 완급을 헤아려, 환곡으로 진휼하는 일이 적절하였습니다. 이미 지나치거나 거짓된 폐단이 없고 제법 착실한 효과가 있으며, 다른 도의 유랑하는 백성들 역시 구제하였습니다.

성주 목사(星州牧使) 이두양(李斗陽)

관리의 사무에 노련하여 판결을 가장 잘하지만, 병이 있고 게을러 관청에 있으면서 관청일을 부지런히 하지 않아 고을 백성들이 그의 얼굴을 보는 일이 드물고, 하리(下吏)가 이로 인해 폐단을 만듭니다. 부임지로 데리고 온 가족이 몹시 많고, 제공하는 물건도 너무 많아 비용을 절약하지 않는다는 말이 있습니다.

본관(本官)에서 도성으로 납입하는 공물가(貢物價)는 지난 가을과 올해 봄에 모두 경인(京人)이 방납(防納)[65]하도록 허락하였는데, 그 사람이 고을로 내려와 받아가는 목품(木品 면포의 품질)이 이전에 비해 더 촘촘하였습니다. 올해에 비록 대동포 1필을 줄여주었지만, 백성들은 은혜를 모르고 도리어 원망합니다. 본읍(本邑)은 지난해에 제법 곡식이 여물어 경내에 굶주리는 백성들의 수가 적어 긴박하게 구휼정책을 시행할 일이 달리 없었습니다. 그런데 양호(兩湖)의 유랑하는 백성들 중에 먼저 도착한 자들은 성책(成冊)하여 진휼하고, 뒤에 도착한 자들은 추가로 들이기를 허락하지 않았으니, 조정에서 신칙한 본뜻에 어긋납니다.

고령 현감(高靈縣監) 이당규(李堂揆)

정무에 자상하고 자신을 청렴하고 깨끗하게 단속하며, 요역을 많이

65 방납(防納) : 지방 관아의 상납 공물에 대해 중앙 각 관사의 서리 등이 여러 가지 구실을 달아 점퇴(點退)한 다음, 그 공납 의무의 대행을 통해 이익을 취하는 행위. 방납이 이루어지는 배경으로는 공물 수납을 담당했던 서리 및 노복들 대부분에게 급료가 지급되지 않았으므로 방납을 통해 이익을 취할 수밖에 없었던 점 외에도 중앙 각 관사의 운영비 중 일부를 공물 수납의 과정에서 확보해야 했던 상황이 존재했다.

줄여주어 백성을 쉬게 하여 잘 다스린다는 소문이 퍼져 인근 고을에서 으뜸입니다. 본읍은 지난해에 제법 곡식이 여물어 경내에 굶주리는 백성들의 수가 적어 긴박하게 구휼정책을 시행할 일이 달리 없었습니다. 그런데 양호의 유랑하는 백성들 중에 먼저 도착한 자들은 성책하여 진휼하고, 뒤에 도착한 자들은 추가로 들이기를 허락하지 않았으니, 조정에서 신칙한 본뜻에 어긋납니다.

합천 군수(陜川郡守) 김곡(金穀)

그의 정치를 보면 비록 일을 잘 처리하는 듯하지만 평소에 하는 일은 모두 공무를 빙자하여 사익을 취하여 재물을 불리는 것입니다. 경내에 본래 철을 생산하는 곳이 있으므로 갖가지 방법으로 거두어들여 각 점(店)에 나누어 주고 그들로 하여금 제련하여 들이게 하였는데, 사철(沙鐵) 1말에 연철(鍊鐵) 3근을 강제로 거두어 들이니, 각 점에서 고충을 견딜 수가 없습니다. 각종 철물(鐵物)과 마철(馬鐵)을 많이 만들어 대동청(大同廳)[66]에 맡겨 매매하여 무명[木]으로 바꾸고 "민역(民役)에 보탠다."라고 하였으나 역시 관아로 많이 들여 사적인 용도로 썼습니다.

또 관가에서 소를 사서 도살하고 관청의 색리(色吏)로 하여금 관장하게 하여 아침저녁 반찬으로 올리게 하는 이외에 날마다 매매하여

66 대동청(大同廳) : 선혜청(宣惠廳)의 예속기관으로 1608년 경기대동사(京畿大同事)를 관장하기 위하여 경기청(京畿廳)을 신설한 것이 그 시초이다. 이후 경기청은 선혜청에 통합되었으며, 대동법 실시가 확대됨에 따라 강원대동청, 호서대동청, 호남대동청, 영남대동청, 해서대동청이 설립되었다.

오로지 사적인 용도로 썼습니다. 관아에 머물고 있는 가솔들이 아주 많아 한 달에 요미(料米)가 많게는 8~9섬에 이르며, 관둔전(官屯田)을 백성들이 세금을 납부하고 경작하도록 허락하였고, 전례에 이른바 '제초군(除草軍)'을 그대로 두고 혁파하지 않고서 가미(價米)[67]를 거두어 사용하였습니다.

또 부임지에 도착한 지 이틀이 지나 객사에 화재가 발생하자 즉시 다시 건립하였는데, 재목을 운송할 때가 바로 가을 추수를 앞두고 있던 시기였는데도 백성들로 하여금 길에 접해 있는 곳의 벼를 먼저 베도록 하였습니다. 백성들이 즉시 벼를 베지 않자, 명령을 따르지 않는다고 분노하여 곧바로 재목을 옮기게 하니, 벼가 많이 상했습니다.

민정(民丁)을 모두 징발하여 5일간 부역을 시키고, 서로 명목을 바꾸어 일곱 차례나 순번을 돌게 하였습니다. 가을보리를 파종할 때와 봄에 씨를 뿌릴 때 모두 백성들이 농사에 힘쓰지 못하도록 하여 온 경내에서 원망과 비방이 들끓고 있습니다.

장인의 양미(糧米)로 8결(結)마다 쌀 4말을 징수하였습니다. 화속전(火粟田)[68]에서 베〔布〕를 거두는 법규는 이전에는 30부(負)에 1필(匹)인 경우도 있고, 20부에 1필인 경우도 있었는데, 지금은 16부마다 1필을 거두되 반드시 좋은 무명〔木〕으로 골랐습니다. 본읍에서 여러

67 가미(價米) : 공물(貢物) 등의 물품이나 공역(公役) 등의 값으로 대신 거두거나 지급하는 쌀로, 대동법 시행 후 지방에서 공물 대신 그것을 살 수 있는 값〔價米〕을 백성에게 거두어 해당 관청에 바치면 해당 관청에서 공인(貢人)을 선정해서 그 값, 곧 가미를 주어 물건 구입을 담당하게 하였다.

68 화속전(火粟田) : 토질이 좋지 않아 해마다 농사 짓지 못하고 묵혔다 지었다 하는 화전(火田)을 말한다.

해 동안 거두어들이지 못한 각종 관곡(官穀)을 일시에 모두 다 거두어들이되, 거두어들이는 사이에 반드시 1섬마다 낙정미(落庭米)[69] 2말 또는 1말을 얻은 뒤에야 비로소 거두기를 허락하였습니다. 때문에 얻은 낙정미와 콩, 잡곡을 통틀어 계산하면 거의 2,000석에 이르는데, 600석을 대동청에 지급하여 무명〔木〕으로 바꾸어 민역(民役)에 보태고, 또 100여 섬을 장인(匠人)의 요식(料食)으로 삼았는데, 나머지는 쓴 곳을 알 수 없습니다. 이 때문에 청렴하지 못하다는 이야기가 더욱 많습니다.

지난해에는 본읍에 제법 곡식이 여물어 별도로 굶주린 백성들을 긴급히 구휼할 일이 없었는데, 다른 도의 유랑하는 백성들을 찾아서 구제하지 않았습니다.

진주 목사(晉州牧使) 정기풍(鄭基豐)

정치가 몹시 공평하고 큰 흠이 없으나 비용을 절약하지 않아 자신의 봉양을 풍족하고 사치스럽게 하며, 손부(孫婦)를 부임지에 함부로 데리고 와서 국법을 어겼습니다. 연회를 즐겨 때를 가리지 않고 즐거운 자리를 마련하며, 정월의 명절에 술과 음식을 마련하여 영장(營將)에게 제공하려고 하였는데, 안주가 소략하다는 이유로 관청의 감관을 심하게 곤장 쳐서 목숨을 잃게 만들기까지 하였습니다. 지난해 병영에 바친 호피(虎皮)와 올해 봄 경사(京司)에 바친 공물 중에 기름과 꿀등의 물품은 모두 경인(京人)에게 방납(防納)하도록 허락하였습니다.

69 낙정미(落庭米) : 세곡 또는 환곡 등을 마질할 때 땅에 떨어지는 것을 보충하기 위한 쌀을 의미하는데, 이 명목으로 관행된 세목(稅目)이다.

본읍에 제법 곡식이 여물어 비록 굶주린 백성들을 긴급히 구휼할 일이 없었으나, 호남의 굶주린 백성이 유랑하다가 경내에 이르러 굶주림으로 병들어 죽은 자가 두 사람이라고 하니, 백성들을 찾아서 구제하지 않았다는 사실을 여기에서 알 수 있습니다.

곤양 군수(昆陽郡守) 이상성(李相成)

부임한 뒤로 관청 일에 마음을 다하고 비용을 절약하여[70] 모두 백성들의 부역에 보태주고, 모든 폐단에 관련된 일들을 편의에 따라 줄여주고 제거하니, 아전과 백성이 모두 편하게 여깁니다. 본읍은 바닷가에 위치하고 있는데 여러 차례 적임자가 아닌 수령을 거치면서 종전에 규정된 이외의 징수와 불법적인 일이 끝이 없었습니다. 그런데 이 수령이 부임한 뒤로는 민간에서 요역의 고충을 모르고, 잘 다스린다는 소문이 파다하게 퍼져 이웃 고을의 으뜸입니다. 지난해에는 본읍에 제법 곡식이 여물어 별도로 굶주린 백성들을 긴급히 구휼할 일이 없었으나 다른 도의 유랑하는 백성들을 찾아 구제하지 않았습니다.

하동 현감(河東縣監) 이현(李玹)

정사를 하는데 분명하고 자신의 봉양을 간략히 하여 온 경내에 소요가 없으며, 제법 칭송하는 소문이 있습니다. 지난해에는 본읍에 제법 곡식이 여물어 별도로 굶주린 백성들을 긴급히 구휼할 일이 없었으나, 다른 도의 유랑하는 백성들을 찾아 구제하지 않았습니다.

70 절약하여 : 원문은 '樽節'인데 문맥에 의거하여 '樽'을 '撙'으로 바로잡아 번역하였다.

고성 현령(固城縣令) 김지성(金之聲)

부임한 기간이 얼마 되지 않아 들리는 치적이 없습니다. 품관(品官)과 하리(下吏)를 엄히 단속하여 폐단을 일으키는 습속을 개혁하려고 하였지만, 굳세고 명석함이 모자라 그 요체를 얻지 못하였습니다. 본읍은 지난해에 제법 곡식이 여물어 별도로 굶주린 백성들을 긴급히 구휼할 일이 없었으나 다른 도의 유랑하는 백성들을 찾아서 구제하지 않았습니다.

진해 현감(鎭海縣監) 심경망(沈景望)

하는 일 없이 자리만 지키며 어느 하나 거행한 일이 없습니다. 민간의 폐단은 전혀 모르고, 하리(下吏)와 친하게 지내어 업신여김을 받습니다. 변방은 가족을 데리고 갈 수 없는 곳인데, 공공연히 어머니와 처를 데리고 왔으니, 법을 어기는 데 꺼림이 없습니다. 본읍은 지난해에 제법 곡식이 여물어 별도로 굶주린 백성들을 긴급히 구휼할 일이 없었으나, 다른 도의 유랑하는 백성들을 찾아서 구제하지 않았습니다.

수행원의 많고 적음과 공봉(供奉)의 풍족함과 검소함 두 조목에 대해서는 이를 위반한 수령을 각 고을 아래에 이미 기록하였습니다. 감영은 경상좌도에 있기 때문에 평상시 수행원과 공봉에 대해서는 들을 길이 없었습니다만, 올해 봄에 각 고을을 순행할 때에 군대의 위용과 수행원 및 주방에서 제공하는 음식은 한결같이 일상적인 예를 따르고 별도로 줄인 일이 없었다고 합니다.

병사 홍순민(洪舜民)은 공봉이 풍족하고 사치스러워 한 번 식사를 할 때 반드시 상을 세 개나 펼쳐놓아 음식이 너무 많으며, 주연(酒讌)

을 좋아하여 날마다 풍악을 즐깁니다. 또 영하(營下)에서 번을 서는 진무(鎭撫)와 토병(土兵)에게 장사할 밑천을 나누어주어 이익을 남기고 자신의 배를 불리는 용도로 삼으니, 아랫사람들이 그 고충을 견디지 못하여 원망과 비방이 자자하니, 모두 무변(武弁) 중에 탐욕스럽고 인색하기로는 이 사람보다 심한 사람이 없다고 합니다. 파직을 당한 후에도 재차 사재(私財)를 먼저 운반한 것이 모두 20바리나 된다고 합니다.

염문별록(廉問別錄)

신이 조사했던 수령이 잘 다스리는지 여부를 삼가 위에다 개록(開錄)하고, 다시 봉서(封書)에 있는 여러 건의 사목을 따라 염탐하여 알아낸 사실과 여타 보고 들은 일들 가운데 민생의 폐단과 나랏일에 관계된 것을 역시 모두 아래와 같이 조목별로 열거하여 예람에 대비합니다.

1. 지난해에 흉년이 들었는데, 경상우도는 상주가 가장 심했고, 문경(聞慶), 함창(咸昌), 금산(金山)이 그 다음입니다. 개령(開寧)은 농사를 망치는데 이르지는 않았고, 성주(星州)는 절반은 농사를 망쳤고, 절반은 제법 곡식이 여물었습니다. 고령(高靈), 합천(陜川), 진주(晉州), 곤양(昆陽), 하동(河東), 고성(固城), 진해(鎭海) 등의 고을은 전혀 재해를 입지 않았기 때문에 민간에 궁핍한 근심은 전혀 없습니다. 상주와 문경의 백성들은 오로지 소나무 속껍질과 들판의 채소를 식량으로 삼아 겨우 맥추(麥秋)[71]에 이르렀으나, 앞으로 6~7월 사이에는 실로 살아갈 길이 없습니다. 관청에서 빌려주는 환곡은 이

미 다하여 남은 것이 없으니, 본도의 감사로 하여금 다양한 방법으로 조처하여 구제하는 방책으로 삼지 않으면 안 됩니다. 그렇지 않으면 갑자기 굶주리는 급박한 상황이 닥쳐 그들이 죽는 광경을 가만히 서서 보게 될 것이니, 조정에서 비록 수령을 엄하게 처벌한다 해도 역시 방법이 없을 것입니다.

1. 국가의 곡식 이외에 관청이 저장한 곡식을 백성에게 지급하여 이자를 취하는 것은 각 고을의 동일한 폐단입니다. 다만 각 고을에서 환곡을 내줄 때 국가의 곡식과 관청의 곡식을 따지지 않고 통틀어 함께 지급하기 때문에 그것을 받아먹는 백성들은 그 사이에서 분별을 할 수 없으니, 이로 인해 방문했을 때에 적발하기가 참으로 어려웠습니다. 그러나 이자를 취하는 것은 10분의 1을 거두는 환곡의 규정을 한결같이 따르는데, 장리(長利)[72]로 3분의 1을 받는 일이 있다고 들었습니다.[73] 다만 듣기로 진주는 전부터 관청에서 쓰는 모곡(耗穀)이 있어 해마다 조적(糶糴)하는데, 그 수가 이미 만여 섬에 이른다고 합니다. 이는 회외(會外)의 물건으로 전적으로 본관의 사적인 용도이니, 혁파하는 일이 있어야 할 듯합니다.

1. 농사 형지(農事形止)[74]는 비변사에서 이전에 이미 행회(行會)하여

71 맥추(麥秋) : 보리가 익는 계절이라는 말로, 음력 4, 5월을 가리킨다.

72 장리(長利) : 꾸어 준 돈이나 곡식의 이자를 받을 때 일 년에 본 곡식의 절반이나 되는 이자를 붙이는 변리를 말한다.

73 들었습니다 : 원문은 '永聞'인데 '永'은 문맥이 통하지 않으므로 번역하지 않았다.

수령으로 하여금 직접 전야(田野)를 순시하여 농사를 권유하게 하였습니다. 그런데 신이 살펴본 열 한 곳의 고을은 직접 순시하여 농사를 권장하지 않았을 뿐 아니라, 역시 이런 뜻을 민간에 알리지 않았고, 오직 상주 목사(尙州牧使) 박장원(朴長遠) 만이 각 면(面)에 문서를 보냈을 뿐입니다. 그러나 영남의 풍속은 본래 생업에 힘쓰기 때문에 작은 땅이라도 경작하고 개간하지 않은 곳이 없으니, 신이 오가면서 황폐한 곳을 보지 못하였습니다.

1. 환과고독(鰥寡孤獨)[75]에게 음식물을 내려주라는 명은 조정에서 특별히 진휼하는 지극한 뜻입니다. 당초에 수령이 뽑아내어 성책(成冊)하고 감사에게 보고하였는데, 감사는 이러한 부류가 뒤섞이기 쉽고 또 음식물을 마련하기가 어렵다고 여겨 여러 차례 각 관청으로 하여금 그 수량을 줄이도록 하여 반드시 한 사람이 네 가지의 궁핍한 실상을 겸한 뒤라야 지급해주도록 허락하였습니다. 이로 인해 각 고을에서는 많아도 10여 명을 넘지 않고 적게는 6~7명 또는 4~5명에 그쳤습니다.

신이 방문한 열 한 곳의 고을 중에 상주, 개령, 고령, 하동만이 명을 내린대로 거행하였으며, 곤양도 거행하기는 하였으나, 다만 이미 성책을 올리고도 음식물을 지급하지 않은 사람이 3명이었습니다. 진주는

74 농사 형지(農事形止) : 농사의 진행 상황 또는 작황을 말한다. 지방관은 농사가 시작되는 춘분에서 추분 사이에 대체로 열흘 간격으로 농형을 보고하였다.

75 환과고독(鰥寡孤獨) : 예로부터 곤궁한 백성을 대표하는 네 가지로 홀아비, 과부, 고아, 자식 없는 늙은이이다.

환과고독을 놓아두고 노인과 병든 사람만 뽑아 한 차례 구휼했을 뿐입니다. 문경, 성주, 합천, 고성, 진해는 민간에서 조정이 환과고독에게 음식물을 지급하라는 명을 내렸는지 전혀 모르고 있었습니다.

1. 여러 궁가(宮家)의 원당(願堂)[76]으로는 문경에 사찰 한 곳이 있습니다. -양산사(涼山寺)이다.- 이전부터 본관에서 상납하는 종이와 관계된 것은 모두 이곳에서 가져다 마련하였습니다. 지난해에는 부마(駙馬)의 궁노(宮奴)가 원당이라고 말하면서 백금지(白錦紙) 3백 권을 징수하여 가지고 갔습니다. 상주에는 두 곳의 사찰이 있는데, 한 곳은 -대승사(大升寺)이다.- 청평위(靑平尉 심익현(沈益顯)) 집안에서 원당이라고 하면서 승려들을 비호하여 본관(本官)으로 하여금 종이를 만드는 일을 책임지우지 못하도록 하였습니다. 한 곳은 -관음사(觀音寺)이다.- 역시 지난해에 궁가(宮家)로 들어가 본관에 소속되어 일을 하지 않습니다. 이제부터 각 관청에서 상납하는 종이를 장차 마련해 낼 수가 없으니, 형세상 피해가 백성에게 미치게 될 것입니다.

1. 원당의 폐단은 관가(官家) 뿐만이 아닙니다. 감영, 병영, 통영, 수영 등 여러 영(營)에서 각각 원당을 점유하고 있어 그 사찰에서 바치는 종이와 짚신을 본관에서 거두어 쓰도록 허락하지 않고, 각기 영문(營門)에서 수거해갑니다. 아래로 향소(鄕所)에 이르러서도 사적으로 사찰을 점유하고, 또 철점(鐵店)과 옹점(甕店) 및 다른 여러 점

76 원당(願堂) : 죽은 사람의 영정과 위패를 모시고 명복을 기원하던 일종의 법당(法堂)을 말한다.

(店) 역시 모두 통영과 병영에 소속되어 있기 때문에 본관에서는 감히 호령할 수가 없으며, 도리어 공가(公家)에 속한 것과 같습니다. 사사로운 통로가 너무 많아 투속(投屬)한 경우가 많으니, 세세한 일은 이루 다 말할 수가 없습니다. 이와 같은 폐단은 한 차례 조사하여 혁파하는 일이 있어야 할 듯합니다.

1. 양호의 굶주린 백성들 중에 영남에서 유랑하며 구걸하는 자의 수가 매우 많습니다. 상주 등 몇 고을의 수령 이외에 그 나머지 각 관청에서는 무관심하게 보고서 구제하려 하지 않습니다. 때문에 그들은 동서를 떠돌며 머물 곳이 없어 이삭을 줍고 풀을 먹으니, 곳곳이 다 그러한 실정입니다. 곤양과 진주의 경내로 말하자면 이미 소와 말을 훔친 일이 발생하여 도처에서 붙잡히고 있습니다. 백성들이 생업을 잃어 곤궁해지면 지나친 행동을 하는 것은 본디 괴이한 일이 아닙니다. 또 훔치는 일로 끝나지 않고 반드시 강도짓을 하게 되고, 강도짓으로 끝나지 않고 도적질을 하는데 이를까 염려되니, 만일 지금 상황에서 잘 해결하지 않으면 반드시 훗날 끝없는 근심을 불러올 것이기에 이 역시 유념하지 않아서는 안 됩니다.

신이 길에서 매번 떠도는 백성을 만나면 처자식을 손에 잡고 짐을 짊어진 행렬이 이어졌습니다. 거주지와 역명(役名)을 물어보니, 대부분 양호의 군대에 편입된 병졸이라 고향으로 돌아가도록 권하면 그때마다 싫어하고 괴로워하는 기색을 드러내며 도리어 놀고 먹으며 한가로이 지내는 것을 좋은 계책으로 여깁니다. 신의 어리석은 소견으로는 즉시 도신을 신칙하여 각 관청으로 하여금 유랑하는 백성들을 찾아 물어서 별도로 구제하고, 편안히 모여 살도록 타일러 어지럽게 흩어지지 말도록 하며, 이어 성명과 본향(本鄕)을 기록하여 가을이 되기를 기다려 쇄환하고, 그대로 머물러 살기를 바라는 자는 역시 허락해주는 것이 편의에 마땅할 듯합니다. 삼가 조정에서 유념하기를 바랍니다.

1. 조적(糶糴)의 법규에 따르면 평년에는 반드시 8결(結) 단위로 나누어주니, 이는 거두어들이는 편의를 위해서입니다. 그러나 흉년이 든 해에는 오직 백성들의 목숨을 구제하는 일을 급선무로 삼을 뿐이니, 거두어들이는 어려움과 쉬움은 생각할 겨를이 없습니다. 지금 신이 지나온 열 한 곳의 고을은 모두 8결 단위로 나누어주었으니, 이로 인해 토지가 많은 사람은 많이 받고 토지가 적은 사람은 적게 받았으며, 가난하여 토지가 없는 사람은 비록 그곳에 대대로 사는 백성이라도 모두 받지 못하였습니다. 창름(倉廩 곡식 창고)과 부고(府庫 재물 창고)는 백성들을 위한 것이고, 풍년과 흉년은 상황이 같지 않으니, 환곡을 나누어 줄 때에 역시 어찌 일상적인 법규를 융통성 없이 지키기만 하여 부유한 자들만 보태주고 궁핍한 자들을 구휼하지 않아서야 되겠습니까. 지금 각 관청에는 모두 여분의 곡식이 있어 6~7월의 궁핍할 때를 기다린다고 하니, 8결 단위로 나누어주는 법규에 구애받지 말고 궁핍한 자들만 뽑아 나누어준 뒤에야 진휼하는 실제 효과를 볼 수 있을 것입니다.

1. 신이 본도의 진휼에 대해 자세히 물어보니, 노인에게는 2분(分)을 지급하여 진휼하고, 젊은이에게는 3분을 지급하여 진휼한다고 하니, 노인과 젊은이 사이에 현격하게 차이가 납니다. 이는 감사가 분부하고 수령이 봉행한 것이니, 그들의 생각으로는 젊은이는 농사에 힘을

써야하기 때문에 노인보다 넉넉하게 지급해 준 것이라고 여깁니다. 그러나 신의 생각으로는 먼 지역의 풍속이 무식하여 효도를 일으키는 풍속이 없는데, 관가에서 하는 일이 노인을 봉양하는 정책을 제대로 실행하지 못하였으니, 백성들을 인도하는 방법이 아닌 듯합니다. 조정에서 본도에 신칙하여 이후로 진휼할 때에 노인과 젊은이를 구분하지 말고 동일하게 시행하기를 바랍니다.

1. 신이 민간을 출입하며 질고를 물어보니, 모두 근세 이후로 수령은 대부분 적임자를 얻었으며, 간혹 좋지 못한 사람이 있어도 두려워하고 꺼리는 점이 있어 함부로 침탈하지 못한다고 하였습니다. 이는 조정에서 신중하게 수령을 가려 뽑고 때때로 염문한 효과입니다. 그 중에 치적이 현저하게 드러나며 유애(遺愛)[77]가 가장 오랜 사람도 제법 있습니다.

신이 들은 바로는 전 진주 목사 성이성(成以性)은 자신을 청렴하게 단속하고 백성을 자식처럼 사랑하여 지금까지 여항에서 부녀자들이 이야기하며 그리워하여 잊지 않고 있다고 합니다. 전 고성 현령 최응천(崔應天)은 검약하고 백성을 돌보며 나랏일에 마음을 다하여 그가 떠난 뒤에 그리워하는 마음이 넘쳐 끊이지 않고 있습니다. 전 곤양 군수 이의건(李義健)은 정치가 굳세고 분명하여 세력이 있고 교활한 무리들

77 유애(遺愛) : 지방관이 백성들에게 선정(善政)을 베푼 것을 뜻하는 말로, 선정비(善政碑)를 유애비(遺愛碑)라고도 칭한다. 춘추 시대 정(鄭)나라 공손교(公孫僑) 곧 정자산(鄭子産)이 죽자 공자가 눈물을 흘리며 "옛날 사랑을 남긴 분이다.〔古之遺愛〕"라고 칭송했던 데서 온 말이다.《春秋左氏傳 昭公20年》

을 용서하지 않으며, 명분없는 징수를 다 혁파하고 오직 공무를 받드는 데 마음을 쓰니, 무변(武弁) 사이에 비교할 자가 드뭅니다. 이 세 사람은 치적이 가장 훌륭합니다. 신이 이미 마을에서 하는 이야기를 통해 실상을 들었기 때문에 감히 이렇게 기록하여 아뢰옵니다.

1. 진주(晉州)에서 전세(田稅)를 조운(漕運)하는 곳은 경내 남쪽 바닷가에 있는데, 본주(本州)의 땅이 넓고 서북면은 조운하는 바닷가와의 거리가 가장 멉니다. 이전부터 서북면의 전세 300여 섬은 짐말에 실어 나르기가 어려웠기 때문에 백성들이 모두 선박을 빌려 실어 옮겼습니다. 그 후에 본주 향소(鄕所)의 무리들이 운반 비용을 이익으로 여겨 늘 향청(鄕廳)의 조선(租船)에 실어 옮겼으며, 격군(格軍)은 포구의 백성 17명을 억지로 징발하고, 겸하여 본주의 병선(兵船)에다 격군을 갖추어 나누어 싣고는 그 값을 모두 받아 자신들의 사사로운 용도로 썼습니다. 선가(船價)[78]의 법규는 1섬에 1말을 거두고, 격군의 양식은 1섬에 2되를 거둡니다. 또 전세를 거두어들일 때에는 처음에 큰 말로 헤아렸다가 조운하는 곳에 이르러서는 다시 계량하니, 1섬에 남는 양이 또 1말 남짓 됩니다. 이로 인해 향소(鄕所)의 소득은 늘 1섬에 3말 남짓인데, 백성이 세금으로 납입하는 것은 1섬마다 반드시 4말을 추가로 마련해야 수량대로 바칠 수 있었으니, 잘못된 관습이 오래되었고 그 폐단이 점점 불어났습니다.

올해 봄에 전세를 운반할 때에 향소(鄕所)의 조선(租船)이 침몰되어 실려 있던 200여 섬이 모조리 바다에 가라앉았는데, 향소의 무리

78 선가(船價) : 세곡(稅穀)을 운반할 때 뱃삯으로 더 징수하는 쌀을 말한다.

들이 약간의 섬이 가라앉아 손실을 보았다는 말로 목사를 속이고는 가라앉은 쌀을 건져 내어 조금씩 백성들에게 나누어주고 조패(租牌)로 백성들을 위협하여 전세 200여 섬을 다시 징수하니, 사람들이 모두 원망하고 욕하였습니다. 곧장 관아에 원통함을 호소하려 하였으나 향소를 두려워하여 감히 말을 꺼내지 못하였습니다. 목사가 그 후에 역시 그 일을 들었으나 끝내 죄를 묻지 않았다고 합니다. 권세 있고 힘 있는 자들이 폐단을 저지른 일과 수령이 덮어둔 잘못은 모두 아주 놀랍습니다.

병선으로 말하자면 변란에 대비하기 위한 것인데, 국법을 두려워하지 않고 마음대로 보내었으니, 군법으로 논하면 무거운 형률을 적용하는 것이 합당합니다. 근래에 토호들이 폐단을 저지르는 관습은 없는 곳이 없으니, 만약 한 사람을 징계하지 않는다면 어떻게 많은 사람들을 경계시키겠습니까. 또 전선대장(戰船大將)[79]은 방어하는 임무를 맡고 있으면서 공공연히 전선을 남에게 빌려주었으니, 역시 엄히 처벌하지 않아서는 안 됩니다.

1. 신이 들렀던 해안 인근의 고을은 모두 국가에서 소나무를 기르는 곳인데, 크고 작은 여러 산이 모두 벌거숭이가 되어 큰 나무가 없었습니다. 거주하는 백성들에게 물어보니 모두 관가에서 비록 금령(禁令)이 있었지만, 품관(品官)과 마을 사람들이 다들 베어갔다고 하였습니다. 이전에 들어보니 조종조에는 산에 대한 금령이 아주 엄격하여 재

79 전선대장(戰船大將) : 원문은 '戰船代將'인데 다수의 용례에 의거하여 '代'를 '大'로 바로잡아 번역하였다.

목이 무성하였는데, 임진년(1592, 선조25)과 정유년(1597, 선조30)[80]의 급박했던 시기에 전선을 제조할 때에 모두 여기에서 마련하였습니다. 지금 보건대 당장 전선을 제조할 재목도 오히려 모자랄까 걱정이니, 갑자기 급박한 상황이 일어나면 어떻게 마련하겠습니까.

고성(固城)의 동서쪽에 역시 벌목을 금지한 산이 있는데, 지난번에 산 아래의 점민(店民)등이 풀을 베고 칡을 채취하기 위해 불을 놓기를 요청하니, 통제사 조필달(趙必達)이 대뜸 허락하여 산 전체가 다 타버려 남은 소나무가 없습니다. 이는 백성들의 칭송을 구하는 데에서 나온 것으로 실로 국가를 위한 깊고 원대한 계책은 없으니, 진실로 너무나 놀랍습니다. 지금부터는 통제사와 수사를 신칙하여 더욱 엄정히 벌목을 금지시키고 만일 어기는 자가 있으면 별도로 엄히 처벌하소서.

1. 신이 민간에서 들으니, 통제사 조필달(趙必達)이 영하(營下)의 둔맥(屯麥 둔전에서 거두는 보리)을 거두기 위해 각 고을에 관문(關文)을 보내어 하번 군사(下番軍士) 300여 명을 징발하였는데, 염찰(廉察)을 거행한다는 말을 듣고는 즉시 정지하였다고 합니다. 또 영하 마을의 여인들을 징발하여 그 보리를 베게 하여 군졸들을 부리지 않는 뜻을 보여 자신을 비방하는 말을 막고자 하였으니, 그의 마음씀이 정직하지 못합니다. 또 이 일이 언제 시작되었는지 모르겠으나 농사철에 군졸을 징발하여 영중(營中)에서 사사로이 일을 시켰으니, 실로 중대한 범법입니다. 지금 엄히 조사하여 일절 금지시켜야 합니다.

80 임진년과 정유년 : 임진왜란과 정유재란을 말한다.

1. 지난해 조정에서 갑자기 흉년을 만나 백성들을 불쌍히 여겨 외방에서 공납하는 물건을 조금 덜어주고 세폐(歲幣)[81]로 바치는 세포(細布)와 차목(次木)[82]을 전부 특별히 줄여주었습니다. 또 군병의 훈련을 정지하게 하고 구휼정책을 강구하여 시행하며 타이르고 신칙하는 말이 간곡하여 덕음(德音)이 미치는 곳에 공경히 받들지 않음이 없었습니다. 감사는 감영에 저장된 것을 덜어 피폐한 고을의 민역(民役)을 보조해 주었고, 수령도 공부(公賦)를 제법 줄여서 애써 스스로 마련하여 눈앞의 급한 상황을 해결하였으니, 마을은 편안하여 요역의 고충을 몰랐습니다. 비록 굶주려 몹시 궁핍한 지경에 이르더라도 몸에 얽매인 것이 없어 각자 살아날 방도를 도모하여 굶주려 죽을 근심을 면하였습니다. 어리석은 백성이 비록 임금의 덕택으로 시행된 줄을 모두 알지는 못하지만, 그 중에 역시 나라의 은혜를 감사하게 받들어 끊임없이 칭송하는 자들이 많습니다. 지난번 조정에서 구휼하는 정책이 없었다면 재해를 입은 고을의 백성들은 모두 죽었을 것입니다.

다만 신이 자세히 들어보니, 들렀던 여러 고을의 평년 대동법의 규례는 출역(出役)이 크게 차이가 있어 1년에 한 번 징수하는 곳도 있고, 일 년에 두 번, 네 번 징수하는 곳도 있었습니다. 8결(結)마다 일 년에 출역하는 수량을 정하는데, 많은 경우에는 20필, 적은 경우에는 10여 필, 가장 적은 경우는 8필이며, 또 이외에 불시에 더 징수하는 경우도

81 세폐(歲幣) : 조선 시대에 매년 음력 10월 중국에 가는 사신이 가지고 가는 공물(貢物)을 말한다.

82 차목(次木) : 상목에 비해 품질이 다소 떨어지는 무명을 말한다.

있습니다. 이는 고을에 규모의 차이가 있고, 민결(民結)에 많고 적음의 차이가 있어 출역의 어렵고 쉬운 정도를 그에 따라 차등 있게 하려는 것입니다. 그러나 대체로 각 관청에서 애초에 일 년에 납입해야 하는 공물의 실제 수량을 헤아려 민결에서 출역하는 수량의 다소를 정하지 않아, 마련하는 사이에 번번이 수량이 늘어 민결에서 출역하는 것이 늘 공물의 실제 수량을 넘어서게 되니, 이른바 부역이 번거롭고 무겁다는 것은 바로 여기에서 비롯된 것입니다.

바닷가 모퉁이 궁벽한 고을에서 대동미를 징수하는 예로 말하자면 백성들에게 거두어들일 적에 제한이 없고 출역이 번다하며, 그 사이에 또 빙자하여 사욕을 채우는 일이 많습니다. 원래 전해오는 일정한 법식이 없어 많고 적음과 번다함과 간소함의 차이는 단지 수령이 현명한지 여부에 달려 있습니다. 그 사이에 있는 폐단을 다 열거하기가 어려우나 우선 백저(白楮) 한 가지 일로 말해보겠습니다.

상납하는 백금(白錦) 등의 종이는 사용되는 것 이외에 요구하는 경우도 있고, 사적인 용도로 삼는 경우도 있어 일 년에 거두는 수량이 제한이 없으니, 백성들의 힘이 어찌 다 소모되지 않을 수 있겠습니까. 이 때문에 민간에서는 양호의 대동법과 균역법을 듣고 자신들에게는 뒤늦게 시행한다고 탄식하는 경우가 제법 있습니다.

신의 소견으로는 해당 도로 하여금 각 고을에 분부하여 일 년에 바치는 공물의 일정한 수량과 전결(田結)의 많고 적음을 조사하고 일일이 개록(開錄)하여 감사에게 보고하게 하고, 감사는 상세히 참작하여 해당 고을에서 일 년에 출역하는 수량을 제정하여 식례(式例)를 만들어 각 고을에 나누어 보내어 거두어들이는 물건을 한결같이 정식에 의거하여 더하거나 줄이는 일이 없도록 해야 할 것입니다. 만약 조정에서 별도로 정한 역(役)이 있으면 반드시 더 징수하겠다는 뜻을 감사에게 알린 뒤에 시행하고, 제멋대로 거두는 것을 허락하지 않는다면 민결에서 출역하는 것이 과도하거나 뒤섞이는 폐단이 없을 것입니다.

1. 신이 처음 도내에 들어와 농사를 관찰해보니, 논의 벼와 밭의 곡식이 싹이 나서 모두 상태가 좋았는데, 두 달 동안 비가 내리지 않아 가뭄이 너무 심하여 바싹 마르는 재해가 보는 곳마다 놀랍고 참혹했습니다. 4월 26일에 아침부터 밤까지 큰 비가 퍼부었으나 오랜 가뭄이 지속된 뒤라 논에 충분한 물을 공급하지 못하여 지대가 낮아 물의 근원이 있는 곳 이외에는 벼를 옮겨 심지 못하였습니다. 또 이달 3일에 큰 비가 열흘간 내려 도랑이 넘쳐흘러 마른 땅을 두루 적셔주지 않은 곳이 없었습니다.
신이 왔을 때 거쳐 온 여러 고을은 거의 다 벼를 옮겨 심어 농민들이 모두 이제부터 거의 풍년을 기대할 수 있을 것이라고 말하였습니다. 다만 이따금씩 이미 모래가 덮인 곳이 있으니, 오랜 장맛비가 걷히지 않으면 반드시 대부분 침수되고 하천이 범람하는 근심이 생길 것이니, 이 점이[83] 매우 염려스럽습니다. 또 양맥(兩麥)[84]이 여물지 않은 것은 곳곳마다 동일한 실정이니, 앞으로 농사를 지어 먹고사는 어려움이 이전 보다 갑절이나 심할 것입니다.

83 이 점이 : 원문은 '比'인데, 문맥에 의거하여 '比'를 '此'로 바로잡아 번역하였다.

84 양맥(兩麥) : 보리와 밀을 말한다.

평안도 청북[85] 어사로 나갔을 때 염문한 일에 대한 별단
平安道清北御史時廉問別單

신이 살펴본 열 한 곳 고을의 수령은 삼가 봉서(封書)에 있는 조건에 의거하여 자세히 염문하였습니다. 치적이 현저하게 드러나서 비록 의심할 만한 점이 없더라도 반드시 일의 실마리를 자세히 살펴 허실을 징험하였고, 법을 어기고 직무를 제대로 수행하지 않아 죄상이 드러난 사람 역시 한두 마디 말로 대뜸 그 일을 단정하기가 어려워 온 경내에 두루 물어보아 반드시 여러 사람들이 입을 모아 말한 뒤에야 믿고 거론하여 각 고을 아래에 일일이 갖추어 기록하여 아뢰었습니다.

그 중에 이산(理山)과 태천(泰川) 두 곳의 수령은 더욱 극심하게 탐욕을 부리고 학정을 일삼았으니, 하루라도 관직에 두어 하루 더 백성에게 피해를 끼치도록 해서는 안 되기에 즉시 봉고(封庫)[86]하였습니다. 어사의 일을 마치기 전이라 장계로 아뢸 겨를이 없었기에 이에 감히 아울러 아룁니다. 감사와 병사의 수행원과 공봉(供奉) 두 조목 및 삼금(蔘禁 인삼 채취 금지법)과 파수한 사건을 염문한 것 역시 아래에 덧붙였습니다.

85 청북(清北) : 청천강(清川江)을 기준으로 남쪽은 청남(淸南), 북쪽은 청북(淸北)이 된다.

86 봉고(封庫) : 어사(御史)나 감사(監司)가 부정이 많은 원을 파면시키고 관가의 창고를 잠그는 일로, 봉고파직(封庫罷職)을 뜻한다.

의주 부윤(義州府尹) 강유후(姜裕後)

자신을 청빈하게 단속하고 정사를 굳세고 분명히 하며, 권세 있고 교활한 자들을 억눌러 조금도 용서하지 않았습니다. 관청의 일을 정돈하여 하나도 그냥 보아 넘기는 일이 없어 상인(商人)과 금초(金貂)[87]의 무리들이 숨을 죽이고 자취를 감추어 감히 제멋대로 행동하지 못합니다. 예전부터 빚을 주어 축이 난 군량에 대해서는 맡아서 관리하는 해당 관원을 조사해내어 일일이 징수하여 갚게 하였습니다. 거두어들인 은자(銀子)가 이미 1천 여 냥인데, 남아 있는 축난 수량 역시 얻는대로 바치게 하니, 이 때문에 운고(運庫)에 저장된 수량이 이전에 비해 제법 넉넉합니다. 번을 서는 하인이나 토병의 부류는 번을 서는 차례를 줄여주어 농사를 짓도록 하니, 제법 편안히 생업에 종사하고 제 힘으로 먹고사는 즐거움이 있습니다.

부임한 뒤로는 술잔을 입에 댄 적이 없고, 음식을 차릴 때는 두 종류의 고기를 차리지 않아 자신을 봉양하는 것이 청빈한 선비처럼 담박했습니다. 한 가지 물건도 사적인 용도로 들이지 않고, 한 가지 일도 사정(私情)에 따라 처리하지 않기 때문에 송사가 있으면 시비를 판결함이 이치에 합당하지 않은 경우가 없어서 백성들이 감히 사적인 마음으로 그 사이에 의심을 품지 않았습니다. 형장(刑杖)을 쓰지 않아도 자연스레 하리(下吏)가 두려워하고 조심하며 백성들이 믿고 복종하여 청렴한 명성과 치적이 여러 고을에서 으뜸입니다. 심지어 정주(定州)와 강계(江界)의 사람들까지 강유후에게 이야기가 미치면 끊임없이

87 금초(金貂) : 황금당(黃金璫)과 초미(貂尾)의 준말인데, 높은 품계의 관원이 착용하는 관의 장식으로 쓰인다.

칭송하여 체직되어 떠난 뒤에도 지금까지 계속 그리워합니다.

정주 목사(定州牧使) 정지호(鄭之虎)

다스림이[88] 유약하여 스스로 주관하지 못하고 모든 일을 한결같이 향소(鄕所)와 이서(吏胥)에게 위임하니, 일을 시키고 세금을 거두는 사이에 대부분 이를 이용하여 폐단을 일으키니, 고을 백성들은 토호가 있는 줄만 알고 태수가 있는 줄을 모릅니다.

지난해에 그의 아들이 사마시에 합격하였을 때에 축하연에 쓴다는 명목으로 보민청(補民廳)에서 사놓은 무명〔木〕을 지나칠 정도로 가져다 써서 이미 사람들의 말이 있고, 올해 봄과 여름 사이에 보민청에서 매매할 것이라는 명목으로 옛 주창(州倉)의 쌀 200섬을 빌려서 배 한 척에다 갖추어 실어 안주(安州), 평양(平壤), 황주(黃州) 등으로 보내어 무명〔木〕과 교환해 왔습니다. 그 중에 5동(同)을 관청에 두고 임의대로 사적인 용도로 썼는데 결국 간 곳을 모릅니다. 빌린 창고의 곡식을 미처 충당하지 못했는데 임기가 만료되자, 후환을 우려하여 백지(白紙), 침자(針子), 영자(纓子) 등의 물건을 각 면의 약정(約正)[89]에게 나누어주어 민호(民戶)에 흩어주고 값을 정하여 쌀을 징수하였습니다. 한 집에 영자 1항(項)을 주고 쌀 1말을 거둔 경우도 있고, 종이 3장과 침 3개를 주고 쌀 1말을 거둔 경우도 있습니다. 거두어 모을 때 약정(約正)과 호주(戶主)의 무리가 또 이어 지나치게 징수하였으므로 바쳐야

88 다스림이 : 원문은 '爲始'인데 문맥에 의거하여 '始'를 '治'로 바로잡아 번역하였다.

89 약정(約正) : 향약을 운영하는 임원으로, 회장 격인 도약정(都約正)과 부회장 격인 부약정(副約正)이 있었다.

할 쌀 1말 이외에 반드시 5~6되를 더 마련하여 바치니, 온 경내에서 원망과 욕하는 소리가 이루 다 말할 수 없을 정도입니다. 설령 빌린 곡식을 모두 공용(公用)으로 귀속했다 하더라도 공금을 유용하여 옮기는 것은 이미 법을 어긴 행위인데, 공무를 빙자하여 사익을 도모하여 청렴하지 못하다는 말이 많습니다.

지난 겨울 청나라 사신이 왔을 때 요구한 독수리의 깃〔鷲羽〕이 1,000개에 이르렀는데, 강몽적(姜蒙赤)이 정지호에게 말을 전하여 "만약 나를 위해 본주(本州)의 해변에 제방을 쌓고 전장(田莊)을 설치해 준다면 제가 응당 주선하여 독수리의 깃을 모두 탕감하겠습니다."라고 하였는데, 정지호가 허락하고, 올해 봄에 백성들을 징발하여 큰 제방을 쌓아 강몽적에게 사례하였습니다. 사적으로 지시를 받아 곡진한 마음으로 기쁘게 해주고, 조정에 고하지 않고 백성들을 마음대로 동원하여 이전에 없었던 일을 새로 만들어 훗날 막기 어려운 폐단에 깊이 영향을 끼쳤으니, 이 한 가지 일만으로도 더욱 지극히 한심스럽습니다.

태천 현감(泰川縣監) 이송로(李松老)

3년 동안 재직하면서 한 가지의 선정(善政)도 없고 제멋대로 백성들에게 잔혹하게 굴며 오직 자기 배를 불리는 일만 하였습니다. 본현은 평소에 가경(加耕)[90]한 사결(私結)이 있는데 그 수가 가장 많아 으레 하루갈이에 쌀 1말을 거두어들입니다. 그러나 화전(火田)의 부류는 1년을 경작하면 1년을 묵혀두기 때문에 경작하는대로 세금을 거두어

90 가경(加耕) : 가경전(加耕田)으로, 양안(量案)에 오르지 않은 새로 경작한 전답을 말한다. 《萬機要覽 財用編2 田結 量田法》

본래 정해진 수량이 없습니다. 이송로가 지난해 가을 민간에 통지하여 각자 가경(加耕)한 실제 수량을 써서 보고하게 하였는데, 처음에는 위관(委官)과 서원(書員)이 침탈하는 폐단을 제거해 줄 듯이 하다가 실제 수량을 알아낸 뒤에는 이전의 성책(成冊)을 가져다 합산해 써서 이미 묵은 것과 새로 개간한 것을 구분하지 않고 뒤섞어 아울러 쌀을 징수하였으며, 올 가을에도 또 다시 이처럼 하였습니다. 예전에 속임수를 썼으니 백성들이 따르지 않을까 우려하여 각 면의 약정(約正)을 위협하여 억지로 단자(單子)를 거두고, 백성들 중에 원통하다고 하소연하는 자가 있으면 물리쳐 감히 그런 일을 하지 못하도록 하였으며, 때맞추어 쌀을 바치지 않은 자는 또 이어서 잡아 가두고 매질하여 독촉하였습니다. 해당 연도에 경작하여 바쳐야 하는 것 이외에 모두 두 해 동안 묵힌 땅에 대한 쌀을 추가로 마련하였으니, 비록 전답이 많은 부잣집이라도 오히려 근거없이 빼앗겼다며 원망하고, 가난한 백성들은 집에 있는 것을 다 털어 관아로 보내어 집의 양식이 다 떨어져 절박하게 근심하고 탄식하여 슬피 울지 않는 자가 없습니다. 이로 인해 올해 가경미(加耕米)는 민간에서 바친 것이 이전보다 갑절이나 되니, 관가에서 얻은 양이 많게는 400여 섬에 이릅니다. 또 가경미 15말을 품질 좋은 무명 2필로 값을 정하고, 20말을 명주 1필로 값을 정하여 백성들 중에 원하는 대로 대신 바치도록 허락하여 자기의 사적인 비용으로 삼았습니다. 늘 시장에 가경미를 내다 팔아 무명과 명주로 바꾸면서 직접 품질을 자세히 살펴 가격을 논하여 사들여 관아로 들였고, 시장에서 교환할 뿐만 아니라 겸하여 아문에서 매매하는 길까지 열었습니다.

서울에서 와서 중방(中房)[91]이라고 일컫는 자와 본관의 하리(下吏)

와 관노(官奴) 두 사람을 심복으로 만들어 관아를 출입하며 재물을 불리고 이익을 취하는 일을 전적으로 맡겼습니다. 또 매매하는 일이 번다하여 담당한 하리 2명과 관노 4명이 징수와 독촉을 견디지 못하여 도망치기에 이르자, 도망친 것에 대한 궐지(闕紙)[92]를 징수하였습니다. 매번 관아에 나오는 날마다 반드시 길고 넓으며 깨끗하고 두꺼운 장지(狀紙)[93]를 일족에게 징수하였습니다. 종이가 몹시 귀하여 비록 비싼 값을 치르려 해도 오히려 마련하기 어려워 걱정이었습니다. 한편으로는 거두어들인 궐지(闕紙)를 내다 팔아 1권(卷)마다 품질 좋은 무명 1필을 받고, 순서를 번갈아 되팔아 암암리에 그 이익을 취하였습니다.

관사(官舍)를 지을 것이라는 명목으로 농사철에 백성을 부려 기와 100여 눌(訥)을 구웠는데, 관사를 모두 덮은 뒤에도 오히려 절반 넘게 남자, 억지로 아전, 통인, 사령 등의 각 청에 지급하고, 또 품관과 민가에 권유하여 사 가도록 하였습니다. 처음에는 1눌 마다 품질 좋은 무명 10필을 받았는데, 임기가 이미 만료되자 다 팔지 못할까 염려하여 8필로 줄여주었고, 이어 또 6필로 줄여주었으나, 남은 기와가 여전히 10여 눌입니다. 기와를 팔아서 받은 가목(價木)[94]은 칙고(勅庫)[95]에 보탠다

91 중방(中房) : 수령(守令)을 따라다니며 시중을 들던 사람을 말한다.

92 궐지(闕紙) : 부족한 것을 보충하기 위하여 거두어들이는 종이를 말한다.

93 장지(狀紙) : 공사(公私)의 서장(書狀)이나 관공서(官公署)의 관문(關文)·첩문(牒文)에 사용하는 질이 보통인 종이를 말한다.

94 가목(價木) : 물건 값으로 치러 주는 무명을 말한다.

95 칙고(勅庫) : 중국 칙사(勅使)의 접대를 위하여 모든 필요한 물품을 미리 저축해 두는 창고를 말한다.

고 둘러대었으나 실제로는 간 곳이 없습니다. 또 털옷을 마련하기 위해 8결마다 황광피(黃獷皮 누런 족제비의 가죽) 2령(令)을 징수하였는데,[96] 쌀로 대신 납입하기를 원하는 자는 1령에 2말을 거두고도 오히려 부족하다고 여겨 또 소모자(小帽子)를 민호(民戶)에 나누어 주어 1모(帽)에 황광피 1령으로 바꾸어 바치게 하였습니다. 그런데 염문을 한다는 말을 듣고는 갑자기 도로 중지하고, 아마(衙馬) 6필, 관마(官馬) 2필에 번갈아 실어 연이어 본가(本家)로 보내고, 심지어 중간에 도적을 만나 관노가 칼에 베이는 일까지 있었습니다. 자신의 봉양을 풍족하고 사치스럽게 하여 날마다 닭을 잡았는데, 많은 경우에는 10마리에 이르렀으니, 이른바 육례방(肉禮房)이라는 곳에서 계속해서 공급할 수가 없어늘 입작(入作)[97]하는 무리에게 독촉하니, 입작하는 사람들이 고충을 감당할 수가 없습니다.

도사 박수현(朴守玄)이 복심(覆審)[98]할 때에 원망하는 소리가 길에 가득함을 알고서는 파직을 당하는 우환이 있을까 우려하여 사람과 말을 보내어 박수현이 마음에 둔 영변(寧邊)의 기생을 데려와 술과 음식을 후히 대접하고 명주 5필을 뇌물로 주고 구성(龜城)에서 전송하고 맞이하여 그의 비위를 맞추었는데, 길가는 사람들이 전파하여 놀라지 않는 사람이 없었습니다. 가혹하게 백성들을 동요시킨 정사와

96 징수하였는데 : 원문은 '貴徵'인데, 문맥에 의거하여 '貴'를 '責'으로 바로잡아 번역하였다.

97 입작(入作) : 일정한 거처가 없이 해마다 여러 고을을 떠돌아다니며 전답을 경작하는 사람들을 말한다.

98 복심(覆審) : 한 번 심사가 끝난 것을 다시 심사하는 것을 말한다.

탐욕스럽고 법을 어긴 정상과 아첨하여 애원한 행태를 차마 말할 수 없습니다.

용천 부사(龍川府使) 윤우량(尹友諒)

정사는 비록 졸렬하지만, 직분을 수행함에 제법 부지런하여 각종 봉상(捧上)을 직접 하지 않은 경우가 없습니다. 민생을 아끼고 구휼하여 일정한 세금 이외에는 침탈한 일이 없습니다. 교생(校生)들에게는 매월 초하루와 보름에 시험을 보아 각자 학업을 익히게 하였습니다. 자신을 봉양하는 데는 간략하여 제법 삼가고 조심한다는 말이 있었습니다.

이산 군수(理山郡守) 김원위(金元瑋)

재직한 9개월 동안 직무를 보지 않고 연회를 베풀어 기생을 가까이하고 날마다 방탕한 생활을 하였는데, 백성들에게 잔혹하게 굴고 자기 배를 불리면서 하지 못하는 짓이 없었습니다. 오통(五統)[99]에서 점고를 거른 자가 있으면 다른 고을에서는 으레 모두 장형(杖刑)으로 다스리는데, 유독 김원위는 1명마다 궐포(闕布 점고를 빠진 대신 포목을 납부하는 것) 반 필을 징수하였습니다. 본군(本郡)에서 땔나무를 거두는 법규는 매 호(戶)마다 20속(束)을 거두기 때문에 이전부터 4바리로 바쳤는데, 올해는 거두어들이는 것이 너무 많아 8~9바리나 되었

99 오통(五統) : 오가통(五家統)으로, 다섯 가구〔五戶〕를 한 단위로 묶어 통(統)이라 하고, 통마다 우두머리를 두어 관할 호구의 동태를 파악·감시하고 수상한 자를 관에 고발하게 한 제도를 말한다.

습니다. 겨우 20속의 수량을 채워도 해당 아전이 뇌물의 많고 적음을 보아 그에 따라 농간을 부리니 멀리 떨어진 마을에 사는 백성은 거두지 못하는 상황을 면하고자 갑자기 방납(防納)[100]을 하느라 그 폐단이 적지 않습니다. 그 가운데 정해진 기한 안에 바치지 못한 자가 모두 4호인데, 그에 대한 처벌로 품질 좋은 무명〔木〕1필을 징수하였습니다. 이른바 궐포라는 것도 모두 자신의 사적인 용도로 썼습니다.

경내의 고리산면(古理山面)과 소정면(小丁面)에서 매년 병영에서 쓰는 약삼(藥蔘)을 각 호마다 2~3전씩 거두어들이는데, 병영에 바치는 이외에 남는 수가 여전히 많아 늘 본관에서 사용합니다. 김원위는 한결같이 오가통(五家統)[101]의 장정수에 따라 14세부터 60~70세에 이르기까지 사람 수를 헤아려 두루 거두어들이는데, 원호(元戶)에게는 7전을, 입작(入作)[102]에게는 5전을 부과하고, 거두어들일 때에 또 대대적으로 '남봉(濫捧)'이라 하면서 7전을 바쳐야 하는 자는 반드시 1냥 남짓을 마련한 뒤에야 비로소 다 바칠 수 있습니다. 약삼을 캐지 못한 사람은 옷을 팔고 재물을 잡혀 사서 바치게 하니, 가난한 백성들이 가렴주구를 견디지 못하여[103] 원망에 뼈에 사무쳤습니다. 고을에 피장(皮匠 갖바치) 2명이 있는데, 가죽신을 만드는 일이 끊이지 않아 거의 여력이 없는데 사적인 일까지 맡았기 때문에 공인 1명이 도망치기까지

100 방납(防納) : 지방 관아의 상납 공물에 대해 중앙 각 관사의 서리 등이 여러 가지 구실을 달아 점퇴(點退)한 다음, 그 공납 의무의 대행을 통해 이익을 취하는 행위이다.

101 오가통(五家統) : 340쪽 주99 참조.

102 입작(入作) : 339쪽 주97 참조.

103 가렴주구를 견디지 못하여 : 원문은 '不敢誅求'인데, 문맥에 의거하여 '敢'을 '堪'으로 바로잡아 번역하였다.

했습니다.

부임한 뒤로 서울 집으로 실어 보낸 것이 이미 여섯 차례이고, 관아에서 보내는 물건 이외에 부조로 주는 무명이라 하면서 대동목 10여 필을 매번 보내고, 쇄마(刷馬)[104]는 2필 혹은 3필을 민결(民結)에 책임을 지워 마련하게 하며, 늘 아마(衙馬) 1~2필을 쇄마 속에 집어넣어 그 값으로 품질 좋은 무명 12필을 민결에서 거두어 관아로 들이니, 그간 아마의 쇄가(刷價)를 통틀어 계산하면 거의 백 필에 이릅니다. 그러므로 금년에 쇄마의 값으로 8결마다 각각 품질 좋은 무명 6필을 거두고, 대납(代納)하는 마포(麻布)는 그 수를 갑절로 하여 12필에 이르렀습니다. 봉고(封庫)[105]한 뒤에도 오히려 고치지 않아 또 아마(衙馬) 2필을 파직되어 돌아갈 때의 쇄마로 대신하게 하고, 미리 독촉하여 그 값에 해당하는 품질 좋은 무명 24필을 민결에서 징수하였습니다. 또 감사가 순시할 때에 대접하는 비용이라는 명목으로 별도로 민간에 나누어 정해주어 매 호마다 전미(田米), 두태(豆太), 목미(木米 메밀), 수임(水荏 들깨) 등을 각각 1말씩 거두고, 진임(眞荏 참깨)은 5되를 거두었는데, 명목을 교묘하게 만들어 정해진 수량 이외에 마음대로 거두었습니다. 또 모방석(毛方席)에 사용한다는 명목으로 몰래 도훈도(都訓導) 1명, 포수 3명, 군인 10여 명을 징발하여 산양회(山羊會)에서 청나라 경내로 보내 사냥을 하게 하여 노루 4마리, 사슴 5마리, 산양 4마리를 잡아서 돌아오게 하였는데, 돌아올 때에 도훈도 이

104 쇄마(刷馬) : 사신의 왕래나 세폐(歲幣)·진상물의 운반, 지방관 교체 등에 품삯을 주고 민간의 말을 이용하는 것이다.

105 봉고(封庫) : 333쪽 주86 참조.

계운(李繼雲)이 물에 빠져 죽었습니다. 또 관인(官人)을 보내어 강에서 몰래 물고기를 잡게 하였는데, 한 사람이 물에 빠져 동상에 걸렸고, 집으로 돌아와서는 바로 죽었습니다.

또 듣기로 산삼철에 고리산(古理山) 주민 3명과 남쪽에서 온 사람 1명이 국경을 넘어 삼을 캐서 오다가 파수군에게 붙잡혀 고발당했습니다. 처음에는 굳게 가두었다가 곧바로 애걸한다는 이유로 각각 생삼(生蔘) 3근을 받고 풀어주었다고 합니다. 신이 봉고(封庫)하는 날에 그 당시 파수장(把守將)과 오통색(五統色)을 불러 물어보니, 다만 "갈대로 만든 빈 뗏목이 본군의 동구(洞口)에 떠 내려와 정박하였는데, 사람을 발견하지는 못했습니다."라고 하였습니다. 조사하여 밝히는 일은 신이 맡은 일이 아니기에 비록 신문하지는 못하였으나, 설령 정말 빈 뗏목이 표류하여 정박한 것이라 해도 반드시 거기에 타고서 법을 어긴 자가 있을 것이니, 응당 파수장과 병졸을 잡아 감사에게 급히 보고하고, 물가에 위치한 여러 파수하는 곳을 조사하여[106] 반드시 그들이 상륙한 곳을 알아낸 뒤에야 허실을 밝힐 수 있습니다. 그런데 처음부터 끝까지 은폐해버리고 보고하지 않았으니, 그 사이의 정황이 몹시 의심스럽습니다.

운산 군수(雲山郡守) 남궁충(南宮忠)

나이가 많아 정무를 느슨히 하여 아랫사람들을 단속하지 못합니다. 관리(官吏)와 관노(官奴) 등이 먹은 환자를 전혀 스스로 마련하지 못

106 조사하여 : 원문은 '査覆'인데, 문맥에 의거하여 '覆'을 '覈'으로 바로잡아 번역하였다.

하고 '걸대(乞貸)'라는 명목으로 사방의 민간으로 나가서 말마다 빼앗아 수합하여 창고로 옮기니, 제멋대로 폐단을 일으켜 마을이 시끄럽습니다. 신이 군(郡)에 들러서 그 일을 목격하였습니다. 또 대동전미(大同田米) 100섬을 호(戶)마다 환곡으로 나누어주고 대미(大米)로 거두어들이게 하였는데, 미(米)는 본토에서 생산되지 않아 백성들이 모두 다른 고을에서 바꾸어 와야 하기에 원망하고 고통스러워하지 않는 자가 없습니다.

고운산창(古雲山倉)은 정주(定州)의 경내에 있는데, 조적(糶糴)이 불편하기 때문에 전임관이 감사에게 보고하여 본관(本官)의 대동미(大同米)로 바꾸어 기록하고 나누어주도록 요청하여 이와 같은 상황에 이르렀다고 합니다. 그런데 보고한 문서를 가져다보니, 다만 옮겨 기록하기를 요청했을 뿐, 대미(大米)와 전미(田米)를 서로 바꾼다는 조항은 원래 없었습니다. 남궁충이 부임한 뒤에야 대미(大米)로 바꾸어 거두어들이는 일이 있었고, 고운산(古雲山) 역시 전미의 본색[107]으로 갚는 것은 안 된다고 하며, 이에 의지하여 농간을 부려 쌀이 저렴할 때 방출하고 귀할 때 거두어 들여 백성을 속여 이익을 취합니다. 일이 매우 올바르지 못하여 다만 한때에 해를 끼칠 뿐만이 아니니, 역시 훗날에 폐단이 없을 수 없을 것입니다.

철산 부사(鐵山府使) 임익하(任翊夏)

107 본색(本色) : 전지(田地)에서 생산된 그대로의 벼, 보리, 밀, 콩 등. 해당 토지 생산물 그대로를 말한 것이다.

주색(酒色)에 탐닉하여 오직 연회와 향락을 일삼아 날마다 무학(武學)과 장관청(將官廳)의 면신례(免新禮)[108] 술자리에서 취하고, 고을의 노비 및 차련관(車輦館)[109]의 노비와 간통하여 음탕한 짓에 빠져 수모를 당하거나 비웃음을 사는 행동을 자주 저지릅니다. 정무는 향소(鄕所)로 이관하여 일에 따라 조종하고 농락하며, 각종 봉상(捧上)은 지나치게 거두지 않는 경우가 없었습니다.

부임한 지 오래지 않아 차련관 동쪽 별관이 갑자기 어떤 사람에 의해 불탔고, 이어 가을에 거두었던 노적(露積)이 있는 고을 창고에 또 화재가 발생하여 각종 곡식을 합산하여 2,700여 석이 모두 잿더미가 되었습니다. 두 곳의 화재에 대해 민간에서는 모두 여색을 좋아한 것이 빌미가 되었다고 합니다. 임익하는 그러한 사실을 스스로 알고 탄로가 날까 몹시 두려워 그 흔적을 덮기 위해 끝내 감사에게 보고하지 않고 마을에 경계하고 신칙하여 비밀로 하도록 하였습니다.

관사(館舍)는 수시로 백성들을 동원하여 겨우 다시 지었고, 창고의 곡식 2,700여 섬은 민가에 나누어 정해주어 근거없이 억지로 징수하여 도로 그 수량을 채웠는데, 원민(元民)은 각 호마다 1섬을 내게 하고, 입작(入作)[110]은 각 호마다 12말을 내게 하였습니다. 국가의 곡식을 받아먹고서 응당 도로 갚아야 하는 일도 백성은 오히려 다 바치기 어려

108 면신례(免新禮) : 조선 시대 벼슬을 처음 시작하는 관원이 선배 관원들에게 성의를 표시하는 의식으로, 보통 주연(酒宴)을 열어 대접하였다. 이 기간 동안 선배 관원들은 인격적인 모독을 가하고 신임 관원을 곤경에 빠뜨렸으며 심지어 체벌까지 행하였다. 조정에서는 여러 번 이를 금지하는 조처를 취하였으나 근절되지 않았다.

109 차련관(車輦館) : 평안도 철산(鐵山)에 소속된 역관이다.

110 입작(入作) : 339쪽 주97 참조.

워하는데, 더구나 바쳐야하는 일정한 수량 이외에 이렇게 추가로 징수하여 살갗을 벗기고 골수를 뽑아 백성들의 재물을 모두 털어내었습니다. 법을 어기고 백성들을 학대한 일을 말로 다할 수가 없는데, 덮어두고 보고하지 않았으니 더욱 통탄스럽습니다.

창성 부사(昌城府使) 오정언(吳廷彦)

다스림이 가혹하지 않으며, 직무를 수행하는 데 제법 부지런합니다. 관리들을 대하고 백성들을 다스림에 양쪽이 거스르는 경우가 없습니다. 민호(民戶)에서 바치는 시탄(柴炭 땔감과 숯)과 곡초(穀草 볏짚)는 대략 절감해주었습니다. 부임한 지 오래지 않았는데도 제법 칭송하는 소문이 있으나 강단이 부족한 것이 흠입니다.

위원 군수(渭源郡守) 조현(趙鉉)

술을 즐기고 여색에 빠져 자주 연회와 향락을 베풀며 술이 취한 틈을 타 함부로 곤장을 쳐서 사리에 어긋나는 일들이 많았습니다. 10월 21일부터 염문한다는 말을 듣고는 비로소 술 마시는 일을 멈추었습니다. 관사(官舍)를 짓는 일을 농사철이 한창일 때 거행하여 기와를 굽고 목재를 운반하느라 모두 백성의 힘을 빼앗았으니, 비록 지난 일이지만 그에 대한 원망이 더욱 심합니다.

병영의 약삼(藥蔘) 이외에 대동(大同)의 묵은 빚을 갚는다는 명목으로 오통(五統)[111]의 인원수에 1명마다 각각 약삼 5전을 거두어들이고, 그 가운데 약삼을 바치지 못하는 자는 마포(麻布) 1필을 대신 거두었습

111 오통(五統) : 340쪽 주99 참조.

니다. 올해에는 마포가 몹시 귀하여 백성들이 몸을 가리지도 못하는데, 제멋대로 독촉을 자행하여 반드시 거두고야 말았습니다. 또 창고의 곡식이 썩었다는 명목으로 감사에게 보고하지 않고 마음대로 쌀을 더 거두어 각 호마다 6~7말씩 나누어 정해주었는데, 심지어 환곡 5말을 받고서 13말을 채워 바친 사람도 있었습니다.

임기가 만료되었는데도 여전히 오히려 연연하며 관직을 잃을까 걱정하는 마음에 감사가 순시하여 지나갈 때에 향소(鄕所)에 권유하여 임기를 늘려달라고 요청하도록 하고, 환곡을 바쳐야 하는 마을 백성들과 읍내 사람들을 억지로 시켜 이산(理山)까지 쫓아가서 감사에게 정문(呈文)을 올리게 하였는데, 백성들이 그 명을 따르려 하지 않았기 때문에 정문을 가지고 간 사람이 10명이 되지 않았습니다. 신이 도중에 이미 상세한 내용을 들었으며, 본군의 경내에 들어가 민간에 한번 물어보니, 과연 소문대로였습니다. 어떤 사람은 비록 백성들이 원하지 않았으나 향소에서 핍박하여 그렇게 하지 않을 수 없었다고 하고, 어떤 사람은 태수가 비록 선정을 베푼 것은 아니지만, 일 년 동안 맞이하고 보내는 쇄마(刷馬)[112]의 폐단을 제거하니 역시 잘못된 계책은 아니라고 하였습니다. 그들의 말을 자세히 들어보면 다급하여 책임을 면하려고 한 짓에 불과하니, 마음으로 몹시 놀라 그의 인물됨을 기록합니다.

지금 들어보건대 감사의 장계로 인해 유임하도록 허락하기까지 하였다고 하니, 조정의 이러한 조처가 변방 백성들에게 웃음거리로 전해지는 것을 면하지 못하고, 또 훗날 허위를 일삼는 풍속을 열게 되어 안타깝습니다.

112 쇄마(刷馬) : 342쪽 주104 참조.

벽동 군수(碧潼郡守) 이명립(李詺立)

나이는 70세가 넘어 정신이 어두워 관청 일을 총체적으로 살피지 못하고, 한결같이 향소와 아전들의 말을 따르니, 어떤 일을 아뢰면 다만 "전례대로 시행하라."라고 합니다. 관속(官屬)은 전혀 두려워하지 않고 마을을 함부로 돌아다니며 양식과 재물을 징수합니다. 올해에 환곡을 작목(作木)[113]하라는 명이 내린 뒤로 강변(江邊)의 여러 고을이 대부분 원하지 않았는데, 유독 본군(本郡)에서는 백성들이 원하는지 여부를 묻지 않고 줄여준 환곡을 마포(麻布)로 대납하도록 요청하니, 백성들은 마포가 아주 귀하여 몹시 불편하게 여겼습니다. 그래서 감사가 도를 순시할 때에 이를 호소하니, 감사가 처음에는 민심을 거론하여 해당 조에 보고하였으나, 회하(回下)[114]를 기다리는 사이에 날짜가 아주 오래되었습니다. 민간에서는 베[布]를 마련하지 못하고, 또 환곡도 마련하지 못하여 어찌할 줄을 몰라 대부분 원망하였습니다.

또 산삼 철에 삼군(蔘軍) 5명이 경내의 추구비(楸仇非)의 얕은 여울에서 몰래 건너갔는데 알아챈 뒤에 장관(將官)과 군인 등을 보내어 청나라 경내까지 추적하여 겨우 붙잡았더니, 모두 남쪽에서 온 사람들이었습니다. 즉시 법대로 처리해야 하는데, 삼가지 못한 파수군의 잘못을 덮기 위해 보고하지 않고 제멋대로 놓아 주었습니다. 그 사이에 사람들의 말이 많아 길에 전파되었습니다.

113 작목(作木) : 쌀이나 콩 등의 물종을 무명[木]으로 바꾸어 내게 하는 것을 말한다.

114 회하(回下) : 임금이 어떤 사안을 하달하여 대신의 의견을 물으면 대신이 이를 회계(回啓)하여 임금의 재가를 받은 것을 말한다.

강계 부사(江界府使) 유탄연(柳坦然)

송사를 듣고 판결을 내리는 것이 명쾌하며, 요역을 균등히 하여, 오로지 피폐한 고을을 소생시키고 백성들의 폐단을 제거하는데 힘쓰며 고식적으로 명예를 구하려는 생각을 하지 않았습니다. 부임한 뒤로 두곡(斗斛)의 제도는 한결같이 호조를 따라 바로잡고 각 창고에 나누어 주었습니다. 각 창고에는 예전에 환곡을 간색(看色)[115]하는 도구가 있었는데, 1두(斗)를 담는 것보다 커서 늘 하인들이 훔치는 수단이 되었습니다. 즉시 부숴버리게 하고 반 움큼을 담는 작은 용기를 다시 만들어 단지 간색에 대비하게 하여 묵은 폐단을 제거하였습니다. 그러므로 올해에 환곡을 거두어들일 때 백성들이 모두 잘한 일이라고 칭송하였습니다. 각종 봉상(捧上)하는 물건에 만일 남는 것이 있으면 일일이 본 주인에게 되돌려주고, 감관과 색리를 엄히 단속하여 그 사이에서 농간을 부리지 못하게 하였습니다.

오통(五統)[116]의 점고는 날을 정하지 않고 역시 모이게 하지도 않으며, 늘 불시에 마을과 전답에 가서 점고하였습니다. 이미 정해진 기일이 없기 때문에 백성들이 감히 사사로이 나가지 못하고, 가는 곳에 따라 점고를 하기 때문에 농사에 방해되지 않아 백성들이 몹시 편리하게 여깁니다.

본부의 상평창(常平倉)에는 매년 초피(貂皮) 100령(令)과 인삼 80여 근을 거두어들이는 법규가 있어서 청나라 사신을 대접할 때 참포(站

115 간색(看色) : 물건의 좋고 나쁨을 가리기 위하여 본보기로 그 일부를 살펴보는 것을 말한다.

116 오통(五統) : 340쪽 주99 참조.

布)의 비용과 기타 요역으로 씁니다. 이전에는 거두어들일 때 인삼은 큰 저울을 써서 갑절로 거두어 들여 1냥을 2냥으로 만들고, 초피는 점퇴(點退)[117]하여 갑절로 거두어 1령을 2령으로 만듭니다. 상평창의 정해진 수량을 채운 이외에는 모두 본관의 사적인 비용으로 쓰니, 그 폐단이 적지 않았습니다. 유탄연이 상평창의 감관으로 하여금 눈앞에서 보고 거두어들이게 하여 하나도 점퇴하지 않고 하나도 지나치게 거두는 일 없이 단지 바쳐야 하는 실제 수량을 채워 관청의 창고에 들이고 끝내 하나의 물건도 자기 소유로 하지 않으니, 온 경내의 백성들이 모두 탄복하여 청렴하고 결백하며 선정을 베푼 것이 성이성(成以性)과 강유후(姜裕後)에 못지않다고까지 합니다.

신이 삼가 봉서(封書)를 보니, 수행원의 많고 적음과 공봉(供奉)의 풍요하고 검소함 두 조목에 대해 감사와 병사 이하를 아울러 살펴 아뢰라는 내용이 있었습니다. 그런데 감영과 병영은 모두 청남(淸南)에 있어 신이 맡은 지역이 아니니, 비록 그들이 하는 일을 자세히 들을 수 없었지만, 감사가 막 순시를 하였기 때문에 그가 거쳐 갔던 각 고을에 물어보았고, 병영에 소속된 군사들 중에 청북(淸北)에 있는 자들이 많으니, 역시 물어보아 겨우 들은 내용을 덧붙여 기록하여 아룁니다.

감사 이정영(李正英)이 고을에 행차하는 날에 공봉(供奉)과 수행원

117 점퇴(點退) : 공물을 수납할 때에 품질이 나쁘다는 이유로 받아들이지 않고 퇴짜 놓는 것을 가리킨다.

은 한결같이 상례(常例)를 따랐으며, 비록 줄인 일은 없었으나 별달리 지나치다는 말은 없었습니다. 직무를 맡은 뒤로 술을 끊었는데, 한창 혹독한 추위가 닥쳤는데도 입에 대지 않았다고 합니다. 강변(江邊)의 여러 고을은 우의정 허적(許積)이 관찰사로 재직할 때에 순시한 뒤에는 다시 이어 순시를 한 사람이 없었습니다.

그런데 이번에 이정영이 행차하여 목화(木花), 면포(綿布), 유지의(糯紙衣)[118] 등의 좋은 물건을 가져와 헐벗고 옷 없는 백성들에게 고르게 나누어 주었으며, 또 재주를 시험하여 상을 내려 조정의 덕의(德意)를 선포하니, 민간에서 감동하여 기뻐하지 않는 자가 없었으며, 전하여 서로 칭송하며 보기 드문 성대한 일이라고 하였습니다. 여기에서 고할 데 없는 변방 백성들의 곤궁한 생활과 억울하여 불쌍히 여길 만한 정상을 볼 수 있습니다.

병사 박경지(朴敬祉)는 부임한 초기에 술을 즐기고 여색을 좋아하였으며, 또 쇠약하고 병이 많았기 때문에 관아에서 정무를 본 날이 드물었습니다. 각 관청의 보장(報狀)을 때맞추어 제송(題送)[119]하지 않아 먼 곳에 사는 사람들이 머물러 지체하는 폐단이 많았는데 근래에 비로소 술을 끊었다고 합니다. 또 각 색(色)의 영속(營屬)이 바치는 베〔布〕의 따위를 점퇴(點退)하여 골라 거두니, 이로 인해 제법 원망

118 유지의(糯紙衣) : 원문은 '糯紙尤'인데 문맥에 의거하여 '尤'를 '衣'로 바로잡아 번역하였다.

119 제송(題送) : 상부 기관이 하부 기관에 명령이나 취지를 공문서로 작성하여 보내는 일을 말한다.

하는 말이 있습니다.

신이 또 삼가 봉서를 보니, 삼금(蔘禁)이 엄격한지 여부와 파수(把守)가 긴밀한지 허술한지 역시 살펴서 아뢰라는 내용이 있었습니다. 신이 10월 21일에 출발하여 의주(義州)와 강을 따라 올라가 11월 7일에 비로소 강계(江界)에 도착하였습니다. 그 사이의 각 고을과 각 보(堡)의 파수처를 낱낱이 살펴보니, 의주(義州)와 백마우(白馬隅)와 구룡담(九龍潭)을 제외한 기타 파수처는 모두 이미 철수하였습니다. 그 이유를 자세히 물어보니, 매년 3월부터 9월까지 처음 파수를 설치하여 밤낮으로 떠나지 않다가 낙엽이 다 떨어진 뒤에는 철수하고 돌아간다고 합니다. 비록 이전의 법규가 어떤지 모르겠지만, 의주 역시 9월 20일 이후에 철수하였고, 얼음이 얼어붙은 뒤에 다시 설치하는 기간은 겨우 며칠뿐이었습니다. 그러나 파수를 설치한 흔적을 자세히 살펴보니, 서로 바라보이는 곳에 잇달아 설치하여 빈 막사와 아궁이를 만들었던 흔적이 곳곳에 여전히 남아있었습니다. 산골의 크고 작은 길 역시 도직막(盜直幕)[120]을 설치하였는데 그렇게 하지 않은 곳이 없었습니다. 이를 통해 보자면 올해의 파수는 착실하다고 할 만합니다.

그러나 벽동(碧潼)과 이산(理山)은 오히려 국경을 넘는 일이 발생하였으니, -1자 빠짐- 참으로 놀랄 만합니다. 이는 이익이 존재하는 곳에서는 백성들이 죽음을 두려워하지 않아 금령(禁令)이 비록 엄정하더라도

120 도직막(盜直幕) : 원문은 '道直幕'인데 문맥에 의거하여 '道'를 '盜'로 바로잡아 번역하였다. '盜直幕'은 도둑을 지키는 막을 의미한다.

쉽게 위험을 무릅쓰기 때문입니다. 더구나 각 고을과 각 보(堡)에는 으레 거두어들이는 삼(蔘)이 있고, 또 호조에서 첩(帖)을 지급하여 병영의 약재를 사들이는 것을 허락하였고, 관향(管餉)과 운향(運餉)이 장사하는 것은 해마다 일상적으로 시행하여 어리석은 백성에게 이익의 길을 열어주었습니다. 비록 우리 강역에서만 삼을 캐는 것을 허락한다고 하지만 그 본원을 통렬하게 끊지 못하였으니, 어찌 백성들이 법을 어기는 행위를 금지시킬 수 있겠습니까. 국가에 우환이 생기는 지경에 이르지 않는 것도 다행입니다. 다만 의주 부윤 강유후(姜裕後)와 강계 부사 유탄연(柳坦然)은 오통(五統)[121]의 점고와 파수의 설치를 가장 상세하고 엄격히 한다고 일컬어지며, 심지어 강의 물고기를 먹지 않아 물고기를 잡는 것을 금지하여 막는 것이 몹시 지극하다고 합니다.

신이 삼가 봉서를 보니, 근처 변장(邊將)의 선악을 역시 염문(廉問)하여 아뢰라는 내용이 있었습니다. 압록강 아래 위에 설치한 여러 보(堡)는 모두 신이 맡은 고을의 경내에 있는데, 마음대로 취사선택하기에 어려웠으나, 용천(龍川)의 미곶(彌串)은 길이 아주 멀어 제외하지 않을 수 없었습니다. 구령(仇寧)은 비록 삭주(朔州) 땅이지만, 길가에 위치했기 때문에 다른 사람에게 의지하여 낱낱이 물어보았습니다.

염문한 곳은 모두 37곳인데, 그 가운데 인산(麟山), 운두리(雲頭里), 우구리(牛仇里), 추구비(楸仇非), 대징포(代澄浦), 마마해(馬馬海) 6곳은 아주 험준한 강기슭에 있기도 하고 몹시 궁벽한 산골짜기에 있기도 하여 비록 직접 그곳에 가보지는 못하였으나 역시 인접한 보

121 오통(五統) : 340쪽 주99 참조.

(堡)와 근처 마을에 물어서 갖추어 기록하여 아뢰니다. 군액(軍額)을 점검하고 무기를 살펴보는 일은 성상의 하교가 없었을 뿐 아니라, 또 근래에 서쪽 변방에서 깊이 숨기는 일입니다. 신이 이에 대해 마음이 없는 것은 아니지만, 끝내 감히 마음대로 할 수가 없어 아울러 이렇게 아뢰니다.

만포 첨사(滿浦僉使) 홍우량(洪宇亮)

자신을 청렴하게 단속하여 한 가지 물건으로도 자신에게 누를 끼치지 않아 부하 관원이 비록 사적으로 물건을 바쳐도 그때마다 타일러 물리쳤으며, 관청 밖에서는 비속(裨屬) 및 하인들과 사적으로 만나거나 말을 나누지 않아 한쪽의 말만 듣는 길을 단절하였습니다. 진(鎭) 안의 토졸은 본래 농사를 게을리 하였는데, 농사에 힘쓰도록 권하여 매일 새벽 성문에 올라 늦게 나오는 자가 있으면 즉시 회초리를 쳐서 경계하였습니다. 이로 인해 올해에 비록 곡식이 여물지 않았으나 본진(本鎭)은 다른 곳보다 형편이 조금 나은 편입니다. 얻게 된 피물(皮物)은 때때로 재주를 시험하여 군졸에게 상으로 나누어 주었습니다.

본진에서 해마다 으레 거두어들이는 삼(蔘)은 모두 관청의 창고로 들여 면포 2동(同) 정도와 교환하여 먼저 옷이 없는 토병에게 지급하도록 허락하였습니다. 또 종전에 독수리의 깃〔鷲羽〕과 수령을 맞이하고 전송할 때 필요한 말과 사람을 마련하는 비용으로 토병이 진 빚을 갚아 주었으며, 또 그 나머지는 토병에게 주어 체직되어 돌아갈 때 쇄마(刷馬)를 준비하는 비용을 미리 준비하여 베를 내는 폐단을 제거하니, 온 진이 그의 공정함과 청렴함에 깊이 감복하여 칭송하지 않는 자가 없으며, 칭송하는 소리가 길에까지 퍼졌습니다.

고산리 첨사(高山里僉使) 신양(申瀁)

부임한 지 오래되지 않았는데, 제법 무기를 잘 보수하였으며, 진졸(鎭卒)을 아끼고 잘 돌본다는 칭송이 있습니다. 다만 새로 승진한 토병 4명이 금군(禁軍)이 되자 소 4마리를 바치고 술을 1섬 빚었는데, 그대로 소 2마리를 잡아 호궤(犒饋)한 지 얼마 되지 않았으니, 일에 명분이 없어 칭송을 구한 데에 가깝습니다.

상토 첨사(上土僉使) 박후선(朴後詵)

부임한 지 겨우 사흘이 지났습니다.

전 첨사(前僉使) 김찬선(金纘先)

재임한 기간 동안 오로지 침탈을 일삼았고, 토병에게는 1명마다 강제로 삼(蔘) 1냥을 징수하였으며, 가난하여 바치지 못하는 자에게는 반드시 각박하게 독촉하여 정해진 수량대로 거두고야 말았습니다. 또 붙잡혀 갈 때에 금부 서리(禁府書吏)에게 지급할 비용과 심리를 받으러 갈 때 필요한 비용이라는 명목으로 토병에게 도합 5동(同)의 품질 좋은 무명〔木〕을 거두었습니다. 토병의 원래 인원수는 40여 명이기에 늘 각각 5~6필씩을 내었고, 쇄마(刷馬)의 수 역시 9필에 이르러 원망과 비방이 지금까지 그치지 않고 않습니다.

아이 첨사(阿耳僉使) 안진(安鎭)

탐욕스럽고 포학한 유성기(劉成奇)[122]의 뒤를 이어 사졸을 아끼고 잘

돌봐주어 침탈한 일이 없어 제법 칭송이 있었습니다.

벽단 첨사(碧團僉使) 유천주(柳天柱)

부임한 이후로 관청의 일을 잘 다스려 다른 곳으로 이주하여 다른 신역(身役)에 투탁(投托)한 진속(鎭屬)을 모두 되찾았습니다. 늘 요미(料米)를 나누어 주어 굶주린 병졸을 구휼하였으며, 연로한 부모를 모시고 있는 토병이 있으면 자신이 얻은 음식을 반드시 그에게 주니, 온 진이 감탄하여 매우 칭송하는 말이 있습니다.

창주 첨사(昌洲僉使) 백승윤(白勝潤)

사람됨이 굳세고 꼼꼼하며, 일처리가 상세하여 진중(鎭中)에서 사용하는 모든 도구를 요량하여 마련하여 제법 모양새를 갖추었습니다. 요미(料米)를 지출(支出)[123]하여 토병 네 사람이 빚진 환곡을 갚아주었으며, 사사로운 일을 일삼지 않았으며, 사적으로 바치는 물건을 받지 않았습니다. 이전부터 본진에는 글을 아는 토병이 없어 보고할 문서가 있으면 직접 쓰는 일을 면하지 못했는데, 백승윤이 부임한 뒤로는 토병의 자제들을 선발하여 글자를 가르쳐 이미 효과를 거두었습니다. 부임한 지 일 년 만에 제법 인심을 얻어 칭송하는 소문이 자자하게 퍼졌습니다.

122 유성기(劉成奇) : 원문은 '劉承奇'인데 人名에 의거하여 '劉成奇'로 바로잡아 번역하였다. 《승정원일기》 현종 2년 4월 12일 기사를 참조하면 안진 이전에 아이 첨사(阿耳僉使)를 역임했던 사람은 유성기(劉成奇)이다.

123 지출(支出) : 원문은 '指出'인데 문맥에 의거하여 '指'를 '支'로 바로잡아 번역하였다.

인산 첨사(麟山僉使) 최국주(崔國柱)

부임한 지가 오래되지 않았는데, 토졸이 편안하다고 칭송하며, 집이 비록 아주 가까우나 폐해를 끼치는 일을 듣지 못하였습니다.

청성 첨사(淸城僉使) 조극건(趙克健)

여러 차례 변장을 역임하여 토병의 괴로움을 잘 알아 늘 아끼고 잘 돌보아주며 관대하게 대하고 가혹하게 굴지 않아 제법 삼가고 조심한다는 명성이 있습니다.

방산 만호(方山萬戶) 유여량(柳汝樑)

포폄(褒貶)[124]이 다가오자 체직당할까 두려워 늘 토병으로 하여금 가피(椵皮)를 마련해오게 하여 날마다 얽어서 물건을 담는 삼태기를 만들게 하였습니다. 함부로 형장을 치고 일마다 지나치게 독촉하여 사졸들이 모두 침탈한다고 원망합니다.

옥강 만호(玉江萬戶) 방계남(方繼男)

토병의 아내를 빼앗아 자신의 첩으로 삼으려고 온갖 방법으로 위협하고 겁박하였으며, 남편에게 여러 차례 곤장을 쳤습니다. 남편이 도망치자 도리어 본부에 하소연하였으니, 패악한 실상을 차마 말할 수 없습니다. 또 토병으로 하여금 인원마다 개가죽 1영(令)을 바치게 하고 매질하며 독촉하니, 원망하는 소리가 자자합니다.

124 포폄(褒貶) : 301쪽 주53 참조.

추파 만호(楸坡萬戶) 양계윤(梁繼潤)

토병을 침탈하고 담비 가죽과 산삼을 마구 징수하였습니다. 10월 23일에는 빚을 갚는다는 명목으로 산삼 5냥과 담비 가죽 2령을 싸서 병졸 한 명을 따로 도성으로 보냈으며, 이어 자기가 타던 말에 담비 가죽과 산삼 및 피물(皮物)을 한 바리 실어 안주(安州)의 본가로 보냈다고 합니다.

청수 만호(靑水萬戶) 김려한(金麗漢)

군졸을 위로하고 아껴 형장을 치는 일이 드물며, 비록 드러나는 치적은 없지만, 역시 비방하는 말도 없습니다.

수구 만호(水口萬戶) 김시읍(金時揖)

다만 녹봉만을 받아먹고 보졸(堡卒)을 침탈하지 않아 제법 칭송하는 말이 있습니다.

구령 만호(仇寧萬戶) 이제대(李濟大)

직무를 수행하면서 일상적인 규례를 따르며 달리 비방하거나 칭송하는 말이 없습니다.

건천 권관(乾川權管) 김충백(金忠白)

보(堡)가 한가하여 특별한 일이 없어 날마다 활쏘기를 일과로 삼았습니다. 몇 명의 토병에게 심부름을 시킨 일을 제외하고는 조금도 침탈한 일이 없어 온 보(堡)에서 편안하다고 칭송합니다. 또 활을 잘 쏘고 용력이 뛰어나 칭송하는 사람들이 많습니다.

갑암 권관(甲巖權管) 이정립(李廷立)

보(堡)는 보잘 것 없고 직분이 미미하여 비록 볼만한 능력은 없으나, 자신의 책무를 지키고자 하여 남에게 굴복하지 않습니다. 토병 중에 본관에 의해 침탈을 당하는 경우가 있으면 법을 내세워 따르지 않습니다. 사람들이 굳세고 과감한데다 재주가 있으며 보졸(堡卒)을 아끼고 잘 돌본다고 칭송합니다.

운두리 권관(雲頭里權管) 원계선(元繼善)

8개월의 재임기간 동안 가혹하게 침탈한 일이 없어 토졸이 편안하다고 칭송합니다.

묘동 권관(廟洞權管) 임의신(林義信)

보잘 것 없는 보(堡)를 삼가 지키며 토졸을 침탈하지 않았습니다.

어정 권관(於汀權管) 한유신(韓由信)

직무를 수행하며 일상적인 법규를 따르며 달리 비방하거나 칭송하는 말이 없었습니다.

우구리 권관(牛仇里權管) 함승호(咸承豪)

재임한 지 이미 오래인데, 제법 보졸(堡卒)을 아껴 칭송이 있고 비방은 없습니다.

대길호리 권관(大吉號里權管) 한효선(韓孝善)

토병이 아주 적어 보(堡)의 모양새를 갖추지 못했으나, 분수에 따라 직분을 지키며 포학을 부리지 않습니다.

소길호리 권관(小吉號里權管) 윤정익(尹廷翼)

부임한 뒤로 아내의 상이 났다는 말을 듣고는 그대로 마음의 병을 앓아 토병을 질책하여 잘못된 행동이 많았으나, 달리 침탈한 일이 없어 원망하고 고통스러워하는 데까지는 이르지 않았습니다.

추구비 권관(楸仇非權管) 신빈갑(辛贇甲)

직무를 수행하면서 일상적인 규례를 따라 비방도 없고 칭송도 없습니다. 다만 삼군(蔘軍)으로 몰래 국경을 넘은 자를 비록 알아채고 쫓아가 잡았으나 애당초 파수가 엄정하지 않다는 것은 이를 근거로 알 수 있습니다.

대파아 권관(大坡兒權管) 최린(崔嶙)

직무를 수행하면서 삼가고 조심하여 군졸을 잘 돌보고 아껴주니, 온 보(堡)가 편안하여 제법 칭송하는 말이 있습니다.

소파아 권관(小坡兒權管) 장의행(張義行)

토졸을 포학하게 부리고, 형장을 남용하며 가을부터 겨울까지 날마다 매사냥을 멈추지 않아 토졸의 겨울옷이 다 헤어져 원성이 아주 많으며, 사냥으로 얻은 말린 꿩〔乾雉〕을 모아서 안주(安州)의 본가로 실어 보냈습니다. 또 자기의 옷감을 감사에게 요청하여 면화(綿花)를 받아왔는데, 3냥이 부족하다는 이유로 짊어지고 온 토병을 감금하고 품질 좋은 무명〔木〕 3필을 징수하기까지 했으니, 듣고 놀라지 않은 사람이 없었습니다.

광평 권관(廣坪權管) 김인남(金仁男)

부임한 이후로 토병의 궁핍한 처지를 잘 구휼해주었으며 한 번도 침탈하거나 폐해를 끼친 일이 없었습니다. 심지어 요미(料米)를 나누어 번을 서는 병졸로 양식이 없는 이에게 보태주니 온 보(堡)에 칭송하지 않는 자가 없습니다.

산양회 권관(山羊會權管) 이후광(李後廣)

이산군(理山郡)에서 보낸 사냥꾼이 보(堡) 앞의 멀지 않은 곳에서 국경을 넘어갔는데 금지하지 못하고 또 보고하지 않았으니, 이미 직무를 잘못한 것입니다. 가을부터 겨울까지 오랫동안 꿩 사냥을 일삼아 토병의 겨울옷이 다 해져 고충을 견디지 못합니다. 심지어 토병으로 하여금 차례로 돌아가며 입마(立馬)[125]하게 하여 날마다 타고 나가 사냥하는 광경을 보았습니다. 또 본가로 보낼 말짐을 토병에게 책임지워 마련하게 하고 엄하게 곤장을 쳐서 독촉하였습니다. 토병 몇 사람이 일 년 동안의 번을 면제받고 각자 품질 좋은 무명 6필을 바쳤는데, 이로 인해 번을 서는 인원이 줄어 유난히 침학을 받아 쉴 틈이 없어 괴로워 이미 도망친 사람이 두 명이나 됩니다.

125 입마(立馬) : 각 역(驛)에서 역마(驛馬)를 길러서 대기시키는 일. 역마는 대개 그 고을의 목장(牧場)에서 공급받아 역의 구사(廐舍)에서 길렀으나, 부족할 때에는 민간의 말을 대용하기도 하였다. 입마의 역(役)은 역리(驛吏)가 전담하였으나, 때로는 향호(鄕豪)와 정병(正兵)에게 일정 기간 동안 책임을 지우기도 하였다.

가을헌 권관(加乙軒權管) 양순영(梁順泳)

사람됨이 몹시 졸렬하여 보(堡) 전체에 기강이 없으나, 토졸에게 해를 끼치는 데 이르지는 않았습니다.

직동 권관(直洞權管) 이견봉(李堅奉)

직무를 수행함에 부지런하고 조심하며 제법 토졸을 아껴 칭송만 있고 비방은 없습니다.

오로량 권관(吾老梁權管) 이준영(李俊英)

수가 적은 토병을 포학하게 부리고 가혹하게 침탈하여 번을 교대하여 휴식하는 때가 없으며, 유배 온 포수에게 날마다 강제로 녹피(鹿皮) 1영을 징수하여 원망하는 말이 아주 많습니다.

벌징포 권관(伐澄浦權管) 김후립(金後立)

휘하의 병졸들에게 관대하여 포학하게 부리지 않으며, 부임한 지 몇 개월 되었는데, 칭송만 있고 비방은 없습니다.

건자포 권관(乾者浦權管) 박효견(朴孝堅)

데려온 사람이 많게는 7명이나 되는데 요미(料米)가 부족해지자, 토병 몇 사람에게 쌀을 바치고 번을 면제 받게 하여 번을 서는 사람의 수가 적어 바빠서 틈이 없습니다. 굶주림과 추위를 생각지 않고 날마다 꿩을 사냥해오라고 독촉을 하니, 토병이 모두 원망하고 고통스러워합니다.

외질괴 권관(外叱怪權管) 이백(李白)

직무를 수행하면서 일상적인 규례를 따라 토졸들이 편하다고 말합니다.

등공구비 권관(登公仇非權管) 윤시흥(尹時興)

삼(蔘)을 캘 시기에 술을 빚고 음식을 마련하여 토졸을 두루 먹이고, 또 요미(料米)를 토졸들에게 나누어주고는 이리저리 꼬드기고 교묘하게 거두어들여 얻은 양이 가장 많으니, 토졸들이 모두 이익을 독차지하는 행위를 원망하고 탐욕만 부리는 행위를 비루하게 여깁니다.

이동 권관(梨洞權管) 양지전(梁之傳)

부임한 지 하루밖에 되지 않았습니다.

전 권관(前權管) 김숭건(金崇健)

본보(本堡)의 토병은 단지 12명으로 가난하여 살아갈 방도가 없는데, 포학하게 담비가죽과 인삼을 거두어 들였습니다. 심지어 강계 부사(江界府使)에게 질책을 받았는데도 멈출 줄을 몰랐습니다. 돌아갈 때 담비가죽과 인삼 및 피물(皮物)을 한 바리 가득 채워서 갔다고 합니다.

종포 권관(從浦權管) 조준길(趙俊吉)

부임한 뒤로 형장을 자주 쳐서 토졸이 제법 원망하는 말이 있습니다.

마마해 권관(馬馬海權管) 김영발(金英發)

부임하지 몇 개월밖에 되지 않아 아직 비방과 칭송이 드러나지 않았습니다.

문정공유고

제7권

서계 書啓
장계 狀啓
계사 啓辭

서계 書啓

강화도의 번고에 대한 별단[1] 갑진년(1664, 현종5)

江都反庫別單 甲辰

신이 삼가 살펴보건대, 강화도의 형세는 사면의 해안이 평탄하여 왕래하는 선박이 곳곳에 정박할 수 있으니, 방비하기에 어려운 점은 바로 여기에 있습니다. 해안 일대에 벽루(壁壘)를 많이 설치하되 서로 간의 거리를 멀지 않게 하여 호응하여 의지하게 하고, 들어가서 지키는 병력이 이곳을 점거하여 방비한 뒤에야 만전을 기하여 반드시 지킬 수 있을 것입니다. 또 벽루는 꼭 돌로 쌓을 필요가 없고 지나치게 높게 쌓을 필요가 없으니, 흙을 이용하여 두텁게 쌓고 높이를 한 길 정도 하면 역시 방비하기에 충분히 여유가 있을 것입니다. 이 일은 성상께 번거롭게 아뢸 사안은 아니니, 오직 조정에서 유의하여 잘 처결하는 데 달려 있습니다.

1 강화도의……별단 : 이 글은 민유중이 갑진년(1664, 현종5)에 강화 어사로 나갔을 때 올린 별단(別單)으로, 본서 권6 〈강화어사시서계江華御史時書啓〉와 중복되는 부분이다.

모든 방비하는 곳에는 모두 소속된 여러 고을의 군병이 있어 일이 발생하면 징발하여 들어가서 지키도록 하는데, 유독 강화도만은 이런 법규가 없습니다. 삼가 생각건대 조정에서 이 점을 생각하지 않는 것은 아니고 간혹 그 사이에 생각을 하였지만, 신의 생각으로는 아마도 소략한 잘못을 면하지 못한 듯합니다. 강화도와 이웃하고 있는 경기도와 황해도의 군과 현은 모두 배 한 척으로 다닐 수 있는 가까운 거리에 있으니, 부르면 모을 수 있고 멀어도 하루 이틀 정도면 왕복할 수 있습니다. 만일 여러 고을에 편성된 병졸을 강화도에 소속시켜 관리를 받게 하고 미리 호령을 정하여 한결같이 다른 방비하는 곳의 예를 따라 거행하게 하면 일이 발생하기 전에 대비를 갖추어 급박한 순간에 방비하지 못하는 근심이 없을 것입니다. 정축년의 일[2]을 귀감으로 삼을 만하니, 바라건대 묘당으로 하여금 심사숙고하여 속히 처결하게 해 주소서.

강화도는 물살이 매우 급하여 왕래하는 선박이 반드시 조수를 따라 오르락내리락하여 사람의 힘으로는 억지로 할 수가 없습니다. 반드시 전선(戰船)을 물살의 위와 아래에 많이 배치한 뒤에야 위급할 때에 조수의 진퇴를 살펴 오르락내리락하면서 형세를 보아 변화에 대응할 수 있습니다. 그러나 월곶(月串), 제물(濟物), 용진(龍津), 초지(草芝), 광성(廣城), 승천(昇天), 인화(寅火)등의 진(鎭)과 보(堡)는 원래 전선이 없고 다만 비변사의 선박을 지급하여 그 선박에 방패

2 정축년의 일 : 1637년(인조15)에 청나라 군사들에게 강화도(江華島)가 함락된 사건을 말한다.

를 설치하여 전선으로 만드는데, 그 제도가 맞지 않으니 전선을 완비하는 것만 못합니다. 매년 봄부터 겨울까지 오랫동안 고기잡이를 하러 나가니, 갑작스레 발생하는 변란에 대비하는 방법도 아닙니다. 지금 전선을 넉넉히 만들어 각 진영에 나누어 주어 위급한 상황에 대비하는 도구로 삼아야 합니다. 신이 본부의 백성들이 전하는 말을 들어보니, 정축년 난리에 적의 전선 2척이 정포(井浦)의 전선에 의해 전복되었다고 하니, 전선의 이로움을 여기서도 알 수 있습니다. 조정에 일이 많아 비록 이와 같은 일에 겨를이 없겠지만 역시 미리 대비하지 않아서는 안 됩니다.

강화도는 땅이 척박하고 백성들이 빈곤하여 환곡을 받기만 일삼고, 관원도 차마 완강하게 거절하지 못하니, 처음에 과다하게 나누어 줌으로 인해 뒤에 포흠(逋欠)난 수량이 점점 불어나는 결과를 초래하였습니다. 1년에 지급하는 수량이 늘 2만 섬을 밑돌지 않기 때문에 비록 섬 전체의 민전(民田)에서 생산되는 미곡을 다 모아도 오히려 관청에 갚을 미곡을 바치기는 부족하니, 그 폐단을 염려하지 않을 수 없습니다. 지금부터는 늘 미곡을 대여해 줄 때에 그 섬수를 정하여 아뢴 이후에 창고를 개방하는 일을 남한산성의 예에 따르는 것이 마땅할 듯합니다.

현재 보유한 각종 화기(火器)의 수량은 비록 여유가 있는 듯하지만, 연해의 수비 지역에 소용되는 수량을 한번 헤아려보건대 오히려 부족하니, 미리 계획하여 그 수량을 더 갖추지 않아서는 안 됩니다. 그 가운데 불랑기(拂狼機)[3]는 오련자포(五連子砲)[4]와 번갈아 발사할 수 있어서 급박한 용도에 가장 적합하니, 별도로 넉넉히 제조하는 것이 마땅할 듯합니다.

본부의 별파진(別破陣)[5]은 설치한 지가 이미 오래되었으니, 애초에 아무 뜻이 없이 설치한 것이 아닌데, 전후 관원의 의견이 각기 달라 어떤 경우에는 재주를 시험하여 정원수를 줄이고, 어떤 경우에는 문서를 살펴 도로 예전의 정원수를 채우기도 하다 보니 훈련을 시켜 성취시키는 방책이 전혀 없어 있으나마나 합니다. 이 때문에 그 인원들도 훈련에 전념하지 않아 백 명 중에 화포를 다루는 방법을 이해하는 사람이 몇 사람에 불과합니다. 화기(火器)는 항상 쓰이는 군기(軍器)와 달라 평소에 익숙히 다룬 사람이 없으면 다만 하나의 쓸모없는 물건일 뿐이니, 급한 변고가 생기면 무슨 도움이 되겠습니까. 또 각 진(鎭)에 모두 별파진을 나누어 지정해두어 그들로 하여금 각각 스스로 관리하게 하여 늘 화포를 다루는 방법을 강습하게 하였는데, 명칭만 존재할 뿐 실제로 하는 일이 없습니다. 신의 소견으로는 조정에서 본부로 하여금 각처에 나누어 소속되어 있는 인원수를 헤아려 정원수를 정하여 문서를 작성해 비변사에 보고하고 결원이 생기면 곧바로 채우게 하며, 또 늘 훈련을 권장하고 성취를 면려하여 오로지 형식을 차리기만 일삼지 말고 반드시 숙련된 정도에 따라 등급을 매겨

3 불랑기(拂狼機) : 조선 중기에 제작된 서양식 청동제 화포로, 발사틀의 구실을 하는 모포(母砲)와 실탄을 장전하여 모포에 삽입, 발사하는 자포(子砲)로 분리된다.

4 오련자포(五連子砲) : 수철(水鐵)로 제작된 총신 다섯 정을 한 포판(砲板)에 고정함으로써 다섯 발을 동시에 장전(裝塡)하고 발사할 수 있는 장점이 있는 포이다.

5 별파진(別破陣) : 군기시(軍器寺)와 각 군영 등에 편재된 군사 조직으로, 포(砲)와 같은 화기(火器)를 다룬 것으로 보인다.

그에 따라 상과 벌을 내려야 한다고 생각합니다. 그리고 때때로 도성으로 소집하여 성취한 재주를 시험하여 더욱 뛰어난 자를 선발하여 별도로 상을 내린다면 그들이 반드시 분발하고 다투어 스스로 노력할 줄 알게 될 것이니, 결국에는 성취하는 실효를 거둘 것입니다.

본부와 각 진의 군기(軍器)는 그 수량이 이미 많으며, 또 화약 및 연환(鉛丸)이 들어있는 궤(櫃)와 각종 화포의 종류는 모두 무게가 너무 무거워 운반하기가 어렵습니다. 평상시에는 보관하여 손상이 없게 하는데 불과할 뿐이지만, 위급한 일이 발생하면 마땅히 각처에 나누어 운반하여 군병들에게 흩어주어야 할 것입니다. 그런데 어깨에 짊어지거나 손으로 들고 옮기게 하는 것은 형세상 그럴 겨를이 없으니, 운반하는 도구를 미리 마련하지 않아서는 안 됩니다. 본부로 하여금 몇 사람의 힘으로 끌 수 있는 작은 수레 수십 대를 별도로 만들어 본부의 내부와 각 진에 나누어 배치하여 위급한 상황에 쓸 수 있도록 대비해야 합니다.

경상 우도 어사로 나갔을 때의 별단[6]

慶尙右道御史時別單

신이 4월 18일에 대행대왕(大行大王)[7]에게 명을 받아 경상우도를 염찰(廉察)하였습니다. 이번 달 11일에 진해현(鎭海縣) 경내에 이르러 시골 마을을 출입할 때에 갑자기 대행대왕께서 승하하셨다는 소식을 듣고는 현관(縣官)으로 달려 들어가 북쪽을 바라보며 통곡하였으니, 오장(五臟)이 찢어지는 듯하며 타는 듯하였습니다. 정신이 없던 와중에 중대한 명을 받은 것을 생각할 겨를이 없어 곧장 빈전(殯殿) 아래로 달려가 통곡하고 울부짖으며 신하로서 망극한 마음을 펴고자 하였습니다. 그날로 길을 나서서 밤낮으로 속히 말을 달렸으나 중간에 강에 가로막혀 6일이 지나서야 비로소 대궐에 도착하였는데, 궁검(弓劍)[8]은 이미 멀어져 뒤따르려 해도 미칠 수가 없었으니, 하늘이 끝나도록 1자 빠짐 지극한 고통이 어찌 끝이 있겠습니까.

그리고 삼가 생각건대 신이 받은 봉서(封書)에 수령과 변장(邊將) 및 주사(舟師) 등의 일을 염찰하여 아뢰라는 명이 있었습니다. 신이 이미 들른 곳은 겨우 열한 개 고을인데, 이외에 세 고을과 다른 여러

6 경상……별단 : 이 글은 민유중이 1659년(효종10)에 경상 우도 어사로 나갔을 때 올린 별단으로, 본서 권6에 〈경상우도어사시별단(慶尙右道御史時別單)〉이라는 동일한 제목으로 실려 있다.

7 대행대왕(大行大王) : 효종(孝宗)을 말한다. 민유중은 1659년(효종10)에 경상우도 어사로 나갔으며, 도중에 효종의 승하 소식을 들었다.

8 궁검(弓劍) : 310쪽 주60 참조.

건의 일은 모두 살필 겨를이 없었습니다. 갑자기 대행대왕의 승하 소식을 듣고 허둥지둥 달려가 곡을 하느라 맡은 일을 마치지 못하여 복명할 수가 없으니, 신의 마음이 편치 못할 뿐만이 아닙니다.

또 듣기로 대관(臺官)이 이미 여러 도의 어사(御史)가 모두 일을 마치게 하도록 청하였더니, 윤허하는 전지가 내려졌다고 합니다. 신은 명을 저버리고 지레 돌아왔으니, 무거운 처벌을 받아야 마땅합니다. 그러나 이미 방문했던 곳은 감히 내버려두고 아뢰지 않을 수 없기에 삼가 이렇게 베껴 써서 올립니다. 받은 봉서(封書)는 미처 다 봉행하지 못한 사항이 있으니, 의리상 사적으로 지니고 있을 수도 없지만 역시 감히 경솔하게 도로 바칠 수도 없습니다. 신이 삼가 스스로 봉서를 잘 간직하여 우러러 지시를 기다리니, 혹여 다시 가서 어사의 임무를 마치도록 허락해주시는 것이 역시 신의 간절한 바람입니다. 신은 슬픔에 눈물을 흘리고 두려움에 떨며 죄를 기다리는 지극한 마음을 견딜 수가 없습니다.

환과고독(鰥寡孤獨)[9]에게 음식물을 내려주라는 명은 조정에서 특별히 진휼하는 지극한 뜻입니다. 당초에 수령이 뽑아내어 성책(成冊)하고 감사에게 보고하였는데, 감사는 이러한 부류가 뒤섞이기 쉽고 또 음식물을 마련하기가 어렵다고 여겨 여러 차례 각 관청으로 하여금 그 수량을 줄이도록 하여 반드시 한 사람이 네 가지의 궁핍한 실상을 겸한 뒤라야 지급해주도록 허락하였습니다. 이로 인해 각 고을

9 환과고독(鰥寡孤獨) : 예로부터 곤궁한 백성을 대표하는 네 가지로 홀아비, 과부, 고아, 자식 없는 늙은이이다.

에서는 많아도 10여 명을 넘지 않고 적게는 6~7명 또는 4~5명에 그쳤습니다. 신이 방문한 열 한 곳의 고을 중에 상주, 개령, 고령, 하동만이 명을 내린대로 거행하였으며, 곤양도 거행하기는 하였으나, 다만 이미 성책을 올리고도 음식물을 지급하지 않은 사람이 3명이었습니다. 진주는 환과고독을 놓아두고 노인과 병든 사람만 뽑아 한 차례 구휼했을 뿐입니다. 문경, 성주, 합천, 고성, 진해는 민간에서 조정이 환과고독에게 음식물을 지급하라는 명을 내렸는지 전혀 모르고 있었습니다.

양호(兩湖)의 굶주린 백성들 중에 영남에서 유랑하며 구걸하는 자의 수가 매우 많습니다. 상주 등 몇 고을의 수령 이외에 그 나머지 각 관청에서는 무관심하게 보고서 구제하려 하지 않습니다. 때문에 그들은 동서를 떠돌며 머물 곳이 없어 이삭을 줍고 풀을 먹으니, 곳곳이 다 그러한 실정입니다. 곤양과 진주의 경내로 말하자면 이미 소와 말을 훔친 일이 발생하여 도처에서 붙잡히고 있습니다. 백성들이 생업을 잃어 곤궁해지면 지나친 행동을 하는 것은 본디 괴이한 일이 아닙니다. 또 훔치는 일로 끝나지 않고 반드시 강도짓을 하게 되고, 강도짓으로 끝나지 않고 도적질을 하는데 이를까 염려되니, 만일 지금 상황에서 잘 해결하지 않으면 반드시 훗날 끝없는 근심을 불러올 것이기에 이 역시 유념하지 않아서는 안 됩니다. 신이 길에서 매번 떠도는 백성을 만나면 처자식을 손에 잡고 짐을 짊어진 행렬이 이어졌습니다. 거주지와 역명(役名)을 물어보니, 대부분 양호의 군대에 편입된 병졸이라 고향으로 돌아가도록 권하면 그때마다 싫어하고 괴로워하는 기색을 드러내며 도리어 놀고먹으며 한가로이 지내는 것을 좋은 계책으로 여깁니다. 신의 어리석은 소견으로는 즉시 도신(道臣)을 신칙하여 각 관청으로 하여금 유랑하는 백성들을 찾아 물어서 별도로 구제하고, 편안히 모여 살도록 타일러 어지럽게 흩어지지 말도록 하며, 이어 성명과 본향(本鄕)을 기록하여 가을이 되기를 기다려 쇄환하고, 그대로 머물러 살기를 바라는 자는 역시 허락해주는 것이 편의에 마땅할 듯합니다. 삼가 조정에서 유념하기를 바랍니다.

신이 본도의 진휼에 대해 자세히 물어보니, 노인에게는 2분(分)을 지급하여 진휼하고, 젊은이에게는 3분을 지급하여 진휼한다고 하니, 노인과 젊은이 사이에 현격하게 차이가 납니다. 이는 감사가 분부하고 수령이 봉행한 것이니, 그들의 생각으로는 젊은이는 농사에 힘을 써야하기 때문에 노인보다 넉넉하게 지급해 준 것이라고 여깁니다. 그러나 신의 생각으로는 먼 지역의 풍속이 무식하여 효도를 일으키는 풍속이 없는데, 관가에서 하는 일이 노인을 봉양하는 정책을 제대로 실행하지 못하였으니, 백성들을 인도하는 방법이 아닌 듯합니다. 조정에서 본도에 신칙하여 이후로 진휼할 때에 노인과 젊은이를 구분하지 말고 동일하게 시행하기를 바랍니다. 신이 들렀던 해안 인근의 고을은 모두 국가에서 소나무를 기르는 곳인데, 크고 작은 여러 산이 모두 벌거숭이가 되어 큰 나무가 없었습니다. 거주하는 백성들에게 물어보니 모두 관가에서 비록 금령이 있었지만, 품관(品官)과 마을 사람들이 다들 베어갔다고 하였습니다. 이전에 들어보니 조종조에는 산에 대한 금령이 아주 엄격하여 재목이 무성하였는데, 임진년(1592, 선조25)과 정유년(1597, 선조30)[10]의 급박했던 시기에 전선을 제조할 때에 모두 여기에서 마련하였습니다. 지금 보건대 당장 전선을 제조할 재목도 오히려 모자랄까 걱정이니, 갑자기 급박한 상황이 일어나면 어떻게 마련하겠습니까. 고성(固城)의 동서쪽에 역시 벌목을 금지한 산이 있는데, 지난번에 산 아래의 점민(店民)등이 풀을 베고 칡을 채취하기 위해 불을 놓기를 요청하니, 통제사 조필달(趙必達)이 대뜸 허락하여 산 전체가 다 타버려 남은 소나무가 없습니다. 이는 백성들의 칭송을 구하는 데에서 나온 것으로 실로 국가를 위한 깊고 원대한 계책은 없으니, 진실로 너무나 놀랍습니다. 지금부터는 통제사와 수사를 신칙하여 더욱 엄정히 벌목을 금지시키고 만일 어기는 자가 있으면 별도로 엄히 처벌하소서.

지난해 조정에서 갑자기 흉년을 만나 백성들을 불쌍히 여겨 외방에서 공납하는 물건을 조금 덜어주고 세폐(歲幣)[11]로 바치는 세포(細布)와 차목(次木)[12]을 전부 특별히 줄여주었습니다. 또 군병의 훈련을 정지하게 하고 구휼정책을 강구하여 시행하며 타이르고 신칙하는 말이 간곡하여 덕음(德音)이 미치는 곳에 공경히 받들지 않음이 없었습니다. 감사는 감영에 저장된 것을 덜어 피폐한 고을의 민역(民役)을 보조해 주었고, 수령도 공부(公賦)를 제법 줄여서 애써 스스로 마련하여 눈앞의 급한 상황을 해결하였으니, 마을은 편안하여 요역의 고충을 몰랐습니다. 비록 굶주려 몹시 궁핍한 지경에 이르더라도 몸

10 임진년과 정유년 : 임진왜란과 정유재란을 말한다.

11 세폐(歲幣) : 조선 시대에 매년 음력 10월 중국에 가는 사신이 가지고 가는 공물(貢物)을 말한다.

12 차목(次木) : 상목에 비해 품질이 다소 떨어지는 무명을 말한다.

에 얽매인 것이 없어 각자 살아날 방도를 도모하여 굶주려 죽을 근심을 면하였습니다. 어리석은 백성이 비록 임금의 덕택으로 시행된 줄을 모두 알지는 못하지만, 그 중에 역시 나라의 은혜를 감사하게 받들어 끊임없이 칭송하는 자들이 많습니다. 지난번 조정에서 구휼하는 정책이 없었다면 재해를 입은 고을의 백성들은 모두 죽었을 것입니다.

다만 신이 자세히 들어보니, 들렀던 여러 고을의 평년 대동법의 규례는 출역(出役)이 크게 차이가 있어 1년에 한 번 징수하는 곳도 있고, 1년에 두 번, 네 번 징수하는 곳도 있었습니다. 8결(結)마다 1년에 출역하는 수량을 정하는데, 많은 경우에는 20필, 적은 경우에는 10여 필, 가장 적은 경우는 8필이며, 또 이외에 불시에 더 징수하는 경우도 있습니다. 이는 고을에 규모의 차이가 있고, 민결(民結)에 많고 적음의 차이가 있어 출역의 어렵고 쉬운 정도를 그에 따라 차등 있게 하려는 것입니다. 그러나 대체로 각 관청에서 애초에 1년에 납입해야 하는 공물의 실제 수량을 헤아려 민결에서 출역하는 수량의 다소를 정하지 않아, 마련하는 사이에 번번이 수량이 늘어 민결에서 출역하는 것이 늘 공물의 실제 수량을 넘어서게 되니, 이른바 부역이 번거롭고 무겁다는 것은 바로 여기에서 비롯된 것입니다.

바닷가 모퉁이 궁벽한 고을에서 대동미를 징수하는 예로 말하자면 백성들에게 거두어들일 적에 제한이 없고 출역이 번다하며, 그 사이에 또 빙자하여 사욕을 채우는 일이 많습니다. 원래 전해오는 일정한 법식이 없어 많고 적음과 번다함과 간소함의 차이는 단지 수령이 현명한지 여부에 달려 있습니다. 그 사이에 있는 폐단을 다 열거하기가 어려우나 우선 백저(白楮) 한 가지 일로 말해보겠습니다.

상납하는 백금(白錦) 등의 종이는 사용되는 것 이외에 요구하는 경우도 있고, 사적인 용도로 삼는 경우도 있어 1년에 거두는 수량이 제한이 없으니, 백성들의 힘이 어찌 다 소모되지 않을 수 있겠습니까. 이 때문에 민간에서는 양호의 대동법과 균역법을 듣고 자신들에게는 뒤늦게 시행한다고 탄식하는 경우가 제법 있습니다.

신의 소견으로는 해당 도로 하여금 각 고을에 분부하여 일 년에 바치는 공물의 일정한 수량과 전결의 많고 적음을 조사하고 일일이 개록(開錄)하여 감사에게 보고하게 하고, 감사는 상세히 참작하여 해당 고을에서 1년에 출역하는 수량을 제정하여 식례(式例)를 만들어 각 고을에 나누어 보내어 거두어들이는 물건을 한결같이 정식에 의거하여 더하거나 줄이는 일이 없도록 해야 할 것입니다. 만약 조정에서 별도로 정한 역(役)이 있으면 반드시 더 징수하겠다는 뜻을 감사에게 알린 뒤에 시행하고, 제멋대로 거두는 것을 허락하지 않는다면 민결에서 출역하는 것이 과도하거나 뒤섞이는 폐단이 없을 것입니다.

장계 狀啓

기근에 대해 논한 장계

論饑饉狀

예전에 신이 도성에 있을 때에 이미 본도의 기근에 관한 이야기를 들었지만, 여전히 허실이 어떤지는 알지 못하였습니다. 부임지에 도착한 뒤에 환곡을 구걸하는 백성들이 날마다 급한 사정을 말하며 걸핏하면 수백 명이 되었습니다. 심지어 순시하는 길에서 수십 명이 무리를 지어 곳곳에서 말을 에워싸는데 애달프고 괴로워하는 말과 굶주린 낯빛을 귀로 듣고 눈으로 보자니 불쌍한 마음이 들어 음식을 넘기지 못한 적이 여러 번이었습니다. 전 감사 정만화(鄭萬和)가 재직할 때에 이미 여러 차례 환곡을 지급해 주었는데, 굶주려 허둥대는 모습은 갈수록 더욱 심해지기에 각 고을에 관문(關文)을 보내어 별도로 신칙하여 계속 환곡을 나누어주어 백성들이 굶어죽지 않도록 하였습니다. 이를 계기로 그 연유를 물어보니, 지난해 본도의 농사에는 재결(災結)도 있고 실결(實結)도 있는데,[13] 이른바 실결로 잡은 곳도

13 재결(災結)도……있는데 : 재결은 재해를 입어서 면세하는 전지를 말하고, 실결은 세금을 내야 하는 전지로 기록된 것을 말한다.

평년의 추등(秋等)[14]만 못하여 대동미(大同米)와 각종 환곡을 거두어 들이고 나니, 백성의 저축이 남는 것이 없어 세전(歲前)에 궁핍한 형상이 이미 드러났으며, 봄 무렵에 이르자마자 곧 끼니를 거르게 되었다고 합니다.

전세(田稅)로 거두는 쌀은 스스로 마련하기 어려워 모두 환곡에 의지하여 징수에 응하니, 받자마자 곧바로 바치느라 입에 넣을 양식이 되지 못합니다. 그러므로 자주 나누어주어도 백성들이 여전히 먹고 살기가 어렵고, 보리가 익기 전에 창고의 곡식이 먼저 떨어졌습니다. 재해를 입은 14곳의 고을은 지난해의 환곡을 이미 절반만 거두게 하였는데, 거두어들인 곡식도 꼭 정해진 수량을 채우지 못하는 경우가 있었으니, 평년 수량의 절반도 되지 않는 환곡으로 온 경내의 수많은 백성들을 구제하려는 것은 비유하자면 국자의 물을 가마솥에 붓는 것과 같아 형세상 불가능합니다. 그러므로 그 중에 창고에 저장된 곡식이 다 떨어진 고을은, 곡식이 많은 고을에서 옮겨 받도록 허락하여 많은 곳을 덜어 적은 곳에 더해주고 저쪽에서 옮겨 이쪽에 보태주도록 하여 종자와 양식을 두루 지급하게 하였습니다. 올해에 백성을 구제하는 정책은 오직 이렇게 환곡을 균등하게 하는 이외에는 더 이상 다른 계책이 없으니 잘 버텨서 20여 일을 넘긴다면 보리와 밀을 거둘 수 있으니, 그런 뒤에야 백성들이 떠돌거나 굶주리는 우환이 없을 것입니다.

어리석고 쓸모없는 신이 갑자기 흉년을 만나 마땅한 조치를 하지 못하고 제때에 구제하지 못하여 백성들이 굶어 죽어 조정의 덕스러운

14 추등(秋等) : 1년의 회계 연도를 4등분한 기간 중에 3사분기(四分期)에 해당한다.

뜻을 손상시키고 한 지방을 위임한 뜻을 저버릴까 몹시 걱정입니다. 이 때문에 두려움에 떨며 아침저녁으로 편치 못했는데, 근래에는 이변이 더욱 혹독하여 우려가 많습니다. 신의 본뜻은 창고의 곡식을 몹시 아껴 반드시 저축을 조금 남겨 때에 따라 조금씩 지급하려고 하였는데, 상황이 이렇고 보니 결국 이전의 계책을 고수하기가 어려워 더욱 근심스럽습니다. 민간의 기근에 관한 정황을 성상께 아뢰지 않을 수 없어 우선 먼저 치계(馳啓)합니다.

본도 감영 소속의 아병(牙兵)[15]은 그 수가 모두 6,000여 명입니다. 처음 창설할 때에 이미 아뢰어서 매년 고과를 시행하여 장관(將官)의 고과를 장계를 통해 보고하였으니, 명액(名額 명목과 인원수)과 부국(部局 조직)이 절로 하나의 군대를 이루었습니다. 응당 법규를 정하고 훈련시켜 위급할 때를 대비해야 하는데, 이전부터 전해오는 관례가 있어 아병 1명당 베 1필을 징수하여 감영의 비용으로 쓰고, 군대의 편제에 대한 법과 기예(技藝)를 익히는 훈련은 거르고 거행하지 않습니다. 순시할 때가 되어서야 해당 고을의 아병을 모아서 한 차례 활을 쏘고 총을 쏘는 일을 시험할 뿐이었습니다. 이런 까닭으로[16] 이른바 아병은 대열과 기예가 무엇이지 모르고, 이른바 장관은 헛된 직함만 지닌 채 실제 하는 일이 없어 자신이 거느리는 군사와 전혀 모르는 사람처럼 지내니, 이것이 어찌 당초에 아병을 설치한 본뜻이겠습

15 아병(牙兵) : 본진에서 대장(大將)의 휘하(麾下)에 있는 병사를 이른다.

16 이런 까닭으로 : 원문은 '以此之放'인데, 문맥에 의거하여 '放'을 '故'로 바로잡아 번역하였다.

니까.

신이 올봄에 우도(右道)의 해안가를 순시할 때에 전례에 따라 기예를 시험하였는데, 아병의 부류는 대부분 건장한 장정이었으나 총을 쏠 줄 모르고 화살을 쏠 줄 몰랐으니, 그 모습을 보고는 안타깝고 또 놀라웠습니다. 이는 오로지 베만 바치도록 요구하고 훈련을 한 적이 없어 그렇게 된 것입니다. 영문(營門)에 비록 비용이 필요하더라도 굳이 이들에게 거두어 충당할 필요는 없으니, 군사들에게 베를 거두는 일은 몹시 터무니없습니다. 혹시라도 변란이 생기면 어떻게 힘을 얻을 수가 있겠습니까.

시험삼아 군사들의 마음을 물어보니, 모두 베를 바치지 않고 번을 서는 것이 편하다고 하였습니다. 그러므로 지금 장부를 열람하여 대오를 다시 바로잡아 올해 11월을 시작으로 베를 거두지 않고 순번을 돌아가며 번을 서게 하되, 거리의 원근을 계산하여 번을 서는 날짜의 많고 적음을 결정하였으니, 요컨대 1년 내에 한 차례 번을 서서 영하(營下)에서 훈련하여 기예를 성취하려는 것입니다. 그 사이의 절목은 헤아려 두었으나, 행진(行陣)의 법은 반드시 미리 익힌 뒤에야 갑작스러운 상황에도 당황하지 않을 수 있으니, 역시 속오군(束伍軍)의 예에 의거하여 매년 봄과 가을에 진법(陣法)을 훈련하는 것이 마땅합니다. 베를 바치지 않고 번을 서도록 한 것은 비록 신의 감영에서 편의대로 처리한 일이지만, 군사를 모아 진법을 연습하는 것은 처음 시행하는 일이니 조정에 여쭙는 것이 합당합니다. 또 살펴보건대 외방은 일은 하다가 그만두다가 일정함이 없으니 만약 계하받아 결정하지 않으면 영구히 시행하기를 바라기가 어렵습니다. 그러므로 감히 이렇게 치계(馳啓)하고, 삼가 지시를 기다립니다.

전주 부윤 이원정을 파출하는 장계
全州府尹李元禎罷黜狀

전주 부윤이 자리를 겹쳐 깔고 요를 깔아 감사와 대등한 예(禮)를 행하는 것은 그릇됨을 답습한 데에서 나온 일이니 이치상 바로잡아야 하는데, 이원정(李元禎)이 고수하여 태도를 바꾸지 않고 상경하여 체직을 도모하였으니, 신의 처치로는 본래 파직하는 것이 합당합니다. 다만 이원정이 갑자기 바꾸기를 어려워하여 그대로 따르는 잘못을 저지른 데 불과하니, 그와 함께 다시 고치면 불가할 것이 없기에 그 일을 자세히 거론하여 재촉하여 돌아오게 해 달라고 아뢰었습니다. 또 본도에서 여러 차례 관문(關文)을 보내어 거듭 독촉하였는데, 이원정은 여전히 오려 하지 않았습니다. 특별히 추고하여 출발시켜 보내라는 명이 내린 뒤에야 비로소 내려왔는데, 임소로 돌아온 날에 영문(營門)에 와서 먼저 공장(公狀)을 올리고 마치 들어와서 만날 것처럼 하였는데, 행보석(行步席)[17]을 설치해 놓지 않았다는 이유로 도로 물러갔습니다. 일이 아주 터무니없어 보고는 놀랐지만, 그저 하리(下吏)만 질책하여 다시 도모하라고 하였습니다.

지난번에 신이 입암산성(笠巖山城)[18]에 다녀왔고, 지금 신이 또 산간

17 행보석(行步席) : 밟고 지나갈 수 있도록 까는 좁고 긴 돗자리를 말한다.

18 입암산성(笠巖山城) : 전라남도 장성군 북쪽에 위치한 산성으로 현재 사적 제384호 지정되어 있다. 군의 북하면 신성리와 정읍시 입암면의 경계인 노령에 위치해 있으며, 노령을 지키는 교통의 요충지이며 서해안과 가까운 거리에 있어 예로부터 군사적으로 매우 중요하게 여겨져 왔던 곳이다.

고을을 순시하러 가는데, 전후로 한 번도 와서 인사를 하지 않았습니다. 임소로 돌아온 지 지금 이미 한 달 남짓 지났는 데도 여전히 얼굴을 본 적이 없으니, 일의 체모에 있어 어찌 이런 이치가 있습니까. 하물며 수령이 감사에게 공무로 상의할 일 역시 한두 가지가 아니니, 비록 먼 고을에 있는 수령도 오히려 찾아와서 얼굴을 보고 의논합니다. 전주는 중요한 지역으로 얼굴을 보고 의논할 일이 얼마나 많은데 이러한 일에 구애되어 서로 가부를 따질 수가 없으니, 관계가 단절된 폐단 역시 작은 일이 아닙니다.

이 체면을 무너뜨리기 어렵고 잘못된 관례를 반드시 고쳐야 한다는 점은 이미 자세히 아뢰었으니 다시 번거롭게 아뢸 필요가 없습니다. 국가에서 설치한 관직은 각기 체통이 있으니, 감사가 수령을 대할 때 체모를 대등하게 하여 구별하지 않고, 유독 병사(兵使)와 수사(水使)에게만 현격하게 차이를 두니, 조정의 법도가 이처럼 문란해서는 안 될 듯합니다. 그러므로 신이 부임한 초기에 이원정과 한두 차례 개인적으로 만나 자세히 이야기하였으니, 요컨대 체면을 이해하고 고치게 하여 한마음으로 일을 함께하여 다투거나 어긋나는 일이 없도록 하려는 것이었습니다. 그런데 이원정은 유래가 이미 오래되었다는 이유로 하루아침에 자리에서 요를 제거하는 것을 대단히 수치스러운 일처럼 여겼으니, 그의 생각은 본디 이해할 수 없습니다. 그러나 신이 아뢴 것은 전적으로 잘못된 관례를 바로잡기 위해서이고, 내려보내기를 재촉한 일은 또 엄한 하교에서 나온 것이니, 그 일이 이전과는 차이가 있어 스스로 처신할 방도가 있습니다. 따라서 고치는데 무슨 어려움이 있다고 이미 내려온 뒤에 다시 이전에 하던 투식을 답습하여 이렇게 의외의 행동을 하는 것입니까. 처음부터 끝까지 잘못을 답습하여 굴복하지 않으려고 영문(營門)이 지척의 거리인데도 갑자기 발길을 끊었으니, 신이 전날에 아뢴 뜻과는 크게 어긋납니다. 구차히 그대로 두어 거듭 체면을 손상해서는 안 되기에 전주 부윤 이원정을 파출하였습니다.

신이 삼가 도내에 있는 각 고을의 사직(社稷)과 성황(城隍)의 위판(位版)을 보니, 원래 봉안할 곳이 없어 객사의 빈 공간에 보관하기도 하고 관청(官廳)과 사창(司倉) 안에 보관하기도 하였으며, 제단(祭壇)의 경우는 제도에 맞지 않은 곳이 많았습니다. 사(社)는 토지를 주관하고 직(稷)은 곡식을 주관하니, 이는 백성과 나라의 근본이라 높이고 받드는 도리를 구차하고 소략하게 해서는 안 됩니다. 그런데 이렇게까지 정성스럽지 않으니, 홍수와 가뭄이 발생하는 것은 반드시 이 때문이 아니라고 할 수 없습니다.

신이 방금 각 고을에 신칙하여 깨끗한 곳에 별도로 하나의 방을 만들어 위판을 봉안하고, 제단의 제도가 잘못된 곳 역시 예법에 맞게 고치도록 하였습니다. 신위(神位)의 칭호는 《오례의(五禮儀)》의 〈주현제사직의(州縣祭社稷儀)〉를 살펴보니, 사직은 '주사(州社)'와 '주직(州稷)'이라고 칭하고 부(府)와 군(郡)과 현(縣)은 모두 이에 준하도록 하였으며, 성황은 단지 '성황'이라고 칭하도록 하였습니다. 그런데 사직과 성황 모두 위판을 말하지 않았으니 예를 제정한 본뜻은 제사를 지내는 날에 빈자리만 설치하고 위판은 설치하지 않는 것인지 모르겠습니다. 각 고을에는 모두 사직, 성황, 여신(厲神)의 위판이 있는데, 쓰여 있는 칭호는 각자 다릅니다. 사직은 '사신지위(社神之位)', '직신지위(稷神之位)'로 쓰여 있는 경우도 있고, '국사지신(國社之神)', '국직지신(國稷之神)'으로 쓰여 있는 경우도 있습니다. 또 하나의 위판을 설치하여 '사직지신(社稷之神)'이라고 쓰여 있는 경우도 있고, 두 개의 위판을 만들어 하나는 '사직지신'이라고 쓰고, 하나는 '부인지신(夫人之神)'이라고 쓰여 있는 경우도 있습니다. 성황은 두 개의 위판을 만들어 하나는 '성황지신(城隍之神)'이라고 쓰고, 하나는 '부인지신'이라고 쓰여 있는 경우가 있는데, 곡성현(谷城縣)의 경우에는 성황의 위판에 '고려 삼중대광 태사 장절공 성황지위(高麗三重大匡太師壯節公城隍之位)'라고 쓰여 있으니, 이와 같이 잘못된 곳은 모두 한결같이 《오례의》를 따라 바로잡아야 합니다. 각 해당 관원으로 하여금 스스로 고쳐 만들고 고쳐 쓰도록 해야겠습니까? 아니면 날을 잡아 제사를 지내고 고하는 일이 있어야겠습니까? 사직의 위판을 다시 만드는 일은 《오례의》에 보이지 않는데 중대한 일이므로 감히 제멋대로 시행하지 못하니, 해당 조로 하여금 예를 상고하게 하여 지시해 주시기를 바랍니다.

지난번에 신이 격포(格浦)에 전선(戰船)을 창설해야 하는 뜻을 장계로 아뢰고 삼가 처분을 기다렸습니다. 삼가 비국에 계하받아 회이(回移)[19]한 내용을 보니, 한편으로는 본영(本營)에서 결국 담당하지 못하여 도리어 훗날의 폐단이 될 것이라 우려였고, 한편으로는 변산(邊山)의 소나무를 함부로 베는 것을 우려하여 금지하고 허락하지 않았습니다. 이는 신의 장계에서 단지 대략만 언급하고 곡절을 자세히 말하지 않았기 때문에 비국에서 이렇게 지나친 우려를 하게 만들었기

19 회이(回移) : 동등한 관아 사이에 왕래하던 공문서. 또는 공문서를 보내는 일을 말한다.

때문입니다. 일을 자세히 아뢰지 않은 것은 실로 신에게 죄가 있기에 부득이 다시 이렇게 번거롭게 하여 이전에 했던 이야기를 마치고자 하니, 두려운 마음을 이기지 못하겠습니다.

신이 삼가 보건대, 격포 앞의 항구는 바다와 차단되고 바람이 막혀 전선을 보관하기에 가장 적합합니다. 급박한 상황이 발생하여 강화도를 왕래할 일이 있거나 바다에 전선을 띄워 방어할 일이 발생한다면 상선을 모집하여 급박한 상황에 이용할 수는 없습니다. 고군산(古群山)의 전선은 본래 격포를 위해 설치한 것이지만, 한 척의 전선으로는 너무 부족합니다. 만약 본포(本浦)에 또 전선을 둔다면 난리를 만나 운용할 때 낭패를 보지 않을 것입니다. 그 지형을 살피고 군비를 논하자면 전선을 꼭 설치해야 하는 것은 원래 이미 너무 분명합니다. 신의 소견이 이와 같을 뿐 아니라, 병사 신 유여량(柳汝樑)과 전 우수사(前右水使) 신 전동흘(全東屹) 등이 역시 격포의 형세를 자세히 살펴보았는데, 그들의 논의를 들어보니 신의 의견과 부합하였습니다. 여러 사람의 견해가 이미 동일하니, 편의를 알 만합니다. 또 격포에 소속된 조선장(造船匠)은 그 수가 30여 명입니다. 격포에 저장된 군량 이외에 평상시 필요한 곡식이 매년 미조(米租)를 합쳐 800여 섬에 이르니, 전선을 만들 때에 이를 양식으로 지급하여 이 장인들을 부린다면 번거롭게 비용을 들일 필요 없이 즉시 마련할 수 있을 것이고, 개삭(改槊)[20]과 개조(改造) 역시 이와 같이 하면 됩니다.

20 개삭(改槊) : 개삭은 배를 수리한다는 말로 특히 배에 끼운 나무못[木釘]이나 방향을 정하는 노·키 등을 갈아 끼우는 것을 뜻한다. 경상도의 경우는 철정(鐵釘)을 쓰기 때문에 개삭하는 일은 없었고, 전라도·충청도·황해도·평안도·경기도 등은

격포진(格浦鎭)의 아래에서 모집해 들인 실호(實戶) 역시 300호가 넘고, 신의 감영에 있는 아병(牙兵) 가운데 부안(扶安)에 거주하는 자가 아주 많습니다. 고공(篙工), 능노군(能櫓軍), 사수(射手)와 포수(砲手)는 따로 찾아 모으지 않아도 절로 정해진 수에 맞추어 충원할 수 있으니, 어찌 각 관(官)과 각 진(鎭)에서 하는 것처럼 저치미(儲置米)[21]를 수군(水軍)과 방군(防軍)에게 떼어 줄 필요가 있겠습니까. 모든 일은 반드시 처리하기 어려운 단서가 있은 뒤에야 결국 훗날에 폐단을 야기하고 조정에 근심을 끼치는 법인데, 지금 전선을 만드는 일은 신의 소견으로는 훗날 이러한 폐단이 없을 듯합니다.

변산의 소나무를 함부로 베는 일로 말하자면, 매년 본도에서 나주(羅州) 이상의 각 관(官)과 각 포(浦)의 전선을 개삭(改槊)하고 개조(改造)하는 일과 조선(漕船)[22]을 개삭하고 개조하기 위한 자재는 모두 변산에서 가져다 마련합니다. 이외에 훈련 도감, 강화부, 비변사의 선박도 때때로 와서 만드는데, 유독 격포 본진의 전선을 만드는 일에는 소나무를 함부로 벤다고 염려하여 아까워하니, 옳은 일인지 모르겠습니다. 반드시 재목을 비축하여 기르고자 한다면 감사된 자는 공공의 선박 이외에는 송첩(松帖)을 허락하지 말아서 개인적으로 소나무를 베는 일을 금지하고, 늘 조선(漕船)과 전선(戰船)을 만들 때에 중군으

각각 정기적으로 개삭을 하고 이후에 개조(改造)를 하였다.

21 저치미(儲置米) : 고을의 대동미(大同米)는 선혜청에 올려 보내는 상납미(上納米)와 군현에 남겨두는

22 조선(漕船) : 조선 시대에 나라에서 거둔 조세미(租稅米)와 대동미(大同米)를 각 지방의 주창(州倉)에서 경창(京倉)으로 나르는 조운(漕運)에 사용하던 운반선이다.

로 하여금 들어가야 하는 그루 수만큼 소나무 베는 일을 감독하게 하여 함부로 베는 우환을 없애야 각종 공공의 선박을 해마다 만들더라도 변산의 소나무는 반드시 부족한 지경에 이르지 않을 것입니다. 이는 조정에서 엄히 신칙해야 하고 감사가 삼가 따라야 할 것입니다.

보잘 것 없는 신의 생각으로는 위에서 말한 두 가지 폐단이 반드시 없을 것이라 보장할 수 있기에 이에 감히 다시 어리석은 견해를 아뢰어 시행되기를 바랍니다. 그러나 묘당의 논의가 여전히 어렵게 여겨 망설인다면 또 한 가지 계책이 있습니다. 고부(古阜)와 흥덕(興德) 두 고을은 모두 전선이 배정되어 있는데, 본래 용안(龍安)과 함열(咸悅)에서 신묘년(1651, 효종2)에 비로소 옮겨와 설치한 것입니다. 전선을 보관하는 곳이 비록 용안과 함열보다는 낫지만, 한 달 사이에 바다에 띄우는 일이 많지 않아 형세가 가장 불편합니다. 만약 이 전선을 격포로 옮겨 보내 전적으로 본영(本營)에 소속시켜 방어하게 한다면 역시 마땅할 듯합니다. 다만 수영(水營)에 원래 소속된 전선의 수를 줄이는 것이 어떨지는 모르겠습니다. 비국으로 하여금 다시 헤아려 보도록 하여 속히 지시를 내려주시기 바랍니다.

신이 방진(防鎭)을 살펴보기 위해 해안가를 따라 두루 순시해보니, 양남(兩南)의 크고 작은 섬들이 눈앞에 펼쳐져 있었는데, 모두 고 통제사 이순신(李舜臣)이 승리를 거둔 곳이라 손가락으로 가리키며 머뭇거리다 보니 옛일을 생각하며 감회를 견딜 수가 없었습니다. 좌수영에 도착해서는 곧바로 충민사(忠愍祠)[23]라는 곳에 예를 올리고 나

23 충민사(忠愍祠) : 정유재란 때 노량해전(露梁海戰)에서 전사한 이순신(李舜臣)

서 사적을 기록한 문서를 살펴보니, 애초에 사당을 건립한 것은 선조대왕의 특교에서 나온 것인데, 곧 도체찰사 이항복(李恒福)의 치계(馳啓)로 인하여 대신(大臣)이 헌의(獻議)하여 사액(賜額)을 내리고 또 전지(田地)를 지급하라는 명을 내렸습니다. 그러나 당시 본도에는 지급할 공전(公田)이 없어 봉행하지 못하였습니다. 사당 건물은 세월이 오래되어 기울려 하고, 위판(位版)에는 또 시호를 쓰지 않았으니, 일이 몹시 온당치 않습니다. 그러므로 신이 좌수사 신 이도형(李道形)과 상의하여 각각 비용을 마련하여 지금 공사를 시작하여 다시 건립하고 위판 역시 고치려고 합니다. 사당 앞에 있는 전답 1결 88부(負)는 사당을 건립한 초기에 사민(士民)들이 쓰고 남은 곡물로 요량하여 사들여 사당의 비용으로 삼은 것인데, 대동법을 실시한 뒤로는 급복(給復)[24]을 받지 못하여 해마다 부역에 응하느라 전혀 도움을 받지 못합니다. 유사(有司)를 맡은 유생 및 수직하는 사람들이 모두 다 이 일을 이야기 하였습니다.

신이 삼가 생각건대, 우리 성조(聖祖)께서 이미 사당을 건립하고

을 제향한 사당으로 1601년(선조34)에 건립하였다. 《신증동국여지승람(新增東國輿地勝覽)》 순천도호부조(順天都護府條)에는 순천에 충민사가 있으며 이순신과 함께 정유재란에 전공을 세운 전라 우수사 이억기(李億祺), 보성 군수(寶城郡守) 안홍국(安弘國)을 제향하고 있다고 하였다.

24 급복(給復) : 특정의 국역(國役)을 지는 내관(內官)·수부(水夫)·인리(人吏) 등의 정역호(定役戶), 충신·효자·열녀로 표창된 가호(家戶), 능(陵)·원(園)을 비롯한 몇몇 전(殿)·묘(墓) 등을 수직(守直)하는 군사에게 주는 특전의 하나로, 이들이 경작하는 일정한 전토에서는 전세(田稅)만 받고 대동미(大同米)와 잡역(雜役)을 면제해 주는 것을 말한다. 만일 이들이 면제될 수량의 전토가 없는 경우에는 그에 상당하는 대동미를 지급하였다.

사액하라는 명을 내리셨고, 또 전답을 하사하라고 명하여 사당을 지키는 밑천으로 삼았는데, 전답을 하사하라는 명이 지금까지 시행되지 않고 있으니, 이미 국가의 전례에 흠이 됩니다. 사당 아래에 스스로 사들인 전답도 급복을 받지 못하고 있으니, 조정에서 충절을 포상하고 높이는 도에 어긋나는 일이며, 성조께서 남긴 뜻을 받드는 것도 아닙니다. 사소한 일이지만 관계가 중요하니 해당 청으로 하여금 헤아려 성상께 여쭈어 재결을 받아 특별히 급복을 허락해 주시기 바랍니다.

도내에 도적이 들끓으니, 벽을 뚫고 담을 넘는 좀도둑, 들판의 좀도둑, 소와 말, 돈과 재물을 빼앗긴 나그네가 곳곳마다 있어 일일이 헤아릴 수가 없고, 심지어 무리를 이루어 사람을 죽이고 물건을 빼앗는 변고가 연속해서 보고되고 있습니다. 광주(光州)에서는 명화적(明火賊)[25]이 밤에 두 곳의 민가에 들어가 두 명을 찔러 죽였고, 담양(潭陽)에서는 명화적이 밤에 민가에 들어가 재물을 약탈하고 사람을 죽이고는 그 집에 불을 질렀습니다. 낙안(樂安)에서는 명화적이 밤에 절간에 들어가 승려 한 명을 찔러 죽였고, 무안(務安)에서는 명화적이 밤에 고막원(古幕院)에 들어가 세 명을 찔러 죽였으며, 전주에서는 행상(行商)을 하는 몇 사람이 밤에 정읍현(井邑縣)에서 묵다가 도적에게 찔려 한 명이 그 자리에 죽었습니다. 영남 사람이 공물을 거두러 금산(錦山)을 지나다가 밤에 화적을 만나 한 명이 살해되었고, 남원(南原)과 장수(長水)에서는 백성 십여 명이 소금을 판매하러 전주(全州)의 장터로 가다가 고을 입구에서 10리 떨어진 들판에 묵었

25 명화적(明火賊) : 밤중에 횃불을 들고 강도질을 하는 도둑을 말한다.

는데, 초저녁에 도적들이 갑자기 들이닥쳐 말 7필과 실려 있던 재물과 베까지 모두 빼앗아갔으며, 두 명이 피살되고 두 명이 상해를 입었습니다. 여러 곳에서 도적질을 하는 것이 이미 몹시 놀라운데, 전주의 경우에는 감사와 영장과 토포사가 있는 곳인데도 고을 입구 10리 안에는 날이 어두워지면 도적이 약탈하여 사람을 죽이며 조금도 거리낌이 없으니, 변고와 우환이 이보다 심한 것은 없습니다.

신이 예전 여름 무렵에 올봄 이후로 화적이 변란을 일으킨 곳을 열거해 아뢰었는데, 이것까지 합쳐 계산해보면 전후로 살해된 사람이 많습니다. 도적이 제멋대로 설치는 정황과 백성들이 변고를 만난 참혹함이 이 지경에 이르렀으니, 들으면 어찌 두려워 마음이 떨리지 않겠습니까. 신이 지난번에 생각하기에는 봄과 여름은 굶주리는 시기라서 비록 이런 근심이 있었지만, 가을걷이 이후로는 이런 상황이 그칠 것이라 보장할 수 있다고 여겼습니다. 그런데 가을 이후로 더욱 만연하여 그치지 않으니, 도내의 백성들이 모두 말하기를 "몇 년 사이 도적의 우환이 올해처럼 심한 적이 없다."라고 합니다. 심지어 길가는 사람도 감히 마음대로 가거나 편안히 잠들지 못하니, 이것이 어찌 잘 다스려지는 시대의 모습이겠습니까. 이는 본도에 해를 연이어 기근이 들어 백성들이 대부분 생업을 잃고 유랑한 나머지 서로 모여 도적이 되어 남의 물건을 빼앗아 살아가는 데서 비롯된 것이라 그 뿌리가 이미 깊어 갑자기 해소하기가 어렵습니다. 올해의 농사가 또 흉년이 들었는데 번다한 요역(徭役)은 역시 이전과 같습니다. 열 명이 무리를 이루면 쉬이 백 명에 이르고, 백 명이 무리를 이루면 쉬이 천 명에 이르니, 앞으로의 우려를 이루 말할 수가 없습니다.

도적을 다스리기 위해서는 수소문하여 체포하고 소탕하는 일을 비록 그만둘 수는 없지만, 위로하여 달래며 편안히 모여 살게 하는 것이 가장 급선무이니, 이는 실로 조정에서 유념하고, 지방의 신하가 강구할 일입니다. 그러나 신의 견식이 얕고 재주가 모자라 은택을 펴서 곤궁한 백성들을 편안히 하지 못하고 간사한 도적을 막지 못했습니다. 옛사람이 세금을 줄여주어 도적을 교화하여 일반 백성으로 만든 일과 비교하면 직분을 몹시 저버렸으니, 두렵고 부끄러워 처벌을 기다리며 어찌할 줄을 모르겠습니다. 수재와 도적에 관한 일은 큰 변고인지라 덮어둘 수 없기에 이에 감히 자세히 거론하여 장계를 갖추어 조정에 보고합니다.

대동법의 편리함과 불편함을 논한 장계

論大同便否狀

본도의 산간 고을에서 대동법을 시행하는 것이 불편하다는 것은 서울과 지방의 사람들이 이야기한 지 오래입니다. 신이 도성에 있을 때도 자세히 들었고, 이 직임을 맡고 나서는 더욱 자세히 들었기에 민심을 자세히 거론하여 성상께 한 번 아뢰려고 하였습니다. 다만 법을 시행하고 폐지하는 것은 국가의 큰일에 관계되니 신중해야지 경솔히 해서는 안 되므로 우선 물어서 더욱 자세히 알아볼 때까지 기다렸습니다.

얼마 전 삼사에서 차자를 올려 그 폐해를 힘써 논하였는데, 신이 명을 받들고 관찰사로 나와 아뢰는 일을 지체한 결과, 언론을 맡은 자리에서 이 일을 먼저 말하도록 하였으니, 직분을 제대로 수행하지 못한 죄를 면하기가 어려워 황공함을 견딜 수가 없습니다. 지금 조정의 하문을 계기로 하나하나 아뢰고자 합니다.

신이 삼가 보건대, 대동법은 한 도에 공통으로 해당하는 폐단이 있고, 바닷가 고을에 해당하는 폐단이 있으며, 산간 고을에 해당하는 폐단이 있습니다. 구분하여 말하자면 비록 경중이 있으나 합쳐서 말하자면 똑같이 불편합니다. 이른바 공통으로 해당하는 폐단은 바치는 쌀이 너무 많은 점, 연호(煙戶)에 전적으로 책임지우는 점, 말을 가지고 있는 자만 유독 고통스러운 점, 무역을 감당할 수 없는 점입니다. '대동'이라고 이름하여 양호(兩湖 충청도와 전라도)에서 시행하니 원근과 피차에 관계없이 차이가 없어야 하는데, 호서에서는 10말로 하고, 호남에서는 13말로 하여 양이 균등하지 않아 괴롭고 수월한 정도가 현저히 다르니, 민심이 여기에서 본디 이미 불평합니다. 하물며 또 이 법이 마련되기 전에 각 고을 역시 모두 사대동(私大同)[26]이 있어 1년에 거두어들이는 것으로 1년의 공물에 응하였는데, 어떤 경우에는 쌀로, 어떤 경우에는 베로, 봄과 가을로 나누어 징수하였기에 마련하는 대로 거두어들였으니, 백성들이 병통으로 여기지 않았습니다. 또 수년 사이에 만약 남은 양이 있으면 당해의 공물을 편의에 따라 보조해주어 어떤 경우에는 절반을 탕감해주고 어떤 경우에는 전부 탕감해주었으니, 요컨대 백성을 때때로 쉬게 하려는 것이었습니다. 진상가(進上價)[27]와 인정물(人情物 뇌물), 부마가(夫馬價),[28] 각가(脚價)[29]는 군이 쌀과 베로 정해진 수량을 전부 채울 필요가 없어 대부분 잡곡과 물건으로 변통해서 계산해서 지급하였으니, 그 값의 고하에 따라 서로 보충할 수 있었습니다.

그런데 지금은 백성에게 세금을 거둘 때 오로지 쌀로 거둡니다. 봄과 가을러 나누어 거두도록 정해진 법식이 있으나 신결(新結)의 등급을 매기는 일은 으레 연말에 하기 때문에 늘 이듬해 봄에야 비로소 쌀을 거두어들입니다. 한창 공사(公私)의 빚을 갚을 때라서 백성들의 식량

26 사대동(私大同) : 대동(大同)은 국가에서 공물(貢物)을 미곡(米穀)으로 환산하여 거두는 납세제도인데, 군현에서 현물로 수취하던 공물을 1년치 공물가(貢物價)를 예측하여 쌀이나 포목으로 거두고 이를 사주인(私主人) 등에게 지급하여 공물을 마련하던 방식이다.

27 진상가(進上價) : 진상하는 물품 값으로 받는 것을 말한다.

28 부마가(夫馬價) : 마부와 말에 대한 값으로 받는 것을 말한다.

29 각가(脚價) : 심부름을 하는 사람에게 심부름 값으로 받는 것을 말한다.

이 바닥난 뒤인데, 13두의 쌀을 일시에 내라고 요구하고 전세까지 함께 독촉하는데, 1결의 소출이 얼마나 되겠습니까. 그런데 감옥에 가두고 형장을 쳐서 반드시 거두어들이고서야 그만둡니다. 이로 인해 헐값으로 전토를 팔아넘기고, 이로 인해 관가의 환곡을 빌리기도 합니다. 전토를 헐값에 팔아넘긴 사람은 재산을 잃고, 환곡을 빌려온 자는 독촉에 시달려 원망과 고충이 극도에 달하여 이 때문에 유랑하게 되니, 백성들의 폐단이 이보다 심한 것은 없습니다. 이는 바치는 쌀이 너무 많은 데에서 생기는 폐단입니다.

우리나라의 토지제도와 호적은 모두 엉성하다고 일컬어집니다. 전결(田結)은 그래도 근거가 있지만, 민호(民戶)는 전혀 총체적으로 파악할 수가 없습니다. 그러므로 전지(田地)로 부역을 부과하면 부역이 균등해져 백성들이 편안해지고, 민호로 부역을 부과하면 부역이 편중되어 백성들이 고통스러워하니, 이치와 형세가 그렇습니다. 이전에 백성들에게 부역을 부과할 때에는 모두 전결에 따랐으니, 전지가 많으면 각자 사람을 보내고, 전지가 적으면 힘을 합쳐 사람을 고용하였습니다. 부잣집과 가난한 집이 균등히 부역에 응하여 한쪽만 힘든 적도 없고 또 한쪽만 편안한 적도 없었습니다. 그런데 지금은 민정(民丁)[30]을 동원하는 일을 모두 연호(煙戶)에만 책임을 지웁니다. 이른바 연호성책(煙戶成冊)은 원래 온 경내의 사람을 모두 기록한 것은 아닙니다. 예컨대 속오군(束伍軍), 포보(砲保), 어영군(御營軍)과 감영, 병영, 수영의 각종 군병 및 각 아문의 군관, 각 영(營)과 각 관(官)의 아전과

30 민정(民丁) : 정군(正軍) 또는 군보(軍保)의 역(役)을 감당할 수 있는 20세 전후의 남자를 말한다.

노비, 각 진(鎭)의 토병(土兵), 각 역(驛)의 이졸(吏卒) 등은 조정의 사목(事目)이 있거나 상사(上司)의 분부로 인해 으레 호역(戶役)을 면제하여 감히 침범하여 요구하지 못합니다. 이외에 향임(鄕任)[31]의 부류와 사족의 무리 및 일반 백성 가운데 부유한 집안은 세력을 이용하기도 하고, 뇌물을 쓰기도 하여 모두 부역에서 빠지고 편안히 지내는데, 오직 가장 궁핍하여 의지할 곳 없는 자들만 대부분 성책에 들어가 요행히 벗어날 계책이 없습니다. 부역을 시킬 일이 있으면 한결같이 문서에 기록된 대로 동서로 내몰고 번갈아 침탈합니다. 문서에 기록된 백성을 누락되어 면제된 사람과 비교해보면 10분의 1에 그치지 않습니다. 이전에 전결로 균등하게 분배한 부역을 약간의 연호에게만 담당하게 하니, 국가에서 백성들을 부리는 도가 이렇게 치우쳐서야 되겠습니까. 이는 연호에 전적으로 책임지우는 데서 생긴 폐단입니다.

사람을 고용하고 말을 빌리면 그 값을 맞게 주어야 하는데, 헐값을 주고 기준에 따라 세우게 하니, 이는 억지로 빼앗는 것이지 고용하고 빌리는 것이 아닙니다. 이전에 쇄마(刷馬)는 전결을 돌아가며 지정하여 전지(田地)가 있는 자는 쌀을 내고 말을 소유한 자는 말을 내주어 각자 소유한 것으로 서로 그 비용을 마련하였습니다. 그러므로 값을 요구해도 포학한 일이 되지 않았고, 말을 요구해도 원망이 없었습니다. 그런데 지금은 마부와 말을 구할 적에 관청에서 빌려서 거리를 계산하여 값을 지급하니, 비록 상세한 듯하지만 먼 거리를 왕래하는 경우에는 노고와 비용이 많은 데다 머무는 비용은 모두 스스로 마련해야 합니다.

31 향임(鄕任) : 지방 자치 기관인 향청(鄕廳)의 임원을 이른다. 감관(監官) 또는 향정(鄕正)이라고도 한다.

이익을 좋아하고 피해를 싫어하는 것이 백성들의 마음인데, 헐값을 받고 말을 내주고 자기의 재물을 보태어 비용으로 쓴다면 어찌 그들이 하려고 하겠습니까. 각 고을에서 어찌할 방법이 없어 경내의 말을 소유한 백성들을 뽑아 묶어서 '유마치부(有馬置簿)'라 이름하고, 사람이 부유한지 가난한지 말이 튼튼한지 말랐는지를 구분하지 않고 문서를 살펴보고 징발하여 번갈아 실어 나릅니다. 한 바리에 싣는 것이 반드시 200근을 채우니, 튼튼한 말이 아니면 운반하기가 어렵습니다. 그러므로 말주인은 부득이 개인적으로 말 1마리를 보태어 그 짐을 나눕니다. 설령 품삯이 본래 후하더라도 원망이 없을 것이라 보장하기 어려운데, 하물며 그렇지 않은 경우야 말할 것이 있겠습니까. 한번 관청의 장부에 들어가면 마음대로 팔지 못하니, 말을 기르는 집에서는 마치 역병을 보듯이 합니다. 늘 말을 찾아 모을 때면 뇌물을 주어 면제받기를 도모하는데, 조절하는 사이에 아전들이 간사한 농간을 부립니다. 전임 관원과 후임 관원이 교체할 때는 필요한 마부와 말의 수가 매우 많은데, 만일 말을 소유한 자에게 모두 요구하기 어려울 경우에는 이마(里馬)를 고용하여 세우게 해서 민결까지 뒤섞여 부담을 지는 상황을 면하지 못합니다. 백성들을 침탈하는 일이 한 가지가 아니니, 이는 말을 소유한 자에게 전적으로 책임을 지우는데서 유래한 폐단입니다.

모든 물산은 각 지역의 토지에 적합한 물건이 있어 관청에서 이를 백성에게 거두고 백성들은 이를 관청에 바쳐야 형세에도 맞고 이치에도 합당하여 양쪽에 피해가 없습니다. 바닷가 인근 면(面)에서 생선을 징수하고, 산에 근접한 마을에서 꿀을 거두어 전세를 면제해주고 물산으로 대납하게 하는 것은 여러 고을의 법규가 예전부터 그러하였으니, 비록 정당한 제도는 아니지만 역시 편의를 따르는 방도에 합당하였습니다. 그런데 지금은 관청의 비용을 거둘 때 오직 이 쌀로만 거두고, 일상생활에 필요한 다른 물품을 모두 그 속에 포함시켜 놓았습니다. 대동미로 값을 지급하는 것은 기름과 꿀, 종이 등의 물건 뿐인데, 각 고을에서 무역하는 것은 품목이 여기에 그치지 않습니다. 기름과 꿀, 종이 등의 값과 쓰고 남은 관수미(官需米)로 어떤 물건이든 마련할 수 있고 어떤 쓰임이든 대비할 수 있습니다. 물건을 무역하는 일은 일체 하리에게 책임을 지우니 하리가 무슨 재주가 있어서 없는 물건을 만들어내겠습니까. 만약 자신의 재물을 덜어 쓰는 것이 아니라면 반드시 백성들의 고혈을 침탈할 것입니다. 구차하고 세세하기가 이루 말할 수 없습니다. 이러한 이유로 각 고을의 하리는 날마다 피폐해져 가난한 자는 도망쳐 흩어지고 부유한 자도 재산을 잃어 생계가 막막해지니, 간악한 버릇이 날마다 불어나 이익을 보고는 제 몸을 돌보지 않아 형법을 저촉하는 일이 많습니다. 또 아전의 수가 적은 고을은 혹은 여수(旅帥) 및 대정(隊正), 혹은 시노(寺奴), 혹은 면주인(面主人)[32]과 함께 사다 바쳐 그 고충을 나누니, 가혹하게 거두는 정치가 미치지 않는 곳이 없습니다. 이는 무역을 감당하기 힘든 폐단입니다.

이른바 바닷가 고을에 해당하는 폐단은 다음과 같습니다. 종전에 도성으로 운반하는 것은 전세에 지나지 않았는 데도 선박을 얻기가 어렵고 침몰되는 경우도 잦아 바닷가 인근의 백성들이 늘 고통스럽게 여겼습니다. 그런데 지금은 상납하는 대동미의 수량이 또 전세 이외에 추가되어, 여러 가지 미곡을 일시에 아울러 운송합니다. 그러므로 1년

32 면주인(面主人) : 조선 시대에 주(州)·부(府)·군(郡)·현(縣)과 면(面) 사이를 오가면서 심부름하던 사람을 말한다.

에 필요한 선박이 큰 고을의 경우 20여 척에 이르고, 중간 고을의 경우도 10여 척을 밑돌지 않습니다. 곡물의 수량은 많은데 선박은 부족하며, 기일에 임박하여 선박을 빌리느라 대부분 완전하지 못하고, 선박마다 격군(格軍)을 모집하는데 대부분 토착민이 아닙니다. 선박이 출발한 뒤로는 뱃길이 좋지 않아 풍랑을 만나 취재(臭載)[33]되는 경우도 있고, 뱃사람들이 곡식을 훔치고 해안가에서 일부러 침몰시키는 경우도 있으니, 선박이 침몰하는 근심이 전후로 끊이지 않습니다. 잃어버린 미곡은 다시 바닷가 백성들에게 징수하니, 이는 실로 백성들이 견디기 힘들고 원망이 생기는 원인입니다.

이른바 산간 고을의 폐단은 다음과 같습니다. 이전부터 산간 고을은 8결로 부역에 응하였는데, 일 년을 통틀어 보통 품질의 무명 8~9필에 지나지 않았고, 쌀로 바꾸어 낸다고 해도 20말을 넘지 않았습니다. 그런데 지금은 그렇지 않아 바치는 쌀로 계산해보면 1결에 13말이고 8결을 합산하면 104말이니, 20말과 비교하면 이미 네 배입니다. 무명으로 바꾸어 계산해보면 1필의 가격을 비록 8말로 결정하더라도 15~16말이 아니면 결코 살 수가 없으니, 104말과 비교하면 또 갑절입니다. 1결의 전지에서 나오는 1년의 소출로는 비록 풍년이 들더라도 다 바치기 부족하여 반드시 소를 팔고 전지를 팔아야 겨우 그 수량을 충당할 수 있습니다. 게다가 남겨둔 여분의 미곡은 해마다 점점 많아지고 무명으로 바꾸어 내는 수량도 이에 따라 더욱 늘어났습니다. 그런데 몇 년 사이에 목면이 생산되지 않아 베 짜는 일을 대부분 멈추어 시장에서

33 취재(臭載) : 짐을 실은 배가 뒤집혀 가라앉거나, 배에 실은 곡물이 상하여 냄새가 나거나 못쓰게 되는 것을 말함.

그 가격이 폭등하였는데, 재산이 고갈되는 것도 따지지 않고 오직 사들이기만 기약하니 한 가닥 실오라기까지 모두 백성들의 고혈에서 나온 것이기에 근심하고 한탄하는 소리가 원근에 가득합니다. 백성들이 하는 말이 "만일 전토를 모두 팔 수 있으면 대동의 역(役)을 면제받을 수 있을 것이다."라고 하고, 또 말하기를 "사는 동안 언제쯤 대동법이 폐지되는 것을 볼 수 있을까."라고 하니, 이는 실로 애달파하고 고통스러워하는 말이며, 통탄스럽고 다급한 마음입니다.

선박으로 운송하는 어려움은 산간 고을에는 없지만 바닷가 고을의 고충이고, 무명으로 바꾸어 내는 폐해는 바닷가 고을에는 없지만 산간 고을에서 원망하는 일입니다. 바치는 쌀이 너무 많은 점[34], 연호에 전적으로 책임지우는 점, 말을 가지고 있는 자만 유독 고통스러운 점, 무역을 감당할 수 없는 점은 산간 고을과 바닷가 고을의 공통된 거대한 폐단입니다.

이밖에 세세하게 백성을 침탈하는 일이 한두 가지가 아닙니다. 예컨대 꿩과 닭을 가져다 쓴다고 하면서 정해진 수량 이외에 더 징수하는 경우도 있으며, 어물(魚物)은 다른 부역을 줄여준다고 하면서 민결에서 거두어 쓰는 경우도 있습니다. 전선(戰船), 생 칡〔生葛〕, 산마(山痲)는 연호에 책임지우며, 진상하는 노루, 사슴, 멧돼지, 꿩은 포수에게 책임지우며, 약재 역시 연호에서 채취하여 납입합니다. 비록 값을 지급한다고 하지만, 대부분 강제로 지정하니 진실로 절목이 불편하고 사들일 쌀이 부족한 탓입니다. 어떤 경우에는 법이 정해지기 이전의

34 바치는 쌀이 너무 많은 점 : 원문은 '出於出米之過多'인데, 문맥에 의거하여 '出於'를 연문(衍文)으로 처리하여 번역하였다.

전례를 그대로 따르기도 하고, 법규를 벗어난 잡역을 만들어내기도 하니, 이는 부득이한 데에서 나온 것이지만 그 폐해를 논하자면 산간 고을과 바닷가 고을에 모두 있습니다. 그렇지만 산간 고을이 바닷가 고을보다 더 심하니, 그 까닭이 있습니다.

쌀의 경우에는 두(斗)와 곡(斛)이 제한이 있어 간사하게 더 거두기가 어려우니, 설령 축이 나더라도 승(升)을 보태어 두(斗)를 채우고, 두(斗)를 보태어 곡(斛)을 채워 맞추어 그 수량을 충당하면 더 이상 후환이 없습니다. 그러나 무명〔木〕은 품질이 정해진 것이 없어 쉽게 도등(刀蹬)[35]을 야기하니, 일단 점퇴(點退)[36]를 당하면 거칠다고 한 것을 쌀처럼 찧어서 도정할 수도 없고, 길이가 짧다고 한 것을 자수를 늘릴 수도 없으니, 다시 마련하여 오가는 사이에 번다한 비용이 끝이 없습니다. 이 두 가지에서 폐단의 경중을 알 수가 있으니, 산간 고을 백성이 유독 원망이 많은 것은 이 때문입니다.

그런데 신은 여기에 대해 또 의혹이 있습니다. 바닷가 고을의 민역(民役)은 본래 너무 무거웠는데 대동법으로 인해 조금 가벼워졌고, 산간 고을의 민역은 본래 가벼운 듯했으나 대동법으로 인해 가중되었습니다. 대동법을 실시한 초기에 무거운 것은 가볍게 할 수 있겠지만 가벼운 것을 어찌 도리어 무겁게 할 수가 있었겠습니까. 13말을 바치는 제도를 먼저 바닷가 고을에서 시행하자 바닷가 고을의 백성들이 처음에는 편리하게 여겼기 때문에 이를 산간 고을에서도 시행한 것인데, 산과 바다의 사정이 다르고 어렵고 쉬운 형세가 다르다는 점을 전혀

35 도등(刀蹬) : 간사한 꾀를 써서 저자의 물건의 시세를 오르게 함을 비유한다.
36 점퇴(點退) : 350쪽 주117 참조.

모르고 법에만 구애되어 반드시 억지로 통일시키려다가 이런 결과를 초래했을 뿐입니다. 설령 일 년 동안 각종 공물과 각종 비용으로 반드시 1결에 13말을 거두어들인 뒤에 지탱할 수 있다면 백성들이 원성이 비록 이와 같더라도 오히려 핑계가 있을 것입니다. 그러나 이는 그렇지 않습니다. 시험 삼아 1결에 13말을 거두어들인다고 하고 필요한 비용의 수량을 계산해보면, 각종 공물과 각종 비용을 제외하고 남는 쌀이 비록 절반에 미치지는 못하더라도 역시 3분의 1은 넘을 것입니다. 13말의 쌀에서 3분의 1을 줄여서 거두어도 1년에 필요한 비용은 원래 부족하지 않을 것이니, 또 어찌 굳이 필요한 비용 이외에 많은 쌀을 거두어 백성들의 재산에 크게 손해를 끼쳐 백성들의 심한 원망을 야기하겠습니까.

또 해안 고을에서 도성에 바치는 쌀은 공물가 뿐만이 아니니, 남은 수량을 함께 운반하는 것이 늘 절반을 넘습니다. 산간 고을에 남겨 저장해두는 쌀도 공물가 뿐만이 아니니, 무명으로 바꾸어 상납하는 것도 끝이 없습니다. '대동'이라는 칭호는 백성의 부역을 하나로 만들어 통일한다는 말인데, 모르겠습니다만 '남는 쌀〔餘米〕'의 '여(餘)'는 과연 무슨 뜻을 취하여 이름붙인 것입니까. 명분이 바르지 않으면 말이 순하지 않으니,[37] 저 지극히 어리석으면서도 신령스러운 백성들이 마음속으로 원래 이미 바르지 않은 줄 알고 있는데, 어찌 원통하다고 하지

37 명분이……않으니 : 자로(子路)가 "위(衛)나라 임금이 선생님께 의뢰하여 정치를 하게 된다면 선생님께서는 무엇을 먼저 하시겠습니까?"라고 묻자, 공자는 "반드시 명분부터 바로잡을 것이다.〔必也正名乎〕"라고 하고, 이어 "명분이 바르지 못하면 말이 순조롭지 못하고, 말이 순조롭지 못하면 일이 이루어지지 않는다.〔名不正則言不順, 言不順則事不成.〕"라고 하였다. 《論語 子路》

않겠습니까. 또 더군다나 윗자리에서 이익을 보면 아랫자리에서 손해를 보고, 저쪽에 남는 것이 있으면 이쪽이 모자라는 것은 당연한 이치입니다. 지금 도성으로 운반하는 쌀이 대동법을 시행하기 전보다 갑절이나 되고, 민간에서 굶주리는 상황은 갈수록 더욱 심해집니다. 비록 해를 이어 수해와 가뭄의 재앙이 닥친 데에서 비롯된 것이지만, 역시 꼭 미곡을 옮기는 데에서 비롯되지 않았다고 할 수는 없습니다. 국가의 본래 뜻이 어찌 백성들을 편안하게 하지 않고 도리어 백성들을 병들게 하려는 것이었겠습니까. 어찌 부역을 균등하게 하지 않고 도리어 부역을 무겁게 하려는 것이었겠습니까. 이런 상황에 이르고 보니 비록 고수하고자 해도 그렇게 할 수가 없습니다.

신의 어리석은 생각으로는 이 법을 시행한 지 10년이 되지 않았는데 막혀서 통하지 않고 온갖 폐단이 발생하니, 그대로 따르기만 하고 바꾸지 않으면 앞으로의 폐단은 지금보다 더 심해질 것이고, 결국에는 백성들이 흩어져 나라가 나라꼴이 되지 못하고야 말 것입니다. 속히 개혁하여 백성들의 마음을 위로하는 것이 가장 좋은 방도입니다. 산간 고을과 바닷가 고을을 따질 것 없이 모두 혁파하여 백성들로 하여금 법을 시행한 것이 본래 백성을 위하는 데서 나온 것이고, 법을 폐지하는 것도 백성을 위하는 데서 나온 것임을 알게 한다면 조치가 합당하여 백성들이 모두 마음으로 수긍할 것입니다. 백성들의 화합을 이끌어내고 나라의 근본을 견고하게 하는 효과가 몹시 클 것이니, 어찌 다만 한때의 작은 은혜에 그칠 뿐이겠습니까.

그러나 조정에서 만약 산간 고을과 바닷가 고을을 아울러 혁파하기가 어렵다고 여긴다면 역시 완급과 선후의 분별이 없을 수 없습니다. 산간 고을은 먼저 혁파를 허락하여 고질적인 폐단을 말끔히 제거해주고, 바닷가 고을은 비록 그대로 유지하더라도 그 일을 맡은 관청에서 다시 헤아려서 거두어들이는 쌀의 말 수를 줄여주어 백성들의 부담을 줄여야 합니다.[38] 또 연호에 전적으로 책임지우거나 말을 가지고 있는 자만 유독 고통스럽게 하거나 감당할 수 없는 무역 등의 일과 기타 백성에게 폐단이 되는 일은 일체 개혁하여 편의에 합당하게 하는데 힘쓴다면 이 역시 때에 따라 잘 변화하는 한 가지 방도입니다. 이 법이 편리한지 여부는 실로 백성들의 기쁨과 슬픔과 관련되니, 폐단을 상세히 거론하여 위와 같이 열거하였습니다. 삼가 바라건대, 밝으신 성상께서는 묘당에 하문하여 속히 처분을 내려주소서.

38 줄여야 합니다 : 원문은 '寡民力'인데, 문맥에 의거하여 '寡'를 '寬'으로 바로잡아 번역하였다.

송희립의 후손을 녹용하는 일을 요청하는 장계

請宋希立後孫錄用事狀

신이 순시하다가 좌수영에 들러 고 통제사 이순신(李舜臣)의 유적을 물어보니, 영하(營下)의 장사(將士)가 전하는 말이 매우 상세하여 어제의 일처럼 뚜렷할 뿐만이 아니었습니다. 이어 고 수사 송희립에 대해 들었습니다. 그는 당시에 병방 군관(兵房軍官)으로 이순신의 막하에 있었는데, 지략이 남달라 이순신이 심복처럼 여기고 부자지간처럼 친하게 지냈으며, 계략을 낼 때에 그와 함께 결정하여 전후로 공을 세울 적에 많은 도움이 되었다고 합니다. 노량해전을 치를 적에 이순신이 송희립으로 하여금 따로 하나의 전선을 거느리고 나아가 싸우게 하였는데, 적들이 먼저 그 전선을 침범하여 송희립이 날아온 탄환에 다치자, 이순신이 직접 나서서 구원하러 나갔다가 탄환에 맞아 전사하였다고 합니다. 지금 바닷가의 사람들이 이순신의 일을 말할 때면 반드시 송희립을 함께 거론하여 칭찬하는데, 고 참의 안방준(安邦俊)이 저술한〈노량기사(露梁記事)〉에 전말이 자세히 기록되어 있으니, 그 사람에 대해 알 수 있습니다.

신이 그의 의리를 깊이 사모하여 송희립의 후손을 찾아보니, 그의 손자 송반(宋磐)이 현재 흥양(興陽)에 살고 있는데, 독서하는 유생으로 또 견식과 사려가 있어 향리에서 제법 명성이 있습니다. 송희립은 주장(主將)을 도와 부지런히 나랏일에 힘을 기울여 변란이 일어났을 때 수립한 공로가 이와 같으니, 혹시 조정에서 그의 노고를 기억하고 공로를 생각하여 그 자손에게 관직을 내려준다면 진실로 추후에 보답하는 은전이 빛날 것이며 바닷가의 장사들 역시 이로 인해 감동하여 분발할 것입니다. 이조와 병조로 하여금 재주에 따라 조용하게 하소서.

지난번에 신이 바다의 방비를 순시할 적에 전선을 점검하였더니, 전선에 있는 무기는 대부분 제도에 맞지 않았습니다. 불랑기(佛狼器)[39]는 족철(足鐵)과 목병(木柄)이 있어 이로써 움직이고 방향을 바꾸어 임의대로 운용해야 하는데, 목병이 부착되어있지 않거나 좌목(坐木)이 방판(防板)의 구멍과 어긋난 경우도 있었습니다. 철방패(鐵防牌)는 으레 쇠사슬로 방판(防板) 밖에 매달아 불랑기의 구멍을 덮어 가리고, 위, 아래, 왼쪽, 오른쪽으로 내려 향하는 곳을 따르게 하는데, 원래 철방패가 없는 경우도 있고, 있기는 하지만 다른 곳에 따로 놓아 방판의 구멍에 매달지 않은 경우도 있으며, 쇠사슬을 사용하지 않고 두 개의 나무기둥만 설치하여 방판의 구멍에 철방패를 붙여두어 운용할 수 없는 경우도 있었습니다.

전선의 앞머리와 후미 좌우에 설치한 화포는 비록 정해진 수대로 비치하였으나, 기목(機木)이 원래 갖추어지지 않은 경우도 있고, 비록 갖추어지기는 했지만 배치하지 않은 경우도 있으며, 비록 배치되기는 했지만 화포에 맞지 않는 경우도 있으며, 기목과 방판의 구멍이 높낮이가 어긋나는 경우도 있으며, 방판의 구멍과 총구의 크기가 맞지 않는 경우도 있었으며, 화포에 쓰이는 격목(檄木)의 길이와 크기 역시 기준에 맞지 않았습니다.

전선의 아랫부분에 설치한 좌우의 방판에는 으레 반드시 사이사이

39 불랑기(佛狼器) : 265쪽 주21 참조.

에 구멍을 파고 외부에 망철(望鐵)을 설치하여 그 구멍을 가렸다가 전투를 치를 때에 안으로 빛이 들어오도록 하고 밖으로는 적을 살피는데, 이 제도는 각 처의 전선에 거의 없고 어쩌다가 있습니다. 이 외에 세세한 여러 도구들이 맞지 않는 것이 여기에 그치지 않습니다.

우리나라 전선의 제도는 가장 뛰어나다고 일컬어졌는데, 지금 이렇게 그대로 오류를 답습하여 바로잡지 않으니 시일이 오래되면 법도가 점점 변하여 후대 사람들이 앞으로 쓸 줄을 모를 것입니다. 혹시 위급한 상황이 발생하면 어떻게 힘을 얻을 수 있겠습니까. 이는 매년 수군을 조련할 때에 통제사와 수사가 직접 살피지 않고 편비(編裨)[40]에게 점검하는 책임을 맡기는 일이 이어져 규례가 되어 이러한 상황에 이른 것이니, 정말로 한심합니다.

지금 좌우의 수사에게 분부하여 제도가 어긋나는 점이 있는 경우에는 일일이 바로잡도록 하였으나, 이와 같은 일에 대해 만일 계하하는 문서가 없다면 영구히 시행되기를 바라기가 어려우니, 비국으로 하여금 별도로 신칙하게 해야 합니다. 또 좌수영[41]에 소속된 전선과 대포는 과거에 임광(任絖)이 순검사가 되었을 때 한 차례 시험하여 발사하였고, 우수영에 소속된 전선과 화포 중에 병신년(1656, 효종7)에 개선(改船)한 뒤에 새로 만든 것은 아직 시험하여 발사하지 않았으니, 만약 사용할 때가 되어 망가진다면 반드시 큰 낭패를 보게 될 것입니다. 올봄에 수군을 조련할 때에 맞추어 역시 수사로 하여금 시험하여 발사

40 편비(編裨) : 대장(大將)을 보좌하며 소속 부대를 지휘하던 무관직을 말한다.

41 좌수영(左水營) : 원문은 '莊水營'인데, 문맥에 의거하여 '莊'을 '左'으로 바로잡아 번역하였다.

하게 하고, 사용한 화약은 규례대로 회감(會減)[42]하는 것이 어떨지 모르겠습니다.

또 신이 삼가 듣건대, 대가(大駕)가 온천에 행차하는 때가 3월을 벗어나지 않을 것이라 하니, 각 도에서 병력을 거느리고 있는 높고 낮은 관리는 감히 진영을 벗어나서는 안 됩니다. 올해 수군의 봄 조련은 통제영으로 가서 모이게 하지 말고, 좌수사와 우수사로 하여금 각자 시행하도록 하는 것이 사리에 합당할 듯합니다. 신은 서생으로 군사의 일에 익숙하지 않으나, 전선의 제도에 대해서는 과거에 상세히 들었습니다. 화기(火器)와 여러 도구들의 경우에는 작년에 강화도에 어사로 나갔을 때[43] 역시 점검하여 대략을 대충 알기에 직접 순시하여 눈으로 목격한 나머지 감히 어리석은 견해를 함부로 아뢰니, 묘당에서 헤아려 지시를 내려주기 바랍니다.

사직(社稷)과 문묘(文廟)는 위로 도성으로부터 아래로 주(州)와 현(縣)에 이르기까지 봄과 가을에 향사(享祀)를 올리니, 높이고 공경하는 것은 비록 경중이 없으나 지방에 있는 사직의 위판(位版)은 이미 주사(州社), 주직(州稷), 현사(縣社), 현직(縣稷)이라고 써놓았으니, 문묘와는 차이가 있는 듯합니다. 어향(御香)과 어축(御祝)을 주와 현의 사직에 내려주는 것이 예법에 어떠한지 모르겠습니다. 보잘 것 없는 신의 억측으로는 온당치 않은 점이 있는 듯하니, 해당 조로 하여

42 회감(會減) : 받을 것과 줄 것을 상쇄하여 회계 처리하는 것을 말한다.

43 작년에……때 : 민유중은 갑진년(1664, 현종5)에 강화 어사로 나가 군비를 검열한 일이 있다.

금 다시 헤아려 처리하게 하소서.

산간 고을에 대동법을 혁파한 뒤에 각 고을의 관청에서 필요한 물품을 참작하여 정식으로 만들라고 이미 선혜청에 계하를 받아 분부하였습니다. 신이 지금 수령들을 모아놓고 헤아려 마련하고 있는데, 그 중에 곡절이 있어 막히고 마음대로 결단하기 어려운 점이 없지 않아 감히 이렇게 아룁니다.

각 고을의 관청에서 필요한 물품은 원래 정해진 제도가 없으니 지나치게 많은 곳은 줄이는 일을 그만둘 수 없습니다. 민결(民結)에서 거두어들이는 것이 아주 적은 경우에는 별도로 명목을 만들어 쌀과 콩을 수합하여 비용을 보태기도 하는데, 이 경우는 바르지 못한 명색을 혁파하고 전결에서 쌀과 콩을 더 거두어야 할 듯합니다. 그러나 민결에서 거두는 것이 이전에는 적었는데 지금 또 수량을 늘리면 백성들이 반드시 원망할 것이니, 대동법을 혁파한 본뜻이 아닙니다. 비록 바르지 않더라도 우선 예전 그대로 두는 것이 역시 편의에 합당합니다.

또 꿩과 닭을 거두는 법규 역시 각기 달라 닭만 거두고 꿩을 거두지 않는 경우도 있고, 8결마다 일 년에 꿩과 닭을 1마리씩 거두는 경우도 있으며, 2마리씩 거두는 경우도 있습니다. 또 민결에서 거두지 않고 전역(田役)이 있는 백성 몇 명을 합하여 꿩 1마리를 거두는 경우도 있으며, 기병과 보병 몇 사람을 합하여 꿩 1마리를 거두는 경우도 있습니다. 기병과 보병 및 전역이 있는 백성에게 강제로 꿩을 거두는 것은 너무나 이치에 어긋나는 일입니다. 이는 혁파하여 다시 민결에 지정해야겠습니까? 꿩이 없는 곳 역시 다른 고을의 예에 의거하여 마련합니까? 1마리를 거둘지 2마리를 거둘지 각기 본읍의 전례를 따릅니까?

8결마다 1년에 다만 꿩과 닭을 1마리씩만 거두는 것은 부족할 듯하지만 역시 더 배정하기는 어려우니, 어찌해야겠습니까?

금산군(錦山郡)의 경우에는 관수미(官需米)를 원래 민결에서 거두어 쓰는 법규가 없고, 하리(下吏)와 관노(官奴)에게 1년의 부역을 면제해주는 것을 허락하여 약간의 섬 곡식〔租石〕을 지급하여 쌀로 바꾸게 하였다가, 늘 본군(本郡)의 전세를 조운(漕運)할 때면 관청에서 해창(海倉)에 방납(防納)하고 이를 통해 본읍의 세미(稅米)를 거두어 관청의 비용을 마련하니, 일이 아주 구차합니다. 이치상 개혁해야 하지만, 이 규례가 이미 폐지되었고 대동법도 혁파되어 지금 관수미가 전혀 나올 곳이 없으니, 대동미를 떼어 주는 수량을 참작하여 민결에서 마련해야 할 듯하지만, 새로 만드는 일과 관련되어 어떨지 모르겠습니다. 대략 윗 항목에 아뢴 일들은 본도에서 정식으로 만들어 아뢰어 조정의 처분을 기다려야 할 뿐이지만, 규정이 정해지지 않아 취사를 결정하지 못하여 먼저 여쭈지 않을 수 없으니, 청컨대 해당 청으로 하여금 속히 지시하도록 하소서.

전주 부윤이 자리를 겹쳐 깔고 요를 깔아 감사와 대등한 예를 행하는 것은 유래가 비록 오래되었지만, 몹시 잘못된 일입니다. 신이 바로잡고자 한 것은 자신을 높이고 바꾸기를 좋아해서가 아니라, 진실로 기강이 달린 문제라서 그렇게 하지 않을 수 없었기 때문입니다. 전 부윤 이원정(李元禎)이 고수하며 바꾸지 않아 결국에는 파직되어 갔는데, 사람의 소견이 비록 각기 다르지만, 이는 심원하여 깨닫기 어려운 의리가 아니며 또 중대하여 고치기 어려운 일이 아니니, 그래도 뒤에 부임해오는 사람이 헤아려 잘못을 바로잡을 것이라 생각하였습니다.

부윤(府尹) 심황(沈榥)이 지난번에 연명(延命)[44]하던 날에 자리에 요를 깔지 않았다는 이유로 공장(公狀)을 올린 뒤 도로 물러 갔습니다. 이 이후로는 돌연 종적을 끊어 영하(營下)에 있으면서 아직까지 한 번도 만난 적이 없습니다. 일찍 처치하려고 하지 않았던 것은 아니지만, 그가 다시 생각하도록 하여 좋게 바뀌기를 바랐습니다.

근래에 산간 고을의 대동법을 혁파한 일로 인하여 관청에 필요한 물품에 대한 정식을 다시 정하라고 이미 조정의 명령이 내려졌습니다. 글을 주고받으면 자세히 하지 못할 것이므로 각 고을의 수령을 모두 영하에 모아 얼굴을 마주하고 편의 여부를 논의하여 다시 감정(勘定)하였습니다. 본주(本州)는 지역이 넓고 비용도 많으며, 또 사신이 늘 머무는 곳이어서 정식을 다시 정하는 일을 다른 고을보다 먼저 해야 하기에 얼마 전에 얼굴을 마주하고 논의하는 것이 타당하다는 뜻을 본부에 분부하였습니다. 그러자 심황(沈榥)이 와서 관청을 엿보고는 또 좌석에 요를 깔지 않았다는 이유로 들어와 만나보지 않았으니, 일의 체모가 손상됨은 이미 말할 것도 없거니와 공무가 지체되기가 한결같이 이런 지경에 이르렀으니, 결코 구차하게 그대로 두어 점점 더 잘못되도록 해서는 안 되기에 전주 부윤 심황을 파출하였습니다.

또 신이 삼가 생각해보니 심황이 굳이 잘못된 전례를 고집하는 이유는 이원정을 앞선 본보기로 삼은 데에 지나지 않습니다. 이원정이 말하기를 "감사가 반드시 바로잡으려고 고집하는 것이 비록 옳지만, 부윤이 반드시 고수하려는 것도 본 데가 있어서입니다. 일이 오래 전부터 있었

44 연명(延命) : 수령이 감사를 처음으로 가서 보는 의식을 말한다.

고 지금 처음 만들어진 것이 아니니, 만약 계하받아 결정하지 않으면 끝내 고칠 수가 없습니다.……"라고 하였습니다. 그러다가 신이 장계를 갖추어 아뢰어 이원정을 돌려보내라고 요청하자, 성상께서 특별히 추고하라고 명하고 다음날 안으로 출발시켜 보내라고 하셨으니, 이는 조정에서 신이 바로잡도록 허락한 것이지, 이원정이 고수하는 것을 옳다고 여긴 것이 아닙니다. 이원정이 돌아온 뒤에 또 신의 장계 끝부분에 '관직을 비웠다.'라는 말이 있었다는 이유로 성상이 특별히 추고하여 보낸 이유는 여기에 있지 저기에 있는 것이 아니니, 계하받은 일로 논해서는 안 된다고 하면서 일부러 핑계를 대고 억지로 보고하며 태도를 바꾸지 않았습니다. 지금 심황이 이렇게 하는 행동은 바로 이원정의 뒤를 이은 것입니다. 이 일을 국법으로 따져보면 이미 근거가 없고 옛이야기를 찾아보아도 역시 증거가 없습니다. 제 생각에는 처음에 감사가 한 차례 실수로 허락하고 부윤이 한 차례 분수에 넘는 짓을 하여 드디어 전례가 되었기 때문에 훗날의 폐단이 된 듯합니다. 비유하자면 몇 년 전 어떤 감사가 예전에 감사를 역임한 부윤에게 대문으로 출입하도록 허락해준 일과 같습니다. 이는 한때의 괴이한 일인데, 어찌 이 일을 끌어다 훗날의 법으로 삼을 수 있겠습니까.

신이 예전에 보니, 정자(程子)와 주자(朱子)는 소소한 일에 대해서도 그냥 지나치지 않았는데, 그들의 논설이 엄정한 정도에 그치지 않았으니 옛 사람이 대처하는 데 본디 방도가 있었습니다. 손보(孫甫)가 양절전운사(兩浙轉運使)가 되었을 때 범중엄(范仲淹)이 항주(杭州)를 다스리고 있으면서 대신의 신분으로 간혹 편의대로 일을 처리하니, 손보가 말하기를,

"범공은 고귀한 신하이니, 내가 이 문제에 대해서 굴복하면 다른

문제에 대해서도 그에게 뜻을 펴지 못할 것이다."
라고 하고, 이로 말미암아 일체 법대로 처리하고 늘 감사로 자처하였습니다. 범중엄은 손보를 만나면 게으른 기색이 없었고, 손보도 범중엄을 만나 조금도 굽히지 않았으니, 그 체통이 그러하기 때문입니다. 범중엄은 대신의 존귀한 신분으로 오히려 전운사(轉運使)에게 자신을 낮추었는데, 하물며 지금 2품 수령이야 말할 나위가 있겠습니까.

수령이 감사에 대해 등급과 위엄에 현격한 차이가 있고, 병사(兵使)가 부윤의 아랫자리에 있지 않다는 것을 누가 모르겠습니까. 그러나 한번 눈이 가려지자 깨닫지 못하여 이전에 이미 오류를 답습하고 뒤에 또 그대로 하였으니, 이 이후로도 필시 잘못을 본받을 것입니다. 그러니 체례(體例)를 언제 바로잡겠으며, 다툼이 언제 그치겠습니까. 본부는 도내의 바쁜 고을인데 이 한 가지 일로 인하여 1년 동안 두 차례나 부윤이 체직되어 자리가 비어 있은 지가 오래입니다. 관리를 맞이하고 전송하는 일도 잦아 백성에게 폐해를 끼치니 실로 작은 일이 아닙니다. 반드시 명백히 바로잡은 뒤에야 일이 순조롭고 이치에 맞아 상하가 편안해질 것입니다. 지방의 체례가 비록 성상께 아뢸 일은 아니지만, 시비와 득실의 귀결은 실로 국가의 기강에 관련된 일이니 역시 조정에서 몰라서는 안 됩니다.

신의 생각으로는 아울러 해당 조로 하여금 신이 전후로 올린 장계를 살펴서 정도(正道)에 근거하여 잘못을 배척하여 명백히 법식을 보이게 하고 후임으로 오는 관리로 하여금 이를 따르게 하여 예전처럼 잘못을 답습하여 체면을 무너뜨리는데 이르지 않는 것이 사리에 합당할 듯하여 감히 이렇게 아룁니다.

적상산성(赤裳山城)이 몹시 험준하다는 점은 신이 직접 보았으니, 보장(保障)으로 논하자면 십분 미리 대비하여 소홀한 우려가 없어야 하는데, 하물며 원대한 계획을 소홀히 하여 훗날의 대비를 느슨히 할 수 있겠습니까. 다만 생각건대 이 성은 실록과 선첩(璿牒)[45]이 보관된 곳이며, 도적이 쳐들어오는 요충지에 해당하는 길목입니다. 이미 군병을 두고 또 군량과 병기를 쌓아두었으니, 적들이 반드시 엿보며 놓아두고 갈 수 없는 곳입니다. 만에 하나 제대로 방비하지 못하여 병력이 침범한다면 실록과 선첩을 장차 어찌하겠습니까. 생각이 여기에 이르니 지나친 우려가 없을 수 없습니다. 신이 이전 장계에서 '군병을 혁파하고 삼가 지키는 일을 한결같이 태백산과 오대산의 예와 같이 해야 한다.'라고 하였으니, 실로 피해를 멀리하고 근심을 제거하여 만전을 기해 위험이 없도록 하려는 뜻에서 나온 것입니다. 삼가 생각건대, 조정의 의론은 혹여 이에 대해 깊이 생각하지 않은 듯합니다. 지금 만약 단지 무주(茂朱),[46] 용담(龍潭), 금산(錦山) 세 고을의 군병을 전적으로 산성에 속하게 하고, 진안(鎭安), 진산(珍山), 장수(長水) 세 고을의 군병 전체를 도로 각각 해당 영(營)에 소속시킨다면 더 이상 나뉘는 폐단이 없을 것이니, 실로 편의에 맞는 계책입니다. 다만 이 군병을 영원히 산성에 소속시키고 영장(營將)에게 관할하도록 하지 않았기 때문에 재주를 시험하여 상과 벌을 내리는 법규가 없어 매년 봄과 가을에 훈련하는 흉내만 낼 뿐입니다. 대오와 기예가 다른 고을의 군병에 한참 미치지 못하니, 이와 같아서야 위급할 때에 힘을 얻기를 바랄 수 있겠습니까. 이러한 사실을 가지고 논

45 선첩(璿牒) : 왕의 사적을 적은 문서로 선원 보첩(璿源譜牒)을 말한다.

46 무주(茂朱) : 원문은 '茂米'인데, 문맥에 의거하여 '米'를 '朱'로 바로잡아 번역하였다.

하자면 신이 혁파를 요청한 것 역시 근거가 없지 않습니다. 직접 살펴본 형세가 몹시 자세하니, 이에 거듭 하문을 받고 감히 이전의 이야기를 거듭 말씀드립니다. 그러나 조정에서 또 이미 설치한 것을 도로 혁파하기가 어렵다고 여긴다면 예전에 결정한대로 세 고을의 군병만 소속시키는 것이 그래도 이전보다는 나을 것이니, 다음 가는 방책이 될 것입니다. 묘당으로 하여금 자세히 헤아려 지시를 내려주도록 하소서.

신이 지난번에 전주 부윤이 자리에 요를 깔았던 잘못된 전례를 장계에 아뢰고 삼가 조정의 처분을 기다렸습니다. 삼가 예조에서 복계하여 이문(移文)한 내용을 보니, '서울과 지방의 관원이 서로 만나볼 적의 예는 공례(公禮)의 절목(節目)과 관련이 있으니, 잘못된 것을 바로잡는 것은 바로 해당 조의 임무입니다. 그러나 상관과 하관이 사적으로 만날 적에 자리에 요를 까는 한 가지 일은 공례와는 차이가 있으니, 감사가 적절히 정식을 만드는 데 달려 있습니다 …….'라고 하였습니다. 신의 의견은 애초에 근거가 없지 않았는데, 해당 조에서 또 본도로 하여금 적절히 정식을 만들라고 하였으니, 나라의 체모와 사리가 본디 이와 같아야 합당합니다. 그러므로 본부에 분부하여 잘못된 전례를 바로잡도록 하였습니다. 그런데 부윤 이만영(李晩榮)이 부임하던 날에 도성에 있을 때 낙상을 입어 다리를 움직일 수 없다는 핑계로 성 밖 여염집에 와서 머물러 있으면서 연명(延命)[47]하지 않았으니, 그의 의도가 어디 있는지 역시 알 수 있습니다. 이미 질병이

47 연명(延命) : 412쪽 주44 참조.

있다고 했으니, 억지로 핍박하는 것은 마땅하지 않았기에 조리하도록 내버려두었습니다. 그러다가 신이 여산(礪山)에서 감영으로 돌아왔을 때에 본부에 마침 계하받은 사형수가 감옥을 뛰어넘어 도망친 일이 발생하였는데, 법에 의거하여 파직당해야 마땅하다고 말하면서 끝내 연명하지 않고, 법에서 허용한 100일의 기한을 기다리지 않고 지레 먼저 직임을 버리고 떠났으니, 일의 체모에 있어 매우 놀라운 일입니다. 전주 부윤 이만영을 파출한 연유를 치계(馳啓)합니다.

신이 지난 겨울에 순시하다가 운봉현(雲峯縣)에 들렀는데, 현 동쪽에 황산(荒山)이라는 곳이 있으니, 바로 우리 태조대왕께서 왜구에게 큰 승리를 거둔 곳입니다. 신이 삼가 그곳에 이르러 옛 유적을 찾아보니, 비석이 가파른 산비탈 아래에 우뚝 서 있었습니다. 이는 선조(宣祖) 때에 사신(詞臣)에게 명하여 글을 짓도록 하고 번신(藩臣)에게 명하여 비석에 새기도록 하여 사실을 기록하여 영원히 보이게 한 것입니다. 그런데 삼가 살펴보니, 글솜씨가 서툴고 서술이 소략하여 성상의 무용(武勇)을 만에 하나도 드러내기에 부족하였으며, 게다가 세월이 오래되어 글자의 획이 결락된 것이 많았습니다. 처음에는 조정에 아뢰어 다른 비석으로 다시 세우려고 하였으나, 일이 중대한지라 결국 감히 그렇게 하지 못하였습니다. 다만 비각(碑閣)을 설치하지 않아 비바람을 막지 못하여 존경하는 체모를 갖추지 못하고 닳아 없어지는 우환을 막지 못하였습니다. 그러므로 어리석은 신이 이를 두려워하여 재목을 모으고 기와를 마련하여 비각을 건립하였는데, 2월에 공역을 시작하여 5월에 완공하였으니, 크고 화려한 모습이 잘 갖추어져 흠이 없었습니다. 우리 성조(聖祖)의 성대한 공렬은 지금에 이르기까지 부로(父老)들이 외우며 어제의 일처럼 뚜렷하니, 비각이 있든 없든 간에 그 사이에 무슨 영향을 끼치겠습니까마는 그래도 이렇게 한 것은 진실로 신하가 임금을 공경하고 덕을 칭송하는 정성이 본래 이르지 않는 곳이 없기 때문입니다. 신이 삼가 비문을 찍어내어 한 폭의 족자로 만들이 이렇게 감히 궤에 넣어 봉하여 올려 성상이 보시도록 갖추었습니다. 자세한 사적으로 말하자면 비문 이외에 지리지에 기록된 것이 있는데, 지금 감히 여기에 덧붙이지 않습니다. 또 생각건대, 비각은 완공되었으나 편액이 여전히 없으니, '황산성렬비(荒山聖烈碑)' 다섯 글자를 전서(篆書)로 써서 문미(門楣)에 걸어야 할 듯합니다. 예조로 하여금 조정의 신하 중에 글씨를 잘 쓰는 사람을 뽑아 속히 내려 보내어 새겨서 걸도록 하소서.

본도에서 새로 간행한 《송명신언행록(宋名臣言行錄)》과 《소미통감(少微通鑑)》등의 책은 이미 인출하여 성상께 올렸습니다. 신이 근래에 다시 자세히 살펴보니, 《송명신언행록》전집(前集)의 서문(序文) 가운데 '구평중(寇平仲)'은 '위평중(爲平仲)'으로 잘못 쓰여 있었고, 발문(跋文)의 '이씨(李氏)'는 '무씨(武氏)'로 잘못 쓰여 있었습니다. 《소미통감》 32편 제4장 19행에 '종(縱)'자(字)가 빠지고, 두 글자가 바뀌고, 한 글자가 빠진 것은 중대한 오류에 해당합니다.

신이 문서를 처리하는데 쫓겨 정신이 피곤하여 교감을 하면서 정밀히 살피지 못하고 이렇게 목판에 새겼습니다. 신이 성상이 살펴보시도록 올리고 나서 뒤이어 살펴보니 두려워[48] 어쩔 줄을 모르겠습니다.

48 두려워 : 원문은 '棟愓'인데 문맥에 의거하여 '棟'을 '悚'으로 바로잡아 번역하였다.

삼가 이렇게 오류를 바로잡아 다시 간행하여 어람건(御覽件)《송명신언행록》 6장, 《소미통감》 3장과 국용건(國用件)《송명신언행록》 60장, 《소미통감》 30장을 아울러 상자에 담아 승정원으로 올려 보냅니다. 신이 혼미하여 알아채지 못했으니 무거운 견책을 받아 마땅합니다. 황공한 마음으로 대죄합니다.

계사 啓辭

의정부의 참알[49]에 나가지 않은 일로 인피하는 계사
不赴政府參謁引避啓

신이 외람되이 형편없는 자질로 차지해서는 안 될 자리를 맡았으니, 성상께서 도야해주신 은혜는 몸이 부서져 가루가 되어도 갚기가 어렵습니다. 스스로 돌아보건대 자질이 비루하고 학식이 몽매하여 평범한 벼슬자리도 오히려 임무를 감당하지 못할까 두려운데, 하물며 간관(諫官)은 실로 간언하는 책임을 맡은 자리이니, 감히 함부로 받고 헛되이 훔쳐 위로는 성상의 감식안을 속이고, 아래로는 관직을 욕보여서야 되겠습니까.

사람의 재주와 분수는 각기 정해진 한계가 있어 비록 억지로 하려고 해도 넘어서기가 어려우니, 역량을 헤아려 나아가고 능력을 헤아려 처신해야 임금을 섬기는 의리에 합당하고 진실로 직분을 다하는 방도가 됩니다. 그러므로 신이 예전에 스스로 '관직을 받을 때에는 반드시

49 참알(參謁) : 윗사람을 찾아가서 뵙는다는 뜻으로, 새로 관직에 임명된 자가 부임할 때에 의정부(議政府)와 이조(吏曹) 또는 병조(兵曹)에 나아가 당상관들을 찾아뵈는 일을 말한다.

감당할 수 있는지를 자세히 살펴서 맡아야 하는데, 청요직은 명망과 책임이 모두 무거운 자리이니, 외람되게 차지하거나 뒤섞여 더럽혀서는 안 된다.'라고 생각하습니다. 이는 실로 보잘것없는 신의 어리석은 견해로 평소 마음에 정해놓은 것입니다.

또 신은 팔자가 기구하고 죄가 쌓여 화(禍)를 재촉하여 이미 모친을 여의고 이어 조모의 상을 당하여 슬픔으로 몸이 상하였는데, 그 틈에 질병이 생겨 위독한 증상이 종종 괴롭히니, 정신과 정력이 다시 더 이상 부지런히 종사할 길이 없습니다. 상소를 올려 간절한 사정을 아뢰었으나 윤허를 받지 못하여 단자를 올려 체직을 바랐는데, 승정원에 가로막혀 진퇴가[50] 낭패스럽기가 이에 이르러 더욱 극심합니다. 신에게 이미 관직에 나아가기 어려운 형세가 있고, 또 몸에 병이 있어 감히 의정부에서 참알(參謁)하는 날에 나아가지 못했으니, 국가의 체모에 있어 처벌을 받아야 합니다. 신의 관직을 산삭하라고[51] 명하소서.

50 진퇴가 : 원문은 '追退'인데, 문맥에 의거하여 '追'를 '進'으로 바로잡아 번역하였다.

51 산삭하라고 : 원문은 '鎬削'인데, 문맥에 의거하여 '鎬'를 '鐫'으로 바로잡아 번역하였다.

헌납 윤겸과 전 참의 목행선을 파직하고 서용하지 말며 지평 오두인을 체차하기를 청하는 계사

請獻納尹㻩前參議睦行善罷職不敍持平吳斗寅遞差啓

근래에 기강이 해이해져 금령이 시행되지 않아 개인적인 뜻이 제멋대로 시행되고 공법(公法)이 흔들려 식견 있는 자들이 한심해 한 지가 오래되었습니다. 지난번에 사헌부의 금리(禁吏)가 신분에 맞지 않는 옷을 입은 사람을 붙잡아 고발하니, 지평 오두인(吳斗寅)이 법에 따라 그의 옷을 불태웠습니다. 이른바 '신분에 맞지 않는 옷을 입은 사람'은 바로 전 참의 목행선(睦行善)의 여종입니다. 목행선은 그 당시 장령이었던 윤겸(尹㻩)에게 부탁하여 금리에게 그 옷값을 징수하기까지 하였는데, 윤겸이 직접 거두어들이는 것을 보고서 목행선의 집으로 보냈습니다.

윤겸은 법을 집행하는 관리가 되어 남의 청탁을 받아 대뜸[52] 이와 같은 짓을 하였고, 목행선은 품계가 높은 이름난 인물이면서 집안의 여종이 금령을 어긴 일로 낯부끄럽게 간청하였으니, 이런 일을 징계하지 않으면 이후로 금리가 필시 감히 사대부가의 노복(奴僕)에게 손을 대지 못할 뿐만 아니라, 국가의 법령이 이로부터 실추될 것이며, 관원의 염치도 이로부터 사라질 것입니다. 헌납 윤겸과 전 참의 목행선을 모두 파직하여 서용하지 마소서. 지평 오두인은 그 당시에 비록 이미

52 대뜸 : 원문은 '據'인데,《승정원일기》 효종 7년 10월 12일 기사에 근거하여 '據'를 '遽'로 바로잡아 번역하였다.

체직되었으나 금리가 원통하다고 호소하는 말을 직접 들었는데도 다시 언관의 자리에 올라 전혀 논핵하지 않았기에 역시 그 책임을 면하기가 어려우니, 지평 오두인을 체차하라는 명을 내리소서.

쌀을 거두는 것을 중지하는 일에 대해 동료들의 논의가 일치하지 않아 스스로 논핵하는 계사

因寢米事與僚議不一自劾啓

국가는 백성을 얻는 것을 근본으로 삼으니, 백성이 나라를 원망하면 믿음을 잃는 것이 심합니다. 일의 크고 작음에 관계없이 만일 한때의 이해 때문에 민심을 흔들면 백성이 마음으로 복종하지 않아 반드시 원망이 일어나니, 이는 원래 정령을 시행하는 사이에 살피지 않아서는 안 됩니다. 화폐[53]를 유통하기 어렵다는 점은 전후로 말한 사람이 많았고, 오래도록 시험하여 효과가 없었으니 그대로 혁파하는 것이 원래 불가할 것이 없습니다. 다만 봄 사이에 저자 백성에게 쌀을 나누어주고 가을 이후에 돈으로 갚으라고 약조하였는데, 지금에 이르러 화폐를 혁파한 뒤에 또 바쳐야 할 돈을 내버려두고 이미 나누어준 쌀을 도로 징수하게 하니, 애초에 자세히 살피지 않아 결국 믿음을 잃게 되었습니다. 이 일이 비록 작지만 관련된 점은 역시 큽니다.

삼가 듣기로 백성들이 이미 돈을 마련하여 바치려고 하였는데, 이 명령이 갑자기 내려져 모두가 실망하였다고 합니다. 국가가 이미 돈을 유통하는 재물로 여기지 않으니, 백성들이 장차 어디에 쓸 수 있겠습니까. 이는 백성들의 재물에 손해를 입히고 백성들의 원망을 초래하기 충분하니 믿음을 잃었다는 비난이 결국 국가로 향할 것입니다. 차라리

53 화폐 : 원문은 '錢貨'인데, 《승정원일기》 효종 7년 10월 15일 기사에 의거하여 '貨'를 '貨'로 바로잡아 번역하였다.

천여 섬의 쌀을 잃을지언정 결코 백성에게 믿음을 잃고 원망을 사서는 안 됩니다. 지금의 계책으로는 한결같이 약조대로 돈을 거둔 뒤에 조정 관리들의 봉록으로 나누어주거나 송도(松都)로 옮겨 쌀로 바꾼다면 1~2년을 넘기지 않아 모두 쓸 수 있을 것이니, 역시 처리하기 어려운 일은 아닙니다.

신의 소견은 이전에 이와 같았기에 며칠 전에 사간 심세정(沈世鼎)과 대청(臺廳)에 모여 이 일을 이야기하고 논계하려고 하였더니, 심세정도 옳다고 하였습니다. 다만 "다시 민심을 묻고 헤아리는 것이 아주 좋을 것이다."라고 하였습니다. 그 후에 가서 물어보니, 또 조용히 초안을 잡겠다고 답하였습니다. 그런데 지금에 와서 "이 일이 처음에는 논할 만하다고 여겼으나 다시 생각해보니 이미 혁파한 화폐를 다시 거두어도 쓸모가 없으니, 논계하는 것은 마땅하지 않다."고 하며[54] 반나절 동안 논란하며 고집을 부리며 따르지 않았습니다. 그의 말이 이전과 갑자기 달라졌으니 신은 실로 그의 의중이 어디에 있는지를 깨닫지 못하겠습니다. 모두 신이 가볍게 보인 소치이니, 잠시라도 구차하게 이 직임에 머물러서는 안 됩니다. 신의 직임을 체차하라고 명하소서.

54 지금에……하며 : 원문은 '今乃由'인데, 《승정원일기》 효종 7년 10월 15일 기사에 의거하여 '由'를 '曰'로 바로잡아 번역하였다.

연안 부사 김설을 사판에서 삭제할 것을 청하는 계사
請延安府使金卨削去仕版啓

연안 부사(延安府使) 김설(金卨)은 선대의 조정에서 벼슬길에 나와 처음으로 높은 관직에 올랐는데, 간사한 마음과 사특한 행동이 하루아침에 탄로나 몸에 무거운 죄를 지고 견책을 받아 폐고(廢錮)되어 결국 밝은 시대의 버려진 물건이 되었습니다.[55] 근래에 연줄을 이용하여 벼슬을 차지하여 다시 조정 관원의 명부에 올라 여러 차례 내외의 관직을 역임하고 또 큰 고을의 수령을 맡았는데, 사람들이 일상적인 일로 보고 그도 당연한 듯 여기니, 세도가 낮고 더러우며 벼슬자리가 혼잡함을 여기에서 볼 수 있습니다. 듣건대 그가 이전에 풍덕 부사(豐德府使)를 역임할 적에 탐욕을 부리고 직무를 수행하지 않아 비루하고 자잘한 일들이 사람들의 귀에 퍼져 온 경내의 원성과 비방이 지금까지 끊이지 않습니다. 이와 같은 사람은 관리의 반열에 그대로 두어 백성을 기르는 목민관의 직임을 주어서는 안 됩니다. 연안 부사 김설을 사판에서 삭제하라고 명하소서.

55 선대의……되었습니다 : 김설은 참의 김덕함(金德諴)의 아들이며, 연평 부원군(延平府院君) 이귀(李貴)의 사위이다. 1627년(인조5) 인천 유생 김원(金垣)이 김류 부자의 횡포를 비난하는 소를 올리자 이귀의 사위였던 김설은 그 상소의 배후자로 지목되어 이듬해 함경도 온성으로 정배되었고, 뒤에 남해로 이배되었다. 1630년 유배에서 풀려났지만 1648년 김류가 죽은 다음에야 고산 찰방(高山察訪)에 기용되었으니, 20여 년 동안 김설은 관직에 오르지 못하였다. 《仁祖實錄 8年 6月 17日》《承政院日記 仁祖 26年 7月 22日》

보덕 유준창의 체차를 청하는 계사
請輔德柳俊昌遞差啓

보덕 유준창(柳俊昌)은 술을 즐겨 병에 걸려 일상적인 직무조차 손에서 놓는 일이 많습니다. 더구나 이 주연(胄筵)[56]에서 진강하는 일은 책임이 전적으로 세자를 보좌하는 데 있으니, 어찌 이런 사람에게 함부로 주어 그 임무를 소홀히 할 수가 있겠습니까. 보덕 유준창을 체차하라고 명하소서.

56 주연(胄筵) : 왕세자가 독서하고 강론하는 자리이다. 서연(書筵) 혹은 이연(离筵)이라고도 한다.

쌀을 징수하라는 명을 도로 중지하고 돈으로 바치기를 허락하도록 청하는 계사
請還寢徵米仍許納錢啓

천하의 일에는 세세한 듯하지만 대체(大體)에 관계가 있는 경우가 있으니, 한때의 이해(利害)는 본디 그 사이에 논의할 수가 없습니다. 그러므로 신들은 저자 백성들에게 쌀을 징수하는 한 가지 일에 대해 반드시 백성들의 믿음을 잃을 것이라고 말하였으니, 감히 일부러 큰 소리쳐서 성상을 격동시키려는 것이 아니었습니다. 진실로 대체가 달려 있어 세세하다고 소홀히 여겨서는 안 되기 때문입니다. 지난번에 성상의 비답을 받아보니 말씀하고 타이르며 '믿음을 잃는다고 논해서는 안 된다.'라고 하교하기까지 하셨습니다. 삼가 성상께서 이에 대해 미처 다 살피지 못한 점이 있을까 두려우니, 신들이 자세히 아뢰겠습니다.

당초에 돈을 사용하는 것을 백성들이 원하지 않았습니다. 그러므로 일을 맡은 사람이 달리 방법이 없어 쌀을 지급하여 백성들을 꾀어 돈으로 갚기로 약조하여 조금이라도 화폐가 유통되는 효과가 나타나기를 기대했으니, 이는 백성들이 원한 일이 아니고 다만 억지로 핍박하여 한 것뿐입니다. 쌀을 나누어 줄 때는 오직 받아가지 않을까 두려워하여 꼬드기고, 돈을 혁파한 뒤에는 또 쌀을 잃을까 두려워하여 도로 징수하였습니다. 혁파하든 혁파하지 않든 백성이 무슨 관여를 하였습니까. 그러나 조치가 전도되고 전후로 잘못하여 결국 백성들에게 피해를 끼치니, 이것이 백성들의 믿음을 잃어 원망을 부르는 것이 아니고 무엇입니까. 이 일은 진실로 박수진(朴守眞)이 한 일이지만,[57] 이 사람을 임명하여 이 일을 하게 하여 문서에 기록이 있고 약속이 성립하였으니, 과연 박수진의 개인적인 일이라 할 수 있겠습니까. 나누어준 일을 두고 백성들이 이미 박수진이 한 일이라고 말하지 않고 모두 조정의 명령이라고 말하니, 지금에 와서 도로 징수하면 또 어찌 박수진만 원망하고 국가를 원망하지 않겠습니까. 하물며 박수진이 이미 죽어 처벌을 시행할 수 없으니, 어찌 사적으로 지급한 것이라고 속이며 변통하지 않을 수 있겠습니까.

천 섬의 쌀은 국가에게 큰 손해가 아니지만, 궁핍한 백성들이 생업을 잃으면 항심(恒心)이 없어지니, 이것과 저것을 비교하면 어찌 무관심하게 볼 수 있겠습니까. 백성과 국가는 서로 의지하여 원래 다른 몸이 아닙니다. 얻는다 해도 국가의 비용을 넉넉히 하기에 부족하고, 잃는다 해도 우리 백성들의 식량이 되기에 충분하니, 어찌 굳이 여기에 연연하여 거듭 백성들의 믿음을 잃겠습니까.[58] 해당 청(廳)으로 하여금 쌀을 거두는 일을 도로 멈추게 하시고 이어 돈으로 바치도록 허락하여 변통하게 하소서.

57 이……일이지만 : 인조조(仁祖朝)부터 동전(銅錢)을 법화(法貨)로서 유통시키려는 정책이 시도되었지만 병자호란으로 중단되고 말았다. 그러나 화폐의 필요성이 다시 논의되자 잠곡(潛谷) 김육(金堉)이 적극적으로 시도하였다. 김육은 여러 차례 시도에도 불구하고 전(錢)이 크게 통행되지 않아 우려하던 상황에서 효종 6년(1655) 12월, 박수진을 효종에게 추천하여 상평관전낭청(常平管錢郎廳)에 임명하고 평시관(平市官)의 일을 겸직시켜 전(錢)을 통행시키려 노력하였으며, 같은 달에 다시 행전론이 마련되어 공포하기에 이른다. 그러나 새로운 행전론의 실시에도 불구하고 효종 7년(1656) 9월 25일에 정식으로 행전을 폐기하였다. 《孝宗實錄 6年 12月 11日》

58 거듭……잃겠습니까 : 원문은 '重失信於也'인데, 《승정원일기》 효종 7년 10월 23일 기사에 의거하여 '於' 뒤에 '民'을 보충하여 번역하였다.

인피하는 계사
引避啓

신이 얼마 전 저자 백성들에게 쌀을 징수하는 일에 대해 며칠 동안 논계하였더니, 곧 성상께서 비답을 내려 묘당으로 하여금 처리하게 하였습니다. 신이 생각하기에는 전하께서 독단하려 하지 않으시고 묘당에 맡긴 것은 득실을 정밀히 고려하여 계획하여 잘 처리하도록 하려는 것이고, 대신이 우러러 하문을 받들어 그 계획을 헌의한 것도 장차 백성들의 마음을 잘 살피고 아뢰어 변통할 것이라 여겼습니다. 그런데 회계의 등본(謄本)을 보니, 다만 더욱 황공하여 다른 의논을 용납할 수 없다고 답변을 하였습니다. 아, 이것이 무슨 말입니까. 일이 옳은지 그른지는 단지 분별하고 살펴서 처리하는 데 달려 있을 뿐입니다. 만약 망설이고 구차하게 하거나 모호하게 하면 도리가 없게 됩니다. 신이 논의한 내용이 옳다고 여긴다면 진실로 변통하겠다는 뜻을 개진하고 곧바로 시행하도록 청해야 하며, 불가하다고 여긴다면 역시 시행하기 어려운 정상을 자세히 말해서 따르기를 허락하지 않는 것이 옳습니다. 그런데 지금은 그렇지 않아 일부러 이전의 엄한 하교를 핑 계대며 그 사이에 가부를 말하려 하지 않아 마치 대죄하는 말과 같고 복계한 실상은 전혀 없으니, 신은 의아합니다.

대신은 직분이 오로지 임금의 잘못을 바로잡고 보필하는 것이고 모두들 쳐다보는 높은 지위에 있으니, 임금을 섬기고 백성들을 대할 적에 한결같이 정성과 신의를 보여 명령을 내고 정치를 시행함에 강구하고 의논하지 않음이 없어야 합니다. 가령 이번에 쌀을 징수하는 조처가 과연 백성들의 믿음을 잃고 원망을 야기하는 일이라면 전하께서 비록 미처 깊이 살피지 못하여 여러 차례 엄한 하교를 내렸더라도 반드시 곡진하고 간곡하게 성상의 마음을 감동시키기를 기약해야합니다. 하물며 전하께서 이미 처리하라는 명을 내렸으니, 이는 아뢰어 의논하도록 허락한 것입니다. 어찌 매번 엄한 말씀을 두려워하고 늘 황공한 마음을 품어 말할 만한 일이 있는데도 감히 말하지 않고 시행할 만한 말이 있는데도 감히 시행하지 않아 다만 구구하게 당장 편안한 것만 취할 생각을 하여 결국에는 국가에 원망을 돌리고 자신은 관여하지 않아서야 되겠습니까. 조그마한 일도 오히려 이와 같으니 큰 일을 알 만합니다. 묘당에 이런 버릇이 있으니 백관을 어찌 책망할 수 있겠습니까. 신은 삼가 조정에서 한 가지 조처를 잘못한 것을 한탄하며 거듭 묘당을 위해 깊이 애석하게 여깁니다. 아, 이는 애석하게 여기기에 부족하니, 이런 상황을 초래한 근본이 또 존재합니다.

신이 삼가 보건대, 전하께서는 지혜를 홀로 자임하시고 총명을 스스로 믿으시어 오만하게 나라에 임어하고 신하들을 경시하여 말이 성상에게 미치면 수용하지 못하고 말이 시사에 저촉되면 그때마다 모두 듣기 싫어하십니다. 성상의 뜻에 순종하는 자는 충성을 다 한다고 여기고, 성상의 마음을 거스르는 자는 강직함을 내세우려 한다고 의심합니다. 좋아하고 싫어함이 치우치고 기뻐하고 성냄이 절제를 잃어 준엄한 말과 엄한 하교가 이따금씩 우레처럼 진동합니다. 이로 말미암아 여러 신하들이 몹시 두려움에 떨며 모두 자신의 안위만 생각하고 감히 성상의 뜻을 거스르지 못하여 서로서로 경계하여 오직 침묵하기만 힘씁니다. 정령(政令)의 사이에 비록 말할 만한 일이 있더라도 성의가 미덥지 못하여 성상을 진노하게 할까 걱정하거나 성상의 위엄을 저촉하여 자신이 처벌을 받을까 두려워합니다. 세세하고 작은 일로 큰 이해가 없는 일도 우물쭈물하며 감히 분명하게 말하지 않아 마침내 여항의 민심이 조정에 알려지지 못하게 하고, 조정의 뜻이 성상에게 알려지지 못하게 하니, 신은 자사(子思)가 위후(衛侯)에게 걱정하던 일[59]이 불행히도 이에 가까울까 두렵습니다. 이는 본디 여러 신하의 불충한 죄이지만 역시 전하께서 일찍이 자초하신 일이니, 지금부터는 그 폐단을 끝내 이루 다 말할 수 없을 것입니다. 신이 이에 다시 전하께서 자신을 돌이켜보아 신하들을 바로잡는 근본으로 삼기를 바랍니다.

신은 견식이 어둡고 말이 경솔하여 성상께서 흔쾌히 따르지 않으시고 묘당에서 전혀 가부를 말하지 않게 만들었습니다. 대각(臺閣)에 있으면서도 위아래로 믿음을 주지 못하였으니, 감히 잠시라도[60] 구차히 머무를 수 없습니다. 그러나 한질(寒疾)을 앓아 즉시 스스로 탄핵하지 못하고 있었는데, 방금 장관(長官)이 인피한 말을 보니 어떻게 해야 올바르게 귀결될지 모르겠다고 말하였습니다. 신이 비록 병들어 직임을 수행할 수 없지만 역시 어찌 이렇게 스스로 해명하고 편안히 있기만 할 수 있겠습니까. 신의 직임을 체차하라고 명하소서.

59 자사(子思)가……일 : 언로가 막혀 국사가 날로 잘못될 것이라는 뜻이다. 자사(子思)가 위후(衛侯)에게 "왕의 국사가 장차 날로 잘못될 것이다."라고 하자, 위후가 그 까닭을 물었는데, 이에 자사가 "임금이 한마디 말을 내놓으며 스스로 옳다고 하면 경대부가 감히 그 잘못을 바로잡지 못하고, 경대부가 한마디 말을 내놓으며 역시 스스로 옳다고 하면 사서인이 감히 그 잘못을 바로잡지 못하니, 이는 임금과 신하가 모두 혼자 잘났다고 하는 것이다. 그럼에도 불구하고 아랫사람들이 같은 목소리로 치켜세우고만 있으니, 이는 치켜세우면 순순히 따르는 것이 되어 복이 오는 반면에, 바로잡으면 거역하는 것이 되어서 화를 자초하기 때문이다. 이렇게 된다면 좋은 일이 어디에서 생겨나겠는가."라고 대답한 고사가 전한다. 《資治通鑑 卷1 周紀1 安王25年》

60 잠시라도 : 원문은 '一初'인데, 문맥에 의거하여 '初'를 '刻'으로 바로잡아 번역하였다.

장령 오두인과 연명으로 인피하는 계사
與掌令吳斗寅聯名引避啓

신들은 모두 형편없는 사람으로 외람되이 대각의 자리를 차지하여 혹독하게 무함과 모멸을 당하고 견책하는 벌이 뒤따라 내려 놀랍고 두려워 심장과 쓸개가 떨렸는데, 성상께서 너그럽게 용서하고 이어 체직하지 말라는 명을 내리셨으니, 신들은 더욱 낭패가 심하여 어찌할 줄을 모르겠습니다. 다만 생각건대 이 일은 원래 전말이 있으니, 이에 감히 번거롭고 세세함을 피하지 않고 대략 그 사실을 아뢰니다.

신 오두인(吳斗寅)이 지난달 그믐쯤 무뢰한 몇 명이 칼을 빼들고 서로 싸운다는 말을 듣고 즉시 본부의 서리를 시켜 잡아오게 하였는데, 그 가운데 홍귀종(洪貴宗)과 강시망(姜時望) 두 사람은 낭선군(朗善君) 이우(李俁)를 수행하는 하인이었습니다. 한 명은 잡아왔으나 한 명은 궁가(宮家)로 들어가 숨었다고 하였으므로 신이 계속해서 잡아오도록 독촉하여 반드시 체포하기를 기약하였습니다. 이달 4일 성상께서 대궐로 돌아오신 뒤에, 신들이 대청(臺廳)에서 금호문(金虎門)으로 물러나왔더니, 신 아무개의 말을 끄는 종이 어떤 사람에게 마구 구타를 당하여 피를 토하고 쓰러져 있었습니다. 신들이 서로 돌아보며 경악하고 그 이유를 몰라 당직청(當直廳)으로 걸어 들어가 곡절을 자세히 물으니, 곁에서 보고 있던 하인들이 모두 말하기를 '낭선군의 가노(家奴)와 앞을 인도하는 하인들이 갑자기 뛰어들어 여러 사람들이 보는 가운데 마구 구타하고 짓밟았으며, 또 대관(臺官)들을 마구 욕하는 말을 하였습니다.'라고 하였습니다. 신들의 생각으로는 필시 풍문을 듣고 범인을 잡아오라고 사람을 보낸 일 때문에 원망을 품고 이런 변고를 일으킨 것이라 여겨, 즉시 범인을 찾아 체포하도록 하여 전옥서 근처에 보수(保授)[61]하여 그 실상을 알아내어 처리하고자 하였습니다.

그러다가 신들이 귀가한 뒤에 궁가(宮家)에서 하루에 두 번이나 부탁을 전해 왔는데, 아무개의 종이 얻어맞았다고 말하지 않고 모두 오두인의 종이 얻어맞았다고 말하였습니다. 신들은 이에 비로소 풍문을 듣고 범인을 잡아오라고 사람을 보낸 혐의 때문에 오두인의 종을 구타하여 보복하려다가 잘못하여 다른 사람의 종을 구타했는데도 여전히 스스로 깨닫지 못한 것임을 알았습니다. 그들의 마음은 실로 곧장 대관(臺官)을 범하려고 하였으나, 단지 그 종에게 미친 것일 뿐입니다. 나라의 체모에 관계되고 아주 놀라운 사안이라 결코 그냥 버려둘 수가 없었기에 5일에 모두 좌기에 나왔을 때 신들이 다른 동료와 자리에서 충분히 논의하여 의견을 모아 궁노를 잡아다가 한 차례 형신을 가하고, 또 11일 좌기에서 한 차례 더 형신을 가하고 그대로 도로 감옥에 가두도록 하였습니다. 12일에 하리가 와서 신들에게 고하기를 "오늘 사시(巳時)[62]에 궁노가 죽었습니다."라고 하고, 물고(物故)하였다는 보장(報狀)을 전례대로 다시(茶時)[63]하는 좌기에 와서 바쳤습니다. 그

61 보수(保授) : 보석(保釋)된 사람이나 도피할 가능성이 있는 사람을 유력자(有力者)가 책임을 지고 맡는 것을 말한다.

62 사시(巳時) : 오전 9시부터 11시까지를 말한다.

63 다시(茶時) : 사헌부(司憲府)의 관원이 날마다 한 번씩 모이는 일이다. 다시라는 이름은 다례(茶禮)에서 취한 것으로 잠시 작은 규모로 모여서 차를 마시고 헤어진다는 뜻이다. 대개 다시에는 당직 대장(臺長)과 감찰(監察)들이 모이며, 대사헌(大司憲) 이하 전원이 예를 갖추어 모이는데 이를 제좌(齊座)라 한다.

러므로 13일 좌기에서 신들이 규례대로 제송(題送)[64]하여 시신을 내가도록 하였습니다. 신들의 본뜻은 애초에 꼭 죽이려는 것은 아니었으나, 그가 범한 죄로 따져보면 실로 억울할 것이 없습니다.

전후의 곡절은 이와 같을 뿐인데, 삼가 종부시에서 올린 계사에 실려 있는 낭선군 이우의 정장(呈狀)을 보니, '두 마리 말이 물어 뜯은 것이 싸움의 실마리가 되었습니다.'라고 하여 마치 일 때문에 서로 다툰 것처럼 말하였습니다. 여러 사람이 본 일이라 본래 속일 수 없는데, 실상을 모두 숨기고 없는 일을 날조하였으니, 참으로 괴이한 일입니다. 구타를 당한 종은 어리석고 약해서 동서도 분간하지 못하는데, 종반(宗班)의 이름을 어떻게 알고서 감히 멋대로 욕을 했겠습니까. 이는 진실로 죄를 전가하려다가 말이 되지 않자 반드시 죄를 꾸며내어 그 일을 중대한 사안으로 만들려 한 것입니다. 또 가령 참으로 욕을 한 일이 있었다면, 즉시 정장(呈狀)하여 유사(有司)에 맡겨 다스리게 할 것이지, 어찌 이미 17일이나 지나도록 오래 두었다가 이렇게 노여워하는 틈을 타서 곧장 종부시에서 처단한 것입니까. 연달아 두 차례 형신을 가하고 사흘째 시신을 내갔다는 말은 개좌(開坐)한 날 문서에 기록된 내용이 명백할 뿐만이 아닌데, 감히 장황하게 말을 만들어 성상을 속이니, 더욱 한심스럽습니다. 근래에 궁가에서 법사(法司)를 업신여기는 폐단은 이미 고질적인 버릇이 되었는데 방자하고 기탄이 없기가 여기에 이르러 더욱 심하니 세도가 쇠퇴함을 역시 볼 수 있습니다. 신들은 삼가 통탄을 금치 못하겠습니다.

64 제송(題送) : 상부 기관이 하부 기관에 명령이나 취지를 공문서로 작성하여 보내는 일을 말한다.

신들이 사헌부에서 근무하고 있으니, 일에 따라 거론하고 다스리는 것은 직무일 따름인데, 풍문을 듣고 범인을 잡아오라고 사람을 보냈다는 이유로 가노가 대신 구타와 모욕을 당하여 국가의 수백 년 전해온 법의 기강을 무너뜨려 궁노들이 대관을 직접 해치는 조짐을 열었으니, 어찌 가복(家僕)이라는 혐의 때문에 그 일을 그냥 넘기고 치죄하지 않을 수 있겠습니까.

그날 개좌했을 때에 신들은 일이 관계된 바가 적지 않고 집안의 일은 가장의 책임이라 여겨 처음에는 그 주인을 거론하여 탄핵하여 후일의 폐단을 막으려다가, 곧 그 종이 창졸간에 일으킨 변고이니 혹 그 주인과는 관계가 없을 것이라 생각하였기에 서로 의논하여 중지하였습니다. 그런데 지금 올린 글을 보건대 이처럼 마음대로 꾸며대어 도리어 대관을 공격하여 반드시 법을 어기고 사람을 죽인 죄에 빠뜨리려 합니다. 신들이 일을 무르게 한 잘못을 진실로 이미 알고 있지만, 이렇게 이전에 없던 일을 만나 대각을 욕보이고 법을 무너뜨렸으니, 신들의 죄는 여기에 이르러 더욱 큽니다. 이미 체직된 관직이지만 역시 감히 잠시라도[65] 염치를 무릅쓰고 그대로 있기 어려우니, 신들을 파직하라고 명하소서.

65 잠시라도 : 원문은 '一剩'인데, 문맥에 의거하여 '剩'을 '刻'으로 바로잡아 번역하였다.

거두지 못한 환자에 매년 모곡[66]을 내어 추가로 기재하는 폐단을 각별히 통렬하게 혁파할 것을 청하는 계사

請還上未捧穀逐年出耗加錄之弊各別痛革啓

환자에 모곡을 갖추어 내는 것은 창고에서 쥐가 먹어 없어지는 것과 출납할 때 뜰에 떨어뜨려 줄어드는 것에 대비하기 위한 것입니다. 1말마다 1되의 모곡을 거두는 것은 그 법을 만든 본래의 뜻이 이러한 데 불과합니다. 비록 혹 여러 해 동안 거두지 못했더라도 거두어들일 때에는 단지 그 해의 모곡만 부과할 뿐입니다. 그런데 지금은 그렇지 않아 각 고을에서는 거두지 못한 곡식의 수량에 으레 해마다 모곡을 부과하고 다시 모곡에다가 모곡을 더하니, 9년도 되기 전에 이자와 본곡(本穀)이 같아집니다. 징수할 때에 몹시 심하게 독촉하니, 백성의 고통은 우선 말할 겨를도 없고, 이른바 모곡의 모곡은 끝내 개인의 주머니[67]로 들어가고 회계 장부 속에 들어가지 않습니다. 원래의 곡식에 대한 포흠이 많이 쌓이는 것이 실로 여기에서 기인하니, 어찌 몹시 한심하지 않겠습니까.

더구나 올해에는 기근이 너무 심하게 들어 백성들의 사정이 몹시 어려운 상황이라 조정에서 부지런히 구휼하는 정책이 먼저 환곡을 거

66 모곡(耗穀) : 각 고을 창고(倉庫)에 저장한 양곡(糧穀)을 봄에 백성에게 대여(貸與)했다가 추수(秋收) 후 받아들일 때 말(斗)이 축나거나 창고에서의 손실을 보충하기 위하여 10분의 1을 첨가하여 받는 곡식이다.

67 개인의 주머니 : 원문은 '私套'인데,《승정원일기》 효종 10년 2월 13일 기사에 의거하여 '套'를 '橐'으로 바로잡아 번역하였다.

두기 어렵다는 점에 미쳤습니다. 늘 바치는 수량을 특별히 줄여서 거두고 조금 풍년이 들 때까지 기다려 주기로 허락하였으니, 팔도의 백성들이 모두 감동하여 기뻐합니다. 다만 생각하기에 종전에 거두어들이지 못한 곡식을 풍년이 들기를 기다려 거두어들일 때에 만약 다시 이전의 잘못된 버릇을 답습하여 해마다 모곡을 부과하여 추가로 기록하고 바치라고 독촉한다면, 조정에서 풍년을 기다려 바치게 한 좋은 뜻이 전혀 아닙니다. 해당 조로 하여금 각 도에 공문을 보내어 엄격하고 분명하게 통지하여 거두지 못한 원래의 곡식에 모곡을 부과하여 추가로 기록하는 폐단을 지금부터 각별히 통렬하게 혁파하여 영구한 법식으로 삼아 고할 데 없는 백성들로 하여금 조금이나마 은택을 받을 수 있도록 하소서.

정언 박승건을 사판에서 삭제하고, 전 정언 이익을 체차하라는 명을 도로 거두기를 청하는 계사

請正言朴承健削去仕版還收前正言李翊遞差之命啓

신이 삼가 정언 박승건(朴承健)이 이익(李翊)을 논핵한 계사를 보고 삼가 놀라움을 금할 수 없었습니다. 성상께서 위에 계신데도 갑자기 이렇게 기탄없이 사심을 부리는 일이 있을 줄은 일찍이 생각지도 못했습니다. 이익은 강직한 자질에 나라를 걱정하고 임금을 사랑하는 정성이 있으므로 관직을 맡아 과감히 말하여 풍채가 볼 만하였습니다. 이렇게 재이(災異)를 만나 구언(求言)하는 때에 간관의 직임에 있으면서 제일 먼저 상소를 올려 대신(大臣)을 면려하면서 올곧은 말이 많았으니, 이익 같은 사람은 바로 공론이 인정하는 사람입니다. 다시 무슨 죄줄 만한 일이 있겠습니까. 더구나 병 때문에 사은이 지체되면 회포를 먼저 진달하는 것은 본래 늘 있는 일입니다. 그런데 박승건이 무슨 까닭으로 이렇게 이전에 없던 놀라운 논의를 제기하는지 모르겠으니, 그의 의도를 헤아리기가 어렵습니다. 대관(臺官)을 공격하고 언로를 막았으니, 이런 조짐은 자라게 해서는 안 되고 그 폐해는 이루 말할 수 없습니다. 박승건을 사판(仕版)에서 삭제하고 전 정언 이익을 체차시키라는 명을 환수하소서.

전 전남 감사 이만을 먼저 파직한 뒤에 추고하고 수사 윤천뢰와 첨사 조상주를 의금부로 잡아다 심문하여 죄를 정하고 전 사예 민점을 파직하도록 청하는 계사

請全南前監司李曼先罷後推水使尹天賚僉使趙相周拿問定罪前司藝閔點罷職啓

평안 감사 이만(李曼)이 과거에 전남 감사로 있을 적에 자신의 사돈집 아들인 민안도(閔安道)를 수영(水營)에 보내어 완도(莞島)에 있는 국가에서 금지하는 땅에 전장(田庄)을 설치하였습니다. 수사(水使) 윤천뢰(尹天賚)는 함께 섬으로 가서 위세를 도왔고, 첨사(僉使) 조상주(趙相周)는 금지하지 못하고 점탈(占奪)하도록 내버려 두었습니다. 그런데 민안도가 매입했다고 하면서 토병을 겁박하여 문권(文券)을 빼앗았으니, 그들이 부화뇌동하여 이익을 도모하고 법을 무시하여 사욕을 채운 죄를 징계하지 않아서는 안 됩니다. 민안도가 저지른 죄는 해당 조에서 처치하겠지만, 집안의 일에 대한 책임은 가장에게 있는 만큼 자제에게만 죄를 돌릴 수는 없으니, 전 사예 민점(閔點)도 그 죄를 면하기 어렵습니다. 그 당시 감사였던 이만은 먼저 파직하고 나서 추고하고, 수사 윤천뢰와 첨사 조상주는 모두 의금부로 잡아다 죄를 정하고, 전 사예 민점은 파직하소서.

인피하는 계사
引避啓

신이 삼가 예조 판서 홍명하(洪命夏)가 성지(聖旨)에 응하여 올린 차자를 보니, 신이 논한 박승건(朴承健)의 일을 거론하여 '해당되는 법률을 적용하지 않았고, 대각(體例)의 체례에 익숙하지 않습니다.'라고 말하였으니, 신이 삼가 두려움을 견딜 수가 없습니다.

신이 박승건이 논하는 일을 어찌 그만둘 수가 있겠습니까. 대관(臺官)을 공격하고 언로를 막았으니, 이는 쇠미한 세상의 올바르지 못한 단서이며 국가를 소유한 임금이 미워하고 통렬히 배척해야 할 일입니다. 박승건이 감히 터무니없는 말을 하여 갑자기 진언(進言)한 간관(諫官)을 탄핵하고, 그가 나오지 않은 틈을 타 쫓아내기에 급급하여 오직 그가 나올까 두려워하였으니, 모르겠습니다만 그의 마음이 과연 공(公)을 위한 것입니까. 과연 국가를 위한 것입니까.

어리석은 신의 생각으로는 이와 같은 사람을 만약 드러내놓고 배척하여 그 조짐을 억누르지 않으면[68] 훗날의 폐단은 이루 말할 수 없을 것입니다. 신은 후배 관리로 본디 대각의 체례에 익숙하지 않아 이 사람에게 이 법률을 적용하였는데, 실로 그것이 과중한지[69] 모르겠습

68 그……않으면 : 원문은 '枉其漸'인데, 《승정원일기》효종 10년 윤 3월 9일 기사에 의거하여 '枉'을 '杜'로 바로잡아 번역하였다.

69 과중한지 : 원문은 '果重'인데, 《승정원일기》 효종 10년 윤 3월 9일 기사에 의거하여 '果'를 '過'로 바로잡아 번역하였다.

니다. 그러나 중신(重臣)의 차자가 이미 이와 같으니, 신이 어찌 감히 스스로 옳다고 여겨 편안히 직임에 있을 수 있겠습니까. 신을 체차하라고 명하소서.

이만에 관한 일로 말을 고쳐 연이어 올린 계사
李曼事改措語連啓

완도(莞島)의 국가가 금지하는 땅에 사대부가 전장(田庄)을 설치한 일이 있는데도 감사가 알면서도 금지하지 않았으니, 본디 역시 죄가 있습니다. 하물며 사돈집의 청탁을 들어주어 부화뇌동하여 사욕을 채우고 점탈(占奪)하는 형세를 도왔으니 이만의 죄는 실로 윤천뢰(尹天賚), 조상주(趙相周)와 차이가 없는데, 단지 파직하고 추고하라고 청한 것은 오히려 가벼운 처벌입니다. 윤천뢰와 조상주를 이미 의금부로 잡아다 심문하였으니, 이만을 어찌 추고만 하고 그치겠습니까. 평안 감사 이만을 먼저 파직한 뒤에 추고하소서.

전 경상 좌병사 홍순민의 삭탈관직과 새로 부임한 병사 정부현의 파직을 청하는 계사

請慶尙前左兵使洪舜民削奪官爵新兵使鄭傅賢罷職啓

경상 우병사 홍순민(洪舜民)은 이전에 좌병사로 재직할 때에 군포를 지나치게 받아 청렴하지 못하다는 이야기가 많았습니다. 훈련도감에서 거두어들인 철점(鐵店)의 세목(稅木) 중에 본영에 맡겨둔 것이 있는데, 그 품질이 좋은 것을 보고 본영의 베와 서로 바꾸어 자기 것으로 삼았고, 얼마 후 체직된 뒤에는 장인을 모아 날마다 개인적인 물건을 만들었습니다. 후임 병사 정부현(鄭傅賢)이 이미 도의 경내에 들어왔는데, 문서를 다 끝내지 못했다는 핑계를 대고는 즉시 본영을 떠나지 않았습니다. 또 인신(印信 관인(官印))을 보내려 하지 않아 교대하는 날에 정부현이 분노하여 관청에서 싸우며 패악한 말로 욕하였는데 추악하여 들을 수 없는 말까지 하여 영남 사람들이 지금까지 더럽다고 침을 뱉습니다. 본직을 제수받은 뒤에는 인심이 더욱 놀라워합니다. 홍순민의 탐욕스러운 죄상을 징계하지 않아서는 안 되며, 정부현이 추악하게 욕한 잘못 역시 사대부의 풍모를 손상시켰습니다. 우병사 홍순민을 우선 삭탈관직하고, 그가 저지른 훈련도감의 가는 베와 교환한 일은 본도로 하여금 조사하여 처리하게 하고, 정부현을 파직하소서.

충훈부의 해당 낭청을 파직하고 전남 감사 서필원을 추고하도록 청하는 계사

請勳府該郎罷職全南監司徐必遠推考啓

충훈부에서 절수(折受)[70]받는 네 곳의 전장(田莊) 이외에 사적으로 매수하여 곧바로 호조에 관문(關文)을 보내어 세금을 면제하게 하였으니, 일이 매우 부당합니다. 전남 감사 서필원(徐必遠)은 장계에서 충훈부를 배척하면서 말을 가려하지 않아 일의 체모를 몹시 잃었습니다.[71] 충훈부의 해당 낭청을 파직하고 전남 감사 서필원을 추고하소서.

70 절수(折受) : 임금에게서 자기 몫으로 땅이나 결세(結稅)를 떼어 받는 것으로, 궁가의 절수는 왕실의 일부인 궁실(宮室)과 대군·왕자군·공주·옹주가 자기 몫으로 전토(田土)나 결세(結稅) 따위를 왕에게서 떼어 받는 것이다. 조선 초에는 궁가에 직전(職田)이 있었는데, 직전법이 폐지된 뒤 전적으로 맡겨 절수하도록 하여 폐단이 심하였다.

71 서필원은……잃었습니다 : 송준길(宋浚吉)의《동춘당집(同春堂集)》별집(別集) 제4권〈경연일기(經筵日記)〉에 "충훈부(忠勳府)가 절수하는 폐단에 대해 서필원(徐必遠)이 '역적이 나오는 것은 충훈부의 행운이다.'라고 하였는데, 그 말이 비록 지나치기는 했지만 그 폐단을 정확히 짚은 것입니다."라고 한 말이 보인다.

병조에서 의논하여 천거한 낭관을 파직하고 새로 천거한 사람을 삭제할 것을 청하는 계사
請兵曹議薦郎官罷職削其新薦啓

병조 낭관을 천거하는 제도[72]를 다시 설치하는 일은 그 뜻이 선발을 공정하게 하고 인재를 가려뽑는 데 있습니다. 그런데 근래에 새로 천거된 사람들은 뒤섞여 외람되고 잡스러워 구별하지 않아 평소 여론이 비루하게 여기던 사람과 인망에 걸맞지 않는 사람들을 모두 취하여 구차하게 충원하였습니다. 사심(私心)을 따라 끌어들이면서 공론을 꺼리지 않기가 이 지경에 이르렀으니, 참으로 한심스럽습니다. 병조에서 의논하여 천거한 낭관은 파직하고, 새로 천거된 사람들은 삭제하소서.

72 낭관을 천거하는 제도 : 원문은 '郎廳'인데, 《효종실록》 10년 윤 3월 17일 기사에 의거하여 '廳'을 '薦'으로 바로잡아 번역하였다.

전 지례 현감 강원희와 이후걸을 의금부로 잡아다 심문하고 축이 난 국가의 곡식은 본도로 하여금 조사하여 아뢰게 하기를 청하는 계사

請知禮前縣監姜元禧李後傑拿問所欠國穀令本道查啓啓

경상도 지례현(知禮縣)에 있는 국가의 곡식 중에 무면(無面)의 수량이 천여 섬이나 되는데, 모두 강원희(姜元禧)와 이후걸(李後傑)이 현감으로 재직할 때에 흠축(欠縮)된 것으로 지금까지[73] 허위로 기록되어 사람들의 말이 많습니다. 사적인 용도로 사용했는지 여부는 비록 알 수 없지만 저지른 죄의 경중을 조사하지 않아서는 안 됩니다. 전 현감 강원희와 이후걸을 먼저 의금부로 잡아다 심문하고, 축이 난 국가의 곡식은 본도로 하여금 엄정하고 명확히 조사하여 아뢰게 하여 감단(勘斷)할 바탕으로 삼으소서.

73 지금까지 : 원문은 '至슈'인데 《승정원일기》 효종 10년 윤 3월 17일 기사에 근거하여 '슈'를 '今'으로 바로잡아 번역하였다.

궁가의 면세전에 대해 법전에 따라 절급한 수량 이외에는 세금을 거두고 부역을 부과하도록 청하는 계사
請宮家免稅之田依法典折給數外收稅應役啓

궁가의 면세전(免稅田)은 본디 국가에 정해진 법제가 있는데 법의 기강이 무너져 점점 한계를 넘는 지경에 이르렀습니다. 근래에 여러 궁가에서 외방에 전장(田莊)을 설치하는 폐해가 이미 극도에 이르러 비옥한 토지를 광범위하게 점거하고 산택(山澤)을 전부 수중에 넣는 것이 어느 곳이나 모두 그러한 실정입니다. 이는 태평성대에 있어서는 안 되는 일이니, 어찌 식자를 기다린 뒤에야 한심해 할 일이겠습니까. 더구나 결수(結數)의 많고 적음을 따지지 않고 일체 면세하여 한계를 두지 않으니, 면세전이 온 나라에 두루 널려 있게 될 형편입니다. 나라의 체모가 날로 손상되고 국법이 날로 무너지게 하며, 세입이 모자라고 백성의 원망이 깊어지는 원인은 모두 여기에 있습니다. 해당 조로 하여금 일일이 조사하여 바로잡아 면세전의 수량은 법전에 의거해서 절급(折給)하고, 정해진 수량 이외의 전지는 세금을 거두고 부역을 부과하는 것을 민전(民田)과 똑같이 시행하게 하소서.

전옥서의 해당 관원을 의금부로 잡아다 형추하고, 사복시 첨정 유정을 파직하고 서용하지 말며, 말을 기르는 자로 하여금 그 아들을 도로 사오도록 청하는 계사

請典獄該官拿推司僕僉正柳頲罷職不敍令養馬還贖其子啓

지난번에 사복시의 죄인 원세흠(元世欽)을 하옥하라고 계하받았는데, 전옥서의 관원이 가두지 않고 민가(民家)에 맡겨두고 심부름하는 사람을 정해주었다가 며칠이 지나 소문이 퍼진 뒤에야 비로소 장방(長房)[74]에 가두었으니, 국법을 생각지 않고 사정(私情)에 따라 감옥에서 풀어준 정상은 지극히 놀랍습니다. 전옥서의 해당 관원을 의금부로 잡아다 형추하소서.

말을 잃어버린 경우 그에 대한 벌로 마첩(馬帖)이나 베를 징수하는 것이 사복시의 옛 규례입니다. 그런데 얼마 전 사복시 첨정 유정(柳頲)이 경마(坰馬)[75]를 잃어버린 일 때문에 처음으로 준엄한 법을 만들어내어 대신할 말을 바치라고 독촉하였습니다. 말을 기르는 사람이 엄한 독촉에 쫓겨 마련할 길이 없자 아들을 팔아 빚을 내어 말을 사서 바치기까지 하였는데, 전하는 말이 자자하여 놀라고 측은하게 여기지 않는 사람이 없습니다.

부자관계의 천륜은 사람마다 동일하니, 두렵고 절박하여 몹시 해가

74 장방(長房) : 관아의 서리(胥吏)들이 집무하는 방 또는 이들이 거처하는 곳을 말한다.

75 경마(坰馬) : 방목하여 기르는 말을 말하는 것으로 보인다.

되어 어쩔 수 없는 경우가 아니라면 사랑하는 마음을 억지로 끊고 억눌러 서로 보존하지 못하기가 필시 이런 지경에는 이르지 않을 것입니다. 밝으신 성상의 시대에 이렇게 놀랍고 비참한 일이 있을지 생각이나 했겠습니까. 아들을 팔아 말로 바꾸는 것은 비록 유정이 미리 생각지 못한 일이지만 법을 엄하게 하여 지나치게 징수한 죄는 징계하지 않아서는 안 됩니다. 사복시 첨정 유정을 파직하여 서용하지 말고, 또 본시에서 말을 기르는 사람에게 그 말을 내어주도록 하여 그로 하여금 도로 자신의 아들을 사오게 하며 벌로 징수하는 일은 다시 옛 규례대로 처리하게 하소서.

병조 참판 유혁연의 체차를 청하는 계사
請兵曹參判柳赫然遞差啓

서전(西銓 병조)에서 좌이(佐貳 참판)의 직임을 담당할 무신(武臣)은 그 선발이 지극히 중요하니, 한 시대에 재주와 명망이 지극한 자가 아니라면 어찌 관례에 따라 제수하는 것처럼 아무나 함부로 제수할 수 있겠습니까. 병조 참판 유혁연이 제수된 뒤에 여론이 떠들썩하여 모두 적합하지 않다고 말하니, 체차하라고 명하소서.

유정에 관한 일로 말을 고쳐 연이어 올린 계사
柳頲事改措語連啓

신이 지난번에 사복시에서 말을 기르는 사람이 아들을 팔았던 일로 인해 첨정 유정을 파직하라고 청하였으니, 다만 말을 징수하는 일로 법을 어겨 좋지 않은 선례를 만들었을 뿐만이 아닙니다. 엄하고 가혹하게 독촉하여 사람으로 하여금 부자지간의 천륜을 보존하지 못하게 하여 사랑하는 마음을 억지로 끊고 억눌러 남에게 아들을 팔아 말을 마련하는 지경에까지 이르렀으니, 놀랍고 가증스러운 점은 실로 여기에 있습니다. 마구간에 불이 났을 때 성인이 말을 묻지 않은 일[76]로 말하자면 이 일이 어찌 밝으신 성상의 시대에 누가 되지 않겠습니까. 또 근래에 북쪽의 백성들이 자식을 버리는 폐단에 대해 성상께서 측은한 마음에 감사에게 거듭 하유하여 특별히 보살피고 데려다 기르게 하였습니다. 그런데 지금 도성 안에서 이렇게 아들을 파는 비참한 일이 발생하였으니 원근에서 들으면 어찌 놀라고 한탄하지 않겠습니까.

지난번 성상의 비답에 '제법 곡절이 있다.'라는 말씀이 있었는데, 이는 원래 본시(本寺)에서 하는 이야기입니다. 신이 들은 내용이고 눈으로 보았을 뿐만이 아니니, 그의 죄를 징계하지 않아서는 안 됩니다. 사복시 첨정 유정을 파직하여 서용하지 말고, 또 본시로 하여금

76 마구간에……일 : 사람이 중요하다는 의미이다. 《논어(論語)》 〈향당(鄕黨)〉에서 "마구간이 불탔다. 조정에서 돌아온 공자(孔子)께서는 '사람이 다쳤는가'라고 묻고, 말에 대해서는 묻지 않았다.〔廏焚. 子退朝曰, 傷人乎, 不問馬.〕"라고 하였다.

그 말은 말을 기르는 사람에게 내어주어 도로 그의 아들을 사오도록 하며, 잃어버린 말의 값을 징수하는 일은 다시 옛 규례대로 처리하게 하소서.

원세흠을 감옥에서 풀어준 일에 대해 청탁을 들어준 사람을 조사하여 법에 따라 죄를 정하도록 청하는 계사

請元世欽縱獄之事查問請囑之人依律定罪啓

원세흠을 감옥에서 풀어준 일은 전옥서의 관원이 스스로 저지른 일이 아닙니다. 최경립(崔敬立)이 말하기를 "형조 관원과 다른 조의 관원이 이 일로 청탁을 하였기 때문에 보방[77]하지 않을 수 없었다."라고 하였는데, 원정(元情)[78]에는 이 일을 언급하지 않았습니다. 청탁한 사람을 다시 조사하여 법에 따라 죄를 정하소서.

77 보방(保放) : 조선 시대에 죄수의 건강이나 유교 윤리상 수금(囚禁)이 부당한 것으로 인정되는 경우에 죄인을 일정 기간 동안 보증인을 세우고 풀어 주던 것을 말한다.

78 원정(元情) : 소송이나 추문을 받을 적에 원고나 피고가 최초로 자기의 주장을 써서 제출한 서류를 말한다.

궁가의 전장에 관한 일로 말을 고쳐 연이어 올린 계사와 산택을 함부로 점거한[79] 사대부 역시 조사해내어 논죄해야 한다는 계사

宮庄事改措語連啓士大夫冒與山澤者亦令査出論罪啓

신이 지난번에 궁가(宮家)의 전장(田庄)에 관한 일로 법전에 따른 면세전 이외에는 모두 민결에 소속시켜 일체 세금을 거두어야 한다고 논계하여 윤허를 받았습니다. 그 후에 호조 판서 정유성(鄭維城)의 말을 들어보니, '궁가의 전장에 대해 몇 년 전부터 이미 조사하여 바로잡으라는 명이 있었는데, 지방에서 조사하여 보고한 내용과 내사(內司)의 문서에 많고 적음이 상당히 차이가 있어 서로 맞출수 없으니 이 때문에 바로잡기가 쉽지 않습니다.'라고 하였습니다. 궁가에서 전장을 설치하는 일은 바로 오늘날의 큰 폐단이 되어 백성들의 원망이 극심하여 위로 성상의 덕에 누를 끼치기까지 하니, 만약 지방을 엄히 신칙하여 각별히 분명하게 조사하지 않는다면 많고 적음이 서로 숨겨지고 허실이 서로 가려져 그 폐단은 끝내 제거할 수 있는 때가 없을 것이고, 바로잡는 일 역시 할 수 있는 날이 없을 것입니다. 특별히 이러한 뜻을 여러 도(道)의 감사에게 하유하여 각 해당 고을로 하여금 역시 사실대로 측량하여 아뢰게 한 뒤에 해당 조에서 법에 따라 바로잡게 하소서. 또 궁가만 전장을 설치한 것이 아니라 사대부

79 함부로 점거한 : 원문은 '冒與'인데, 문맥에 의거하여 '與'를 '占'으로 바로잡아 번역하였다.

중에도 산택을 함부로 점거하여 백성에게 폐해를 끼친 자가 없지 않으니, 역시 각 도의 감사로 하여금 엄하고 분명하게 조사해내게 하여 논죄하여 징계하도록 하소서.

여주 목사 권훈의 체차를 청하는 계사

請驪州牧使權勛遞差啓

여주 목사 권훈은 여러 차례 수령을 거쳐 치적이 평소에 드러났으나, 지금은 연한이 이미 지났으니 법에 따라 체차해야 합니다. 체차하라고 명하소서.

춘천 부사 오정위를 도로 경직에 제수하라는 명을 도로 거두기를 청하는 계사

請還收春川府使吳挺緯還除京職之命啓

춘천 부사 오정위를 도로 경직(京職 중앙관원)에 제수하라는 명은 실로 아랫사람을 헤아리는 어진 마음에서 나온 것이라 감동하지 않는 신하들이 없습니다. 다만 이 일은 대신(大臣)과 연신(筵臣)이 아뢴 데에서 연유한 것이 아니라, 내지(內旨 왕비의 명령)가 갑작스레 내려 경직에 제수하라고 명하였으니 일이 몹시 온당치 못하고, 또 훗날의 폐단이 될 것입니다. 춘천 부사 오정위를 도로 경직에 제수하라는 명을 도로 거두소서.

충청 감사 이태연과 회인 현감 이순남을 모두 파직하고, 전 감사 이경억을 추고하며, 정양을 다시 먼 변방으로 이배하도록 청하는 계사

請忠淸監司李泰淵懷仁縣監李順男幷罷職前監司李慶億推考鄭暘更令移配邊遠啓

옥천(沃川) 사람 정양(鄭暘)이 노비를 사주해서 이웃을 위협하여 남의 집에 변고를 일으킨 정황은 그 당시 문안에 다 기록되어 있을 뿐만이 아니라, 향리에서도 모두 자세히 알아 공공연히 말하여 전해지게 되었는데, 놀라고 분개하지 않는 사람이 없습니다.

지난번에 정양의 노비가 격쟁한 일로 인해 본도로 하여금 조사하게 하였더니, 추관(推官)을 맡은 자가 사심(私心)을 따라 사실을 덮고 말을 꾸며대어 허위로 보고하였습니다. 감사 이태연(李泰淵)이 뒤이어 아뢰면서 성대하게 신원(伸冤)하며 "변고를 일으킨 일은 이미 미리 알지 못하였고, 나이가 70세가 넘었는데 뒤섞어 전가(全家)의 법률[80]을 적용하는 것은 몹시 원통하니 법전의 본뜻이 전혀 아닙니다."라고 하였습니다. 그러다가 다시 조사하라는 명이 내린 뒤에야 장계를 급히 올려

80 전가(全家)의 법률 : 전가는 전가죄인(全家罪人)의 줄임말로, 죄인의 전 가족을 죄인으로 취급하는 것이다. 이에는 두 가지 경우가 있는바, 첫 번째는 역모(逆謀)와 같은 대죄를 범했을 경우 가족은 전부 중죄인으로 처리되어 장유(長幼), 남녀 및 관계의 구별에 따라 사형 또는 노비로 입역(入役)되는 것이고, 두 번째는 비교적 경질(輕質)의 죄인으로서 북변(北邊) 국경 지방의 개척 정책에 의거하여 가족 전부를 북쪽 국경 지역으로 이주시키는 것이다.

대죄하고는 "다시 조사하기를 기다리지 않고도 이미 실상을 알 수 있습니다. 그는 65세라고 공초하였으니, 그가 공초한대로 죄를 정한 것은 실로 법을 어긴 일이 없습니다. 전가(全家)의 처벌을 받아도 오히려 경미한 처벌입니다."라고 하였습니다.

한 사람의 견해인데도 시비와 흑백이 잠시 사이에 판이하게 달라지고, 한 사람의 죄인데도 경중과 곡직이 전후로 현저하게 다르니, 신이 삼가 의아하게 여겼습니다. 조사를 맡은 관원이 사심을 따라 허위로 보고한 것이 이미 이와 같았으니, 탄로 난 뒤에는 연유를 갖추어 파출해야 합니다. 그런데 이렇게 하지 않고 도리어 비호하며 궁벽한 곳이라 공론을 듣지 못했다고 핑계대었으니, 더욱 터무니없습니다. 또 정양의 죄악은 법률을 살펴 감률하면 사형에 처해야 하지 용서해서는 안 되며, 비록 사형에 처하지 않더라도 북쪽으로 이주시키는 것은 법으로 볼 때 당연한 일입니다. 그런데 영해(寧海)에 정배하고 그쳤으니, 전 감사 이경억(李慶億) 역시 잘못을 면하기가 어렵습니다. 충청 감사(忠淸監司) 이태연(李泰淵)과 회인 현감(懷仁縣監) 이순남(李順男)을 모두 파직하라고 명하고, 전 감사 이경억을 추고하며 정양을 다시 먼 변방으로 이배하게 하소서.

전 참판 김좌명에 대해 법을 살펴 감률하고 이어 그 부친의 개장을 명하도록 청하는 계사

請前參判金佐明考律勘罪仍命改葬其親啓

신이 삼가 듣건대, 전 참판 김좌명(金佐明)은 부모의 장사를 지내면서 모두 수도(隧道)[81]를 만들었다고 하니, 듣고서 지극히 마음이 떨렸습니다. 옛날 주공(周公)은 왕실에 큰 공이 있었기 때문에 성왕(成王)이 노(魯)나라에 천자의 예악을 하사하여 주공의 사당에 사용하도록 하였습니다. 주공은 예악을 제작하여 만세의 법을 정하였는데, 자손이 도리어 참람한 예악을 그 사당에 사용하였으니,[82] 이것이 어찌 주공의 마음이겠습니까. 그래서 선유(先儒)가 말하기를 '성왕이 하사한 것과 백금(伯禽)이 받은 것이 모두 잘못이다.'라고 한 것입니

81 수도(隧道) : 천자(天子)의 무덤에 설치하는 묘도(墓道)를 말한다. 하관(下棺)할 때 관을 위에서 바로 내리기 어렵기 때문에 그 옆에 경사지게 길을 내어 묘혈(墓穴)로 들어갈 수 있게 하였으니, 이를 수도(隧道)라고 하며 오직 천자의 능에만 설치할 수 있었다. 그런데 김좌명과 김우명(金佑明) 형제가 그들의 아버지인 김육의 장사(葬事)에 수도를 쓰는 일이 있었다.

82 주공(周公)은……사용하였으니 : 성왕이 노나라에 천자의 예악을 하사한 것을 가리킨다. 주공은 주(周)나라 문왕(文王)의 아들이자 무왕(武王)의 아우로, 무왕의 사후에 조카인 성왕을 보좌하여 예악을 제정하는 등 주나라의 기반을 다졌다. 이에 성왕이 주공의 맏아들 백금(伯禽)에게 노나라 땅을 봉해주고, 주공이 천하에 큰 공로가 있다 하여 주공의 사당에서 천자의 예악을 사용하도록 허락하였다. 그러나 이후 노나라 대부 계씨(季氏)가 참람하게 천자의 예악을 사용하였는데, 이는 바로 성왕이 하사하고 백금이 받은 것에서 기인한 문제였다. 《禮記 明堂位》《論語 八佾》

다. 더구나 임금이 하사하지도 않았는데 참람하게 사용하는 것이야 말해 뭐하겠습니까.

고 영돈녕부사 김육(金堉)은 일생 동안 충후하고 근신하여 몸에 흠이 없었는데 지금 그가 죽고 나서 장례는 치르는 예에 이런 참람한 제도를 사용하였으니, 참으로 놀랍고 탄식할 일입니다. 옛사람은 명기(名器)와 예분(禮分)에 대해 작은 것일지라도 반드시 삼갔으니, 그 뜻이 어찌 아무 이유 없는 것이겠습니까. 이 일이 비록 부친을 후히 장사지내려는 데에서 나온 것이기는 하지만 무지하여 함부로 행하여 명분을 어지럽히고 분수를 넘은 결과를 면하기 어렵습니다. 유사로 하여금 법률을 살펴 감죄하게 하소서. 그리고 개장(改葬)하라고 명하여 예법에 맞지 않는 것을 제거하여 죽은 사람의 마음을 편안하게 하소서.

부솔 원만리의 파직을 청하는 계사

請副率元萬里罷職啓

사치스런 풍속이 지금 고질적인 폐단이 되어 여염집에서는 혼인하는 비용을 다투어 더 많이 쓰는데 힘쓰기가 날마다 심해집니다. 풍속을 바꾸어 백성들을 검소함으로 인도하는 일은 한때의 말단적인 법령에 달려 있는 것이 아니라, 다만 국혼 때 몸소 절약과 검소를 보여 솔선수범하는데 달려 있습니다. 지난 겨울 옥당의 차자에서 이미 이 말을 아뢰었고, 근래에 유신(儒臣)이 입시하였을 때 역시 경계를 아뢰었는데 모두 성상께서 가납해 주셨으니,[83] 아랫자리에 있는 사람으로서는 정밀하고 명백히 받들어 그 아름다움을 이루어야 마땅합니다.

그런데 지난번에 흥평위(興平尉)[84]를 삼간택(三揀擇)하는 날 궁중의 사람들을 접대할 때에 제공하는 도구를 성대하게 차려 매우 사치스러웠습니다. 이 일이 비록 전례가 있으나 지금처럼 재해가 거듭 발생하고 기근이 들어 구휼하는 때에[85] 어찌 굳이 전례를 따라 태평시절처럼

83 모두……주셨으니 : 원문은 '皆家'인데, 문맥에 의거하여 '家'를 '蒙'으로 바로잡아 번역하였다.

84 흥평위(興平尉) : 원문은 '與子尉'인데, 문맥에 의거하여 '興平尉'로 바로잡아 번역하였다. 흥평위는 원몽린(元夢鱗, 1648~1674)으로, 자는 용여(龍歟), 호는 죽서(竹西), 시호는 효헌(孝憲)이다. 효종의 딸 숙경공주(淑敬公主)와 혼인하여 흥평위가 되었고, 후에 흥평군에 봉해졌다.

85 구휼하는 때에 : 원문은 '賑救之目'인데, 문맥에 의거하여 '目'을 '日'로 바로잡아 번역하였다.

해서야 되겠습니까. 성상의 뜻을 유념하지 않고 여전히 이전의 잘못된 관습을 따랐으니, 그대로 두어서는 안 됩니다. 부솔 원만리(元萬里)[86]를 파직하소서.

86 원만리(元萬里) : 1624~1672. 본관은 원주(原州), 자는 중거(仲擧), 호는 청재(聽齋)이다. 홍평위 원몽린의 부친으로, 1648년(인조26)에 사마시에 합격하고 음보(蔭補)로 형조 좌랑을 역임하였다.

함양 군수 이광보, 금산 군수 변인길, 재령 군수 윤시달을 모두 체차하기를 청하는 계사

請咸陽郡守李光輔錦山郡守邊麟吉載寧郡守尹時達並遞差啓

새로 제수된 함양 군수(咸陽郡守) 이광보(李光輔)는 허탄하고 실정에 어두운 사람으로 과거에 수령을 지냈으나 치적이 없었습니다. 금산 군수(錦山郡守) 변인길(邊麟吉)은 경솔하고 졸렬하여 예법에 맞는 행동이 전혀 없습니다. 재령 군수(載寧郡守) 윤시달(尹時達)은 사람됨이 용렬하고 이력이 많지 않으며 이전에 비변사 낭청이 되었을 때에도 직무를 수행하지 못했습니다. 함양 군수 이광보, 금산 군수 변인길, 재령 군수 윤시달을 체차하라고 명하소서.[87]

87 체차하라고 명하소서 : 원문은 '請命遞差'인데 '咸陽郡守' 앞에 '請'이 있어 중복된 표현이므로, 문맥에 의거하여 '請'을 생략하여 번역하였다.

인피하는 계사
引避啓

신이 방금 삼가 대사간 조한영(曺漢英)이 인피한 말을 보니, 몹시 두려움을 견딜 수가 없습니다. 입시한 대신(臺臣)이 아뢸 만한 일이 있으면 즉시 연석에서 아뢰고 물러나와 동료들에게 간통(簡通)[88]하는 것이 바로 일상적인 규례이니, 남들이 이미 시행해 왔을 뿐만이 아니라 신이 근래에 이 전례를 따라 먼저 연석에서 아뢴 뒤에 동료에게 간통한 적도 있습니다. 그래도 동료들에게 비난을 받지 않았는데 이제 갑자기 이로 인해 장관(長官)에게 배척을 당하였으니, 신은 실로 그 이유를 모르겠습니다.

신이 전후로 탑전에서 아뢴 내용은 모두 먼저 간통하지 못하였으니, 이 일을 가지고 논한다면 신이 체면을 무너뜨린 지가 본디 이미 오래입니다. 어제 논한 일은 듣고 나서 마음속으로 매우 놀랐습니다. 마침 직소(直所)에 있다가 갑자기 소대하겠다는 명을 받자 형세가 급하여 의논할 겨를이 없었습니다. 신의 생각에는 문자가 면전에서 아뢰는 것만 못하다고 여겼기 때문에 성상을 지척에 둔 자리에서 경솔하게 이 말을 꺼냈습니다. 비록 이미 시행한 전례이기는 하지만 동료들과 상의하지 않은 잘못은 감히 사양할 수 없습니다.

또 신이 삼가 듣건대, 여론이 신이 논한 부솔 원만리(元萬里)에 대한

88 간통(簡通) : 사헌부와 사간원의 관원이 서신으로 서로의 의견을 연락하는 것을 말한다.

일을 두고 지나치게 유약하게 처리하는 잘못을 저질렀으며 계사에 있는 '전례' 두 글자는 잘못 끌어온 결과를 면하지 못하였다고 합니다. 신의 처음 뜻은 성상께서 검소함을 밝히고 질박함을 보이는 이런 때에 상하가 서로 경계하고 신칙하는 것이 지극하지 않은 것은 아니지만, 새로 간택한 부마의 집에서 조정의 아름다운 뜻을 본받지 않고 지나치게 사치를 부려 보고 듣는 사람들로 하여금 놀라고 애석해하게 하였으니, 법에 따라 규찰하여 국가의 기강을 진작시키지 않을 수 없다고 여겼습니다. 다만 생각건대, 대신(大臣)은 체면이 몹시 중하여 작은 일을 가지고 규찰할 수 없는 듯하고, 원만리는 부마의 아비이기 때문에 곧바로 탄핵하여 징계하려고 했던 것이지, 애초에 대신을 두려워하여 감히 말하지 못한 것은 아닙니다.

이른바 '전례'는 예전부터 삼간택하는 날에는 으레 대접하는 일이 있었다고 하므로 이렇게 말을 만든 것입니다. 지금 듣건대 술자리를 크게 열고 주는 물건을 성대하게 진열했다고 하니, 모두 이전에 없던 일로 이 집에서 처음으로 시작한 것입니다. 그런데 신이 '잘못된 관습을 따랐다〔踵習〕'고 범범하게 이야기하고 분명하게 거론하지 않았으니, 대관(臺官)의 엄정한 논의가 아닙니다. 이는 실로 신이 들은 내용이 자세하지 못한 데에서 비롯된 일입니다. 사람들의 비난을 받았으니 어찌 감히 스스로 해명하겠습니까. 신이 이에 더욱 감히 잠시라도[89] 염치를 무릅쓰고 자리에 있을 수 없습니다. 신의 직임을 체차하라고 명하소서.

89 잠시라도 : 원문은 '一剝'인데, 문맥에 의거하여 '剝'을 '刻'으로 바로잡아 번역하였다.

여러 궁가의 시장과 어장 등의 절수 받은 곳을 조사해내어 혁파하기를 청하는 계사

請諸宮家柴場漁場等折受處查出革罷啓

지금 백성을 병들게 하는 일이 진실로 한두 가지가 아니지만, 중대한 것을 말해보자면 바로 궁가(宮家)의 산해절수(山海折受)[90]하는 폐단입니다. 백성들을 몹시 병들게 하기 때문에 혁파해야 한다는 요청을 이미 정지하였다가 다시 발의하여 한 해가 지나도록 그치지 않고 말을 다하여 괴롭게 쟁론하다가 오늘에 이르렀습니다. 그러나 전하께서 전혀 듣지 않으시고 마음을 쓰지 않으시니, 성상께서 그 폐단이 이렇게까지 심하지 않은데 대각의 계사에서 지나치게 고집한다고 생각하셔서 그런 것이 아니겠습니까. 아니면 백성이 폐단이 비록 이와 같지만 유래가 이미 오래되었으니, 지금 갑자기 혁파할 수 없다고 생각하셔서 그런 것입니까. 신이 이에 대해 아뢰겠습니다.

산을 봉금(封禁)하고서 '시장(柴場)'이라 하여 꼴을 베고 나무를 하는 자의 출입을 막고 속미(粟米)와 봉포(蜂布)를 마구 거두니, 산간에 사는 백성이 살길이 끊어졌습니다. 바다를 점거하고는 '어장(漁場)'이라 하여 물고기를 잡는 사람이 이익을 독차지하지 못하게 하고[91] 섬에

90 산해절수(山海折受) : 왕자나 공주 등에게 산림(山林)과 어장(漁場)의 일부를 떼어 주는 것이다.

91 이익을……하고 : 원문은 '兼不占取'인데, 문맥에 의거하여 '兼'을 '無'로 바로잡아 번역하였다.

있는 바위를 모조리 점유하니, 바닷가의 백성이 살길이 여기에서 다하였습니다. 송곳을 꽂을 만큼 작은 땅까지 남기지 않고 차지하는데, 전하께서만 보지 못하십니다. 비방과 원성이 일어나기는 원근이 동일한데, 전하께서만 듣지 못하십니다. 만일 전하께서 살갗을 벗겨내는 듯한 고통을 직접 보시고 원통하다고 부르짖는 소리를 직접 들으신다면 신이 말하기를 기다리지 않아도[92] 반드시 애달파 하는 마음이 들 것입니다.

지금 대간은 바로 전하의 귀와 눈이라, 전하께서 보고 듣지 못한 내용을 대간이 이렇게 말씀드리니, 위로는 성상의 귀를 넓히고 아래로 백성들의 병폐를 구원하기 위함이니, 그 귀결은 전하께서 함께 듣고 아울러 보아 사심과 편벽됨이 없는 성대한 덕을 이루도록 돕는데 불과합니다. 그런데 전하께서는 여전히 집착하여 차마 버리지 못하고 매번 '윤허할 수 없으니 번거롭게 하지 말라.'라는 비답으로 막으십니다. 혹여 대신(臺臣)의 공론이 사적인 길로 하소연하는데 가로막히고, 백성을 사랑하는 마음이 사적으로 베푸는 은혜로운 뜻에 빼앗겨 그런 것 아니겠습니까. 아, 이것이 어찌 신하들이 밝으신 성상께 기대하는 일이겠습니까.

또 전하께서 이미 화전(火田)[93]의 혁파를 윤허하셨고, 또 해수(海水)를 조사하라고 명하셨으니, 이는 전하께서도 그 폐해가 백성에게 미친

92 기다리지 않아도 : 원문은 '不侍'인데, 문맥에 의거하여 '侍'를 '待'로 바로잡아 번역하였다.

93 화전(火田) : 원문은 '大田'인데, 문맥에 의거하여 '大'를 '火'로 바로잡아 번역하였다.

다는 사실을 알고 계신 것입니다. 이미 알고 있으면서 어찌 그 폐해를 통렬히 제거하지 않으시고 이렇게 구차한 생각을 하시는 것입니까.

아, 절수(折受)하는 일은 그 유래가 비록 오래되었지만, 지나치고 혼란스러운 폐단과 침탈하는 단서는 지금에 이르러 극심합니다. 비록 좋은 법이 있더라도 폐단이 생기면 반드시 변통해야합니다. 하물며 이 일은 본래 사가(私家)에서 이익을 독점하기 위한 바탕에서 나와 그치지 않고 점점 불어나 나라를 좀먹고 백성들을 병들게 하는데, 끝내 금지하고 혁파하지 못한다면 어찌 몹시 의혹된 일이 아니겠습니까.

전하께서는 한 나라에 군림하시어 모든 백성을 자식처럼 돌보시니, 조종에서 부탁한 뜻과 백성들이 사랑하고 떠받드는 마음으로 볼 때 어찌 한 가지 정사와 한 가지 호령까지도 반드시 공평하고 정대한 경지에서 나오기를 바라지 않겠습니까. 그런데 도리어 종친과 친족들이 백성들의 이익을 함부로 빼앗고 경계를 구획하여 각자 마음대로 점거하게 하였으니, 궁가는 부유해지지만 나라의 근본은 이미 쓰러졌습니다. 전하께서 이 점을 생각하신다면 어찌 안으로 마음이 겸연쩍고 겉으로 백성들에게 부끄럽지 않겠습니까. 신은 삼가 개탄하며 통탄스러운 마음을 견딜 수가 없습니다. 지금 만일 흔쾌히 윤허하지 않으신다면 화전을 혁파하고 해수를 조사해내는 것도 다만 명분만 존재하고 결국 실속이 없는 결과가 될 것입니다. 여러 궁가의 시장과 어장 등의 절수받은 곳을 해당 조와 각 도로 하여금 조사해내어 혁파하도록 하소서.

양달원의 함사를 조사하여 처리하라는 명을 도로 거두고 사헌부에서 조율한대로 시행할 것을 청하는 계사

請還收梁達源緘辭覈處之命依憲府照律施行啓

신이 양달원(梁達源)의 함사(緘辭)를 조사하여 처리하라는 명을 중지하도록 청한 것은 다만 양달원이 스스로 해명한 글이 믿을 수 없다고 여겨서일 뿐 아니라, 실로 일의 체모를 손상시키고 성상의 덕에 누를 끼쳐 훗날에 끝없는 폐단을 일으킬까 염려하였기 때문입니다. 그런데 전하께서 오랫동안 윤허하지 않으신 것은 다만 양달원이 죄가 없으며 함사가 믿을 만하다고 여기셨을 뿐 아니라, 역시 대간(臺諫)이 환관을 편파적으로 공격한 것이라는 의심이 없을 수 없었기 때문입니다. 간쟁하기를 그치지 않는데 더욱 들어주지 않으시니, 아! 지금의 군신관계는 꽉 막혀있다고 하겠습니다.

조정의 신하와 환관은 지위가 현격하고 체모가 다르니, 만일 풍병이 들고 제정신이 아닌 사람이 아니라면 누가 그들과 말을 섞고 기쁨과 분노를 따지려고 하겠습니까. 이상익(李商翼)이 이러한 일이 없다는 사실은 사람들이 모두 알고 있는데, 유독 그가 생도를 가르쳤다는 말이 도리어 양달원이 그에게 욕설을 하게 된 발단이 되었으니, 이는 그가 당한 상황이 불행했던 것이니 이상익에게 무슨 잘못이 있겠습니까. 환관이 교만방자하여 꺼리는 일이 없음을 더욱 알 수 있습니다.

이전에 본원의 계사에서 그 곡절을 몹시 상세히 논했고 전하께서도 통촉하셨습니다. 그런데 지금 양달원이 교묘한 말로 속이고 꾸며대어 자기의 죄를 면하려고 하면서 감히 그 허물을 이상익에게 돌렸더니,

전하께서는 또 의혹이 없을 수 없어 꼭 사실을 조사하여 처리하고야 말려고 하십니다. 양달원의 함사는 믿을 수 있어도 대관(臺官)의 논계는 유독 믿을 수 없다는 것입니까. 환관을 믿고 대신(臺臣)을 믿지 않는다면 사리에 어긋나기가 이보다 심할 수가 없습니다. 현명하고 성스러운 전하께서 어찌 이렇게 하시겠습니까. 우리나라[94]가 생긴 지 수백 년 동안 대각의 글에서 환관을 말한 경우는 들은 적이 없으니, 조종조의 올바른 가법(家法)[95]을 볼 수 있습니다. 조정의 관원을 욕보인 변고가 지금 갑작스레 생겼으니, 어찌 전하께서 두려워하며 스스로 돌아보실 일이 아니겠습니까.

옛날 당 태종(唐太宗) 때 환관이 사신으로 나갔다가 돌아와 함부로 아뢰어 태종이 몹시 화를 내자, 위징(魏徵)이 진언하기를 "환관이 비록 미미한 존재이나 임금 좌우에 가까이 있어 때로 말하면 믿기가 쉬우므로 조금씩 스며드는 참소가 때때로 깊은 우환이 됩니다. 자손들을 위한 가르침으로 그 원천을 막아버리지 않으면 안 됩니다."라고 하니, 태종이 웃으며 말하기를 "공이 아니면 짐이 어떻게 이 말을 들을 수 있겠는가."라고 하였습니다.

당 헌종(唐憲宗) 때에는 동대 어사(東臺御史) 원진(元稹)을 부수역(敷水驛)으로 불러들였는데 어떤 환관이 역의 문을 부수고 들어가 원진의 얼굴을 때려 상처를 입혔는데, 헌종은 원진이 과거에 저질렀던 잘못까지 다시 끌어다 지나치게 꾸짖었습니다. 이강(李絳)[96]과 최군

94 우리나라 : 원문은 '戎朝'인데, 문맥에 의거하여 '戎'을 '我'로 바로잡아 번역하였다.
95 올바른 가법(家法) : 원문은 '家法之政'인데, 문맥에 의거하여 '政'을 '正'으로 바로잡아 번역하였다.

(崔群)은 원진이 죄가 없다고 말하였고, 백거이(白居易)는 말하기를 "환관이 조정 관원을 능욕하였는데 그 환관에게는 죄를 묻지 않고 원진을 먼저 꾸짖으시니, 이제부터는 환관이 밖에 나가 더욱 횡포를 부리더라도 감히 말할 사람이 없을까 염려됩니다."라고 하였으나 헌종이 듣지 않아 역사책에서 비판하였습니다. 지금 양달원의 일이 제법 그 일과 비슷합니다. 전하께서는 태종을 본받으시고 헌종을 경계로 삼으셔야 하지 않겠습니까. 국사(國史)를 고찰하고 지난 역사를 살펴보니, 옳고 그름이 분명하여 의심할 여지가 없습니다. 양달원의 함사를 조사하여 처리하라는 명을 도로 거두고 사헌부에서 조율한대로 시행하소서.

96 이강(李絳) : 원문은 '李繕'로 되어 있으나 人名과 《通鑑節要》에 의거하여 '繕'를 '絳'으로 바로잡아 번역하였다.

궁가의 시장과 어장에 관한 일로 말을 고쳐 연이어 올리는 계사와 이어서 수진궁과 어의궁의 노비와 경작하는 자를 잡역으로 침탈하지 말라는 명을 거두기를 청하는 계사
宮家柴漁場事改措連啓仍請還收壽進於義兩宮奴婢及作者勿侵雜役之命啓

국가가 국가가 되는 까닭은 백성을 위하기 때문입니다. 백성을 보호하지 못하고서 나라가 망하지 않는 것은 반드시 없는 이치입니다. 지금 전하께서 백성들이 일상생활에 쓸 밑천을 빼앗아 궁가(宮家)와 부호의 비용으로 삼았는데, 말한 사람들이 비록 많지만 깨닫지 못하셨습니다. 이는 남을 차마 해치는 마음으로 남을 차마 해치는 정사를 행하는 것이니,[97] 나라가 위태롭지 않기를 바라더라도 가능하겠습니까.

궁가가 법을 어기며 백성들을 침탈하는 일은 그 방도가 이미 많습니다. 심지어 산과 바다를 각자 점거하여 비록 미미한 초목과 자잘한 해산물이라도 그곳에서 생산되는 것은 품목에 따라 세금을 징수하지 않는 경우가 없으니, 이익을 모조리 차지하는 폐단이 정말 심합니다. 이것이 어찌 국가의 복이겠습니까. 이러한 상황에 이르게 된 것은 다만 전하께서 사사로이 가까이 하는 은혜 때문입니다. 가난한 백성의 원통함과 고충은 성상께 전해지지 않는데, 궁가의 하소연과 청탁[98]은

97 남을……것이니 :《맹자》〈공손추 상(公孫丑上)〉에 이르기를, "사람들은 모두 남을 차마 해치지 못하는 마음을 가지고 있다. 선왕들은 남을 차마 해치지 못하는 마음을 간직하여 남을 차마 해치지 못하는 정사를 시행하셨으니, 남을 차마 해치지 못하는 마음으로 남을 차마 해치지 못하는 정사를 행한다면, 천하를 다스리는 것이 손바닥 위에 놓고 움직이는 것처럼 쉬울 것이다."라고 하였다.

번갈아 전하의 마음을 가려 전하로 하여금 대각(臺閣)의 말을 믿지 않고 사가(私家)의 이익을 불려주는데 힘쓰게 하였습니다. 애석하게도 전하께서는 그들이 마음대로 침탈하고 가혹하게 거두는 참상과 백성들이 곤궁하여 생업을 잃는 상황을 분명히 보지 못하셨습니다. 또 궁가의 폐단에 대해 전후로 대신(臺臣)이 더욱 힘써 논한 이유는 다름이 아니라 백성들이 모두 원망하고 이미 공론이 용서하지 않기 때문입니다. 전하께서는 다만 그들이 입이 닳도록 힘껏 간쟁하는 모습만 보고는 그때마다 몹시 굳게 반대하여 마치 이기려고 힘쓰시는 듯합니다. 공과 사, 의리와 이익[99]을 분간하는 일이 날마다 더욱 요원해지니, 결국 전하께서는 나라를 어떤 지경에 두려고 하십니까. 신은 삼가 통탄스럽습니다.

신이 삼가 보건대, 사심에 치우치고 편벽된 전하의 생각은 이미 병이 뿌리를 내려 점점 고질이 되어 약으로 치료할 수가 없습니다. 정자(程子)의 말에, "자신의 사욕을 이기는 것은 우선 성질이 편벽되어 극복하기 어려운 곳으로부터 이겨나가야 한다."라고 하였습니다. 전하께서는 마음과 생각을 깨끗이 하여 맹렬하게 살피고 과감하게 결단하여 사적으로 연연해하고 얽매이는 마음을 모조리 씻어내고 공평하고 정대한 법을 따라야 합니다. 하물며 전하께서는 이미 화전(火田)의 혁파를 윤허하셨고, 또 해수(海水)를 조사해내라고 명하셨으니, 이는 전하께서도 그 피해가 백성에게 미침을 알고 계신 것입니다. 이미 알고 있으

98 하소연과 청탁 : 원문은 '訢謁'인데, 문맥에 의거하여 '訢'을 '訴'로 바로잡아 번역하였다.

99 의리와 이익 : 원문은 '義理'인데, 문맥에 의거하여 '理'를 '利'로 바로잡아 번역하였다.

면서 어찌 아울러 변통하여 백성들의 폐해를 다 제거해주지 않으시고 이렇게 구차한 생각을 하시는 것입니까. 만일 흔쾌히 윤허하지 않으신다면 화전을 혁파하고 해수를 조사해내라는 것은 다만 겉으로 헛된 명분만 보이는데 불과하고 결국 폐단을 제거하는 실제는 없을 것입니다. 여러 궁가의 시장과 어장 등의 절수받은 곳을 해당 조와 각 도로 하여금 일일이 조사해내어 혁파하도록 하소서.

내수사는 일의 크고 작음에 관계없이 반드시 관문(關文)이 이조를 거쳐야 하니, 법전의 본래 뜻이 어찌 다만 받들어 시행하도록 하는 데 있을 뿐이겠습니까. 불가한 일이 있으면 그때마다 중지시키기 위해서입니다. 수진궁(壽進宮)[100]과 어의궁(於義宮)[101]의 노비와 전답을 경작하는 자는 잡역으로 침탈하지 않는 일은 비록 이미 시행된 전례가 있지만, 그 구차하게 비호해주는 뜻은 결코 임금이 동일하게 보고 사사로움이 없는 정치가 아닙니다. 그 폐단은 더욱 막지 않아서는 안 되니, 해당 조에서 아뢰어 시행하지 말라고 청한 것은 실로 일의 체모로 볼 때 당연합니다. 그러나 전하께서는 도리어[102] 근거가 없다는 이유로 물리치셨으니, 신은 삼가 밝으신 성상께서 한결같이 사사로운 마음에

100 수진궁(壽進宮) : 조선 시대 한성의 중부 수진방(壽進坊)에 위치했던 궁으로, 본래는 예종(睿宗)의 둘째아들인 제안대군(齊安大君)의 저택이었으나, 조선 중기 이후 봉작(封爵)을 받기 전에 사망한 대군 및 왕자와 출가하기 전에 사망한 공주와 옹주들을 합사(合祀)하는 사우(祠宇)로 변하였다.

101 어의궁(於義宮) : 인조가 왕위에 오르기 전에 머물던 잠저(潛邸)이자 효종이 태어난 궁이다.

102 전하께서는 도리어 : 원문은 '殿下及'인데, 본서 권7 〈궁장등사개조어연계(宮庄等事改措語連啓)〉에 의거하여 '及'을 '反'으로 바로잡아 번역하였다.

가려져 내사(內司)나 궁가에 관한 일로 걸핏하면 반드시 견제하는 것이 애석합니다.

근래 국가의 부역이 번다하고 가혹하여 양민이 모두 도망칠 생각을 하는데, 궁장(宮庄)을 곳곳에 설치하여 백성들을 모집하는 소굴로 삼으니, 온 나라의 도망친 백성과 달아난 민호(民戶)가 모두 그 속에 들어가 주현(州縣)으로 하여금 감히 건드리지 못하게 합니다. 전하께서는 이에 대해 통렬히 금지하기에 겨를이 없어야 하거늘, 어찌 더욱 성해지도록 도와서야 되겠습니까.[103] 궁중(宮中)과 부중(府中)이 한 몸[104]이 되지 못한 것은 촉한(蜀漢)이 멸망한 이유입니다. 주자(朱子)가 말하기를 "촉(蜀)나라는 작은데 그 안에서도 공과 사로 분열되어 피차가 마치 두 나라처럼 되었다. 내부의 사(私)는 늘 승리하고 외부의 공(公)은 늘 패배한다."라고 하였습니다. 이는 바로 오늘날을 두고 한 말이니, 신은 삼가 개탄스럽습니다. 하물며 내노(內奴)[105]는 이미 군역(軍役)에 지정하도록 허락하였는데, 지금 두 궁에 대해서만 유독 침탈하지 말도록 하였으니 성상의 뜻이 어디에 있는지 더욱 모르겠습니다. 국가의 체모와 백성들의 폐단에 관련된 바가 적지 않으니 세 번 생각하여 해당 조의 초기대로 시행하소서.

103 도와서야 되겠습니까 : 원문은 '何可恣之'인데, 문맥에 의거하여 '恣'를 '資'로 바로잡아 번역하였다.

104 궁중(宮中)과……몸 : '궁중(宮中)'은 임금 주변을 가리키고, '부중(府中)'은 의정부 이하 관료들을 가리킨다. 제갈공명의 〈출사표(出師表)〉에 "궁중과 승상부가 모두 일체가 되어야 하니 착한 사람을 포상하고 악한 사람을 처벌하는 데 달리해서는 안 된다.〔宮中府中, 俱爲一體, 陟罰臧否, 不宜異同.〕"라고 하였다.

105 내노(內奴) : 내수사(內需司)에 딸린 노비를 말한다.

양달원에 관한 일로 말을 고쳐 연이어 올린 계사
梁達源事改措語連啓

양달원(梁達源)의 일에 대해 그 곡절을 말하자면 본원(本院)의 논계에 상세하고, 일의 체모를 말하자면 사헌부의 점목(粘目)[106]이 이것입니다. 전하께서 이미 파직하여 추고하라는 명을 내리셨고 또 조사하여 처리하라고 하셨는데, 법을 집행하는 신하를 터무니없다고 배척하시고 도로 거두어들이라는[107] 요청을 오랫동안 따르지 않으시니, 신은 진실로 놀랍고 의혹되어 그 까닭을 모르겠습니다.

신이 삼가 생각건대, 전하의 뜻은 이상익(李商翼)이 먼저 잘못을 저질러 양달원이 어쩔 수 없이 다투게 된 것으로 아시는 듯합니다. 이는 실로 양달원이 속이고 꾸며댄 말을 편파적으로 믿었기 때문입니다. 이치로 미루어보아도 이상익이 아무리 보잘 것 없는 사람이라도 양달원에게 무슨 증오할 일이 있어서 꾸짖고 욕을 했겠습니까. 다만 양달원이 사적인 분노를 풀며 함부로 욕을 한 것뿐입니다. 그 사이의 상황을 전하께서 이미 보지 못하였으니, 대간(臺諫)의 논계를 따라야 하겠습니까. 양달원의 함사(緘辭)를 믿어야 하겠습니까. 일의 이치가 분명하여 의심의 여지가 없습니다. 오직 친밀하고 격의 없는 사이에는 마음이 치우치기 쉽고 의심스러운 말은 의혹되기 쉬운 법입니다. 밝은

106 점목(粘目) : 서류에 덧붙인 절목(節目), 사목(事目), 조목(條目) 등을 말한다.
107 도로 거두어들이라는 : 원문은 '及汗'인데, 문맥에 의거하여 '及'을 '反'으로 바로잡아 번역하였다.

거울과 공평한 저울이 전도되고 어그러져 친소(親疏)와 후박(厚薄)의 구분을 면하지 못하였으니, 신이 이에 대해 지극히 개탄스러운 마음을 견딜 수가 없습니다.

예로부터 환관의 교만방자한 행동은 태평한 시대에는 들은 적이 없고 늘 말세에 있었습니다. 만일 작은 일로 인해 굳게 방지하지 않고 조짐을 보고 엄하게 막지 않는다면 폐해가 후대에까지 이어져 근심을 견딜 수가 없을 것입니다. 임금이 일을 다스리는 의리는 본디 깊고 먼 염려가 없어서는 안 됩니다. 하물며 그 과오가 이미 드러나 실상을 덮기 어려우니, 다만 공론에 맡겨 처벌을 시행하는 것이 마땅합니다. 어찌 사인(私人)으로 간주하여 구차하게 머뭇거려[108] 이러한 지경에 이르러서야 되겠습니까. 양달원의 함사를 조사하여 처리하라는 명을 도로 거두시고 사헌부에서 조율한대로 시행하소서.

108 머뭇거려 : 원문은 '待難'인데, 문맥에 의거하여 '待'를 '持'로 바로잡아 번역하였다.

경기 감사 오정일을 엄하게 추고하고 양주 목사 민희를 파직하도록 청하는 계사

請京畿監司吳挺一從重推考楊州牧使閔熙罷職啓

사제(賜祭)할 때에 예조의 낭관이 명을 받들고 가므로 나머지 집사는 서울의 경우 재직하고 있는 조정의 관원을, 지방의 경우는 각 고을의 수령을 차임해서 정하니, 이로부터 유래가 되어 일상적인 법도가 되었습니다.

이번에 석실 서원(石室書院)[109]에 사액(賜額)한 일은 표창하는데 더욱 중대한 일이라 해당 조에 통지한 뒤에 본도(本道)의 본관(本官)이 삼가 부지런히 받들어 거행해야 합니다. 그런데 경기 감사가 지방관으로 하여금[110] 경내에 거주하는 전직 관원을 집사로 차임하여 정하게 하였으니, 이는 실로 이전에 없던 일로 이미 지극히 터무니없습니다. 그런데 본관이 또 차임하여 보내지 않아 그때 가서 급한 나머지 유생들을 여러 집사로 충원하였습니다. 심지어 임금의 말인 제문까지 유생을 시켜 읽게 하였으니, 전례로 살펴보건대 어찌 이럴 수 있단 말입니까.

109 석실 서원(石室書院) : 지금의 경기도 남양주시 수석동(水石洞)에 있던 서원으로 인조 당시 척화파(斥和派)를 이끌었던 선원(仙源) 김상용(金尚容)과 청음(淸陰) 김상헌(金尚憲) 형제를 기리기 위하여 1656년(효종7) 건립되었는데, 1663년(현종4) 석실이라는 편액을 하사받고 사액서원으로 승격되었다.

110 경기 감사가……하여금 : 원문은 '京坼監司地方官'인데, 《승정원일기》현종 4년 10월 5일 기사에 근거하여 '坼'을 '畿'로 바로잡고 '地方官' 앞에 '使'를 추가하여 번역하였다.

하물며 제물이 갖추어지지 않았을 뿐더러 향배 교생(香陪校生)[111]에게 길을 가르쳐주는 사람도 전혀 대기하지 않았으니, 그 태만함을 더욱 알 수 있습니다. 이는 모두 조정이 존엄하지 않고 국가의 기강이 해이해진 데에서 비롯된 일이니, 경기 감사 오정일을 엄하게 추고하고 양주 목사 민희를 파직하소서.

111 향배 교생(香陪校生) : 향과 제문을 받들고 헌관을 수행하는 교생을 말한다.

예조 정랑 윤익형의 체차를 청하는 계사

請禮曹正郎尹益亨遞差啓

예조 정랑 윤익형(尹益亨)은 이미 치제(致祭)하는 일로 명을 받들고 갔는데 본도에서 여러 집사를 차임하여 보내지 않았으니, 해당 조에 보고하여 아뢴 뒤에 조정의 지시를 기다려야 합니다. 그런데 자기의 소견대로 유생을 시켜 집사의 일을 대행하게 하여 전례를 무너뜨렸으니, 직임을 수행하지 못한 것이 심합니다. 예조 정랑 윤익형을 체차하소서.

궁장 등에 관한 일로 말을 고쳐 연이어 올린 계사
宮庄等事改措語連啓

여러 궁가(宮家)에서 산과 바다를 절수(折受)하는 폐단은 백성들이 모두 원망하고 나라 사람들이 모두 이야기하는데, 전하께서만은 듣기 싫어하시고 억지로 거부하여 사가(私家)에 이익을 불려주고 국가에 원망이 모이니 이것이 어찌 왕자(王者)의 공평하고 정대한 체모이며 백성을 보호하고 국가를 굳건히 하는 방도이겠습니까.

산을 수중에 넣고 바다를 점거하여 각기 분할하니, 나라의 안에는 온전한 땅이 없고, 함부로 침범하고 가혹하게 거두며 찾아내어 가지지 않는 것이 없으니, 산골과 바닷가의 백성은 남는 이익이 없습니다. 이익이 사라지면 백성들이 무엇을 밑천으로 삼으며, 백성들이 곤궁해지면 원망이 어찌 생겨나지 않겠습니까. 원망과 고충이 극도에 달하면 위태로움과 난리가 일어나는 발단이 되니, 궁가만 후하게 대하고 부호에게 이익을 독점하게 하는 것보다는 곤궁한 백성들을 조금이라도 구휼하여 나라의 근본을 부지하는 것이 낫습니다. 백성들의 기쁨과 슬픔, 국가의 존망이 실로 여기에 달려있는데, 전하께서 굳게 고집하며 윤허하지 않는 것은 필시 폐단이 이 지경에 이르지 않고 원망이 이 지경에 이르지 않으며 역시 존망의 기미와 관계가 없다고 생각하기 때문일 것입니다.

아, 오늘날 백성들이 생업을 잃고 원망을 부르짖는 실상을 전하께서 본디 다 듣고 두루 알 수는 없습니다. 그러나 이전 역사에서 국가가 융성하고 멸망한 자취는 전하께서 상세히 보셨을 터이니, 어찌 백성이 곤궁해져 나라를 원망하고서 망하지 않은 나라가 있었습니까. 성스럽고 현명하신 전하께서 어찌 이를 모르시겠습니까. 다만 사적인 뜻에 얽매여 깨닫지 못하시고 마치 이기려고 힘쓰시는 듯하니, 신들은 삼가 애석하게 여깁니다. 신들이 입이 닳도록 힘써 간쟁하기를 오래될수록 그치지 않는 것은 다만 국가의 체모와 왕자의 정사에 관계될 뿐만이 아니라, 백성의 절박한 우환을 목격하였으니 낱낱이 아뢰어 통렬히 개혁하기를 바라지 않을 수 없기 때문입니다. 전하께서는 백성들의 부모이시니, 어찌 차마 이러한 일을 듣고서 측은하게 마음을 움직이지 않을 수 있겠습니까. 여러 궁가가 시장(柴場)과 어장(漁場)으로 절수받은 곳을 해당 조와 각 도로 하여금 일일이 조사해내어 혁파하도록 하소서.

내수사는 일의 크고 작음에 관계없이 반드시 관문(關文)이 이조를 거쳐야 하는데 법전의 본래 뜻이 어찌 다만 받들어 시행하도록 하는데 있을 뿐이겠습니까. 불가한 일이 있으면 그때마다 중지하기 위해서입니다. 수진궁(壽進宮)[112]과 어의궁(於義宮)[113]의 노비와 전답을 경작하는 자를 잡역으로 침탈하지 않는 일은 비록 이미 시행된 전례가 있지만, 그 구차하게 비호해주는 뜻은 결코 임금이 동일하게 보고 사사로움이 없는 정치가 아닙니다. 그 폐단을 더욱 막지 않아서는 안 되니, 해당 조에서 시행하지 말라고 청한 것은 실로 일의 체모로 볼 때 당연합니다. 그러나 전하께서는 도리어 터무니없다는 이유로 물리치셨으니, 신들은 삼가 성상께서 한결같이 사사로운 마음에 가려져 내사(內司)와

112 수진궁(壽進宮) : 477쪽 주104 참조.

113 어의궁(於義宮) : 477쪽 주105 참조.

궁노(宮奴)에 대해 걸핏하면 반드시 견제하기가 이런 지경에 이른 것이 애석합니다.

국가의 부역이 번다하고 가혹하여 양민이 모두 도망칠 생각을 하는데 궁장을 곳곳에 설치하여 백성들을 모집하는 소굴로 삼으니, 온 나라의 도망친 백성과 달아난 민호(民戶)가 모두 그 속에 들어가 주현(州縣)으로 하여금 감히 건드리게 하지 못합니다. 전하께서는 이를 통렬히 금지하기에 겨를이 없어야 하거늘 어찌 더욱 성해지도록 도와서야 되겠습니까.[114] 하물며 내노(內奴)[115]는 이미 군대에 편입되는 것을 허락하였는데, 지금 두 궁에 대해서만 유독 침탈하지 말도록 하였으니, 더욱 성상의 뜻이 어디에 있는지 모르겠습니다. 국가의 체모와 백성들의 폐단에 관계가 적지 않으니 세 번 생각하여 해당 조의 초기대로 시행하소서. 이외에 여러 궁가의 둔장(屯庄)으로 종전에 잡역으로 침탈하지 말라는 부류와 함께 모두 시행하지 마소서.

114 도와서야 되겠습니까 : 원문은 '何可恣之'인데, 문맥에 의거하여 '恣'를 '資'로 바로잡아 번역하였다.

115 내노(內奴) : 480쪽 주109 참조.

전후의 비변사 해당 당상을 모두 엄하게 추고할 것을 청하는 계사

請前後備局當該堂上並從重推考啓

도성 안의 교량을 수리하는 일은 유사(有司)가 따로 있으며, 종묘의 문 앞 교량은 엄정하고 공경하는 곳이라 일의 체모가 더욱 각별하니, 비록 재물을 쓰고 백성들을 부리더라도 돌아볼 겨를[116]이 없습니다. 그런데 근래에 무지한 사시(舍施)[117]의 무리들이 사적으로 다시 만들었습니다. 일을 시작하는 초기에 비변사에 고하였더니, 비변사에서는 간편하다는 이유로 그대로 허락하였습니다. 또 비용까지 보태주어 감독하여 완공하여 이익을 좇는 좌도(左道)[118]의 무리들로 하여금 우매한 백성들에게 구실을 얻도록 하였습니다. 국가의 체면을 손상시키기가 이보다 심한 경우는 없으니, 이미 지난 일이라고 해서 그대로 놓아두어서는 안 됩니다. 그 당시 비변사의 당상을 모두 엄하게 추고하소서.

승려의 권연문(勸緣文)[119]은 으레 반드시 관청에 고하고 관인(官印)

116 돌아볼 겨를 : 원문은 '暇碩'인데, 문맥에 의거하여 '碩'을 '顧'로 바로잡아 번역하였다.

117 사시(舍施) : 사시(捨施)의 뜻으로, 본문에서는 시주(施主)를 받는 승려를 의미하는 것으로 보인다.

118 좌도(左道) : 유교(儒敎) 이외의 옳지 않은 도(道)로, 본문에서는 불교(佛敎)를 가리킨다.

119 권연문(勸緣文) : 기부하는 인연으로 복을 지으라고 권유하는 글이다.

을 찍은 뒤에 민간에서 믿게 할 수 있습니다. 그런데 이 교량을 수리한 무리들이 그 문권을 가지고 비변사에 관인을 찍어달라고 청하자, 비변사에서 대번에 관인을 찍어주었습니다. 이처럼 좌도가 백성을 꼬드기는 일은 주현(州縣)의 관리조차 부끄러워하는 일인데 하물며 비변사가 어떠한 아문인데 금지하지 않을 뿐 아니라 스스로 그렇게 하여 가만히 있으면서 당당한 체모를 무너뜨리는 것도 돌아보지 않는단 말입니까. 지난해에 서교(西郊)에서 교량을 만들 때에도 이미 이런 일이 있었는데 지금 또 끌어다 전례로 삼았다고 하니, 들은 사람들이 몹시 놀라며 모두 한심하게 여깁니다. 전후의 비변사 해당 당상을 모두 엄하게 추고하소서.

상주 목사 이시만의 파직을 청하는 계사

請尙州牧使李時萬罷職啓

새로 제수된 상주 목사(尙州牧使) 이시만(李時萬)은 처신을 잘못하여 폐고(廢錮)된 나머지 조정의 반열에 끼지 못한 지가 오래입니다. 그런데 갑자기 큰 고을에 제수되었으므로 여론이 크게 놀라워하고 있습니다. 상주 목사 이시만을 파직하소서.

인피하는 계사

引避啓

삼사(三司)가 임금의 과실에 대해 진언하는 것은 신하의 충성하고 사랑하는 정성에서 비롯된 것으로, 우러러 성상[120]께서 수신하고 반성하는 방도에 도움이 되기를 바라서입니다. 어리석고 비루한 신이 비록 무지하지만 직책이 달린 일이니 감히 이 의리를 잊겠습니까.

다만 신이 삼가 보건대, 전하께서 즉위하신 이후로 해를 이어 기근이 들고 변이(變異)가 거듭 일어나 위태롭고 망하는 형세가 마치 조만간에 있을 듯하였습니다. 전후로 신하들이 진언한 적이 많지 않은 것은 아니지만, 채용한 실제가 있다는 말을 듣지 못하였습니다. 보잘 것 없는 신이 함부로 생각하기에는 상소와 차자의 글은 이미 성상의 마음을 감동시키기에 부족하여 한 번 읽어보시고는 으레 쓸모없는 글이라 여기시니, 오히려 성상 가까운 자리로 나아가 각자 소회를 다 말하여 아래로는 무릎을 맞대고 이야기하는 법규[121]를 다하고 위로는 천근한 말을 살피기를 좋아하는 아름다움[122]을 도와 여러 신하들의 마음이 모

120 성상(聖上) : 원문은 '若上'인데, 문맥에 의거하여 '若'을 '聖'으로 바로잡아 번역하였다.

121 무릎을……법규 : 신하의 과감한 직언을 의미한다. '조슬(造膝)'은 무릎을 서로 맞댈 정도로 가까이 대면한다는 말로, 왕과 신하가 서로 속마음을 토로하면서 은밀하게 대하여 이야기하는 것을 뜻한다.

122 천근한……아름다움 : 순임금의 미덕을 비유한 것이다. 《중용장구》 제6장에 "순임금은 묻기를 좋아하고 천근한 말도 자세히 살피기를 좋아하였으며, 남의 잘못을 숨겨

두 친밀해져 간격이 없도록 하는 것만 못하다고[123] 여겼습니다. 그러므로 동료 관원들과 의논하여 동시에 청대한 지 오래였습니다. 마침 옥체가 미령할 때를 만나 감히 갑작스레 할 수가 없어 오직 침을 맞는 것을 정지하는 날을 기다렸는데, 어제 동료가 근신(近臣)이 상소하여 배척한 일로 인해 먼저 이미 스스로 논핵하였습니다. 신이 직임을 수행하지 못한 죄를 본디 스스로 알고 있는데다 사람들의 말까지 있으니 부끄러움과 두려움이 더욱 깊어집니다. 어찌 감히 염치를 무릅쓰고 대각(臺閣)의 자리에 있으면서 조정의 눈과 귀가 되는 책무를 저버릴 수 있겠습니까. 신의 직임을 체차하라고 명하소서.

주고 잘한 점을 추어올렸다.〔舜好問而好察邇言, 隱惡而揚善.〕"라는 말이 나온다.

123 하는 것만 못하다고 : 원문은 '不知'인데, 문맥에 의거하여 '知'를 '如'로 바로잡아 번역하였다.

궁장 등에 관한 일로 말을 고쳐 연이어 올린 계사
宮庄事改措語連啓

여러 궁가(宮家)의 산해절수(山海折受)[124]에 대해서는 신들이 쟁집한 지가 오래되었고, 이미 정지했다가 다시 발론하여 오랜 시일이 흘렀습니다. 그런데도 성상께서는 더욱 들어주지 않으시고 여전히 윤허하지 않으시니, 신들은 삼가 답답한 마음을 견딜 수가 없습니다.

신들이 민생의 곤궁을 직접 보니, 서호(西湖)의 기근은 말할 것도 못 되고, 경기[125]는 나라의 근본이 되는 지역인데, 마을에서 근심하고 탄식하는 소리가 다른 도에 비해 갑절입니다. 하물며 지금은 천재지변이 겹쳐 발생하니, 마치 불에 타고 물에 빠진 위태로운 사람을 구하듯이 민심을 위로하는 중대한 조치가 없어서는 안 됩니다. 그런데 이 한 가지 일만은 이렇게까지 굳게 거절하시니, 신들이 날마다 번거롭게 하느라 실로 면목이 없으나 팔도에 전해졌으니 성상의 덕에 얼마나 큰 누가 되겠습니까. 주저하지 말고 흔쾌히 윤허하시어 여러 궁가가 절수받은 산과 바다를 모두 해당 조(曹)와 각 도로 하여금 일일이 조사해내어 혁파하게 하소서.

124 산해절수(山海折受) : 472쪽 주94 참조.

125 경기 : 원문은 '折內'인데, 문맥에 의거하여 '折'을 '圻'로 바로잡아 번역하였다.

수진궁과 어의궁에 관한 일[126]에 대해 말을 고쳐 연이어 올린 계사

壽進於義兩宮事改措語連啓

수진궁(壽進宮)과 어의궁(於義宮)에 사심이 몹시 치우쳐 있어 해당 조(曹)에서 초기를 올리고 승정원에서 계사를 올렸는데 비단[127] 윤허를 받지[128] 못하였을 뿐만 아니라 도리어 온당치 않다는 하교를 내리셨습니다. 양사에서 쟁집한 지 역시 여러 날이 지났는데 여전히 윤허를 하지 않으시니, 신들은 이에 더욱 개탄을 견딜 수가 없습니다. 사노비를 편파적으로 보호하여 관가의 부역을 피하려고 도모하는 일은 사대부도 부끄러워하는데, 하물며 모든 백성들을 동일하게 대해야 하는 임금이 누구는 후하게 대하고 누구는 각박하게 대하여 곡진하게 비호하기가 이러한 지경에 이른단 말입니까. 수진궁과 어의궁에 관한 일은 해당 조의 초기대로 시행하시고, 이외에 여러 궁가의 둔장(屯庄)으로 종전에 면세받던 곳도 모두 시행하지 마소서.

126 수진궁(壽進宮)과 어의궁(於義宮)에 관한 일 : 477쪽 주104 · 105 참조.

127 비단 : 원문은 '昨但'인데, 문맥에 의거하여 '昨'을 '非'로 바로잡아 번역하였다.

128 윤허를 받지 : 원문은 '家允'인데, 문맥에 의거하여 '家'를 '蒙'으로 바로잡아 번역하였다.

이조 당상을 모두 체차하라는 명을 내리기를 청하는 계사
請吏曹堂上並命遞差啓

근일 전형(銓衡)하는 자리에 청탁이 제법 오가고 있습니다. 정사(政事)에 임하여 주의(注擬)[129]할 때면 '아무개는 아무 관직을 바란다.'라는 말이 정관(政官)의 입에서 나오고, 심지어 정사하는 자리에 사사로이 청탁이 오가기도 합니다. 이로 인해 빈 관직이 하나라도 생기면 이미 점찍어 놓은 사람이 있습니다. 음관으로 처음 벼슬길에 나오는 경우에는 대부분 정밀하게 선발하지 않으니, 민간에서 제법 전하는 말이 많습니다. 만일 고질적인 폐습을 한번 쇄신하여 격동시키지 않으면 무너진 기강을 진작시킬 수 없을 것입니다. 이조의 당상들을 모두 체차하라고 명하소서.

129 주의(注擬) : 관원을 임명할 때 문관(文官)은 이조(吏曹)에서, 무관(武官)은 병조(兵曹)에서 후보자 세 사람을 정하여 임금에게 올리는 것이다.

전 부산 첨사 이정옥을 의금부로 잡아다 심문하여 죄를 주도록 청하다

請前釜山僉使李廷沃拿問定罪

전 부산 첨사(釜山僉使) 이정옥(李廷沃)은 겁을 먹은 나머지 조치를 잘못하였습니다. 평상시[130]에 이미 이와 같으니, 위급한 상황이 닥치면 어떻게 힘을 얻을 수 있겠습니까. 나라를 욕되게 한 죄는 파직하는 정도로 그쳐서는 안 됩니다. 의금부로 잡아다 심문하여 죄를 정하소서.

130 평상시 : 원문은 '乎常'인데, 문맥에 의거하여 '乎'를 '平'으로 바로잡아 번역하였다.

직임을 제대로 수행하지 못하여 인피하는 계사
以失職引避啓

보잘것 없는 신이 외람되이 간관(諫官)의 자리를 차지하여 하늘이 분노하고[131] 백성들이 원망하여 나라의 형세가 어렵고 위태로운 이런 때를 만나 책무를 다하는 한 마디 말조차 한 적이 없었으나, 구구하게 나라를 걱정하고 임금을 사랑하는 정성을 절로 그만둘 수가 없었습니다. 이에 감히 염치를 무릅쓰고 청대하여 신의 소회를 다 말하였습니다. 지금 백성들을 병들게 하는 절박한 폐단과 국가의 체모를 손상시키는 일을 논하자면 산과 바다를 절수받은 일과 두 궁(宮)[132]에 관한 일보다 심한 것이 없습니다. 그러므로 신이 자세히 아뢰었으니, 그 역시 재앙을 그치게 하고 조화로운 기운을 인도하는 뜻에서 나온 것인데, 성상께서 아득히 듣지 않으시어 윤허를 받지 못했습니다. 이는 모두 신의 성의가 부족하고 말이 어눌하여 성상의 마음을 감동시키지 못해 그런 것이니, 성상의 덕에 누를 끼친 것이 또 다시 어떠합니까. 혹시라도 신이 지극한 정성으로 아뢰어 민간에서 근심하고 원망하며 애통해하는 실상을 마치 전하께서 정말로 직접 들으시는 것처럼 아뢰었다면, 전하께서 어찌 측은히 마음을 움직이지 않으셨겠습니까. 지금 신이 하는 말이 이미 전하의 마음에 들기에 부족하기 때문에 전하께서 한결같이 굳게 거절하시는 것이니, 이는 실로 신의

131 분노하고 : 원문은 '天恕'인데, 문맥에 의거하여 '恕'를 '怒'로 바로잡아 번역하였다.
132 두 궁(宮) : 수진궁(壽進宮)과 어의궁(於義宮)을 말한다.

죄입니다.

신이 듣건대 간언하는 책임이 있는 자는 그 말을 들어주지 않으면 떠난다.'[133]고 하였습니다. 또 우리나라의 고사를 듣건대, '대간(臺諫)이 논의를 고집하는데도 오랫동안 청을 들어주지 않으면 으레 반드시 스스로 논핵하고 물러난다.'라고 하였습니다. 신이 직임을 제대로 수행하지 못한 죄는 위에 아뢴 내용과 같으니, 어찌 감히 얼굴을 들고 대각(臺閣)에 그대로 머물러 있을 수 있겠습니까. 신을 체직하라고 명하소서.

133 간언하는……떠난다 : 언책을 맡은 자는 간관(諫官)으로, 임금이 간언을 들어주지 않으면 벼슬을 그만두고 떠난다는 뜻이다. 《맹자》〈공손추 하(公孫丑下)〉에 "관직을 수행해야 할 사람이 그 직책을 수행할 수 없으면 떠나야 하고, 말할 책임이 있는 사람이 그 말이 받아들여지지 않으면 떠나야 한다.〔有官守者不得其職則去, 有言責者不得其言則去.〕"라는 말이 나온다.

인피하는 계사
引避啓

신이 직임을 제대로 수행하지 못한 죄와 나아가기 어려운 의리를 탑전에서 스스로 논핵했을 때 자세히 아뢰었고, 막힌 견해를 결국 돌리지 못하여 엄한 소명이 내렸는데도 공경히 나아가지 못했습니다. 옥당에서 처치한 계사를 보건대 삼간호읍(三諫號泣)[134]의 의리로 깨우치고, 성의를 쌓아 성상의 마음을 돌리는[135] 책무로 면려하셨으니, 신이 이에 대해 삼가 감탄하며 부끄럽고 두렵습니다. 신의 말은 감동시키기에 부족하고 정성은 믿음을 주어 감응시키기에 부족하여 결국 천지부모와 같은 성상의 사랑을 스스로 멀리하였습니다. 죄가 여기에 이르렀으니, 만 번 죽는다 해도 속죄할 수가 없습니다. 또 신이 듣건대 관직에 나가서는 충성을 다할 것을 생각하고, 물러나서는 잘못을 보완할 것을 생각하는 것은 신하가 충성하고 사랑하는 지극함이라고 하였습니다. 지금 신은 감히 견책을 기다린다는 이유로 침묵할 수가 없어 다시 위엄 있는 성상께 이렇게 정성을 다 드러내니, 바

134 삼간호읍(三諫號泣) : 은(殷)나라 말기에 미자(微子)가 주왕(紂王)의 포악한 정사를 보고 "부자(父子)는 골육의 관계이고 군신(君臣)은 의리의 관계이다. 그러므로 부모에게 잘못이 있으면 자식이 세 번 간했다가 들어주지 않으면 뒤따르며 통곡을 하고, 신하는 세 번 간해서 들어주지 않으면 의리상 떠나야 한다."라고 말하고는 주왕의 곁을 떠난 고사가 전한다. 《史記 卷38 宋微子世家》

135 마음을 돌리는 : 원문은 '因天'인데, 문맥에 의거하여 '因'을 '回'로 바로잡아 번역하였다.

라건대 성상께서는 사람으로 인해 말을 버리지 마소서.

신이 삼가 생각건대, 하늘의 도는 알기 어렵고 사람의 일은 알기 쉽기 때문에 하늘을 잘 관찰하는 사람은 반드시 사람에게서 징험합니다. 지금 백성들이 생업을 잃은 데다 기근마저 들었는데도 산과 바다에서 나는 이익은 모두 사문(私門)으로 들어가 근심하고 탄식하며 원통해하고 답답해하는 기운이 위로 하늘까지 이르렀으니, 하늘이 기뻐하지 않아 변이가 거듭 나타나는 것은 필연적인 이치입니다. 상황을 바꿀 방도를 찾는다면 역시 다른 방법이 없고 한 푼의 화기(和氣)를 인도하여 한 푼의 재앙을 소멸시키는 것 뿐입니다. 이렇게 미루어가서 폐단을 다 개혁하면 국운이 영원하기를 기원하는 일은 진실로 여기에서 벗어나지 않을 것이니, 이것이 어찌 지금의 군신이 두려운 마음으로 경계하고 급급하게 강구해야 할 점이 아니겠습니까.

산과 바다를 절수 받는 일은 원래 조종조의 옛 법이 아니라 임진년(1592, 선조25)의 난리 뒤에 토지가 개간되지 않고 세입이 줄어들어 예전의 직전(職田)과 녹봉을 모두 회복할 수 없었던 상황에서 비롯되었으니, 한때 내려준 것은 부득이함에서 나온 계책이었습니다. 그런데 여러 조정에서 답습하면서 고치지 않다가 성고(聖考 효종)의 말년에 과감히 결심하여 조사해내라고 특별히 명을 내려 대대적으로 바로잡으려 하셨습니다. 그런데 이 일을 성취하기도 전에 갑자기 세상을 떠나셨으니, 오늘날 전하께서 계승하여 성취해야 하는 것은 우리 선왕의 유지(遺志)가 아니겠습니까.

더구나 지금 제멋대로 점유하는 폐단과 백성들을 갈취하는 폐해가 해마다 늘어나는 상황을 이루 다 말할 수가 없습니다. 전하께서 구중궁궐에 계셔서 비록 직접 눈으로 보고 귀로 들을 수는 없지만 대신(臺臣)

이 논한 내용은 나라 사람들이 모두 말하는 일인데, 어찌 이처럼 심하게 믿지 않으십니까. 궁장(宮庄)을 침탈하지 말라는 하교로 말하자면 구차하게 비호해주고 극도로 자잘하니, 더욱 사방에 알려지게 해서는 안 됩니다. 신이 극력 말하고 힘써 쟁론하면서 여전히 그칠 줄을 모르는 것이 어찌 궁가(宮家)에 원망이 쌓이고 분노가 심해 반드시 줄이고 빼앗기를 원해서이겠습니까. 존망에 관계되고 아픔과 고통이 절실한 터라 어리석은 신의 속마음을 다 아뢰어 성상께서 한번 깨닫기를 바라지 않을 수 없습니다.

이제 만약 한결같이《경국대전》에 의거하여 왕자와 공주 및 옹주는 각기 품계에 따라 그 직전(職田)만 받도록 하고, 그밖에 절수받은 산이나 바다와 명분이 없고 불법적인 일을 모조리 혁파하게 한다면, 사랑하여 부유하게 해주려는 마음[136]에 부족함이 없을 것이고 공평무사를 추구하는 왕의 정치도 빛날 것이니, 고질적인 폐단을 제거하고 커다란 고통을 없애어 백성들의 소망에 크게 부응하는 정도가 또 어떻겠습니까. 밝으신 전하께서 어찌 이를 모르시고, 어찌 이를 분별하지 못하시겠습니까. 다만 하루아침에 법제로 제약하면 궁가가 이익을 독차지하고 사사로이 방자하게 행동하지 못하기 때문에 사사로움에 치우친 생각에 사로잡혀 움직이지 못해 대번에 시행하기를 바라지 않은 것이니, 어찌 조종(祖宗)이 자손을 사랑하는 마음이 너무 박하고 전하께서 친

136 사랑하여……마음 :《맹자》〈만장 상(萬章 上)〉에 "인인(仁人)은 아우에 대해서 노여움을 감추지 아니하며, 원망을 묵혀두지 아니하고, 그를 친애할 뿐이다. 그를 친근히 하면 그가 귀하게 되기를 바랄 것이며, 그를 사랑하면 그가 부유해지기를 바랄 것이다."라고 하였다.

애하고 화목하는 뜻이 지나치게 두터워 그런 것이겠습니까. 이것이 신이 이해할 수 없는 점입니다.

깊이 바라건대, 전하께서는 지나치고 참람된 신의 말을 받아들이고 신의 애통하고 절실한 정성을 살펴 하늘의 위엄을 두려워하고 백성들의 어려움을 구휼하여 묘당에 물어 속히 변통하여 우리 조종의 끝이 없는 기명(基命)[137]을 실추시키지 마소서. 신은 직무를 방기한지 이미 오래되어 부끄러움과 두려움이 모두 쌓여 진실로 대각(臺閣)에 들어갈 면목이 없습니다. 이미 신하로서 임금의 명을 받으면 지체하지 말아야 하는 의리를 여겼고, 또 교외에서 배종하는 반열에도 달려가 참여하지 못했으니, 명을 어긴 죄는 실로 모면할 길이 없습니다. 먼저 신을 삭직하라고 명하시고, 이어 신의 죄를 다스리소서.

137 기명(基命) : 천명(天命)을 닦는다는 뜻으로, 《시경》〈주송(周頌) 호천유성명(昊天有成命)〉에 "하늘이 굳게 정하신 명을 문왕과 무왕이 받으셨는데, 성왕이 또 애써 밤낮으로 그 명을 닦았네.〔昊天有成命, 二后受之, 成王不敢康, 夙夜基命宥密.〕" 라고 한 데서 유래하였다.

또 인피하는 계사
又引避啓

신은 언관의 책임을 저버렸고 이미 시험하여 공효를 거두지 못했습니다. 그런데 처벌을 내리지 않으시고 잘못된 은혜를 거듭 더하여 다시 대헌(臺憲)의 직임을 제수하셨으니, 신이 비록 어리석지만 어찌 감동할 줄 모르겠습니까. 다만 신이 사적인 의리상 편치 않은 사정을 이전에 스스로 논핵한 소장에서 이미 다 말씀드렸으니, 지난번에는 거절하고 이번에는 받는다면 이런 이치는 없습니다. 부끄럽고 두려워 움츠러들어 감히 나가서 배명(拜命)하지 못하겠습니다. 명을 어긴 죄가 여기에 이르렀으니, 실로 만 번 죽어 마땅합니다.

게다가 새로 제수된 대사헌 송(宋)[138]은 바로 신의 장인이니, 신은 상피하여 응당 체직되어야 할 사람으로 더욱 잠시라도[139] 자리를 차지하고 있으면서 뻔뻔스럽게 얼굴을 들고 억지로 나와서 조용히 조섭하고 계시는 성상을 혼란스럽게 해 드릴 수는 없습니다. 신의 죄가 더욱 크니,[140] 신을 삭직하라고 명하소서.

138 대사헌 송(宋) : 송준길(宋浚吉, 1606~1672)을 말한다. 본관은 은진(恩津), 자는 명보(明甫), 호는 동춘당(同春堂), 시호는 문정(文正)이다.

139 잠시라도 : 원문은 '一剃'인데, 문맥에 의거하여 '剃'을 '刻'으로 바로잡아 번역하였다.

140 너무 크니 : 원문은 '蓋大'인데, 문맥에 의거하여 '蓋'를 '盍'으로 바로잡아 번역하였다.

함경 감사 서필원을 파직하고 서용하지 말도록 청하는 계사
請咸鏡監司徐必遠罷職不敍啓

옳고 그름을 분간하지 않아서는 안 되는 것은 마치 흑과 백이 섞일 수 없는 것과 같습니다. 시비가 명백해지면 순리에 맞고 일이 바로잡혀 처치가 마땅해지고, 시비가 명백하지 않으면 일이 모두 어긋나 한 가지도 마땅함을 얻지 못합니다. 시비가 전도되어 좋아하고 싫어하는 마음을 바꾸어 베푸는 경우는 본디 논할 것도 없고, 이미 시비가 존재하는 곳을 알고도 모호하고 구차하게 처리하여 곧바로 명백히 분별하지 않고 분쟁이 일어나도록 내버려 두는 것은 역시 치세의 거조가 아니니, 끝에 가서 일어나는 재앙은 구제할 수가 없습니다.

이전에 함경 감사 서필원이 일상적인 이치를 넘어서는 별다른 의견을 제시하여 조부와 손자의 관계는 삼강(三綱)에 들어 있지 않다고 하면서 인륜에 있어 몹시 애통한 처지에 대해 복제(服制)로 그 경중을 비교하고자 하였으니,[141] 이치에 어긋나고 윤리에 어긋나기가 참으로

141 서필원이……하였으니 : 수찬 김만균(金萬均)이 자신의 조모가 병자호란에 죽었으므로 의리상 차마 청나라 사신을 영접할 수 없다는 뜻으로 상소하여 진정하였다. 이에 서필원이 부모의 원수보다는 가볍다면서 허락하지 말기를 청하였으나, 김만균은 끝내 청나라 사신의 영접 반열에 나가지 않았다. 그리하여 옥관(獄官)의 심문을 받자, 우암 송시열이 상소하여 《주례》의 "복수(復讎)의 의리는 오세(五世)에 이르러 다한다."는 설을 인용해서 "천하의 큰 예법을 혼란시켜 없애서는 안 된다."고 하였다. 그 후에 김만균을 옹호한 송시열의 소를 반박하는 함경 감사 서필원이 상소를 올려 "삼강 항목에서는 임금과 아버지가 같은 서열이고 그 외에는 거기에 끼어들지 못한다고 들었으며, 또 임금과 어버이는 똑같다는 말이 고훈(古訓)에 나와 있다고도 들었습니다. 그렇게

매우 심했습니다. 또 의리가 밝아질수록 나라에 더욱 사람이 없어진다[142]는 등의 말로 방자하게 말했으며, 기타 이치에 어긋나는 말 역시 한두 가지가 아니었습니다. 설령 그의 의도가 따로 있더라도 그 곡절만 진달해야지, 경상(經常)의 의리를 함부로 논의해서는 안 됩니다. 그런데 성이 난 틈을 타서 이기려 하기를 그치지 않고 경전을 억지로 끌어다 그릇된 것을 꾸며 기를 쓰고 남을 침해하여 꺼리는 바가 없었습니다. 자기에 대해 논의하는 사람은 아첨해 왜곡된 주장을 한다고 배척하기도 하고, 파도를 일으켜 소용돌이를 키운다고 배척하기도 하였으니, 전후로 하는 말이 구구절절 조리가 없습니다.

처음에 거칠고 엉성하며 무식했던 점은 본디 깊이 나무랄 것도 없지만, 끝내 편벽되고 사사로운 견해를 가지고 정론으로 단정하고자 하였으니, 그 해로움이 매우 커서 실로 세교와 관계됩니다. 조정에서 이 일의 시비를 모르지 않으나, 일찍 처분을 내리지 않아 대각의 공론이 여러 차례 일어났다 여러 차례 저지되어 시비가 분분해져 안정되지 못하여 나라의 체모를 손상하였으니, 이는 작은 일이 아닙니다. 그 의리를 밝히고 어긋난 것을 바로잡지 않아서는 안 되니, 함경 감사 서필원을 파직시키고 서용하지 마소서.

미루어본다면 군신·부자와 조손(祖孫)·곤제(昆弟)가 어찌 경중과 선후의 차이가 없겠습니까. 그리고 복제(服制)로 말하더라도 1년과 3년의 차이가 있으니 그렇다면 그 사이에는 천리나 인정으로 보아 같지 않음이 있음을 알 수 있는데 왜 유독 원수를 보복하는 경우에 있어서만은 전혀 구별이 없이 똑같이 할 것입니까?"라고 한 일을 말한다. 《顯宗實錄 5年 2月 3日· 5年 閏6月 12日》

142 의리가……없어진다 : 김만균을 옹호한 송시열의 상소를 반박하는 위의 서필원의 상소에 나오는 말이다. 《顯宗實錄 5年 2月 3日》

옥당과 대각에서 처치한 관원을 모두 체차하라고 명하기를 청하는 계사

請玉堂臺閣處置官幷命遞差啓

처치하는 규례는 반드시 공론을 따라야 합니다. 그런데 지난번에 이규령(李奎齡)과 조성보(趙聖輔)가 인피했을 때 처치한 계사는 지나간 일을 논하여 말썽을 일으켰다고 핑계를 대기도 하고, 그들이 한 말을 들추어내어 공론을 억눌러 발의하지 못하게 하기도 하였으니, 일이 훗날의 폐단에 관계되고 그 버릇이 좋지 못합니다. 그 당시 처치를 했던 옥당과 대각의 관원을 모두 체차하라고 명하소서.

논계를 정지한 대관을 모두 체차하기를 청하는 계사
請停論臺官並命遞差啓

간언을 맡은 신하를 먼 외지로 내쫓는 일은 결코 거룩한 조정의 아름다운 일이 아닙니다. 환수하라는 의론을 양사에서 모두 발의하였으니, 공론이 어디에 있는지를 알 수 있습니다. 정성을 다해 힘껏 간쟁하여 성상의 마음을 돌려 잘못을 바로잡기를 기약해야 하는데 몇 차례 아뢰어 책임을 때우고 곧이어 즉시 정지하였으니, 대각의 사체가 어찌 이럴 수가 있겠습니까. 그 당시 논계를 정지한 대관을 모두 체차하라고 명하소서.

지평 심재를 체차하기를 청하는 계사

請持平沈梓遞差啓

대관의 처신은 구차스럽게 하지 않는 것이 귀한데, 이미 발론을 하고는 곧바로 인피하고 들어갔다가 논계를 정지하기를 기다려 다시 출사하였습니다. 진퇴에 근거가 없고 매우 무르게 처신하였으니, 지평 심재를 체차하소서.

이규령과 조성보 등을 외직에 보임하라는 명[143]을 환수하기를 청하는 계사

請還收李奎齡趙聖輔等補外之命啓

서필원(徐必遠)의 패악하고 그릇된 죄를 바로잡지 않아서는 안 되니, 이규령과 조성보 등이 대각에 몸담고 있으면서[144] 규핵하려고 했던 것은 곧 그들의 직책상 당연한 일입니다. 그런데 외직에 보임하라는 명이 뜻밖에 갑자기 나와 사기(士氣)가 이 때문에 저하되고 공론이 막혀 펴지지 않고 있으니, 성상의 덕에 크게 누가 됩니다. 이규령과 조성보 등을 외직에 보임하라는 명을 환수하소서.

143 이규령과……명 : 이조에서 서필원을 탄핵했던 이규령(李奎齡)을 정언에, 조성보(趙聖輔)를 지평에 의망했는데, 현종은 전관(銓官)이 당파만 비호한다며 이들을 각각 북청 판관(北青判官), 이성 현감(利城縣監)으로 내보내라는 명을 내렸다. 《국역 현종개수실록 5년 4월 18일》

144 몸담고 있으면서 : 원문은 '臣居'인데, 문맥에 의거하여 '臣'을 '身'으로 바로잡아 번역하였다.

승지로 있을 때에 승정원에서 올린 계사
承旨時政院啓辭

수원 부사(水原府使) 유창(兪瑒)의 상소에 대한 비변사의 회계를 보니, 보군(步軍)은 30초(哨)로, 마군(馬軍)은 10초로 제한하고 이외에는 1명도 늘이거나 줄일 수 없다고 하였습니다. 이 일은 지난번에 탑전에서 정탈할 때에 성상께서 보군은 30초로, 마군은 10초로 제한하되, 그 나머지 쟁수(錚手)와 고수(鼓手), 수솔(隨率)등 제색 군병(諸色軍兵)은 이 제한에 해당하지 않는다고 하였고, 또 앞으로는 한 명도 늘이거나 줄이지 않되, 매년 결원이 생기면 즉시 충원하라고 하교하셨습니다.

신이 삼가 성상의 전지에 따라 물러나 기록하여 비변사로 보냈는데, 지금 이 회계에는 제색 잡군(諸色雜軍)은 이 제한에 해당하지 않는다는 한 조목이 누락되고 말았기에 본사(本司)에 묻고자 하였습니다. 그런데 밤이 깊은 뒤라 형세상 오가지 못했고, 또 비변사의 회계는 으레 하룻밤을 넘길 수가 없어 감히 이렇게 봉입하였습니다. 신이 해방(該房)의 승지로 있으면서 친히 성상의 하교를 받들었고, 군정(軍政)의 변통은 중대한 일이라 혹여 엉성하여 미진한 폐단이 있을까 염려됩니다. 황공한 마음으로 감히 아룁니다.

제목없음

失題

신이 삼가 병조에서 여러 도(道)의 곤수(閫帥)와 변장(邊將)의 포상의 등급을 논한 계목의 판부를 보니, 이도빈(李道彬)은 가자하고, 정영(鄭葕)과 유여량(柳汝樑)에게는 아울러 숙마(熟馬) 1필을 면급(面給)[145]하고, 유비연(柳斐然)에게는 숙마 1필을 사급(賜給)하라는 명이 있었습니다.

삼가 생각건대, 잘하는 이를 포상하고 능력 있는 이를 장려하는 것이 비록 인심을 권면하기 위함이지만, 국가에서 시행해야 하는 옛 법도가 아니면 결코 한때 만들어내어 훗날 폐해를 끼쳐서는 안 됩니다. 관찰사와 절도사 등의 직임은 임무가 모두 중하고 선발하여 제수한 것이 우연이 아니기 때문에 그들에 대한 조정의 대우가 수령과는 다릅니다. 국조 이래로 암행어사의 염문(廉問)이 이들에게 미치지 않았던 것은 일의 체모를 중하게 여겨 그랬던 듯합니다. 그런데 효종 말년에 마침 큰 기근을 만나 수령을 염문할 때에 수행원의 많고 적음과 공봉이 넘치는지 검소한지 두 조목을 감사와 병사 이하에 대해서도 살펴 아뢰도록 하였습니다. 그 후에 수행원과 공봉 이외에 감사, 병사, 수사가 정치를 잘하는지 잘못하는지 서계로 올리게 하고 이로 인해 규례가 되었습니다. 그러나 포상을 논하는 한 가지 일은 여전히 시행하지 않았습니다.

145 면급(面給) : 하사하는 물품을 해당 관리가 전달하는 사급(賜給)과는 달리, 임금의 면전에서 직접 지급하는 것을 말한다.

그런데 지금 우열의 등급을 매겨서 포상을 시행하는 것을 한결같이 수령처럼 한다면 일의 체모로 볼 때 온당치 못할 듯합니다. 비록 그 노고와 공적을 가상히 여길 만하더라도 본디 이처럼 해서는 안 되는데, 만일 털끝만큼이라도 사실과 다르면 필시 여러 고을의 비방[146]을 면하지 못할 것입니다. 이 일은 옛 법도로 보나 가까운 예로 보나 모두 근거할 만한 것이 없으니, 그대로 전례를 따르고 남상(濫觴)이 되는 폐단 역시 고려하지 않아서는 안 됩니다.

신이 기해년(1659, 효종10)에 명을 받들고 영남 지역을 염찰했을 때[147]에 상주 목사(尙州牧使) 박장원(朴長遠)이 막 강원 감사(江原監司)로 옮겨 제수되었는데, 신이 서계에서 박장원의 선정(善政)에 대한 정황을 성대하게 칭찬하였습니다. 그런데 이조의 회계에서는 박장원이 다른 도의 관찰사로 자리를 옮겨 현직 수령과는 차이가 있다는 이유로 포상의 은전을 논의하기 어렵다고 입계하여 윤허를 내리셨습니다. 감사에게 이미 포상을 논의할 수 없다면 병사와 수사만 어찌 유독 차별을 두겠습니까. 더구나 유여량, 정영, 유비연 등이 비록 직분을 잘 수행하였지만 달리 특별한 일이 없으며, 이도빈이 비록 가장 우수하다고는 하지만 서곤(西閫 평안 병사)은 중요한 자리로, 발탁된 지 얼마 되지 않았는데 다시 포상을 논의하는 것은 너무 지나친 일이 아니겠습니까. 신이 해방(該房)에 근무하고 있기에 구구한 어리석은 견해를 감히 진달하지 않을 수 없으니, 지극히 황공한 마음을 견딜 수가 없습니다.

146 비방 : 원문은 '機'인데, 문맥에 의거하여 '機'를 '譏'로 바로잡아 번역하였다.

147 신이……때 : 민유중이 1659년(효종10)에 경상 우도 어사로 나갔을 때를 말한다.

김익렴을 함문[148]하지 말기를 청하는 계사

請勿緘問金益廉啓

신이 삼가 성상의 하교를 보니, 지난번에 승지와 사관에게 물어 아뢴 말에 대하여 "이 회계를 보고 또 김익렴이 피혐한 말을 보니 '보았다〔見〕'는 글자는 없고 '들었다〔聞〕'는 글자만 있으니, 승지에게만 물어서는 안 되겠다. 유사로 하여금 들은 사람을 함문하게 하라."라고 하셨습니다. 여러 신하들의 답변이 김익렴이 피혐한 말과 큰 차이가 있으니, 그 사이에 의심이 없을 수 없습니다. 만일 이를 깊이 추궁하고자 한다면 반드시 김익렴에게 물어본 뒤에야 자세한 곡절을 알 수 있을 것입니다. 이번 성상의 하교는 실로 여기에서 나온 것입니다. 다만 생각건대, 조정에서 크고 작은 조치를 취할 적에는 반드시 먼저 일의 체모가 어떠한가와 규례가 있는지 없는지를 살펴보아 지극히 정당한 방법을 모색하여 훗날의 폐단이 없도록 해야 할 것입니다.

이른바 《승정원일기》에서 운운했다는 말은 김익렴이 눈으로 보았는지 귀로 들었는지 자신만이 알고 있으니 다른 사람이 헤아릴 수 있는 일이 아닙니다.[149] 그러니 사실을 캐내는 방법은 문비(問備)[150]하는 수

148 함문(緘問) : 죄과(罪科)가 있다고 생각되는 관원에게 서면(書面)으로 추문(推問)하는 일을 말한다.

149 이른바……아닙니다 : 김익렴이 《승정원일기》를 보고 피혐 계사를 올린 것이 문제인데, 이른바 안추원(安秋元) 사건과 관련하여 청의 사신이 조사하러 왔을 때, 영의정 정태화(鄭太和)가 "若主上當之, 則罪歸於臣下, 而又至輕歇."이라고 한 말이 《승정원일기》에 기록된 것을 보고 김익렴이 계사를 올린 것이 문제가 되었다. 《顯宗實錄

밖에 없습니다. 이 한 가지 일로 인하여 애초에 이미 그 당시 승지와 사관을 불러 연유를 힐문하고 실상을 확인하였으니, 조정의 거조가 참으로 지나치고 말았습니다. 지금 또 피혐 계사에서 한 말을 끄집어내어 당시의 대관(臺官)에게 함문을 내어 그가 들은 내용을 사실대로 아뢰라고 하는 것은 바로 말의 진원지를 파헤치는 일입니다. 사대부들 사이에서는 말을 가지고 서로 질정하는 것도 오히려 부끄러워하는데 하물며 이렇게 파헤치는 일이겠습니까. 김익렴은 비록 이미 체직되었으나 함문하는 것은 전임 대관 때의 일이니, 조정의 거조가 여기에서 어찌 크게 손상되지 않겠습니까. 김익렴의 피혐 계사의 곡직과 허실에 관계없이 이 일은 이미 전례가 없고 게다가 훗날의 폐단과 관련되니, 일의 체모에 있어서도 몹시 편치 못합니다.

삼가 바라건대 밝으신 성상께서는 다시 더욱 헤아려 마땅하게 처리하소서. 신들은 그끄저께 물어 아뢰라고 했을 때 구구한 소회를 미처 진달하지 못하여 이에 감히 황공한 마음으로 감히 아룁니다.

7年 7月 8日》《承政院日記 顯宗 8年 2月 11日》

150 문비(問備) : 죄과(罪科)가 있는 관원을 사헌부 관원이 서면으로 조사 신문하는 일을 말한다.

갑인년(1674, 현종15) 빈청에서 예법을 논한 일에 대한 계사

甲寅賓廳議禮啓

신들이 본디 예법에 어두워서 성상께서 전후로 분부하신 말씀이 매우 상세했는데도[151] 끝내 옛날의 예법을 끌어다가 지금의 예법을 입증하고 의심스런 뜻을 분석하여 하문하신 뜻에 답해 드리지 못하여 이렇게 다시 논의하여 아뢰라는 하교가 내려졌으니, 더욱 지극히 부끄럽고 황공하여 견딜 수가 없습니다.

삼가 생각건대, 오늘날 상복 제도는 기해년(1659, 현종즉위년)에 이미 정해진 의론[152]에 의거하여《국조오례의》를 따랐습니다만, 본 조목의 아래에 이미 장자(長子)와 중자(衆子)에 대한 글이 있었기 때문에 의논하여 아뢸 때 순서에 관한 한 가지를 논열하지 않을 수 없었습니다. 그리고 대통을 계승하는 설에 대해 예경(禮經)을 참고하지 않았던

151 상세했는데도 : 원문은 '淳復'인데, 문맥에 의거하여 '淳'을 '諄'으로 바로잡아 번역하였다.

152 기해년에……의론 : 기해예송(己亥禮訟)을 말한다. 효종이 승하한 뒤 인조의 계비인 자의대비(慈懿大妃)의 복제(服制)를 정할 때에, 서인(西人)의 송시열 등은 효종이 왕위를 계승했지만 인조의 차자(次子)이므로 어머니가 차자의 상에 입는 기년복을 입어야 한다고 주장했다. 하지만 남인(南人)의 허목(許穆) 등은 효종이 차자이지만 이미 왕위를 계승했기 때문에 왕통(王統)과 국통(國統)을 이은 장자(長子)와 같으므로, 어머니가 장자의 상에 입는 삼년복을 입어야 한다고 주장했다. 두 당의 극렬한 논쟁은 서인이 주장한 대로 자의대비가 기년복을 입는 것으로 결론지었다.《국역 현종실록 1년 5월 1일》

것은 신들이 함부로 생각하기에 일체를 국가의 제도에 따라 하라는 하교를 이미 받았으므로 감히 옛날의 예법까지 두루 상고할 수 없다고 여겼기 때문입니다.

지금《의례경전통해》에 기록된 내용으로 상고해 보건대, 이는 대체로 경자년(1660, 현종1) 이후로 여러 신하가 논변하였던 것인데 이것을 제외하면 달리 근거할 만한 예법이 없기에 감히 대략 그 말을 아뢰겠습니다. 아버지가 장자를 위해서라는 조목의 주소(註疏)에 첫째 아들이 죽으면 적처(嫡妻)에게서 태어난 둘째 아들을 세우는데 역시 장자라고 부른다고 하였습니다. 이를 범범하게 보면 적처에게서 태어난 아들로서 승중(承重)[153]한 자라면 모두 장자라고 한 것 같습니다. 그러나 그 아래에 또 비록 승중한 자라 하더라도 삼년복을 입어 줄 수 없는 것이 네 가지가 있다고 하였는데, 그 셋째는 체(體)이면서 정(正)이 아닌 경우이니, 서자(庶子)[154]를 후사로 세운 경우라고 하였습니다. 서자에 대해 풀이하기를, '서(庶)라는 것은 분명하게 구별하기 위한 것이다. 서자는 첩에게서 난 아들을 부르는 호칭이고, 적처한테서 난 둘째 아들은 중자인데 여기서는 다 같이 서자라고 불렀으니, 장자와 분명하게 구별하기 때문에 첩에게서 태어난 아들과 동일하게 부른 것이다.'라

153 승중(承重) : 적통(嫡統)을 물려주어 조상의 제사를 받들게 하는 제도 중에 적장손(嫡長孫)이 부친과 조부를 대신해서 선조의 상제(喪祭)를 담당하는 것을 말한다. 부친 대신 조부모의 상제를 담당할 경우에는 승중손(承重孫)이라 하고, 부친과 조부 대신 증조부모의 상제를 담당할 경우에는 승중증손(承重曾孫)이라고 한다.《儀禮 喪服》

154 서자(庶子) : 원문은 '庶字'인데,《현종개수실록》15년 7월 14일 기사에 의거하여 '字'를 '子'로 바로잡아 번역하였다.

고 하였습니다.

이 사실로 보자면 적처에게서 태어난 둘째 아들로서 승중한 자를 위해서는 삼년복을 입어 줄 수가 없습니다. 위에서나 아래에서나 적처에게서 태어난 둘째 아들이라는 점에 있어서는 동일한데, 한쪽은 장자라고 하여 삼년복을 입고 한쪽은 서자라고 하여 삼년복을 입을 수 없다면 무엇 때문입니까. 필시 그럴만한 이유가 있을 것입니다.

그 네 가지의 설에서 첫째는 정(正)이면서 체(體)이기는 하나 전중(傳重)[155]하지 못한 것이니, 적자에게 몹쓸 병이 있어서 종묘를 주관할 수 없는 경우라고 하였습니다. 이를 가지고 궁구해보면 위에서 이른바 둘째 아들 역시 장자라고 부른다고 한 것은 적자에게 몹쓸 병이 있어서 둘째 아들로 후사를 세운 경우인 듯합니다. 몹쓸 병이 든 적자에게 삼년복을 입어 주지 않기 때문에 둘째 아들로서 후사가 되어 장자로 불리는 자를 위하여 삼년복을 입어 주는 것입니다. 아래에서 이른바 서자를 세워 후사로 삼는다고 한 것은 비록 그가 적처에게서 태어난 둘째 아들이지만 장자를 위해 이미 삼년복을 입었기 때문에 또 둘째 아들을 위해 삼년복을 입어줄 수 없기 때문이 아니겠습니까.

또 적부(嫡婦) 조항의 주소에는 부모가 자식에게 있어서와 시부모가 며느리에게 있어서 적자와 적부에게 전중할 수 없거나 장차 전중할 사람이 적자와 적부가 아닌 경우는 모두 서자나 서부(庶婦)에 해당하는 복을 입어준다고 하였습니다.

이 여러 조목에서 논한 것을 가지고 반복해서 참고해보면 이번에

155 전중(傳重) : 상제(喪祭)나 종묘에 대한 중한 책임을 전한다는 뜻으로, 대를 이어 종통(宗統)을 이어받는 것을 말한다.

상복 제도를 《국조오례의》에 따라 대공복으로 사용한 것은 예경의 뜻에 어긋나지 않은 듯합니다. 그러나 옛날 예법의 정미하고 깊은 뜻은 신들처럼 식견이 얕은 자들이 단정지을 수 있는 일이 아닙니다. 어제 실록을 상고하자고 청한 것은 과거 조정에서 이미 시행하는 제도를 알아보고 따라서 시행할 자료로 삼고자 한 것입니다. 이는 신중히 하려는 뜻에서 나온 것이니, 다른 의론을 용납할 수 없습니다. 감히 아룁니다.

전교로 인하여 탑전에서 아뢴 내용을 써서 올린 계사
仍傳敎書進榻前奏辭啓

옛날의 군주 중에 재이를 만나 놀라고 두려워하여 전화위복으로 삼았던 자는 본래 한두 명이 아니니, 이는 다름이 아니라 실제 덕을 닦아 위로 하늘의 마음을 감동시켰기 때문입니다. 옛말에 이르기를 "하늘을 대할 적에는 진실 되게 하고 형식적으로 하지 않는다."라고 하였습니다. 지금 성상께서 성변(星變)[156]으로 인해 신하들에게 하문하셨는데, 하늘을 두려워하고 재이를 경계한 것은 진실한 마음에서 나온 것이니, 매우 성대한 일입니다. 다만 이후로 항상 이 마음을 보존하여 과연 마치 하루처럼 끊임없이 할 수 있을지 모르겠습니다. 은미한 조존(操存)[157]의 노력은 본래 신하들이 감히 헤아릴 수 있는 것이 아니지만, 날마다 법연(法筵)에 행차하시어 자주 유신(儒臣)과 경전의 뜻을 강론하시고, 산림의 유일지사(遺逸之士)를 불러 좌우에 두시면 덕을 닦고 재이를 그치게 하는 방도에 필시 크게 유익할 것입니다.

재용을 절약하여 백성을 아끼는 것은 바로 성인의 가르침인데,[158]

156 성변(星變) : 별의 위치나 광채에 나타나는 각종 변이(變異) 현상을 이르는 말한다.

157 조존(操存) : 인간이 타고난 선한 본성을 단단히 잘 잡고 있음을 말한다. 《맹자(孟子)》〈고자 상(告子上)〉에 "꽉 잡으면 있지만 버리면 없어지고, 때없이 출입하고 어느 곳에 있는지도 모른다고 하였으니, 생각하건대 이것은 마음을 두고 한 말이 아니겠는가? 〔操則存, 舍則亡, 出入無時, 莫知其鄕, 惟心之謂.〕"라고 하였다.

158 재용을……가르침인데 : 공자가 말한 나라를 다스리는 방법으로,《논어》〈학이

국가가 수입을 헤아려 지출을 하지 못하여 쓸데없이 소비되는 비용이 아주 많아져서 끝없는 폐해를 초래하였으니, 반드시 비용을 절약하여 백성들을 아끼고 길러주어야 실질적인 은혜라고 할 수 있습니다. 성상께서 비록 백성을 아끼는 마음을 먹지 않은 적이 없지만 결국 실질적인 은혜가 없었던 것은 비용을 절약하지 못해서 그렇게 된 것입니다. 지금 눈앞에 요역이 번다하고 무거우며 백성들이 괴로워하고 초췌해진 것은 모두 각 아문의 군액 수가 지나치게 많은 데에서 비롯된 것이며 국고가 고갈된 것도 여기에서 비롯된 것이니, 변통하고 고쳐서 민심을 위로하고 하늘의 꾸지람에 답하지 않아서는 안 됩니다. 이와 같은 일들은 잠시 사이의 한마디 말로 모두 아뢸 수 있는 것이 아니니, 성상께서 만일 분발하고 진작하시어 여기에 마음을 쏟으신다면 조용히 강구하여 크게 개혁할 수 있을 것입니다. 이를 미루어 나아간다면 어떤 일이든 하지 못하겠습니까.

〈學而〉〉에 "천승의 나라를 다스리되, 일을 공경히 하여 믿음을 주고 재용을 절약하여 백성을 아끼며 백성을 때에 맞게 부려야 한다.〔道千乘之國, 敬事而信, 節用而愛人, 使民以時.〕"라고 하였다.

아방계사[159]

兒房啓辭

장원서에서 매일 각 전(殿)에 봉진하는 생과(生果)와 건과(乾果)는 이미 정해진 격식이 있습니다. 그러므로 매달 규례대로 호조에 보고하여 회감(會減)하는데, 끌어다 써서 진배(進排)하는 과일의 경우에는 일상적인 격식 밖의 일이라 호조에서 회감을 허락하지 않습니다. 각 전에서 전후로 끌어다 쓴 수량을 통틀어 계산해보면 많게는 30섬에 이르는데, 이는 공물 주인에게 강제로 징수한 것이 아니라, 모두 매년 쓰고 남은 것과 긴요하지 않은 다른 과일을 가지고 바꾸어 사들여 변통해서 진배한 것입니다. 그런데 호조에서 끝내 회감을 허락하지 않아 남아 있는 수량에 그 수를 허위로 기록한다면 앞으로 반드시 처리하기 어려운 폐단이 발생할 것이니, 속히 변통하지 않아서는 안 됩니다. 종전에 끌어다 써서 진배한 실제 수량은 본서(本署)에서 상세히 계산해내어 먼저 호조에 보고하여 모두 회감하고, 지금부터 매달 일상적인 격식 이외에 진배하는 과실에 대해서는 각 전에서 관장하는 내관이 도장을 찍고 수표(手標)를 작성하여 호조에 점련(粘連)하여 보고하고 증빙하여 회감하는 자료로 삼게 하는 것이 어떻겠습

159 아방계사(兒房啓辭) : 도제조가 없는 중앙 아문에서 임금에게 아뢸 일이 있을 때 작성해서 올리는 문서이다. 아방계사를 올릴 때에는 해당 아문의 가장 높은 관원이 승정원의 아방(兒房)으로 나와서 승지를 거쳐 승전색(承傳色)에게 전해 주었다. 이때 아방은 승정원의 본체에 딸린 부속 건물을 가리킨다. 《이강욱 역, 은대조례, 한국고전번역원, 2012》

니까.

평시서 관원은 으레 칙사가 올 때 시민(市民)을 통솔하여 연접도감(延接都監)에서 기다리는데, 봉사 오수일(吳遂一)은 통탄스러운 사정이 있어 접대하는 곳에 참석하지 못하니, 변통하는 방도가 있어야 합니다. 해당 조로 하여금 다른 관사의 봉사로 바꾸어 차임하는 것이 어떻겠습니까?

신이 빙고 제조를 맡은 터라 예전 갑자년(1684, 숙종10) 6월에 대신(大臣)과 재신(宰臣)이 인견하던 날에 외람되이 입대를 청하여 본고의 피폐한 정황을 자세히 아뢰었습니다. 이어 서빙고의 위전(位田)[160]이 대부분 남산(南山) 아래에 있어 묵혀둔 지가 오래되었고, 심지어 소나무가 숲을 이룬 곳이 있으니 한성부로 하여금 낭청을 파견하여 본고의 관원 및 해당 도의 감역과 함께 측량하여 위전의 경계 지역 안은 모두 벌목을 하고 백성을 모집하여 개간하여 경작하게 하며, 벌목한 소나무는 본고의 관사를 짓는 일에 가져다 쓰도록 요청하였는데, 성상께서 즉시 해당 부에 분부하라는 하교를 내리셨습니다. 그런데 본고는 힘이 미약하여 내리신 명을 봉행하지 못한지가 이미 3년이나 되었습니다. 묵혀둔 공전(公田)은 반드시 때맞추어 경작하고 개간에서 필요한 비용에 보태야 하고, 직숙하는 관원이 매번 민가를 빌려 백성들의 원망을 초래할 수는 없습니다. 그러므로 봄에 본고에 분부하여 소나무를 구입하기를 원하는 사람을 찾아 먼저 그 값을 받아서 공역을 시행하도록 하였으며, 이어 한성부와 해당 부의 낭청 및 해당 도의 감역에게 모두

160 위전(位田) : 관청의 경비나 제사의 비용을 충당하기 위하여 설치된 토지이다.

알려 위전의 경계를 자세히 살펴 그들이 벌목하는 것을 허락하도록 하였습니다.

그런데 지난번에 듣건대 판윤 김덕원(金德遠)이 상소를 올려 이 일에 대해 논하였고, 또 승정원의 계사로 인하여 해당 부에서 복계하여 다시 벌목을 금지한다는 조처가 있었다고 하니, 신은 몹시 두려운 마음을 견딜 수가 없습니다. 그 당시 신은 마침 휴가를 청하여 지방에 있었기에 비록 전말을 모두 아뢰지는 못하였습니다. 그러나 대개는 국초에 제도를 정할 적에 소나무의 벌목을 금지하고 경작을 허락하는 것은 각기 그 경계가 있었으니, 위전이 소나무 벌목을 금지하는 곳 안으로 들어가지 않은 것은 분명합니다.

병란을 겪은 이후로 개간하는 일이 점차 줄어들어 황폐해진 곳이 점차 많아졌는데, 소나무가 무성하게 자라도 감히 뽑아 버릴 수가 없어 울창하고 푸르렀습니다. 비록 산기슭과 닿아 있더라도 밭의 모습은 여전히 남아 있어 경계가 몹시 분명하니, 보는 사람이라면 누군들 산이 아니라 밭인 줄 모르겠습니까. 이미 밭이라고 한다면 어찌 한결같이 묵혀져 버려진 채로 내버려둘 수 있겠습니까. 이미 벌목을 금지하는 곳이 아니니, 어찌 그 소나무를 벌목하지 않을 수가 있겠으며, 이미 벌목을 허락했으니 값을 받고 남에게 파는 것도 이상한 일이 아닙니다. 공전이 벌목을 금지하는 곳의 경계 밖에 있는데 일체 벌목을 금하여 개간하지 못하게 하는 것이 과연 국법에 있는 내용입니까.

지금 그의 상소에 이르기를 "삼백 년 동안 오래 길렀다."라고 하고, 또 "제멋대로 벌목한다."라고 하고, 또 "아름다운 기운이 울창한 곳이다."라고 하여 마치 금령을 어기고 스스로 벌목을 하여 감히 상서롭지 못한 일을 저지른 사람처럼 말하였습니다. 그의 말을 보건대 사람을 놀랍고 두렵게 만드니, 그 이유를 모르겠습니다. 한성부의 관원이 한 번 상소를 올리고 한 번 아뢰어 성상의 뜻을 받들어 금령을 시행하였으니, 본조가 비록 편치 못한 사단이 있다고 한들 어찌 감히 다시 번거롭게 여쭙겠습니까. 다만 생각건대 허다한 위전은 모두 조종조에서 내려준 것이니, 지금 소나무의 벌목을 금지한다는 이유 때문에 묵혀 버려진 땅으로 만든다면 원래 피폐한 관사가 하루아침에 이곳을 잃게 되어 앞으로 유지할 수가 없을 것입니다. 게다가 관청의 건물을 짓는 일이 이로 인해 중지된다면 역시 앞으로는 다시 거행할 수 있는 가망이 없습니다. 이러한 일을 조정에서 변통하는 방법을 염두에 두어야 합니다. 묘당으로 하여금 헤아려 지시하도록 하는 것이 어떻겠습니까?

서빙고는 사경(四梗)에 보관된 얼음을 가지고 1년에 공상(供上)하는 것과 각처에서 쓰이는 것을 대비하니, 만일 조절하여 절약해[161] 쓰지 않는다면 쉽게 바닥이 날 것입니다. 이전에 경기도의 고을에서 얼음을 가져다 쓸 때가 있었으니, 사체가 구차할 뿐만 아니라 백성들의 폐해도 적지 않았습니다. 이는 실로 미리 고려하지 않아서는 안 됩니다. 지난 겨울에는 얼음의 단단한 정도가 평년에 미치지 못했는데, 사복시의 경(梗)[162]이 불에 타는 변고가 또 뜻밖에 발생하였습니다. 새로 저장한 봄 얼음은 더욱 견고하지 못하여 여름에 접어든 이후로 여러 경[163]이 녹는 일이 평년에 비해 더 많았는데, 사복시의 경이 더

161 조절하여 절약해 : 원문은 '導節'인데, 문맥에 의거하여 '導'를 '撙'으로 바로잡아 번역하였다.

162 경(梗) : 원문은 '挭'인데, 문맥에 의거하여 '挭'을 '梗'으로 바로잡아 번역하였다.

욱 심했습니다. 풍정대례(豐呈大禮)[164] 때에 진배하는 일과 윤달에 얼음을 사용하는 일은 또 평년에 없는 일입니다. 사경[165]을 합치면 마흔여섯 칸인데, 서른 두 칸은 모두 사용하였고 남은 것은 단지 열네 칸 정도이니, 앞으로 바닥이 날 근심이 어찌 경기도 백성들에게 폐해를 끼치는데 이르지 않겠습니까.

삼가 선공감의 계목을 보니, 내빙고에서 진배하는 염람빙(染藍氷)[166]을 본고로 옮겨 보내 달라고 청하여 명이 이미 내려졌으니, 본고에서 지금 며칠에 걸쳐 진배하고 있습니다. 다만 생각하기로 내빙고에는 얼음이 부족하고 외빙고에는 여유가 있으니, 여유분으로 부족한 부분을 보충하는 것이 사리에 진실로 마땅합니다. 그러나 올해 얼음이 녹는 근심과 윤달과 대례 때에 진배하는 것은 내빙고와 외빙고에 애초에 차이가 없습니다. 더구나 이전부터 이와 같은 때에는 양고(兩庫)에서 늘 절반씩 나누어 진배하였습니다. 간혹 전적으로 본고에 책임을 지우기도 하였는데, 역시 일상적인 규례는 아닙니다. 비록 이번에 사용할 염람빙을 진배하는 일이 며칠쯤 걸릴지는 모르겠지만, 본고의 형세

163 경(梗) : 원문은 '挭'인데, 문맥에 의거하여 '挭'을 '梗'으로 바로잡아 번역하였다.

164 풍정대례(豐呈大禮) : '풍정'의 큰 예식이라는 뜻으로, 풍정은 궁중에 큰 경사가 있을 때 음식을 성대하게 차려 잔치를 여는 것을 말한다. 장렬왕후의 환갑이 1684년(숙종10)이라 풍정의 의례를 올리려 하였는데, 1683년 말에 숙종의 어머니인 명성왕후(明聖王后)의 상사(喪事)가 생겨 거행하지 못하였다가 1686년에 이르러서야 비로소 풍정의 예를 올렸다. 《肅宗實錄 10年 11月 7日・12年 5月 25日》

165 사경(四梗) : 원문은 '四挭'인데, 문맥에 의거하여 '挭'을 '梗'으로 바로잡아 번역하였다.

166 염람빙(染藍氷) : 남염빙(藍染氷)으로, 쪽빛을 물들일 때 물의 온도를 낮추어 선명한 빛깔이 날 수 있게 하기 위해 쓰는 얼음이다.

로는 결코 홀로 감당하기는 어려우니, 내빙고에서 6일 동안 진배한 뒤에 그 나머지 일수는 본고에서 도로 진배하는 것이 편의에 합당할 듯합니다. 그러므로 해당 감의 제조와 논의해보니, 그의 뜻도 그러하였기에 감히 이렇게 우러러 아룁니다.

이어 생각건대 염람빙은 공상(供上)할 때 쓰는 것과 동일하게 취급해서는 안 되니, 반드시 온전하고 두터운 것을 선별하여 취한다면 그 형세상 더욱 그 수요를 대기가 어렵습니다. 그러니 흠이 있더라도 구애받지 말고 변통하여 숫자를 채워서 진배하는데 폐해가 없도록 하는 것이 어떻겠습니까?

지은이 **민유중(閔維重)**

본관은 여흥(驪興), 자는 지숙(持叔), 호는 둔촌(屯村)으로 숙종비 인현왕후(仁顯王后)의 부친이다. 1630년(인조8) 민광훈(閔光勳)과 이광정(李光庭)의 딸 사이에서 태어났다. 1648년 진사시에 합격하고 1650년(효종1) 문과에 급제하여 병조 판서를 역임하였다. 1681년(숙종7) 장녀가 숙종비로 간택되자 여흥부원군(驪興府院君)에 봉해졌다. 이때부터 실직(實職)에서 물러났으나 선혜청, 진휼청의 업무를 수행하였다. 1687년 6월 29일 병으로 세상을 떠났다. 이후 1689년 인현왕후가 폐위되어 관직을 추탈당하였다가 1694년 인현왕후가 복위하면서 관직이 회복되었다. 시호는 문정(文貞)이다.

옮긴이

장유승(張裕昇)

1976년 서울 출생. 성균관대학교 한문학과를 졸업하고, 한국학중앙연구원 한국학대학원을 거쳐 서울대학교 국어국문학과에서 〈조선후기 서북지역 문인 연구〉로 박사학위를 받았다. 한국고전번역원 고전번역교육원 전문과정을 마치고 한국고전번역원 번역위원을 거쳐 현재 단국대학교 동양학연구원 연구교수로 재직 중이다. 《정조어찰첩》(공역), 《영조 승정원일기》(공역), 《동국세시기》, 《현고기》, 《한국산문선》(공역) 등을 번역하였다.

이승용(李承容)

1981년 경북 의성 출생. 영남대학교 한문교육과를 졸업하고, 성균관대학교 한문학과에서 《조선후기 강화학파 한시연구》로 박사학위를 받았다. 한국고전번역원 고전번역교육원 연수과정과 전문과정을 마치고 단국대학교 동양학연구원 선임연구원으로 재직 중이다. 《완구유집》, 《정관정요》(공역), 《낙전당집》(공역), 《완역정본 택리지》(공역) 등을 번역하였다.

권역별거점연구소협동번역사업 연구진

연구책임자 김문식(단국대학교 사학과)
공동연구원 윤재환(단국대학교 국어국문학과)
김우정(단국대학교 한문교육과)
책임연구원 허호구(단국대학교 동양학연구원)
장유승(단국대학교 동양학연구원)
최예심(단국대학교 동양학연구원)
선임연구원 이라나(단국대학교 동양학연구원)
이승용(단국대학교 동양학연구원)
연구보조원 유명석(단국대학교 동양학연구원)

문정공유고 2

민유중 지음 | 장유승 · 이승용 옮김
2021년 12월 31일 초판 1쇄 발행
편집 · 발행 학자원
등록 2011.4.6 제2011-14호
주소 (05355) 서울시 강동구 천호대로 1121
전화 02-6403-1000 | 팩스 02-6338-1001 | 이메일 hakjaone@daum.net

값 40,000원
ISBN 979-11-6247-246-0 94810
979-11-6247-244-6 (세트)